Neuropsychologie in Forschung und Praxis

Jahrbuch der Medizinischen Psychologie

herausgegeben von
*Elmar Brähler, Monika Bullinger,
Hans Peter Rosemeier*

Beirat

Claus Buddeberg (Zürich, Schweiz)
Bernhard Dahme (Hamburg)
Martin Eisemann (Umeå, Schweden)
Monika Hasenbring (Halle/Saale)
Uwe Koch (Hamburg)
Ulrike Maschewsky-Schneider (Bremen)
Bernhard Meyer-Probst (Rostock)
Jürgen Neuser (Aachen)

Marianne Ringler (Wien, Österreich)
Jörn W. Scheer (Gießen)
Lothar R. Schmidt (Trier)
Harry Schröder (Leipzig)
Uwe Tewes (Hannover)
Rolf Verres (Heidelberg)
Helmuth Zenz (Ulm)

Redaktion: Jörg Schumacher (Leipzig)

Band 12

Erich Kasten, Michael R. Kreutz und Bernhard A. Sabel (Hrsg.)
Neuropsychologie in Forschung und Praxis

Hogrefe · Verlag für Psychologie
Göttingen · Bern · Toronto · Seattle

Neuropsychologie in Forschung und Praxis

herausgegeben von

Erich Kasten, Michael R. Kreutz
und Bernhard A. Sabel

Hogrefe · Verlag für Psychologie
Göttingen · Bern · Toronto · Seattle

Dr. Erich Kasten, geb. 1953. 1977-83 Studium der Psychologie in Kiel. Anschließend freiberufliche Tätigkeit. 1988-92 Entwicklung von Rehabilitationsprogrammen für hirngeschädigte Patienten in Zusammenarbeit mit dem Institut für Medizinische Psychologie der Universität Lübeck. Seit 1992 Leiter der Arbeitsgruppe *Klinische Neuropsychologie* an das Institut für Medizinische Psychologie der Universität Magdeburg. 1993 Organisation des 10. Kongreß *Psychologie in der Medizin* und der Tagung der Fachgruppe *Biologische Psychologie* der DGPs. Zur Zeit Leiter des Arbeitskreises Psychoneurobiologie der DGMP und Leiter der *Arbeitsgruppe Neuropsychologie* des BDP.

Dr. Michael R. Kreutz, geb. 1961. 1982-86 Studium an der Westfälischen Wilhelms-Universität in Münster; bis 1988 wissenschaftlicher Mitarbeiter an der Ruhr-Universität Bochum. Nach einem einjährigen Aufenthalt am Massachusetts Institute of Technology in den USA bis 1993 Mitarbeiter am Max-Planck-Institut für Experimentelle Medizin in Göttingen. Seitdem Leiter der Arbeitsgruppe Neurobiologie am Institut für Medizinische Psychologie in Mageburg.

Prof. Dr. Bernhard A. Sabel, geb. 1957. Nach dem Psychologiestudium bis 1982 wissenschaftlicher Mitarbeiter an der Universität Düsseldorf. Anschließend jeweils zweijährige Tätigkeit an der Clark-University in Worchester sowie am Massachusetts Institute of Technology in Cambridge. 1986-92 Mitarbeiter am Institut für Medizinische Psychologie in München bei Prof. Pöppel. Seit 1992 Professor am Institut für Medizinische Psychologie an der Otto-von- Guericke Universität in Magdeburg.

Die Deutsche Bibliothek - CIP-Einheitsaufnahme

Neuropsychologie in Forschung und Praxis : Erich Kasten ... (Hrsg.). - Göttingen ; Bern ; Toronto ; Seattle : Hogrefe, Verl. für Psychologie, 1997
(Jahrbuch der medizinischen Psychologie ; Bd. 12)
ISBN 3-8017-0816-0
NE: Kasten, Erich [Hrsg.]

© by Hogrefe-Verlag, Göttingen • Bern • Toronto • Seattle 1997
Rohnsweg 25, D-37085 Göttingen

Das Werk einschließlich aller seiner Teile ist urheberrechtlich geschützt. Jede Verwertung außerhalb der engen Grenzen des Urheberrechtsgesetzes ist ohne Zustimmung des Verlages unzulässig und strafbar. Das gilt insbesondere für Vervielfältigungen, Übersetzungen, Mikroverfilmungen und die Einspeicherung und Verarbeitung in elektronischen Systemen.

Umschlaggraphik: Klaus Wildgrube, Helmut Kreczik
Druck: Dieterichsche Universitätsbuchdruckerei
W. Fr. Kaestner GmbH & Co. KG, D-37124 Göttingen-Rosdorf
Printed in Germany
Auf säurefreiem Papier gedruckt.

ISBN 3-8017-0816-0

Inhaltsverzeichnis

Vorwort 7
E. Kasten, M.R.. Kreutz & B.A. Sabel

I. Biologische Grundlagen der Neuropsychologie 9

Die Ontogenese und neuronale Architektur der visuellen Lateralisation bei Tauben 11
O. Güntürkün

Psychobiologie der Geruchsprägung 23
R. Hudson

Akustische Filialprägung als experimentelles Modell für frühkindliche Lernprozesse 31
K. Braun

MHC-assoziierte Signale: Mechanismen der Geruchsexpression 47
F. Eggert und R. Ferstl

Gestalt und Sprache als rhythmische Gehirnprozesse 55
F. Pulvermüller, H. Preißl, W. Lutzenberger und N. Birbaumer

Mechanismen von Restitutionsprozessen im visuellen System am Beispiel der funktionellen Erholung nach retinaler Exzitotoxizität und kontrollierter Quetschung des Sehnerven 66
M.R. Kreutz, T. Böckers, J. Weise, C. Vorwerk., E. Kasten und B. A. Sabel

II. Grundlagen neurologisch-psychiatrischer Störungen 77

Psychoneuroimmunologie - Konzepte und neuropsychologische Implikationen 79
A. Buske-Kirschbaum, C. Kirschbaum und D. Hellhammer

Zur Neuropsychologie des dopaminergen Systems am Beispiel des Morbus Parkinson 99
B. Fimm, P. Zimmermann und C.-W. Wallesch

Glutamat-Dopamin-Interaktionen und ihre Störungen im zentralen Nervensystem - Neue Ansätze zum Verständnis neuropsychiatrischer Erkrankungen 111
U. Schröder, H. Schröder und B.A. Sabel

III. Klinische Neuropsychologie 125

Über welche Hirnareale wird der Abruf aus dem episodischen Gedächtnis gesteuert? 127
H. J. Markowitsch

Kognitiv-neurowissenschaftliche Implikationen und Psychopharmakologie von Bewußtseins- und Wahrnehmungsstörungen 135
F.M. Leweke, D. Dietrich, U. Schneider und H.M. Emrich

Elementare zeitliche Informationsverarbeitung als Diagnoseinstrument zentralnervöser Störungen 146
N. von Steinbüchel und M. Wittmann

IV. Neuropsychologie visueller Funktionen 163

Grundlagen der Behandelbarkeit cerebral verursachter Gesichtsfelddefekte 165
E. Kasten, F. Schmielau, W. Behrens-Baumann, S. Wüst und B.A. Sabel

Zur Psychoneurobiologie des Blindsehens 187
P. Stoerig

Spontanerholung und Wiederherstellung von Sehfunktionen bei cerebral blinden Kindern 195
R. Werth und M. Möhrenschläger

Neurobiologische Grundlagen visueller Raumwahrnehmungsstörungen nach fokaler Hirnschädigung 204
G. Kerkhoff und C. Marquardt

V. Rezension 221

Die aktuelle Entwicklung der neuropsychologischen Literatur 223
R. Eder

VI. Historischer Beitrag 235

Albrecht Bethe (1872-1954) und die Frage der Plastizität des Nervensystems 237
A. Aschoff

Besteht bei jedem Menschen eine eindeutige Überlegenheit einer Hirnhälfte und ist die linke Hemisphäre wertvoller als die rechte? 239
A. Bethe (1933)

VII. Verzeichnisse 255

Literaturverzeichnis 257
Autorenverzeichnis 292
Verzeichnis der Gutachterinnen und Gutachter 294
Stichwortverzeichnis 295

Vorwort

Wie arbeitet unser Gehirn? Was ist „Denken"? Wird der Mensch jemals verstehen können, wie sein eigener Verstand funktioniert? Die Untersuchung von Hirnfunktionen bildet schon seit Jahrhunderten eines der interessantesten Wissenschaftsgebiete. Durch Fallbeschreibungen einzelner hirnverletzter Patienten und durch tierexperimentelle Studien beschreiten die Neurowissenschaftler zwei klassische Wege zur Erforschung des Denkens und Verhaltens. Insbesondere durch die Veröffentlichungen von W. Poppelreuther, A. Luria und O. Sacks haben Fallbeschreibungen von Patienten mit speziellen Hirnläsionen heute geradezu populärwissenschaftliches Interesse geweckt. Zunehmend kritischer wurden in den letzten Jahren dagegen Tierversuche bewertet. Möglicherweise kann es auch eine Aufgabe dieses Buches sein, die Wichtigkeit tierexperimenteller Forschungen zum Verständnis neurowissenschaftlicher Fragestellungen herauszuarbeiten.

Im vorliegenden Band haben wir aktuelle Artikel zu beiden klassischen Forschungsrichtungen zusammengetragen. Ausgehend von tierexperimentellen Studien werden zunächst die biologischen Grundlagen moderner Forschung zur Hirnfunktion dargestellt, deren Ergebnisse dann auf den Humanbereich übertragen werden. Aufgabe dieses Buches ist es dabei jedoch nicht, einen vollständigen Überblick über die gesamte Hirnforschung zu geben, sondern aktuelle Forschungsergebnisse der „Neuropsychobiologie" sollen exemplarisch an einigen speziellen Fragestellungen aus dem Bereich der medizinischen Psychologie dargestellt werden. Wenngleich wir uns um möglichst große Verständlichkeit bemüht haben, wird dem Leser bei vielen Artikeln sicherlich schnell bewußt werden, daß es sich bei der Neuropsychobiologie um eine junge, sehr dynamische und interdisziplinäre Wissenschaft handelt. Die Erforschung des Gehirns ist heute so komplex geworden, daß es isoliert arbeitende Wissenschaftler kaum noch gibt. Es ist gerade hier erforderlich, daß Psychologen eng mit Neurologen, Physiologen, Anatomen, Biologen und Pharmakologen zusammenarbeiten und sich auch die speziellen Fachausdrücke der anderen Wissenschaftsdiziplinen aneignen. Jeder, der bereit ist, auch einmal über den Gartenzaun seines eigenen Gebietes zu blicken, wird sicherlich auch von den etwas spezifischeren Artikeln in diesem Jahrbuch profitieren.

Die Neuropsychobiologie sieht die Grundlage des Verhaltens in Hirnfunktionen, die sich im Lauf der Evolution entwickelt haben und die letztlich auf neuronalen Schaltkreisen beruhen. Diese Sichtweise ist nicht neu; auch Sigmund Freud hoffte zeitlebens, seine Psychoanalyse als eine vorläufige Wissenschaft wieder in der Physiologie aufgehen zu lassen (Bally, 1961). Noch 1937 rechtfertigte er seine Theorien mit den Worten: „Für das Psychische spielt das Biologische wirklich die Rolle des unterliegenden, gewachsenen Felsens" (Freud, 1937). Obwohl wir diesem Ziel in den letzten Jahrzehnten Stück für Stück immer näher gerückt sind, gibt es gerade heute zunehmend mehr offene Fragen über das komplizierte Wechselspiel neuronaler Schaltkreise im Gehirn als die Wissenschaft Antworten zu geben vermag.

Das Buch wurde in mehrere große Abschnitte gegliedert. Im ersten Teil über biologische Grundlagen werden vorwiegend tierexperimentelle Studien vorgestellt. Der zweite Teil beschäftigt sich mit den neuropsychologischen Grundlagen verschiedener

Krankheiten, von der Psychoneuroimmunologie über Parkinsonismus bis hin zu psychiatrischen Störungen. Der dritte und vierte Teil handeln vorwiegend von Untersuchungen an hirngeschädigten Patienten und schlagen damit die Brücke von der tierexperimentellen Studie zum Humanbereich. Eine Buchrezension und ein historischer Beitrag, beide zur neuropsychologischen Forschung, runden dieses Buch ab.

Die Herausgabe dieses Buches wäre nicht möglich gewesen ohne die Hilfe vieler Personen. Zunächst einmal möchten wir uns bei den Autoren bedanken, die bereit waren, einen Beitrag zu verfassen. Zum zweiten danken wir den Reviewern, die so freundlich waren Beiträge zu begutachten, für die vielfältigen Hinweise zur Verbesserung einzelner Artikel. Großer Dank gilt den Herausgebern der Buchreihe „Jahrbuch der Medizinischen Psychologie", insbesondere Prof. Dr. Brähler und Dr. Schumacher in Leipzig, für ihre Unterstützung und Beratung, um dieses Buch den Erfordernissen der Reihe anzupassen. Unser Dank gilt außerdem den Mitarbeitern des Hogrefe-Verlages, Frau Marienhagen und Herrn Dr. Vogtmeier für die gute Betreuung in der Endphase der Erstellung dieses Bandes. „Last not least" wäre dieses Buch ohne die Hilfe unserer fleißigen Assistentinnen wahrscheinlich nie erschienen. Ulrike Bunzenthal, Steffi Freitag und Elke Berger haben es durch ihre unermüdliche Mitarbeit sicherlich ganz besonders verdient, hier namentlich aufgeführt zu werden.

Magdeburg, Mai 1996

Erich Kasten   Michael R. Kreutz   Bernhard A. Sabel

I.

Biologische Grundlagen der Neuropsychologie

Die Ontogenese und neuronale Architektur der visuellen Lateralisation bei Tauben

Onur Güntürkün

Zusammenfassung

Tauben zeigen bei allen monokular durchgeführten visuellen Diskriminationsaufgaben rechtssehend bessere Leistungen, die durch die vollständige Kreuzung der Sehnerven auf eine linkshemisphärische Dominanz zurückgeführt werden können. Neuroanatomisch zeigen sich in den visuellen Laminae des linken Tectums größere Perikaryen als rechts. Auch die gekreuzte Komponente der tectorotundalen Projektion ist lateralisiert, so daß linksrotundal die Eingänge beider Tecten in größerem Ausmaß integriert werden können als rechtsrotundal. Ontogenetisch entsteht die visuelle Lateralisation durch eine asymmetrische Haltung im Ei, bei der das Embryo das rechte Auge zur Eischale gerichtet hat, während das linke Auge durch den eigenen Unterkörper abgedunkelt wird. Das somit induzierte minimale Ungleichgewicht der Lichtstimulation induziert wahrscheinlich eine Kaskade asymmetrischer neuraler Prozesse, die schließlich dazu führen, daß das Tier ein asymmetrisch verschaltetes visuelles System besitzt und in seinen visuell-kognitiven Prozessen lateralisiert ist.

Summary

Pigeons achieve under monocular conditions higher performances in visual discrimination tasks with the right eye seeing. Due to the complete chiasmatic decussation, this right-eye superiority probably depends on a left hemisphere dominance. Neuroanatomical studies demonstrate that neuronal perikarya in the visual tectal laminae are larger on the left side. The crossed component of the tectorotundal projection is lateralized as well enabling the left rotundus to integrate tectal inputs from both sides to a higher degree than it is possible for the right rotundus. Visual lateralization depends ontogenetically on an asymmetric position of the embryo such that the right eye is directed to the egg shell while the left eye is covered by the body. The slight stimulatory asymmetry created by this position probably induces a cascade of neuronal events leading to an asymmetric wiring of the visual system and a lateralization of visual-cognitive processes as revealed in behavioral tasks.

> *„Und unter diesem ganzen Volk waren siebenhundert auserlesene Männer, die linkshändig waren und mit der Schleuder ein Haar treffen konnten, daß sie nicht fehleten"* (Richter, 20, 16).

1. Einführung

Menschen wurden schon immer durch das Wechselspiel von Symmetrie und Asymmetrie fasziniert, und diese Faszination ist natürlich am stärksten, wenn der eigene Körper davon betroffen ist. Das obige ca. 2500 Jahre alte Bibelzitat aus dem frühen Israel ist das älteste schriftliche Dokument zur Linkshändigkeit, aber die Händigkeit des

Menschen ist zweifellos noch viel älter. Die Spuren unserer rechtshändigen Mehrheit können 2.000.000 Jahre an den Bearbeitungsmustern von Steinwerkzeugen und 40.000 Jahre an den prächtigen Höhlenmalereien der Steinzeit zurückverfolgt werden. Doch erst als vor 130 Jahren Paul Broca entdeckte, daß auch unser Sprachsystem lateralisiert ist, wurde klar, daß die Asymmetrie eines der wesentlichen Organisationsmerkmale des menschlichen Gehirns darstellt (Broca, 1865). Heute wissen wir, daß zahllose Funktionen lateralisiert sind, wie z. B. die Gesichtserkennung, die Emotionsverarbeitung, die Raumorientierung und sogar die Identifikation von subtilen Rhythmusunterschieden in der Musik. Das menschliche Gehirn läßt sich nicht ohne seine Asymmetrien verstehen.

Aber was löst ontogenetisch die Lateralisation aus, und wie ist sie auf neuraler Ebene organisiert? Nach wie vor können diese Fragen bezüglich des menschlichen Gehirns nicht beantwortet werden, aber tierexperimentelle Studien wie z. B. an Hühnerküken, Meisen und Tauben bringen uns in letzter Zeit einer Antwort näher.

2. Die visuelle Verhaltensasymmetrie bei Vögeln

Vögel haben eine nahezu vollständige Kreuzung ihrer Sehnervenfasern, so daß die primäre retinale Information in die jeweils contralaterale Hemisphäre kreuzt. Deckt man einer Taube kurzfristig z. B. das rechte Auge mit einer Kappe ab, sieht und orientiert sie sich nur noch mit ihrem linken Auge und somit primär ihrer rechten Hirnhälfte. Durch wechselseitiges monokulares Abdecken läßt sich nun in operanten visuellen Musterunterscheidungsaufgaben testen, ob die Leistungen beider Hemisphären differieren (Abb. 1). Bei solchen Versuchen zeigt sich, daß bei Tauben die rechtsäugig sehenden Leistungen generell höher sind als die linksäugig sehenden (Güntürkün, 1985), was durch die vollständige Sehnervenkreuzung auf eine linkshemisphärische Dominanz zurückgeführt werden kann. Diese Lateralisation läßt sich bei Tauben und Hühnerküken schon bei Diskriminationen einfacher natürlicher Reize wie z. B. während einer Korn-Kies-Unterscheidung demonstrieren (Güntürkün & Kesch, 1987, Andrew, 1988). Die visuelle Funktionsasymmetrie zeigt sich auch bei einem sehr schwierigen visuellen Gedächtnisversuch, bei dem die Tiere erlernen mußten, welche der ihnen dargebotenen 725 abstrakten Muster in die willkürlich definierte Kategorie der 100 „Richtigen" bzw. der 625 „Falschen" gehörte (von Fersen & Güntürkün, 1990) (Abb. 2). Neuere Experimente zeigen sogar, daß bei noch höheren kognitiven Belastungen die subdominante rechte Hemisphäre gar nicht mehr an visuellen Lernprozessen partizipiert. Nottelmann und Güntürkün (in Vorbereitung) trainierten Tauben, bei symmetrischen Reizen nur die obere und bei asymmetrischen Mustern nur die untere Pickscheibe zu bepicken. Die Schwierigkeit der Aufgabe entstand für die Tauben dadurch, daß auf den zwei Pickscheiben immer jeweils das gleiche Muster angeboten wurde. Die Aufgabe konnte somit nur gelöst werden, wenn ein Konzeptmerkmal einer Ortsposition zugeordnet wurde. Die Tiere brauchten unter binokularen Bedingungen ca. 3000 bis 4000 Durchgänge, um das Lernkriterium zu erfüllen. Als dann die mittlerweile gelernte Zuordnung unter monokularen Bedingungen durchgeführt werden sollte, zeigte sich, daß drei von vier Tauben die Aufgabe fast nur linkshemisphärisch (rechtsäugig) gelernt hatten. D. h. obwohl die Tiere beidäugig sehend konditioniert worden waren, hatte fast nur die dominante linke Hemisphäre die Aufgabe gelernt. Diese drei Tauben mußten linksäugig sehend noch einmal in bis zu 2500 Durchgängen trainiert werden, um das Lernkriterium zu erfüllen. Ein Tier war sogar linksäugig sehend trotz monatelangen Trainings unfähig, die Aufgabe durchzuführen, die es rechtsäugig beherrschte. Bei einfachen Diskriminationsaufgaben war diese Taube dagegen durchaus in der Lage, linksäugig sehend gute Leistungen zu erbringen. Güntürkün und Hahmann (1994) zeigten, daß die hier referierten Lateralisationen nicht durch eine Asymmetrie peripherer Faktoren wie z.B. Unterschieden in der Sehschärfe zwischen den Augen bedingt sein können, sondern durch hemisphärische Differenzen in der Verarbeitung visueller Reize entstehen müssen. Dies zeigt sich auch daran, daß linkshemisphärische Läsionen visueller Hirnstrukturen drastischere Leistungseinbußen nach sich ziehen als die gleichen Läsionen der rechten Hemisphäre (Güntürkün & Hoferichter, 1985; Rogers, 1986). Die visuelle Lateralisation unterliegt dabei einer ähnlichen Populationsasymmetrie wie die Händigkeit des Menschen: ca. 80% der Tauben sind rechtsäugig dominant, während der Rest entweder keine Seitenpräferenz aufweist oder linksäugig sehend besser ist.

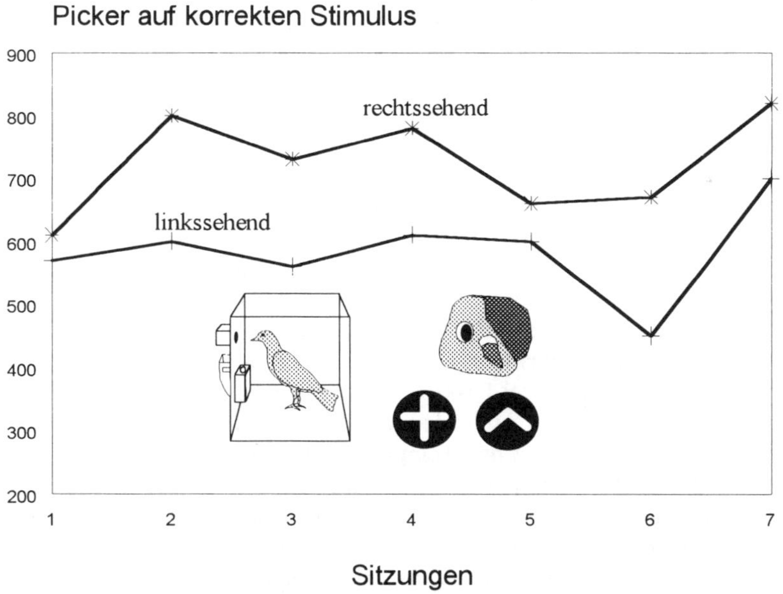

Abb. 1: Schematische Darstellung eines operanten Musterdiskriminationsversuchs, bei dem die Tauben rechts- bzw. linksäugig sehend zwischen den beiden dargestellten Mustern unterscheiden müssen. Die eingeschobenen Bilder geben eine Konditionierungskammer mit Pickscheibe und Futterspender wieder, sowie eine Taube mit Augenkappe.

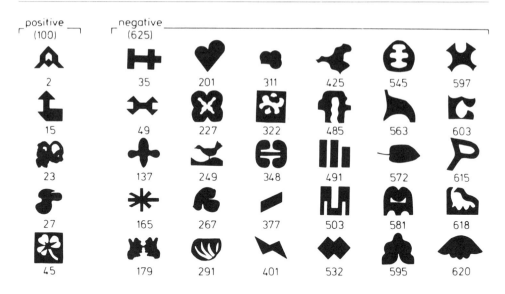

Abb. 2: Eine kleine Auswahl, der von Fersen und Güntürkün (1990) verwendeten 725 abstrakten Reize. Die linke Spalte gibt einige der 100 „richtigen" Reize wieder. Die übrigen Muster gehören zu den „falschen" Stimuli (aus: von Fersen & Güntürkün, 1990).

3. Neurale Grundlagen

Da die visuelle Lateralisation offensichtlich auf Funktionsasymmetrien des Sehsystems beruht, müßte es möglich sein, die neuralen Faktoren zu identifizieren, die dem Phänomen zugrunde liegen. Tauben besitzen zwei Foveae auf ihrer Netzhaut. Mit den Temporalfoveae beider Augen betrachten sie binokular Gegenstände, die frontal vor ihnen positioniert sind. Mit den Zentralfoveae jedes ihrer seitlich gestellten Augen haben sie zusätzlich die Möglichkeit, entfernte Objekt zu ihrer linken bzw. ihrer rechten Seite monokular zu sehen. Bei Diskriminationsaufgaben, wie den hier beschriebenen, betrachten Tauben die zu unterscheidenden Muster immer mit ihrem binokular frontalen Gesichtsfeld und somit mit den Temporalfoveae ihrer Augen (Goodale, 1983). Also sollte bei der Suche nach den neuralen Grundlagen der Asymmetrie mit denjenigen Hirnstrukturen begonnen werden, die die visuellen Informationen aus den Temporalfoveae erhalten und in Systemen weiterverarbeiten, die zum Vorderhirn aufsteigen. Remy und Güntürkün (1991) zeigten, daß die Temporalfovea nicht im thalamofugalen (entspricht unserer geniculocorticalen Projektion) sondern im tectofugalen System (entspricht der extrageniculocorticalen Projektion) repräsentiert wird. Im Folgenden soll daher die Rolle des tectofugalen Systems für die visuelle Lateralisation von Tauben dargestellt werden.

Das tectofugale System besteht aus drei Stationen (Abb.3), dem Tectum (Colliculus superior) im Mittelhirn, dem Nucleus rotundus (Pulvinar) im Zwischenhirn und dem Ectostriatum (Area MT) im Vorderhirn (Shimizu & Karten, 1993). Das

Tectum selbst läßt sich zytoarchitektonisch in mindestens 15 Schichten unterteilen von denen die erste keine Neurone enthält und aus den ca. zweimillionen Axonen retinaler Ganglienzellen gebildet wird, die aus dem contralateralen Auge stammen. Diese Fasern terminieren in den Laminae 2 bis 7, so daß diese Schichten den retinorezipienten Anteil des Tectums bilden. Da aber auch Neurone tieferer Schichten mit ihren Dendriten in die retinorezipienten Laminae aufragen, sind fast alle Zellen der Schichten 2 bis 12 primär visuell-rezipient. Die tiefen Schichten 13 bis 15 unterscheiden sich deutlich von diesem Muster. Hier sind die meisten Neurone multimodal und projizieren teilweise in motorische Strukturen (Cotter, 1976; Knudsen, 1982).

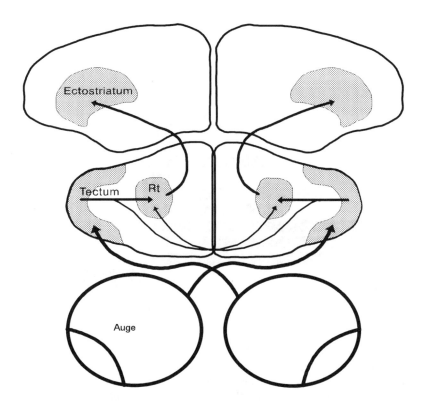

Abb. 3: Schematische Darstellung des tectofugalen Systems von Tauben (Rt = N. rotundus). Die zu diesem System gehörenden Komponenten sind grauschattiert wiedergegeben.

Melsbach et al. (1991) untersuchten, ob sich auf einer morphometrischen Ebene Tectumasymmetrien finden lassen, die mit der im Verhalten dargestellten visuellen Lateralisation zusammenhängen könnten. Hierzu wurden von den Gehirnen von 10 Tieren frontale Tectumschnitte angefertigt, die mit Cresylviolett angefärbt wurden. Dadurch lassen sich die Perikaryen einzelner Neurone deutlich darstellen. Danach wurde mit einem Bildverarbeitungssystem die Fläche von 30 Neuronen jeder Tectumschicht (14 vermessene Schichten) jeder Hirnhälfte vermessen, es wurden also insgesamt 10 x 14 x 30 x 2 = 8400 Messungen durchgeführt. Da die Hälfte der Frontalschnitte nach einem quasi-Zufallsprinzip spiegelverkehrt aufgezogen worden war, wußte die messende Person nie, welche Tectumseite sie gerade unter dem Mikroskop hatte. Die Ergebnisse zeigten, daß die linkstectalen Perikaryen in den oberen zwölf „visuellen" Schichten größer waren als rechtstectal (Abb. 4). Das linke Tectum erhält seine Afferenz aus dem verhaltensdominanten rechten Auge. Die bisher nur auf Verhaltensebene demonstrierte visuelle Lateralisation besitzt also wahrscheinlich eine anatomische Entsprechung. Die mögliche funktionelle Bedeutung dieser tectalen Asymmetrie soll am Ende dieses Kapitels diskutiert werden.

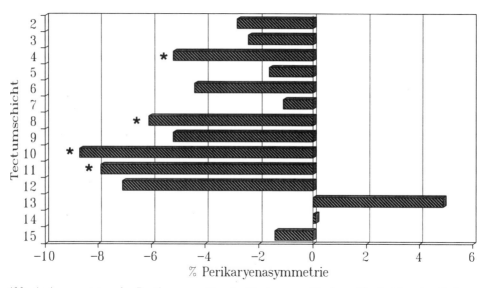

Abb. 4: Asymmetrien der Perikaryengrößen im Tectum von Tauben. Die Zahlen der Ordinate geben die Tectumschichten wieder. Schicht eins fehlt, da es sich hierbei um eine reine Faserschicht handelt. Nach links weisende Balken geben größere linkstectale Perikaryenwerte für die entsprechende Schicht wieder. Entsprechendes gilt für rechtsweisende Balken. Sternchen bezeichnen signifikante Abweichungen.

Die meisten visuellen Neurone der superficiellen Tectumschichten konvergieren axonal auf den großen Neuronen der 13. Lamina, die wiederum zum N. rotundus projizieren. Lange Zeit wurde angenommen, daß die tectorotundale Projektion rein ipsilateral verläuft und das tectofugale System somit monokular orientiert ist (Benowitz & Karten, 1976). Erst in einer neueren anatomischen Arbeit konnte gezeigt werden, daß die früheren Studien, bedingt durch technische Probleme, die Bilateralität der tectorotundalen Projektion übersehen hatten (Güntürkün et al., 1993). Ascendierende bilaterale Tectumprojektionen zum N. rotundus bedingen, daß im Rotundus binokulare Integration prinzipiell möglich wird, auch wenn dies nicht zwangsläufig für eine stereoptische Integration im Sinne einer Disparitätsdetektion ausgenutzt werden muß. Güntürkün et al. (1992) konnten zeigen, daß sich das Cocktail ipsi- und contralateraler Tectumafferenzen in den N. rotundi beider Hemisphären quantitativ unterscheidet. Hierzu wurden 50 nl des retrograden Tracers Rhodamin-ß-isothiocyanate (RITC) stereotaktisch in den linken bzw. rechten Rotundus injiziert. Anschließend wurden die zum Injektionsort projizierenden ipsi- bzw. contralateralen Tectumzellen, anhand ihrer intensiven Rotfluoreszenz im Fluoreszenzmikroskop identifiziert und ausgezählt. Die quantitative Auswertung nach 10 Links- und 10 Rechtsinjektionen zeigte, daß der linke N. rotundus mehr als doppelt soviele contralaterale Tectumafferenzen erhält wie der rechte (Abb. 5) (p<0,005). Der Unterschied war ausschließlich durch die Hemisphäre bedingt und konnte nicht auf ungewollte Asymmetrien in den anschließend detailliert vermessenen Injektionskoordinaten oder Injektionsvolumina zurückgeführt werden. Diese Asymmetrie der tectorotundalen Commissuren müßte funktionell eine Situation schaffen, wie sie in Abbildung 6 schematisch dargestellt ist. Da die contralaterale Projektion des rechten Tectums wesentlich größer ist als die des linken, müßte der Rotundus der dominanten linken Hemisphäre eher in der Lage sein, beide Tectuminformationen und somit beide Hälften der visuellen Welt zu integrieren. Welche funktionellen Prozesse damit konkret verbunden sind läßt sich im Moment nicht sagen. Eine Vorhersage aus dieser konnektionalen Asymmetrie ist allerdings, daß linksseitige Rotunduslasionen drastische rechtsäugige Defizite nach sich ziehen müßten (kaum Kompensationsmöglichkeiten durch den rechten Rotundus) während rechtsrotundale Läsionen keine massiven linksäugigen Sehverluste bewirken sollten (Kompensation durch linken Rotundus ist gegeben). Diese Hypothese wurde durch Goebel et al. (1994) getestet und konnte bestätigt werden. In diesem Versuch wurden von 20 Tauben die monokularen individuellen Sehschärfeschwellen bestimmt, bevor die Tiere unilaterale bzw. bilaterale Rotunduslasionen erhielten. Postoperativ wurde erneut die Sehschärfeschwelle erhoben, bevor mit einem Bildverarbeitungssystem die Läsionsvolumina der N. rotundi erhoben wurden. Anschließend wurde mit einer linearen Regressionsanalyse der Zusammenhang zwischen Läsionen des linken bzw. rechten N. rotundus und Schwellenveränderungen auf der ipsi- bzw. contralateralen Seite berechnet. Die Ergebnisse zeigten, daß der linke Rotundus signifikant sowohl mit der Sehleistung des rechten als auch der des linken Auges korreliert, während für den rechten Rotundus keine signifikanten Zusammenhänge mit den Sehleistungen eines der beiden Augen nachweisbar waren. Die Läsionsdaten bestätigen also das aus der Anatomie gewonnene Modell.

Die Ergebnisse zur Rotundusasymmetrie erinnern an die Situation wie sie bei Neglectpatienten vermutet wird. Ein Neglect kann nach Verletzungen des rechtsseitigen parieto-occipito-temporalen Übergangsbereichs auftreten und führt bei den Betroffenen zu der Unfähigkeit, ihre Aufmerksamkeit auf die, von ihnen aus gesehen, linke Hälfte des Raumes zu richten. Verletzungen der linken Cortexseite führen sehr selten zu entsprechenden Defiziten. Weintraub und Mesulam (1987) vermuten auf Grundlage neuropsychologischer Testverfahren an Neglectpatienten, daß die Grundlage des Ne-

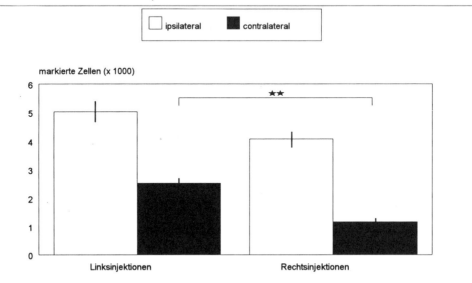

Abb. 5: Anzahl von ipsi- und contralateral markierten Tectumneuronen nach links- bzw. rechtsseitiger Injektion von 50 nl Rhodamin-ß-isothiocyanate in den N. rotundus. Sternchen geben signifikante Differenzen wieder, Balken stehen für Standardfehler.

glect eine asymmetrische Raumrepräsentation ist, bei der rechtscortical beide Raumhälften, linkscortical aber nur die rechte Hälfte des Raumes repräsentiert wird. Bei Verletzungen des linken Parietalcortex gibt es somit neurale Kompensationsmöglichkeiten, während Läsionen des rechten Parietalcortex unwiederbringlich die Repräsentation der linken Raumhälfte zerstören. Tatsächlich konnten Heilman und Van Den Abell (1980) nach rechtsseitigen Stimulationen beidseitige, nach linksseitigen Stimulationen dagegen nur rechtsparietale Veränderungen des EEG-Musters registrieren. Diese älteren Daten werden durch neue PET-Untersuchungen unterstützt, die ebenfalls nach visuellen Aufmerksamkeitsfokussierungen eine topographisch anders organisierte und beide Sehfelder abdeckende rechtsparietale Aktivierung, aber eine primär contralateral orientierte linksparietale Repräsentation nachweisen (Corbetta et al., 1993, Posner und Dehaene, 1994). Diese Asymmetrie läßt sich auch im Pulvinar, der äquivalenten Struktur zum N. rotundus, zeigen (LaBerge & Buchsbaum, 1990).

4. Ontogenese

Die visuelle Lateralisation von Vögeln entsteht im Ei. Tauben, wie übrigens fast alle Vogelarten, liegen als Embryonen asymmetrisch in ihren Eiern, und zwar so, daß ihr Kopf auf dem Unterleib liegt und der Schnabel nach rechts gedreht ist (Kuo, 1932). Dadurch ist ihr rechtes Auge zur Eischale gerichtet, während ihr linkes Auge durch den eigenen Bauch gegen Licht abgeschirmt wird. Durch die Eischale und das geschlossene Lid fällt ca. 10% des Außenlichts; genug, um die gerade entstehende Netzhaut des Embryos zu stimulieren. Die brütenden Elterntiere stehen ab und zu auf, um zu fressen, so daß immer zwischendurch das Ei von Licht erreicht wird. Da Tauben ihre Eier regelmäßig drehen, hat jedes Stück der Eioberfläche ungefähr gleichhäufig Gelegenheit, oben zu liegen, so daß die asymmetrische Haltung des Embryos zu einer Lichtstimulationsasymmetrie zwischen den Augen führt. Um zu beweisen, daß die Stimulationsasymmetrie den Startpunkt der Lateralisation darstellt, wurde eine Gruppe von Eiern in einen hellen (Helltiere), die andere Gruppe in einen dunklen Brutkasten gelegt (Dunkeltiere). Nur bei den Helltieren führte somit die Rechtsdrehung des Kopfes zu einer Lichtstimulationsasymmetrie. Sobald die Küken geschlüpft waren, wurden sie beringt und von den Elterntieren aufgezogen bis sie geschlechtsreif waren. Die Tauben der Hellgruppe zeigten bei Diskriminationsaufgaben die erwartete rechtsäugige Überlegenheit, während die Tiere der Dunkelgruppe keine Leistungsunterschiede zwischen den beiden monokularen Bedingungen aufwiesen. Auch die anatomischen Links-Rechts-Unterschiede des Tectums waren bei den Dunkeltieren nicht nachzuweisen, während sie sich bei den Helltieren normal ausbildeten - die Stimulationsasymmetrie im Ei ist bei Tauben also der auslösende Faktor sowohl für die visuelle Verhaltenslateralisation als auch für die anatomischen Tectumasymmetrien (Güntürkün, 1993). Zumindest bezüglich der Verhaltenslateralisation ist die Situation bei Hühnerküken identisch. Auch bei ihnen ist die Lichtstimulationsasymmetrie vor dem Schlupf der determinierende Faktor (Rogers, 1982). Rogers und Bolden (1991) gelang es sogar bei einigen Tieren im Ei eine Augenkappe auf das rechte Auge zu kleben, wodurch sich nach dem Schlüpfen eine linksäugige Überlegenheit entwickelte.

Entsprechend diesen Experimenten bildet sich das tectofugale System, welches sich kurz vor dem Schlupf ausdifferenziert, durch die asymmetrische Lichtstimulation vor dem Schlupf lateralisiert aus. Welche Prozesse führen im Gehirn von Tauben von einer lateralisierten Stimulation zu einer asymmetrischen Morphologie und damit zu einem lateralisierten Verhalten? Endgültig läßt sich diese Frage im Moment nicht beantworten, aber Experimente mit monokular deprivierten Kätzchen geben u. U. wichtige Hinweise für einen möglichen Mechanismus. Wenn Katzenjungen nach der Geburt für kurze Zeit ein Auge verschlossen wird, finden sich kleinere Somata in denjenigen Segmenten des Corpus geniculatum laterale (CGL), die vom verschlossenen Auge versorgt werden (Kalil & Dubin, 1988). Zusätzlich zeigt sich, daß diese deprivierten und kleineren Thalamusneurone mit ihren Axonen im visuellen Cortex einen geringeren Erfolg bei der Ausbildung funktionsfähiger Synapsen besitzen und auch weniger in der Lage sind, corticale Zellen zu aktivieren (Constantine-Paton et al., 1990). Dabei werden die größeren Somata der lichtstimulierten Seite nicht durch die Lichtreizung umfangreicher, sondern durch ihren größeren Erfolg bei ihrer Synapsenstabilisierung.

Letzteres scheint entsprechend einer Hebb'schen Lernregel zu funktionieren. Hierbei können sich nur solche Terminalen stabilisieren, die eine hohe Korrelation prä- und postsynaptischer Aktivität erreichen können. Lichtstimulierten Thalamusneuronen gelingt die überschwellige Erregung des postsynaptischen corticalen Neurons dadurch, daß visuelle Außenreize zu einer synchronen Aktivität benachbarter CGL-Neurone beitragen. Diese benachbarten CGL-Neurone terminieren gemeinsam auf corticalen Zielzellen, und können durch zeitliche und örtliche Summation auf der Membran des postsynaptischen corticalen Neurons diese Zelle aktivieren. Dadurch erfüllen sie die Hebb'sche Lernregel. Den deprivierten CGL-Neuronen gelingt durch ihre nicht-synchronisierte Aktivität die hohe Korrelation prä- und postsynaptischer Aktivität dagegen nicht (Movshon & Van Sluyters, 1981). Sekundär zur Ausbildung des größeren Terminalbaums kommt es bei den stimulierten CGL-Neuronen zur Vergrößerung der Perikaryen. Analog ist denkbar, daß bei Tauben die größeren Perikaryen der linksseitigen retinorezipienter Tectumneurone durch die Lichtstimulation während der Ontogenese koordinierter aktiviert werden, dadurch auf den Dendriten der tiefen tectalen Projektionsneuronen mehr funktionsfähige Synapsen stabilisieren können und dadurch die Aktivität nachgeschalteter Strukturen stärker determinieren, als es den Tectumzellen der subdominanten rechten Seite möglich ist. Die im linken Tectum nachgewiesenen größeren Perikaryen wären somit die Folge der größeren Synapsenzahl dieser Neurone.

Manns und Güntürkün (1994) konnten nachweisen, daß die plastische Phase des visuellen Systems auch kurze Zeit nach dem Schlupf anhält. Die Vermutung, daß dies so sein könnte, entstand durch die Entdeckung, daß c-fos, das Produkt eines Protoonkogens, sieben Tage vor bis dreizehn Tage nach dem Schlupf noch im Tectum nachweisbar war (Manns & Güntürkün, 1993). Protoonkogene vermitteln die genetische Zellreaktion auf Reize, die z. B. einen morphologischen Umbau dieser Zelle erfordern. C-fos wird daher häufig in plastischen Lebensphasen des Neurons gebildet, bei denen u. a. Synapsen neu ausgebildet oder verändert werden. Die plastischen Prozesse im Tectum sind also nicht am Schlupftag abgeschlossen, sondern laufen noch eine Weile weiter. Entsprechend müßte die schon etablierte Lateralisation durch eine nach dem Schlupf einsetzende zehntägige rechtsäugige monokulare Lichtdeprivation umdrehbar sein. Tatsächlich führt eine zehntägige rechtsseitige monokulare Deprivation direkt nach dem Schlupf dazu, daß die Tauben als erwachsene Tiere eine linksäugig dominante Lateralisation aufweisen (Manns & Güntürkün, 1994).

Die visuelle Lateralisation bei Tauben ist somit das Resultat einer minimalen Lichtstimulationsasymmetrie, die in einer kritischen Entwicklungsphase des tectofugalen Systems auftritt. Dadurch wird eine Kaskade asymmetrischer neuraler Prozesse induziert, die schließlich dazu führen, daß das Tier ein asymmetrisch verschaltetes visuelles System besitzt und in seinen visuell-kognitiven Prozessen lateralisiert ist. Am Anfang steht die embryonale Asymmetrie der Kopfhaltung. Ohne diese Kopfdrehung würde das Embryo von seinem eigenen Wachstum erdrückt werden, denn es paßt kurz vor dem Schlupf nur noch knapp in das Ei. Ist also die visuelle Lateralisation, dieses epigenetische Produkt der Ontogenese, l'art pour l'art, ein zufälliges Wachstumsprodukt und weder nützlich noch schädlich? Die Frage läßt sich im Moment nicht endgültig beantworten, weder für die visuelle Lateralisation bei Vögeln noch für die verschiedenen Asymmetrien des Menschen. Doch die Häufigkeit mit der cerebrale

Asymmetrien bei verschiedensten Spezies auftreten läßt vermuten, daß ein lateralisiertes Nervensystem Vorteile bietet und Lateralisationen sich somit in der Phylogenese durchsetzen konnten. Vielleicht ist die visuelle Asymmetrie von Vögeln somit wesentlich mehr als ein zufälliges Beiprodukt einer Haltungsasymmetrie.

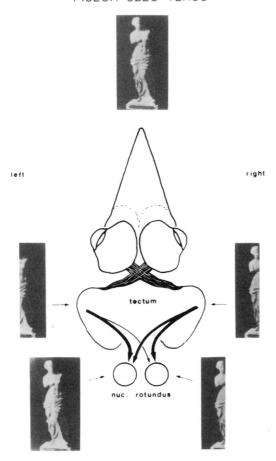

Abb. 6: Hypothetische funktionelle Deutung der asymmetrischen Rotundusrepräsentationen, die durch die Links-Rechts-Unterschiede der tectorotundalen Projektionen geschaffen werden. Eine Taube betrachtet im Louvre die Venus von Milo. Durch die vollständige Kreuzung der Sehnerven wird die linke Hälfte der Venus im rechten, die rechte Hälfte im linken Tectum abgebildet (der real existierende binokulare Überlappungsbereich wurde vernachlässigt). Die ipsilateralen tectorotundalen Projektionen transformieren die jeweilige Bildhälfte in den Rotundus der gleichen Hemisphäre. Durch die asymmetrischen gekreuzten tectorotundalen Verbindungen kann die Venus linksrotundal wesentlich eher komplettiert werden als rechtsrotundal.

5. Ausblick

Ist es auf der Grundlage dieser Ausführungen denkbar, daß ein Teil unserer eigenen Lateralisationen auf ähnlichen Mechanismen beruht? Tatsächlich akkumulieren im Moment Ergebnisse, die darauf hindeuten, daß zumindest die Entstehung der Händigkeit des Menschen auf subtilen Asymmetrien während der Ontogenese beruhen könnte.

Zahlreiche Untersuchungen zeigen, daß die Position des menschlichen Fötus während der Schwangerschaft mit der späteren Händigkeit des Individuums korreliert (siehe Previc, 1991 für Überblick). Bei der Mehrzahl der Schwangerschaften liegt der Fötus spätestens im letzten Trimester mit dem Kopf nach unten sowie seiner rechten Seite zur weichen Bauchseite der Mutter, während seine linke Seite durch den Hüftknochen und das Rückgrat der Schwangeren eingeengt wird. Hepper et al. (1991) zeigten zudem, daß Föten ab dem zweiten Trimester prädominant an ihrem rechten Daumen lutschen. Die Position des Fötus hat somit einen Einfluß auf Motorasymmetrien und letztere lassen sich schon vor der Geburt nachweisen. Während dieses Entwicklungsstadiums ist das menschliche Rückenmark praktisch von supraspinalen Einflüssen abgeschnitten, da die absteigenden corticalen und subcorticalen Faserzüge zum Spinalmark noch nicht entwickelt sind (siehe Melsbach et al., 1996 für Überblick). Es ist somit denkbar, daß Asymmetrien der embryonalen Position die Entwicklung der motorischen Kontrolle beeinflussen, die vom Rückenmark ausgeht. Die Händigkeit von Erwachsenen könnte somit ihren Anfang auf spinaler Ebene nehmen. Tatsächlich konnten Melsbach et al. (1996) für das menschliche Rückenmark zeigen, daß die Motoneurone, die die Arm- und Handmuskeln kontrollieren, rechtsseitig größer sind als linksseitig.

Die Summe dieser Evidenzen deutet für die Entstehung der menschlichen Händigkeit auf ein ähnliches Szenario hin wie es schon für die visuelle Lateralisation von Tauben diskutiert wurde. Allerdings fehlen sowohl für die Händigkeit, als auch für die vielen anderen cerebralen Asymmetrien des menschlichen Gehirns noch sehr viele Informationen, um die Kette der Kausalitäten zwischen der Embryogenese des Nervensystems und der Lateralisation des adulten Individuums lückenlos zu schließen. Die Suche wird weitergehen.

Psychobiologie der Geruchsprägung

Robyn Hudson

Zusammenfassung

Der Begriff „Prägung" wird in diesem Artikel für Lernformen benutzt, die einem natürlichem Kontext entstammen und durch eine sensitive Phase während eines bestimmten Entwicklungsstadiums bzw. physiologischen Zustandes gekennzeichnet sind. Obwohl Geruchsprägung in ganz unterschiedlichen Altersstufen vorkommt und bei adulten Tieren sogar besonders gut untersucht ist, stellen neue Befunde zum pränatalen Geruchslernen eine besondere Herausforderung für unser Verständis von Prägungsvorgängen dar. Es ist zum Beispiel die Frage, ob das pränatale Lernen auf anderen Mechanismen als das assoziative Lernen beruht und ob es sich um eine Art inzidentellen Lernens handelt? Auch ist unklar, wie die Geruchsinformation während der perinatalen Periode langfristig gespeichert wird, da sich während der Entwicklung die Zahl der neuralen Elemente des olfaktorischen Systems verändert bzw. ständig zunimmt.

Summary

The term imprinting is used here to refer to biologically relevant learning during a sensitive period defined by a particular developmental stage or physiological state. Although olfactory imprinting may occur at any age, and some of the best-studied paradigms involve adult animals, recent reports of long-term memory for odorants experienced during prenatal life present a particular challenge to our understanding of olfactory learning. Firstly, it is possible that these paradigms represent a form of incidental learning based on mechanisms different to the more familiar associative paradigms. Secondly, given the substantial addition of neural elements occuring during the perinatal period, these paradigms raise the question as to how the olfactory system is able to acquire and retain information under conditions of major neural growth and change.

1. Einführung

Prägungsphänomene stellen eine besondere Herausforderung, aber auch eine besondere Chance, für unser Verständnis von Lern- und Wahrnehmungsprozessen dar. In diesem Artikel soll der Begriff „Prägung" eher metaphorisch für ein breites Spektrum erlernter Reaktionen benutzt werden, die durch zwei Eigenschaften gekennzeichnet sind: Das Lernen findet in einem natürlichen, biologisch relevanten Kontext statt und weist eine „sensitive Phase" auf, die zeitlich mit bestimmten Entwicklungsstadien oder physiologischen Zuständen zusammenfällt. Prägung läßt sich daher von Lernparadigmen, die weitgehend auf arbiträren Verhaltensreaktionen basieren, sowie von spontanen, ungelernten Reaktionen auf natürliche Signale, z.B. Pheromone, unterscheiden.

Seit der klassischen Beschreibung der Nachlaufprägung bei nestflüchtenden Vogelarten haben Prägungsphänomene aus mehreren Gründen die besondere Aufmerksamkeit von Psychologen und Neurobiologen auf sich gezogenen: (1) Die zeitlich begrenzten sensitiven Phasen bieten besonders günstige Voraussetzungen für die Aufklärung der physiologischen und neuronalen Mechanismen, die dem Lernvorgang zugrunde liegen; (2) sie erfordern keine langwierige Dressur und (3) ihre ethologische Relevanz stellt sicher, daß die beobachteten neuralen Korrelate zu Mechanismen gehören, die während der Evolution für den Informationserwerb selektiert wurden. Trotz der Nützlichkeit des Prägungsbegriffs ist es aber zumindest für die olfaktorische Prägung fraglich, ob es sich um ein einheitliches Phänomen handelt. Allein die Tatsache, daß sie für verschiedene Stufen der Entwicklung, einschließlich des Erwachsenenalters, beschrieben wurden, läßt vermuten, daß es Unterschiede im evolutionären Ursprung, den neuronalen Mechanismen und der funktionellen Bedeutung gibt.

2. Olfaktorische Prägung bei adulten Tieren

Die beiden am besten untersuchten Beispiele für eine olfaktorische Prägung bei erwachsenen Tieren sind die Maus (Brennan et al.,1990; Keverne & Kaba, 1990) und das Mutterschaf (Kendrick et al.,1992; Poindron et al.,1993). Nach der Begattung entwickeln weibliche Mäuse während einer kritischen Phase von vier Stunden ein Gedächtnis für den individualspezifischen Uringeruch ihres Partners. Dies ist notwendig, da der Uringeruch unbekannter Männchen eine Pheromonwirkung hat, die den Abbruch der Schwangerschaft herbeiführt. Beim Schaf dient die olfaktorische Prägung der dauerhaften Bindung zwischen Mutter und Lamm. Während trächtige Schafe die Annäherung von Lämmern ignorieren, werden sie nach der Geburt von der Amnionflüssigkeit, die dem Lamm anhängt, angezogen und lernen dann innerhalb von zwei bis drei Stunden beim Belecken des Lammes dessen individuellen Geruch. Dieses Lernen ist nur während der ersten zwölf Stunden post partum möglich und Mütter, die während dieser Zeit von ihren Lämmern getrennt wurden, entwickeln keine individuelle Bindung.

3. Olfaktorische Prägung während der Entwicklung

Eines der spektakulärsten, aber neurobiologisch wenig verstandenen Beispiele für juvenile olfaktorische Prägung ist die Heimfindefähigkeit der Lachse (Hasler & Scholz,1983). Lachse werden im Alter von zwei Jahren, während des sog. smolt-Stadiums, auf den Geruch ihres Heimatflusses geprägt. Nachdem sie mehrere Jahre im Meer verbracht haben, benutzen sie als adulte Tiere ihren Geruchssinn, um über Tausende von Kilometern den kleinen Fluß zum Laichen zu finden, in dem sie aufgewachsen waren. Für die Geruchsprägung bei juvenilen Säugetieren sind die Frettchen wohl das bekannteste Beispiel (Apfelbach,1978). Sie werden erst im dritten Lebensmonat auf Beutetiere geprägt und bevorzugen diese bzw. deren Geruch selbst dann, wenn sie während der nächsten fünf Monate diese Tiere nicht zu fressen bekamen.

Bei vielen Säugetieren findet kurz nach der Geburt eine Geruchsprägung statt, doch gibt es Unterschiede in der sensitiven Phase und Art der Verstärkung. So entwickeln neugeborene Ratten besonders während des dritten bis siebten Lebenstages, aber nicht später, eine dauerhafte Präferenz für Gerüche, die mit Lecken der Mutter bzw. Bestreichen durch den Experimentator gepaart werden (Wilson & Sullivan, 1994). Neugeborene Kaninchen andererseits erlernen während des kurzen, täglichen Säugens (Dauer: nur 3-4 Minuten pro Tag) Gerüche, die der Mutter anhaften bzw. von ihr ausgehen (Hudson,1985; Hudson & Distel,1990; Bilkó et al.,1994; Hudson & Altbäcker, 1994). Allerdings ist ihre Fähigkeit, einen neuen Geruch sehr rasch mit Säugen zu assoziieren, auf die ersten drei Lebenstage beschränkt. Werden sie aber ohne Säugeerfahrung aufgezogen, so verlängert sich diese sensitive Phase (Abb.1; Kindermann et al.,1994). Für nestflüchtende Stachelmäuse schließlich genügt es, am ersten Lebenstag nur eine Stunde in einem beduftetem Nest zu verbringen, um 24 Stunden später eine Präferenz für diesen Duft zu zeigen (Porter & Etscorn, 1974). Auch Kaninchen besitzen die Fähigkeit am ersten Lebenstag eine Präferenz für Nestgerüche zu entwickeln. Sie sind dann in der Lage zwischen Säugegeruch und Nestgeruch zu unterscheiden und auf den jeweiligen Geruch mit spezifischen Verhaltensweisen zu reagieren (Hudson, 1994).

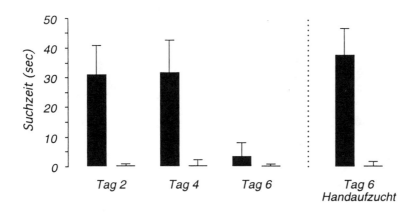

Abb. 1: Nachweis einer sensitiven Phase für Säugegeruchlernen beim Kaninchen. Dargestellt ist die Dauer der Suchreaktionen auf einem parfümierten Fell jeweils am Tag nach der Konditionierung (Säugen durch eine parfümierte Mutter) und Verschiebung der sensitiven Phase bei Jungen die bis zur Konditionierung an der Mutter keine Säugeerfahrung hatten (Handaufzucht). Linke Säulen: konditionierte Tiere; rechte Säulen: naive Kontrolltiere; N=12/Gruppe; Mediane und Seminterquartile (nach Kindermann et al.,1994).

4. Pränatales olfaktorisches Lernen

Es gilt mittlerweile als sicher, daß olfaktorisches Lernen bzw. Prägung bereits während der Fötal- oder Embryonalzeit stattfindet, obwohl bisher keine sensitiven Phasen bekannt sind (Schaal & Orgeur,1992; Porter & Schaal,1995). Ein besonders interessantes Beispiel bietet die embryonale Geruchsprägung beim Frosch (Hepper & Waldman,1992). Kaulquappen, die als Embryonen einem Duft ausgesetzt waren, der entweder in das Ei injiziert wurde oder im umgebenden Wasser vorhanden war, schwimmen nach dem Schlüpfen zu diesem Duft und zeigen selbst als Jungfrösche noch eine Präferenz. Man nimmt an, daß diese Geruchsinformation später für die Partnerwahl von Relevanz ist (Hepper, 1991). Bei den Säugetieren zeigen Kaninchen eine ähnlich dauerhafte Reaktion auf pränatal erfahrene Gerüche. Werden trächtige Kaninchen mit aromatischen Pflanzen gefüttert, die zu ihrer natürlichen Diät gehören, so bevorzugen ihre Jungen bereits am ersten Lebenstag die beduftete Seite einer Testarena (Abb. 2; Semke et al.1995).

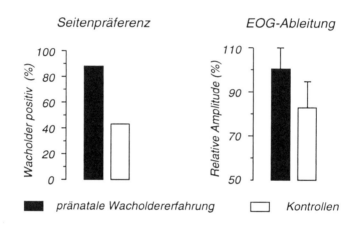

Abb. 2: Nachweis von pränatalem Geruchslernen bei Kaninchen, deren Mütter während der Tragzeit zusätzlich mit Wacholder gefüttert wurden. Dargestellt ist (links) der Prozentanteil der Jungen, die sich am ersten Lebenstag in einer Testarena bevorzugt auf der wacholderbedufteten Seite aufgehalten haben, und (rechts) die Größe der Amplitude des Elektro-Olfaktogramms (EOG) für Wacholder relativ zum unbekannten Kontrollduft Isoamylacetat (1-3 Lebenstag; Mittelwerte und Standardabweichungen). N = 66 experimentelle und 42 Kontrolltiere im Verhaltenstest, und N = je 11 Tiere für die EOG-Messungen (nach Semke et al.,1995).

Werden sie darüber hinaus nach der Geburt von einer normal gefütterten Amme aufgezogen, so kann man am 28. Lebenstag, wenn sie erstmals feste Nahrung aufnehmen (Abb. 3; Bilkó et al.,1994; Hudson & Altbäcker, 1994), und sogar noch nach sechs Monaten, eine Futterpräferenz nachweisen.

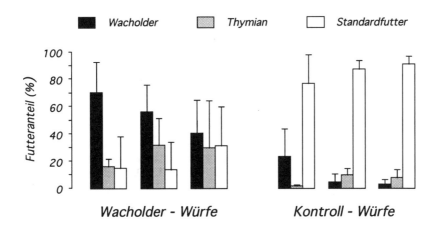

Abb. 3: Nachweis eines langfristigen Gedächtnisses für pränatale Geruchserfahrung. Die experimentellen Würfe stammen von Müttern, die zusätzlich mit Wacholder gefüttert wurden. Um eine postnatale Erfahrung mit Wacholderduft auszuschließen, wurden die Jungen bis zum 28. Lebenstag von Ammen aufgezogen. Dargestellt ist der prozentuale Anteil von drei Futtersorten, die bei der ersten Aufnahme fester Nahrung gefressen wurden. N = 8 Tiere/Wurf; Mittelwerte und Standardabweichungen (nach Hudson & Altbäcker,1994).

5. Assoziations- versus Expositionslernen

Insbesondere die letzten Beispiele werfen die Frage nach der für die olfaktorische Prägung notwendigen zentralen Aktivation auf. So qualifiziert das Vorhandensein eines Verstärkungsmechanismus die meisten Paradigmen eindeutig als assoziatives Lernen. Bei der Maus (Keverne & Kaba,1990) und beim Mutterschaf (Poindron et al.,1993) ist es die vaginocervikale Stimulation während der Begattung bzw. der Geburt, bei der neugeborenen Ratte die taktile Stimulation (Wilson & Sullivan,1994), beim Kaninchen die periorale Stimulation während des Säugens (Hudson & Distel, 1990) und beim Frettchen vermutlich die Nahrungsaufnahme selbst (Apfelbach,1978). Für die anderen Beispiele jedoch, wie die juvenilen Lachse, die neugeborenen Stachelmäuse, die fötalen Kaninchen und embryonalen Frösche, sind solche eindeutige Verstärker nur schwer vorstellbar. Es ist daher die Frage, ob ein „Geruchsexpositionslernen" ohne Verstärkung möglich ist, und wenn ja, wie sich die neurobiologischen Mechanismen dieser Lernform von assoziativen Prägungsmechanismen unterscheiden.

6. Hormonell bedingte sensitive Perioden

Bei mindesten drei Tiermodellen - dem Schaf, der Maus und dem Lachs - ist die sensitive Periode durch eine Änderung des hormonellen Zustands gekennzeichnet. So reicht beim Schaf die vaginocervikale Stimulation, die natürlicherweise bei der Geburt auftritt, allein nicht aus, um eine zentrale Ausschüttung von Oxytocin und das mütterliche Verhalten hervorzurufen, sondern bedarf zusätzlich der Anwesenheit von Östradiol und Progesteron (Poindron et al.,1993). Obwohl diese Hormone eine Vorraussetzung für die Bindung zwischen Mutter und Lamm darstellen, ist bis jetzt nicht geklärt, in welcher Weise sie das olfaktorische Lernen begünstigen.

Bei der Maus ist das Vorhandensein von Östrogen eine Voraussetzung für die Begattung und für die Bildung des Partnergedächtnisses. Dieses Lernen wird vom akzessorischen olfaktorischen System vermittelt, wobei Östrogen die Aktivierung der mit ihm verbunden hypothalamischen Neurone verstärkt. Darüber hinaus scheint eine während der Schwangerschaft erhöhte Neurogenese olfaktorischer Sinneszellen dazu beizutragen, daß bei der nächsten Begattung ein neues Geruchsmuster erlernt werden kann (Brennan et al.,1990; Keverne & Kaba,1990).

Beim Lachs wiederum regulieren Schilddrüsenhormone während der juvenilen Phase Umbauprozesse, die dem späteren Aufenthalt im Meer dienen (Hasler & Scholz,1983). Die Schilddrüsenaktivität ist daher auch mit der Geruchsprägung korrelliert und es ließ sich zeigen, daß Thyroxin zu verstärktem Lernen und Veränderungen der neuronalen Aktivität im Bulbus olfactorius führt. Darüber hinaus scheinen Sexsteroide zum Zeitpunkt der Rückwanderung die Aktivierung des olfaktorischen Gedächtnisses zu unterstützen und selektiv die Empfindlichkeit für Gerüche zu erhöhen, die während der Prägungsphase erfahren wurden.

Diese Beispiele werfen allgemein die Frage auf, ob auch während der Ontogenese hormonelle Änderungen an der Geruchsprägung beteiligt sein könnten. Obwohl kaum untersucht, ist dies durchaus vorstellbar, da Hormone während bestimmter Phasen eine große Bedeutung für die Entwicklung des Gehirns haben (Arnold et al.,1987). Anderseits könnten gerade im adulten Organismus endokrine Mechanismen zu einer neuronalen Plastizität beitragen, die im noch wachsenden System a priori vorhanden ist.

7. Neurobiologie der assoziativen Geruchsprägung

Die Untersuchung der neuronalen Prozesse, die der olfaktorischen Prägung zugrunde liegen, hat sich hauptsächlich auf den akzessorischen Bulbus olfactorius der Maus (Brennan et al.,1990; Keverne & Kaba,1990) und den eigentlichen Bulbus olfactorius des Schafs (Kendrick et al.,1992; Poindron et al.,1993) und der Ratte (Wilson & Sullivan,1994) konzentriert. Ergebnisse dieser Studien legen die Beteiligung von zwei grundlegenden Mechanismen nahe: (1) gleichzeitige Aktivierung von olfaktorischen und noradrenergen Afferenzen des Bulbus und (2) die daraus resultierende, selektive Verstärkung intrabulbärer inhibitorischer Verbindungen.

Hierbei ergibt sich folgendes Bild: Die olfaktorischen Sinneszellen des Riechepithels projizieren zur glomerulären Schicht des Bulbus. Dort erregen sie sowohl periglomeruläre Interneurone wie auch die exzitatorischen, zentral projizierenden

Mitralzellen. Letztere aktivieren im Nebenschluß über reziproke Synapsen zahlreiche inhibitorische Körnerzellen. Im Mausmodell konnte diese Sequenz durch Stromquellenanalyse direkt bestätigt werden (Kaba & Keverne,1992).

Zahlreiche pharmakologische Untersuchungen zeigen nun, daß für die olfaktorische Gedächtnisbildung, nicht jedoch für den Abruf des Geruchsgedächtnisses, eine noradrenerge Aktivation des Bulbus notwendig ist. Diese Aktivation trägt vor allem zur langfristigen Modifikation der Mitral/Körnerzell-Synapsen bei: Noradrenalin vermindert bei der Maus die GABA-erge Inhibition der Körnerzellen und ermöglicht dadurch eine verlängerte Aktivierung der Mitralzellen - die ihrerseits zu einer Verstärkung der reziproken Synapsen führt (Brennan et al., 1990; Keverne & Kaba, 1990). Sobald die Noradrenalinausschüttung abklingt, können die beteiligten Mitralzellen auf Dauer eine verstärkte Körnerzell-Hemmung hervorrufen. Darüber hinaus konnte im Mausmodell die für die Gedächtnisbildung notwendige Proteinsynthese und die ihr vorausgehende zelluläre Expression von Proto-Onkogenen nachgewiesen werden (Brennan et al.,1992).

Bei der neugeborenen Ratte ließ sich zeigen, daß noradrenerger Input zwar die Zahl der Mitralzellen reduziert, die auf den dargebotenen Geruchsreiz reagieren, aber auch deren Bereitschaft zu habituieren signifikant vermindert (Wilson & Sullivan, 1994). Im Gegensatz dazu, führt die Geruchsprägung beim erwachsenen Schaf zu einer Zunahme der durch Lammgeruch aktivierbaren Mitralzellen (Kendrick et al.,1992). Analysen der bulbären Glutamat- und GABA-Ausschüttung zeigten, daß eine noradrenerge Veränderung der Körnerzellinhibition vorliegen muß. Während Lernmechanismen im olfaktorischen Bulbus von Schaf und Ratte auf NMDA-abhängigen β-adrenergen Rezeptoren beruhen (Poindron et al.,1993; Wilson & Sullivan,1994), sind sie im akzessorischen Bulbus der Maus von non-NMDA a-adrenergen Rezeptoren abhängig (Brennan et al.,1990).

Für eine zusätzliche Beteiligung der periglomerulären Zellpopulation am Geruchslernen sprechen mehrere Befunde. So nimmt bei neugeborenen Ratten in bestimmten, an erhöhtem Glukoseverbrauch erkennbaren Glomeruli die Zahl der periglomerulären Neurone nach Geruchskonditionierung zu (Wilson & Sullivan, 1994). Im Bulbus des Schafes wird post partum vermehrt Acetylcholin ausgeschüttet (Kendrick et al.,1992), das wegen des cholinergen Innervationsmusters insbesondere die periglomerulären Zellen erreichen dürfte.

Es ist bisher nur wenig über die zentrale Verarbeitung bei der Geruchsprägung bekannt. Nur für neugeborene Ratten scheint gesichert zu sein, daß mehrere Strukturen daran beteiligt sind. So beeinträchtigen Läsionen der Amygdala zwar das Erlernen einer olfaktorischen Präferenz, haben aber keinen Einfluß auf den Abruf (Wilson & Sullivan,1994). In der Maus wird jedoch das Geruchsgedächtnis, wie Läsionsstudien zeigten, ausschließlich im akzessorischen Bulbus olfactorius angelegt (Brennan et al.,1990; Keverne & Kaba,1990). Insgesamt läßt sich daher feststellen, daß wesentliche Gedächtnisprozesse bereits im Bulbus, d.h. im Vergleich zu anderen Modalitäten bereits in der ersten Umschaltstation, stattfinden.

8. Expositionslernen ein Entwicklungsphänomen?

Da es bisher kaum Untersuchungen oder Vorstellungen zu den neuronalen Mechanismen des olfaktorischen Expositionslernens gibt, sind einige, eher spekulative Überlegungen zulässig: (1) So könnte das Fehlen eines eindeutigen Verstärkungsmechanismusses bedetuten, daß das Expositionslernen nicht von einer Noradrenalinausschüttung abhängig ist. (2) Da sich die Körnerzellpopulation bei den meisten Tieren zum Zeitpunkt der Geburt noch in der Entwicklung befindet (Brunjes, 1989), könnte eine fehlende Inhibition während der Geruchsexposition zu einer starken Aktivation der Mitralzellen führen und so eine Gedächtnisbildung ermöglichen. (3) Darüber hinaus könnten für diesen Vorgang immer neue Schaltkreise rekrutiert werden, da auch die Zahl der Sinneszellen und Glomeruli bis weit in die postnatale Periode zunimmt (Brunjes,1989). Auch im Bulbus des Lachses sind während der juvenilen Phase Thyroxin-induzierte Wachstumsvorgänge beobachtet worden. (4) Schließlich sollte man die theoretische Möglichkeit einer umweltbedingten Amplifizierung der olfaktorischen Sinneszellen als Korrelat des Expositionslernens in Erwägung ziehen, da eine pränatale Geruchserfahrung zu einer geruchsspezifischen Verstärkung des Elektro-Olfaktograms, d.h. der rezeptiven Eigenschaften des Sinnesepithels, führt (Abb. 2; Semke et al.,1995).

9. Gibt es olfaktorische Prägung beim Menschen?

Es stellt sich nun die Frage, ob ähnliche Prägungsphänomene auch beim Menschen zu erwarten sind. Obwohl dies bisher nicht direkt untersucht wurde, ist sicher, daß Säuglinge bereits bei Geburt über ein funktionsfähiges olfaktorisches System verfügen und natürliche wie künstliche Gerüche sehr rasch lernen (Schaal & Orgeur,1992; Porter & Schaal,1995). Werden Säuglinge während der ersten 24 Stunden in der Wiege einem Duft, z.B. Kirsch oder Ingwer, ausgesetzt oder für 10 Minuten in Anwesenheit eines Duftes gestreichelt, so wenden sie im Duftpräferenztest den Kopf diesem Duft zu. Auf ähnliche Weise konnte gezeigt werden, daß gestillte, nicht jedoch flaschen-gefütterte Säuglinge bereits am 3. Lebenstag den Brustgeruch der eigenen Mutter von dem einer anderen stillenden Frau unterscheiden können und bevorzugen. Jedoch zeigen flaschengefütterte Säuglinge eine allgemeine, anscheinend angeborene oder pränatal erworbene Präferenz für den Geruch stillender Frauen und ziehen diesen sogar dem Geruch ihrer Flaschenmilch vor (Porter & Schaal,1995).

Obwohl noch nicht klar ist, ob das frühkindliche Lernen eine sensitive Phase besitzt und zu einem langfristigen Geruchsgedächtnis führt, ist die Ähnlichkeit mit dem Expositions- bzw. Assoziationslernen neugeborener Säugetiere offensichtlich. Der Vergleich mit den Tiermodellen zeigt zumindest, daß das Geruchslernen für den Säugling eine wichtigere Rolle spielen könnte, als bisher vermutet wurde, und daß der Mensch möglicherweise vor der Geburt erste Hinweise auf die kommende Geruchswelt erhält und keineswegs „geruchsnaiv" zur Welt kommt.

Akustische Filialprägung als experimentelles Modell für frühkindliche Lernprozesse

Katharina Braun

Zusammenfassung

Um die Grundprinzipien der frühkindlichen Lernvorgängen (Prägung) zugrunde liegenden neuronalen Plastizität zu analysieren, untersuchen wir als experimentelles Modell die akustische Filialprägung beim Haushuhnküken, an dem solche Veränderungen vom Verhalten bis zur Einzelzelle studiert werden können. Dieses Modell ist unter anderem auch deshalb besonders geeignet, da gerade beim Menschen das präzise Erkennen und die Diskriminierung von Lauten von großer Bedeutung für das Erlernen der Sprache und damit eine wichtige Voraussetzung für die Entwicklung intellektueller, emotionaler und sozialer Fähigkeiten ist. Basierend auf unseren bisherigen experimentellen Befunden haben wir die Hypothese entwickelt, daß es bei diesen sehr frühen Lernprozessen in bestimmten assoziativen Hirngebieten zu einer ersten erfahrungsabhängigen Reorganisation der initial noch relativ unspezifisch organisierten neuronalen Verschaltungen kommt, die die Grundlage für spätere Lernprozesse im adulten Gehirn bilden. Während des Lernprozesses kommt es nach unserer Hypothese zu einer Aktivierung der glutamatergen (den konditionierten Stimulus repräsentierenden) Synapsen und der modulatorischen dopaminergen (den unkonditionierten Stimulus repräsentierenden) Synapsen. Diese simultane oder kurzzeitig aufeinanderfolgende Aktivierung könnte zu einer präsynaptischen Bahnung führen, indem sich in den glutamatergen Synapsen eine Veränderung der dopaminstimulierten intrazellulären Botenstoffe und Enzymkaskaden vollzieht, die eine Erhöhung der durch den verhaltensrelevanten Umweltreiz ausgelösten Glutamatausschüttung in diesen Synapsen bewirkt.

Summary

To analyse different aspects of neuronal plasticity which underlie juvenile learning processes we investigate auditory filial imprinting in domestic chicks as an experimental model. We hypothesize that these early learning events are associated with an experience-induced reorganization of initially relatively unorganized synaptic networks, which may provide the neuronal basis for learning processes in later life. A disturbance or inhibition of this initial shaping process may impair the development of intellectual, emotional and social abilities. Based on our experimental data we speculate that during imprinting the activation of glutamatergic synapses (carrying the information of the conditioned stimulus) simultaneous with, or shortly followed by the activation of modulatory dopaminergic synapses (carrying the information of the unconditioned stimulus), leads to presynaptic facilitation. This increase of synaptic strength is mediated by a long-lasting change of dopamine-stimulated intracellular second messenger and enzyme cascades within the glutamatergic synapses, which leads to an enhanced glutamate release in response to the learned, behaviorally relevant environmental stimuli.

1. Einleitung

Der von Lorenz (1935) eingeführte Terminus „Prägung" bezeichnet die Entwicklung einer sozialen Zuwendung bei nestflüchtenden Vögeln kurz nach der Geburt. Es kommt dabei zu einer Bevorzugung und Fixierung auf eine Klasse von, durch bestimmte Kombinationen sensorischer (visueller, akustischer olfaktorischer, taktiler) Reize charakterisierten, Objekten oder Individuen, durch die eine Verhaltensreaktion (Nachlaufen, Schreien, Lächeln etc) ausgelöst wird. Während das Antwortverhalten (z.B. Nachlaufen, Lächeln) vermutlich angeboren ist, müssen die charakteristischen Merkmale des Prägungsobjektes erlernt werden. Klassische Beispiele für Prägungslernen sind die Filialprägung (Nachlaufprägung), die Sexualprägung, d.h. das Erlernen der Merkmale des Geschlechtpartners und die Ausbildung entsprechender Verhaltensweisen, und bei Vögeln die Gesangsprägung bzw. beim Menschen der Erwerb der Muttersprache. Im Vergleich zu den ursprünglich sehr strengen Kriterien für Prägungslernen (Lorenz, 1953; Hess,1973) führten jüngere Untersuchungsergebnisse zu einer etwas weiteren Definition, Prägung wird heute allgemein als früher assoziativer Lernprozeß mit relativ stabilem Ergebnis betrachtet (Immelmann & Suomi, 1982). Demnach sind die beiden typischen Kriterien, die für alle Formen von Prägungslernen gültig sind, die Phasenspezifität und die relative Stabilität. Prägungslernen kann offenbar nur während eines ganz bestimmten Lebensabschnittes, einer zeitlich mehr oder weniger scharf definierten sensiblen Phase stattfinden, und es ist sehr schwer, das Lernergebnis später rückgängig zu machen oder überhaupt zu verändern. Die sensible Phase entspricht dabei nicht einer homogenen Zeitspanne, oder einem festen unveränderbaren Zeitraum, sie ist vielmehr in starkem Maße von Umwelteinflüssen abhängig, und es gibt Hinweise darauf, daß ihre Dauer unter anderem durch den Prägungsprozess selbst terminiert wird. Die Irreversibilität bzw. der hohe Grad an Stabilität und späterer Unbeeinflußbarkeit durch gleichartige Umwelteindrücke wirft die Frage nach einem möglichen Zusammenhang zwischen der Art und dem Ausmaß der Reizdarbietung im frühkindlichen Alter und den späteren intellektuellen und sozialen Fähigkeiten auf (Grossmann, 1977). Die Anerkennung des Konzepts der Prägung für die frühkindliche Entwicklung des Menschen wird noch immer kontrovers diskutiert (vgl. Gray, 1958; Moltz, 1960; Ambrose, 1963, Immelmann & Grossmann, 1981; Leidermann, 1982, Hassenstein, 1987), eine solche Betrachtungsweise ist jedoch für die systematische Untersuchung früher Lernprozesse hilfreich. Sensible Phasen für bestimmte Lernvorgänge finden sich während der frühkindlichen Entwicklung beim Menschen (Bornstein, 1989, Grossmann, 1977) und sind eingehend untersucht worden (Heckhausen, 1974). Die sensible Phase für die Entwicklung der Eltern-Kind Beziehung liegt beispielsweise zwischen den ersten Lebensmonaten und dem Ende des zweiten Lebensjahres. In solchen Studien konnten Parallelen zu tierexperimentellen Befunden aufgezeigt werden (Immelmann & Grossmann, 1981), unter anderem wurde beispielsweise die „smiling response" des Säuglings als motorisches Äquivalent der Nachlaufresponse des Vogelkükens betrachet (Spitz & Wolf, 1946). In Verhaltensexerimenten an wenige Tage alten Säuglingen zeigte sich, daß die Kinder bereits die Stimme ihrer Mutter bzw. des Vaters von fremden Frauen- oder Männerstimmen unterscheiden können, und daß sie diese im Verhaltenstest deutlich bevorzugen (DeCasper & Fifer, 1980). Dieser sehr frühe und schnelle Lernprozess und die Entwicklung der Kind-Mutter bzw. Kind-Vater Beziehung ist also durchaus vergleichbar mit akustischer Filialprägung im Tiermodell (Bowlby, 1969; Hassenstein, 1973).

Aufgrund der komplexeren Verhaltensweisen und dadurch schwierigeren experimentellen Zugänglichkeit für vergleichende Untersuchungen lassen sich bei Primaten und dem Menschen Hinweise für Prägungslernen vor allem aus Beobachtungen von Fehlentwicklungen im intellektuellen und sozialen Bereich herleiten (Rutter, 1979; 1991, Klaus & Kernell, 1976), die experimentell zum Beispiel durch frühkindliche Deprivation erzeugt werden können. Die Untersuchungen von Harlow und Harlow (1962) an Rhesusaffen zeigen den unmittelbarsten Bezug zu entsprechenden Erscheinungen in der menschlichen Frühentwicklung. Sozial deprivierte, von Drahtattrappen aufgezogene Affen zeigten schwerste Entwicklungsschäden insbesondere im Sozialverhalten, die Syndrome reichten von Bewegungsstereotypien, aggressiven Reaktionen, Apathie, bis zu zwanghaften Gewohnheiten wie Haarausreißen etc. Viele Tiere waren im Erwachsenenalter paarungsunfähig weil sie den Partner attackierten, die wenigen Weibchen, die doch Junge gebaren, erwiesen sich häufig als schlechte Mütter, die ihre Kinder vernachlässigten und mißhandelten. Zwei weitere Eigenschaften dieser mutterlos aufgewachsenen Rhesusaffen sind im Hinblick auf einen möglichen Vergleich mit dem Menschen von besonderem Interesse, sie zeigten mangelndes Spiel- und Erkundungsverhalten und dadurch bedingt deutlich verringerte Lernleistungen. Solche Fehlentwicklungen bis hin zum Hospitalismus waren bereits in früheren Studien bei Heimkindern, die ohne echte Bezugsperson aufwuchsen, beobachtet und analysiert worden (Goldfarb, 1943; Spitz, 1945). Darüber hinaus konnte Skeels (1966) in einer bemerkenswerten Langzeitstudie nachweisen, daß solchermaßen sozial und emotional depriviert aufgewachsene Individuen niedrigere Intelligenzquotienten zeigten und später eine schlechtere schulische und berufliche Ausbildung erlangten. Das soziale Umfeld im Erwachsenenalter war bei fast all diesen Individuen nicht ausgewogen, die meisten lebten alleine und teilweise in Obdachlosenheimen oder führten ein zerrüttetes Familienleben.

Aufgrund solcher vergleichenden Beobachtungen und wegen der enormen Auswirkung von frühkindlichen Lern- und Erfahrungsprozessen auf viele Aspekte des späteren Lebens erscheint es wichtig, die neuronalen Grundlagen gerade von frühen Lernprozessen experimentell zu untersuchen. Die in diesem Artikel aus neurobiologischer Sicht dargestellten Erkenntnisse zur synaptischen Plastizität bei frühen Lernvorgängen sollen aufzeigen, welche Auswirkungen frühkindliche Erfahrungen und Lernprozesse und die zugrunde liegenden synaptischen Veränderungen im Gehirn auf die spätere Entwicklung geistiger und psychischer Fähigkeiten haben können. Ungünstige familiäre Bedingungen und mangelnde geistige Förderung und emotionale Zuwendung, die zu Störungen oder einem völligen Ausbleiben solcher frühen Erfahrungs- und Lernprozesse und der damit verbundenen strukturellen Veränderungen des Gehirns führen, können Ausgangspunkt für die Entstehung von Lernstörungen, emotionalen und sozialen Defiziten und von psychischen Erkrankungen sein. Da solche frühen Lernvorgänge auf bestimmte sensible Lebensphasen beschränkt sind, und die relativ dramatischen synaptischen Reorganisationsprozesse im Gehirn sehr stabil sind, lassen sich solche Versäumnisse später nur sehr schwer korrigieren.

2. Neuronale Plastizität bei frühkindlichen Lernprozessen

Im Rahmen unserer Forschung beschäftigen wir uns mit der Aufklärung der synaptischen Veränderungen, die frühkindlichen Erfahrungs- und Lernprozessen zugrunde liegen. Die Grundprinzipien neuronaler Veränderungen und der zugrundeliegenden Mechanismen im Verlauf von Prägungsvorgängen müssen an einem geeigneten experimentellen Tiermodell untersucht werden, bei dem die soziale Umwelt des heranwachsenden Organismus in nahezu beliebiger Weise manipuliert werden kann, und an dem neben exakt kontrollierbaren Verhaltensuntersuchungen auch pharmakologische, physiologische, anatomische und biochemische Untersuchungen durchgeführt werden können. Die akustische Filialprägung bei Haushuhnküken (Gallus gallus domesticus) erfüllt diese Kriterien in vielerlei Hinsicht. Bereits während der Inkubation der Eier läßt sich die sensorische Umwelt der sich entwickelnden Embryonen sehr exakt kontrollieren, und die Tiere können sofort nach der Geburt in einer genau definierbaren sensorischen und sozialen Umwelt aufgezogen werden. Die Parameter des Prägungsreizes können genau definiert und beschrieben werden und die für den Lernprozeß notwendige Reizdauer ist meßbar. Ein weiterer Vorteil besteht darin, daß das Gehirn von Nestflüchtern bei der Geburt bereits relativ weit entwickelt ist, so daß eine Trennung zwischen endogen gesteuerten Wachstums- und Reifungsvorgängen und den lernbedingten neuronalen Veränderungen weitgehend möglich sein sollte. Als Modell ist die akustische Filialprägung auch deshalb besonders geeignet, da gerade beim Menschen das präzise Erkennen und die Diskriminierung von Lauten von großer Bedeutung für das Erlernen der Sprache und damit später wichtig für die Entwicklung intellektueller, emotionaler und sozialer Fähigkeiten ist.

Im Zusammenhang mit der experimentellen Analyse der Mechanismen neuronaler Plastizität ist die Frage der Vergleichbarkeit von Prägungslernen und den klassischen Formen des Konditionierungslernens relevant, d.h. die Frage nach den Gemeinsamkeiten bzw. Unterschieden der zugrunde liegenden neuronalen Mechanismen (vgl. Bischof, 1985). Trotz großer Kontroversen zu diesem Thema (Lorenz, 1935; Hess, 1973) erscheint es für die hier untersuchte Filialprägung plausibel, sie als ein sehr schnell ablaufendes Konditionierungslernen (operante Konditionierung über Belohnung) zu betrachten (Hoffman & Ratner, 1973, Immelmann & Grossmann, 1981), da hier das Erlernen des Prägungsreizes (konditionierter Stimulus) zeitgleich mit der Ausführung des entsprechenden Verhaltens auftritt, und die Annäherung bzw. die Nähe zum Prägungsreiz im Prinzip als Belohnung betrachtet werden kann. Unter dieser Annahme sollten die beim Prägungslernen beobachteten zellulären Veränderungen und ihre Mechanismen mit denen des Konditionierungslernens prinzipiell vergleichbar sein, was jedoch nicht ausschließt, daß bei Lernprozessen im juvenilen, d.h. noch nicht ausgereiften und gewissermaßen naiven Gehirn zusätzlich noch andere Mechanismen eine Rolle spielen könnten, die später im adulten Gehirn nicht mehr in dieser Form auftreten.

Aufbauend auf den eingangs geschilderten Verhaltensbeobachtungen bei Primaten und beim Menschen und basierend auf unseren experimentellen Befunden am Modell der akustischen Filialprägung haben wir die Hypothese aufgestellt, daß es bei frühen Lernprozessen in den assoziativen Hirngebieten zu einer ersten erfahrungsabhängigen Reorganisation von initial noch relativ unspezifisch organisierten neuronalen Verschaltungen kommt, die die Grundlage für spätere Lernprozesse im adulten Gehirn bilden könnten (Braun 1996). Störungen oder das völlige Ausbleiben solcher frühen Reorganisationsprozesse, beispielsweise durch frühkindlichen Mangel an Lern- und Erfahrungsmöglichkeiten, können zu den beim Tier und auch beim Menschen beobachteten Lernstörungen und Defiziten im emotionalen und sozialen Bereich führen.

Im folgenden sollen einige unserer Befunde zusammengefaßt werden, die diese Hypothese unterstützen.

Bei der akustischen Prägung werden die neugeborenen Küken einzeln auf einen Prägeton, rhythmische 400 Hz Tonpulse, geprägt und danach in einer Y-Arena getestet. Dort müssen die Küken in Diskriminierungstests, in denen alternierend der Prägeton vom einen Flügel der Arena und ein Diskriminierungston, rythmische Tonpulse von 700 Hz, vom anderen Flügel der Arena vorgespielt werden, eine deutliche Präferenz für den Prägeton zeigen, indem sie gezielt auf ihn zulaufen und die entsprechende Zielbox betreten. Bei Perlhuhn- und bei Haushuhnküken kommt es im Verlauf der akustischen Filialprägung in bestimmten assoziativen Vorderhirnregionen zu einer Reihe von physiologischen und morphologischen Veränderungen. Mithilfe der 2-fluoro-deoxyglucose-Autoradiographie, mit der stark elektrisch und metabolisch aktive Hirnregionen über ihre vermehrte Aufnahme und Anreicherung von radioaktiv markierter 2-fluoro-deoxyglucose sichtbar gemacht werden können, wurden die Hirnregionen identifiziert, die im Verlauf des Lernprozesses eine Veränderung ihrer Aktivierbarkeit erfahren hatten. In diesen Experimenten wird erfolgreich geprägten oder naiven Kontrollküken eine bestimmte Menge von radioaktiv markierter 2-fluoro-deoxyglucose injiziert, und dann der 400 Hz Tonreiz für 60 Minuten vorgespielt. Durch die Präsentation des Tonreizes werden bestimmte Hirnregionen besonders stark aktiviert, deren Nervenzellen durch den dadurch erhöhten Energiestoffwechsel vermehrt Glucose einschließlich der verabreichten markierten 2-fluoro-deoxyglucose aus dem Blut aufnehmen. Da die 2-fluoro-deoxyglucose nicht wie die normale Glucose weiter in der Zelle verstoffwechselt werden kann, reichert sie sich in den entsprechenden Zellen an. Dünne Gehirnschnitte von diesen Tieren werden dann auf Röntgenfilm gelegt, der in Abhängigkeit von der aufgenommenen radioaktiven Substanzmenge unterschiedlich stark geschwärzt wird. Mit dieser Technik konnte nachgewiesen werden, daß unter anderem das medio-rostrale Neostriatum/Hyperstriatum ventrale (MNH) (Maier & Scheich, 1983; Wallhäußer & Scheich, 1987) und Teilbereiche des caudalen Neostriatums (NC) (Bock & Braun, 1993; Bock et al., 1994) bei den tongeprägten Küken eine im Vergleich zu naiven Kontrolltieren erhöhte Aktivierbarkeit erlangt hat, ausgelöst durch den während des 2-fluoro-deoxyglucose-Experimentes vorgespielten Prägungslaut. Das heißt, bei den Tieren, für die der Tonreiz eine Bedeutung erlangt hat, löst er in diesen Hirnregionen eine höhere Aktivität aus als bei Tieren, die diesen Tonreiz während des 2-fluoro-deoxyglucose-Experimentes erstmals hören und ihm daher keine spezifische Bedeutung zumessen. Im Gegensatz zum MNH, das offenbar nur bei tongeprägten Tieren aktivierbar ist, zeigt das caudale Neostriatum auch bei visuell geprägten Tieren eine erhöhte Aktivierung, wenn diese Tiere während des 2-fluoro-deoxyglucose-Experimentes mit dem entsprechenden visuellen Prägereiz konfrontiert werden (Bock et al., 1994). Diese mit der 2-fluoro-deoxyglucose-Autoradiographie dargestellte Veränderung der Aktivierbarkeit des MNH nach Prägung auf einen einfachen Tonreiz läßt sich auch elektrophysiologisch nachweisen (Bredenkötter & Braun, 1986).

Als morphologisches Korrelat dieses Lernprozesses konnte von Wallhäußer und Scheich (1987) gezeigt werden, daß ein bestimmter Neuronentyp, die Typ I-Neurone im MNH im Verlauf der akustischen Prägung einen bestimmten Prozentsatz ihrer Synapsen aufgeben. Dieser Synapsenverlust ist vermutlich das Ergebnis einer Synapsenselektion (Scheich et al., 1991) bei der die bei der Prägung wenig oder gar nicht aktivierten Synapsen zunächst abgeschwächt und schließlich ganz aufgelöst werden, während die durch den Prägungsreiz stark aktivierten Synapsen eine erhöhte Effizienz erlangen. Diese Synapsenverstärkung spiegelt sich unter anderem in der erhöhten metabolischen Aktivierbarkeit in den 2-fluoro-deoxyglucose-Experimenten und in den elektrophysiologischen Messungen (s.o.) wider. Solche Veränderungen zeigen, daß Umweltreize, die für das Tier eine Bedeutung erlangt haben, in spezifischen Hirnregionen zu einer Veränderung der Synapsenzahl und der Synapsenstärke führen. Diese synaptischen Veränderungen bewirken eine spezifischere und damit effizientere Verarbeitung von bedeutungsvollen Umweltreizen, die für die Entwicklung entsprechender Verhaltensreaktionen eine wichtige Voraussetzung ist.

Ausgehend von diesen Befunden erhebt sich nun die Frage nach den zellulären Mechanismen, die an diesen synaptischen Veränderungen beteiligt sind. An unserem Modell konnten wir eine Beteiligung des glutamatergen und des dopaminergen Systems aufzeigen. Im MNH konnten wir mit verschiedenen Nachweismethoden eine glutamaterge und eine dopaminerge Innervation nachweisen. Rezeptorbindungsstudien zur Verteilung von verschiedenen Glutamatrezeptoren ergaben im neostriatalen Teil des MNH eine relativ hohe Dichte von glutamatergen N-methyl-D-aspartat-Rezeptoren, während die glutamatergen Kainat-Rezeptoren vermehrt im hyperstriatalen Anteil des MNH nachzuweisen sind (Schnabel & Braun, 1994). Dopaminerge D1 und D2 Rezeptoren weisen im Vergleich zu umliegenden Regionen, insbesondere zum stark markierten Lobus parolfactorius (LPO), eine mittlere Dichte im MNH auf, während in Teilbereichen des caudalen Neostriatums eine relativ hohe Dichte des D1-Rezeptors nachzuweisen ist (Schnabel et al., 1995). Das Vorkommen anderer Subtypen von Dopaminrezeptoren wurde bisher in diesem Zusammenhang am Vogelhirn nicht untersucht. Auf zellulärer Ebene zeigte sich in unseren Untersuchungen mit Antikörpern gegen das dopaminabhängig phosphorylierte Protein DARPP-32, einem Markerprotein für D1 Rezeptor-tragende Neurone, daß zumindest ein Teil morphologisch den Typ I-Neuronen entspricht, d.h. den Neuronen, die im Verlauf der akustischen Prägung ihre Synapsen reduzieren. Immundoppelfärbungen mit einem Antikörper gegen Dopamin zeigten, daß die dopamin-positiven Fasern eng benachbart zu den mit DARPP-32 dargestellten dopamin-sensitiven Dendriten verlaufen, wo sie höchstwahrscheinlich synaptische Kontakte miteinander bilden (Metzger et al., 1995). Diese überwiegend symmetrischen, also vermutlich hemmenden dopaminergen Synapsen finden sich häufig präsynaptisch zu asymmetrischen, vermutlich erregenden Synapsen, und wir überprüfen derzeit, ob es sich im letzteren Fall um die glutamatergen Synapsen aus dem dorsalen Thalamus oder aus dem caudalen Neostriatum handelt (Schnabel et al., 1995). Für die dopaminergen Eingänge des MNH und des caudalen Neostriatums konnte klar gezeigt werden, daß sie überwiegend aus dem ventralen Tegmentum (AVT) heraufziehen (Metzger et al., 1994; Metzger et al., 1996). Aufgrund dieser

Frühkindliche Lernprozesse

räumlichen Anordnung der verschiedenen Synapsentypen vermuten wir, daß die dopaminergen Synapsen modulierend auf die Aktivität dieser exzitatorischen Synapsen wirken könnten und umgekehrt (vgl. Abb. 5).

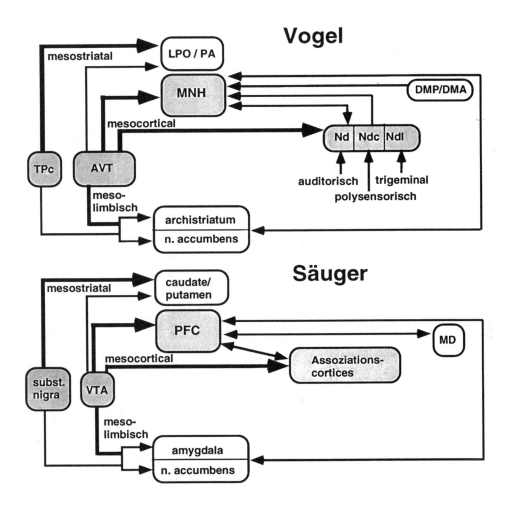

Abb. 1: Vergleich der prinzipiellen dopaminergen Verschaltungsmuster lernrelevanter Hirnregionen des Vogels mit dem mesolimbischen System des Säugers (vgl. Text). LPO/PA: Lobus parolfactorius/Palaeostriatum augmentatum; MNH: medio-rostrales Neostriatum/Hyperstriatum ventrale; PFC: präfrontaler Cortex; Tpc: Nucleus tegmenti pedunculopontinus, pars compacta; AVT/VTA: Area ventralis Tsai/Area ventralis tegmenti (Tsai); DMA/DMP: Nucleus dorsomedialis anterior thalami/Nucleus dorsomedialis posterior thalami; MD: Nucleus medialis thalami; Nd/Ndc/Ndl: caudaler Neostriatum-Komplex.

Dieses sehr vereinfacht dargestellte Verschaltungsschema des Vogelgehirns, das auf den Ergebnissen unserer Verbindungsstudien und den Ergebnissen anderer Forschungsgruppen aufbaut, soll die prinzipiellen Analogien zum mesocorticalen bzw. mesolimbischen System des Säugergehirns aufzeigen und stellt unsere derzeitige Arbeitshypothese dar. Wir vermuten aufgrund seiner dopaminergen Eingänge und den massiven afferenten Eingängen aus dem dorsalen Thalamus (DMA/DMP), daß das MNH ein Äquivalent zum präfrontalen Cortex des Säugers sein könnte (Abb. 1). Diese Betrachtungsweise ist etwas konträr zur derzeitig vertretenen Auffassung bezüglich eines Vogelanalogons zum präfrontalen Cortex (vgl. Divac & Mogensen, 1985, Reiner, 1986, Waldmann & Güntürkün, 1993), in der das caudale Neostriatum (Nd, Ndc, Ndl) als ein Analogon zum präfrontalen Cortex des Säugers betrachtet wird. Dies erscheint nach unseren Studien zwar als eine ebenfalls plausible Denkmöglichkeit, wird jedoch durch einige unserer im folgenden kurz dargestellten Verbindungsstudien nicht belegt. Ein wichtiger Befund, der eher auf eine Vergleichbarkeit des caudalen Neostriatums mit den polysensorischen Assoziationscortices hinweist (Abb. 1), ist die von uns und anderen Autoren gefundene Subunterteilung des reziprok mit dem MNH verbundenen caudalen Neostriatums in drei sensorisch unterschiedliche Regionen (Abb. 1: Nd, Ndc und Ndl). Nach Bonke et al. (1979) ist der medio-dorsale Anteil überwiegend auditorisch innerviert (Nd), und wir konnten zeigen, daß selektiv dieser Anteil des caudalen Neostriatums in das MNH projiziert und damit einen indirekten auditorischen Eingang vermittelt. Eine lateral an diesen auditorisch innervierten Teil des caudalen Neostriatums angrenzende Region erhält polysensorische Eingänge (visuell, auditorisch, somatosensorisch:Ndc) und ein ganz lateraler Teil ist überwiegend vom Trigeminus innerviert (Ndl) (Wild et al., 1985). Diese polysensorischen Eingänge stellen sich auch in unseren 2-fluoro-deoxyglucose-Experimenten dar (J. Bock, unveröffentlichte Ergebnisse), in denen unterschiedliche Bereiche des caudalen Neostriatum-Komplexes prägungsreizabhängig aktiviert werden, was auf eine Rolle bei der Filialprägung hinweist. Eine detaillierte Diskussion des Problems der Analogisierung von Schaltkreisen im Vogel- und Säugergehirn würde hier zu weit und beim derzeitigen Kenntnisstand noch nicht zu einer endgültigen Klärung führen. Aufgrund unserer Verbindungs- und immuncytochemischen Studien, und da die in der Literatur vorliegenden Verbindungsstudien das hier vorgestellte Verschaltungsmodell bisher nicht hinreichend widerlegen können, dient uns bis zur Klärung solcher Analogieverhältnisse, die wir anderen Autoren überlassen möchten, die hier skizzierte Darstellung als gegenwärtige Arbeitshypothese.

Nachdem die Schaltkreise und Innervationsmuster der für die Filialprägung relevanten Hirnregionen zumindest im Prinzip bekannt sind, wurde der Einfluß der verschiedenen Transmittersysteme bei diesem Lernprozess untersucht. Da wir physiologische (Wang et al., 1994) und anatomische Hinweise für das massive Auftreten von Glutamatrezeptoren im MNH und im caudalen Neostriatum haben (Schnabel und Braun 1994), wurde die Bedeutung der Glutamatrezeptoren bei der akustischen Prägung in pharmakologischen Verhaltensexperimenten untersucht. Werden die glutamatergen N-methyl-D-aspartate-Rezeptoren im MNH bzw. im caudalen Neostriatum während des Lernexperimentes pharmakologisch durch den lokal applizierten N-methyl-D-aspartat-Antagonisten DL-2-amino-5-phosphonovaleriansäure blockiert, nimmt die Prägbarkeit der Küken mit zunehmender Konzentration stark ab (Bock & Braun, 1993; Bock et al., 1996; Abb. 2 links: Histogramm). Um diesen Effekt auf das Lernverhalten spezifischer interpretieren zu können, wurde der physiologische Effekt der DL-2-amino-5-phosphonovaleriansäure mithilfe der 2-fluoro-deoxyglucose-Autoradio-graphie untersucht (Bock et al., 1996). In diesen Experimenten wurde erfolgreich auf den 400 Hz Tonreiz geprägten Küken direkt vor dem 2-fluoro-deoxyglucose-Experiment in das MNH einer Hemisphäre (senkrechter Pfeil in Abb. 2 rechts, unteres Autoradiogramm) DL-2-amino-5-phosphonovaleriansäure injiziert, dann wurde der Tonreiz für 60 Minuten präsentiert. Obwohl diese Tiere vorher auf diesen Tonreiz geprägt waren, zeigten sie nicht die für geprägte Tiere typische hohe Aktivierung im MNH (Abb. 2 rechts, oberes Autoradiogramm, schräger Pfeil). Es zeigte sich vielmehr, daß die DL-2-amino-5-phosphonovaleriansäure eine Unterdrückung der metabolischen bzw. elektrischen Aktivierung in der injizierten Hirnregion bewirkt, die sich trotz einseitiger Injektion auf beide Hemisphären erstreckt (Abb. 2 rechts, unteres Autoradiogramm, schräger Pfeil). Darüber hinaus ist auch eine Verminderung der Aktivität im dorsal angrenzenden visuellen Wulst (Abb. 2 rechts, W) und im reziprok mit dem MNH verschalteten caudalen Neostriatum (nicht dargestellt) zu beobachten. Das heißt, es kommt zu einer Ausbreitung der Aktivitätsunterdrückung innerhalb der bei diesem Lernvorgang beteiligten Schaltkreise. Aus diesen Experimenten läßt sich schließen, daß die pharmakologische Blockade der N-methyl-D-aspartat-Rezeptoren im MNH oder im caudalen Neostriatum zu einer Unterdrückung der durch den Umweltreiz ausgelösten synaptischen Aktivierung führt und dadurch den Lernprozess verhindert. In unserem Modell können die mit DL-2-amino-5-phosphonovaleriansäure behandelten Tiere zwar den zu lernenden Reiz noch auf „cortikaler" Ebene hören, diese Information gelangt jedoch offenbar nicht mehr in die übergeordneten assoziativen Regionen MNH und caudales Neostriatum, so daß eine assoziative Verknüpfung dieses Tonreizes mit einer für das Tier relevanten Verhaltenssituation nicht erfolgen kann.

An welchen synaptischen Veränderungen sind die N-methyl-D-aspartat-Rezeptoren beteiligt und welche Relevanz haben diese für die akustische Prägung? Wang et al. (1994) konnten in elektrophysiologischen Experimenten am lebenden Hirnschnittpräparat des Kükenhirns zeigen, daß eine Blockade der N-methyl-D-aspartat-Rezeptoren mit der auch in unseren Verhaltensexperimenten verwendeten DL-2-amino-5-phosphonovaleriansäure die Induktion von Langzeitpotenzierung, einem physiologischen Korrelat für neuronale Plastizität, verhindert. Ganz vergleichbar mit den Neuronen im Hippocampus oder Cortex des Säugergehirns können Neurone des MNH nach hochfrequenter elektrischer Reizung der (höchstwahrscheinlich glutamatergen) Afferenzen aus dem dorsalen Thalamus potenziert werden. Das heißt, die hochfrequente Reizung führt zu einer erhöhten Empfindlichkeit und zu einer stärkeren Antwort solcher hochfrequent gereizter Synapsen, wenn diese später niedrigfrequent gereizt werden. Diese Potenzierung wird durch die Blockade der N-methyl-D-aspartat-Rezeptoren verhindert. In diesem physiologischen Modell für synaptische Plastizität simuliert die hochfrequente elektrische Reizung bedeutsame, für das Verhalten und Befinden eines Individuums relevante Umweltreize, die eine starke Aktivierung bestimmter Synapsenpopulationen auslöst und dadurch die Stärke dieser Synapsen dauerhaft erhöht. Da dieser elektrophysiologisch meßbare Effekt lange Zeit (Stunden, Tage, Wochen) anhält, wird vermutet, daß dies ein Prinzip der Gedächtnisbildung auf synaptischer Ebene sein könnte. Postuliert man eine Beteiligung solcher synaptischer

Potenzierungseffekte bei der akustischen Filialprägung, so könnte die Synapsenselektionshypothese (Scheich et al., 1991) dahingehend interpretiert werden, daß es gerade die beim Lernprozess potenzierten Synapsen sind, die selektiv verstärkt werden und erhalten bleiben, während andere, weniger aktivierte Synapsen abgebaut, also gewissermaßen „ausgejätet" werden. Auf diese Weise könnten inaktive, redundante und störende Synapsen eliminiert werden, so daß ein spezifischeres und damit effizienter arbeitendes synaptisches Netzwerk entsteht. In einem solchermaßen spezifizierten Netzwerk sollte ein einmal als bedeutungsvoll erlernter Umweltreiz, in unserem Beispiel also der akustische Prägereiz, eine stärkere Aktivierung auslösen, als ein unbekannter und neutraler Reiz. Dies zeigte sich tatsächlich in den 2-fluoro-deoxyglucose-Experimenten und in den elektrophysiologischen Experimenten (Maier & Scheich, 1983; Wallhäußer & Scheich, 1987; Bredenkötter & Braun, 1996), in denen die Küken, für die der präsentierte Tonreiz eine Bedeutung erlangt hatte, mit einer stärkeren metabolischen/elektrischen Aktivität im MNH reagierten als naive Kontrolltiere, für die der angebotenen Tonreiz neutral war.

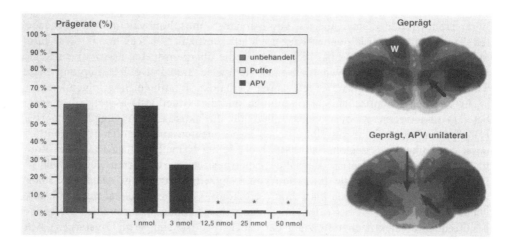

Abb. 2: Pharmakologische Blockade des glutamatergen N-methyl-D-aspartat-(NMDA) Rezeptors verhindert die akustische Filialprägung (Histogramm links) und blockiert die durch den Prägeton auslösbare Aktivierung im medio-rostralen Neostriatum/Hyperstriatum ventrale (MNH) (Autoradiogramme rechts), (vgl. auch Beschreibung im Text). Die Grauwertdarstellung der Autoradiogramme von transversalen Schnitten durch das Kükenvorderhirn (rechts) zeigt im oberen Schnitt die durch das Vorspielen des Prägetons ausgelöste Aktivierung im MNH (kurzer Pfeil) bei einem unbehandelten tongeprägten Küken. Im unteren Schnitt ist die beidseitige (d.h. in beiden Hirnhemisphären) Unterdrückung dieser Aktivierung nach einseitiger Injektion (langer Pfeil, rechte Hemisphäre) des N-methyl-D-aspartat-Antagonisten DL-2-amino-5-phosphonovaleriansäure in das MNH dargestellt.

Solchen langanhaltenden Veränderungen der synaptischen Effizienz können prinzipiell zwei Mechanismen zugrunde liegen, die sich jedoch gegenseitig nicht ausschließen müssen. Einerseits kann sich postsynaptisch die Dichte und/oder die Affinität der beteiligten Transmitterrezeptoren erhöhen und dadurch zu einer größeren Empfindlichkeit der Synapse beitragen. Andererseits kann sich präsynaptisch die Menge des ausgeschütteten Transmitters erhöhen und damit in der nachgeschalteten Zelle zu einer verstärkten Reaktion führen. Im Gegensatz zur visuellen Prägung, wo bei geprägten Küken in einem prägungsrelevanten Vorderhirngebiet, dem intermediären Hyperstriatum ventrale, eine bis zu 59%ige Vermehrung von N-methyl-D-aspartat-Rezeptoren gefunden wurde (McCabe & Horn, 1988), haben wir bisher keine Hinweise darauf, daß sich die Dichte von N-methyl-D-aspartat- und Kainatrezeptoren im Verlauf der auditorischen Prägung in den prägungsrelevanten Hirnarealen signifikant verändert. Unsere Mikrodialyse-Experimente weisen vielmehr darauf hin, daß es zu einer Erhöhung der Glutamatausschüttung kommt.

Über eine direkt in das MNH implantierte Mikrodialysesonde läßt sich am freibeweglichen, wachen Tier während des Verhaltensexperimentes die Ausschüttung von Glutamat und anderen Aminosäuretransmittern bei Präsentation eines Reizes, das heißt in unserem Experiment 400 Hz Tonpulse, messen. Dabei zeigte sich, daß bei tongeprägten Küken das Vorspielen des Prägungstons eine stärkere Ausschüttung von Glutamat im MNH auslöst als bei naiven Kontrolltieren, für die dieser Tonreiz keine Bedeutung erlangt hat (Abb. 3) (Gruß & Braun, 1996). Der schwache Anstieg der Glutamatausschüttung bei den naiven Kontrolltieren nach Anschalten des Tons und auch der bei einigen Kontrolltieren beobachtete Anstieg der Glutamatauschüttung nach Abschalten des Tonreizes weist vermutlich auf eine allgemeine Aufmerksamkeitsreaktion des naiven Tieres hin, mit dem es auf den neuen, und daher interessanten Tonreiz reagieren.

Über welche intrazellulären Mechanismen werden solche präsynaptischen Veränderungen, z.B. eine Erhöhung der Glutamaussschüttung, gesteuert bzw. manifestiert? Es gibt Hinweise aus biochemischen Untersuchungen, daß Veränderungen synaptischer intrazellulärer Botenstoffe im Verlauf des Lernvorgangs stattfinden. Diese Veränderungen können sich unter anderem auf die Transmitterausschüttung auswirken, und wir vermuten aufgrund unserer Ergebnisse, daß es dabei zu einer Interaktion zwischen den in unseren morphologischen Untersuchungen nachgewiesenen dopaminergen (s.o.) und glutamatergen Synapsen kommt.

Der intrazelluläre Botenstoff cyclisches Adenosinmonophosphat (cAMP) kann in MNH-Homogenaten mithilfe eines Radioimmunassays gemessen werden, und die Menge an cyclischem Adenosinmonophosphat gibt Aufschluß über die Aktivität seines synthetisierenden Enzyms Adenylatcyclase. Die Aktivität dieses Enzyms kann über Dopamin stimuliert werden, und dieser Vorgang verläuft höchstwahrscheinlich über den dopaminergen D1-Rezeptor. Ein Vergleich zwischen ton- und sozial (auf ihre Geschwister) geprägten Küken und naiven, akustisch isoliert aufgezogenen Küken ergab eine signifikante Erhöhung der Dopamin-stimulierten Adenylatcyclase-Aktivität bei den ton- und sozial geprägten Tieren (Reiser et al., 1993, 1994, Abb. 4). Das heißt, soziale Erfahrung, also die Prägung entweder auf einen künstlichen Tonreiz oder auf die Geschwister induziert offenbar eine Erhöhung der Synthese des intrazellulären Bo-

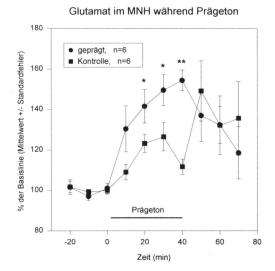

Abb. 3: Vergleich der Glutamatausschüttung im MNH geprägter und naiver Küken, ausgelöst durch den Prägeton (Zeitdauer durch den Balken unten im Bild angezeigt). Im Vergleich zur Basislinie (die ersten drei Meßwerte, ohne Tonstimulation) ist die Glutamatausschüttung nach Anschalten des Prägetons bei den auf diesen Ton geprägten Tieren signifikant (Sternchen an den Meßpunkten) erhöht, während die naiven Kontrolltiere mit einer vergleichsweise schwächeren Glutamatausschüttung reagieren (vgl. auch Ausführungen im Text)

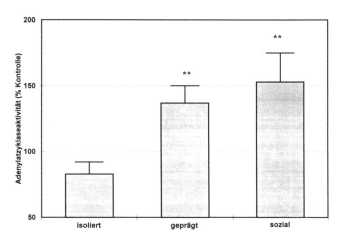

Abb. 4: Vergleich der dopamin-stimulierten Aktivierung der Adenylatcyclase zwischen tongeprägten (geprägt), sozial geprägten (sozial) und isolierten Kontrolltieren (isoliert), gemessen über die Synthese von cyclischem Adenosinmonophosphat (vgl. auch Beschreibung im Text). Die Dopamin-Stimulierbarkeit der Adenlyatcyclase ist bei den ton- und sozialgeprägten Tieren signifikant (Sternchen an den Histogrammbalken) höher als bei naiven, isoliert aufgezogenen Kontrolltieren.

tenstoffes cyclisches Adenosinmonophosphat. Cyclisches Adenosinmonophosphat kann unter anderem die Auschüttung von Glutamat stimulieren (Byrne, 1987). Unter der Annahme, daß die in diesem biochemischen Assay gemessene Erhöhung der dopaminstimulierten Synthese von cyclischem Adenosinmonophosphat in den oben beschriebenen potenzierten glutamatergen Synapsen stattfindet, könnte dies ein Mechanismus für die in den Mikrodialyse-Experimenten gemessene Erhöhung der Glutamatausschüttung nach akustischer Prägung sein. Der molekulare Mechanismus dieser Veränderung ist noch unbekannt. Eine mögliche Erklärung wäre, daß durch den Lernprozess die Dichte oder Empfindlichkeit der Dopaminrezeptoren (D1) erhöht wird, die auf den glutamatergen Synapsen vermutet werden müssen (vgl. Abb. 5), und dadurch die vermehrte Synthese von cyclischem Adenosinmonophosphat bewirkt. Unsere rezeptorautoradiographischen Untersuchungen haben klar gezeigt, daß die Dichte der D1- (und der D2-) Rezeptoren sich nicht in Abhängigkeit von der akustischen Prägung verändert (Schnabel & Braun 1996), dies schließt jedoch Änderungen der Rezeptoraffinität nicht aus.

Abb. 5 illustriert eine Zusammenfassung der hier geschilderten Befunde zur synaptischen Plastizität. Am Beispiel einer Synapse auf einem Typ I Neuron im MNH ist skizziert, wie nach dem Prinzip der präsynaptischen Bahnung eine Interaktion zwischen dopaminergen und glutamatergen Synapsen vorstellbar ist. Der erste sensorische Reiz (konditionierter Stimulus, in unserem Experiment ein Tonreiz), der im neugeborenen Tier über den Assoziationscortex (caudales Neostriatum) und/oder aus dem dorsalen Thalamus (DMA/DMP) auf das neuronale Netzwerk im MNH auftrifft, führt in den dadurch aktivierten, vermutlich glutamatergen Synapsen zunächst über einen Einstrom von Ca^{2+}-Ionen zur Aktivierung von Ca^{2+}-stimulierten Proteinkinasen (Ca^{2+}/Calmodulin-abhängige Proteinkinase II, Ca^{2+}/CaMKII), die ihrerseits eine Aktivierung der von uns biochemisch analysierten Adenylatcyclase (AC) bewirken. Das daraufhin synthetisierte cyclische Adenosinmonophosphat führt zur Ausschüttung von kleinen Mengen Glutamat an dieser Synapse. Der Tonreiz löst nun die angeborene Hinwendungsreaktion (Nachlaufverhalten) aus, und das Individuum wird durch die Annäherung an den Tonreiz belohnt („Sozialkontakt" zum Prägungsreiz). Bei dieser Belohnungssituation (unkonditionierter Stimulus) werden vermutlich modulatorische Systeme, unter anderem das dopaminerge System aktiviert. Die soziale Belohnung könnte daher gleichzeitig oder mit ganz kurzer Verzögerung die Ausschüttung von Dopamin aus den Synapsen vom ventralen Tegmentum (AVT) auslösen, die nach unseren elektronenmikroskopischen Untersuchungen häufig präsynaptisch zu den glutamatergen Synapsen verschaltet sind. Dies führt in der glutamatergen Synapse über die Aktivierung der dopaminergen D1-Rezeptoren ebenfalls zur Synthese von cyclischem Adenosinmonophosphat. Da die Adenylatcyclase (AC) bei dieser Konstellation nun sowohl durch den Ca^{2+}-Mechanismus als auch durch den dopaminergen Mechanismus aktiviert wird, erhöht sich die Syntheserate von cyclischem Adenosinmonophosphat, welches wiederum die Glutamatausschüttung in der betreffenden Synapse erhöht, ein Effekt den wir in unserem mikrodialytischen Experimenten messen konnten. An einer solchermaßen potenzierten Synapse könnte dann das ausgeschüttete Glutamat über eine komplexe Interaktion mit den verschiedenen postsynaptischen Glutamatrezeptoren eine der experimentell auslösbaren Langzeitpotenzierung vergleichbare Verstärkung dieser Synapse auf postsynaptischer Seite manifestieren. Bei diesem Denkmodell

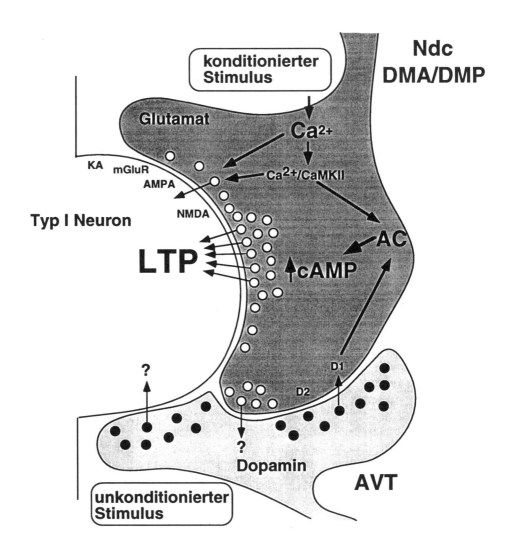

muß eine dauerhafte Veränderung der Aktivierbarkeit der Adenylatcyclase in der glutamatergen Synapse postuliert werden, die dazu führt, daß nach erfolgter Assoziation: akustischer Prägereiz = Sozialkontakt, nun bereits der akustische Prägereiz alleine eine vermehrte Synthese von cyclischem Adenosinmonophosphat und damit eine erhöhte Glutamatausschüttung auslösen kann.

Das hier skizzierte Modell faßt die experimentellen Befunde zu diesem Lernparadigma zusammen und versucht einen kausalen Zusammenhang zwischen den Einzelbefunden zu schaffen. Beim derzeitigen Kenntnisstand ist eine solche Modellbildung durchaus vertretbar und insbesondere für eine weiterführende experimentelle Analyse erforderlich. Es sei daher in diesem Zusammenhang betont, daß es sich bei dem vorgestellten Modell um eine Arbeitshypothese handelt, für deren kritische Überprüfung die akustische Filialprägung sich als geeignetes experimentelles Modell anbietet. Darüber hinaus sollen die hier dargestellten Hypothesen zu den Mechanismen synaptischer Veränderungen im Verlauf frühkindlicher Lernprozesse zu einer verstärkten interaktiven neurobiologischen, neuropsychologischen und neuropsychiatrischen Erforschung dieser Phänomene anregen.

Abb. 5: Hypothese zur Interaktion von glutamatergen und dopaminergen Mechanismen die zu synaptischen Veränderungen im Verlauf der akustischen Filialprägung beitragen (vgl. auch Ausführungen im Text). Der Tonreiz (konditionierter Stimulus), der über glutamaterge Synapsen aus dem caudalen Neostriatum (Ndc) und/oder aus dem dorsalen Thalamus (DMA/DMP) übertragen wird, führt in diesen glutamatergen Synapsen über einen Einstrom von Ca^{2+}-Ionen zur Aktivierung von Ca^{2+}-stimulierten Proteinkinasen (z. B. Ca^{2+}/Calmodulin-abhängige Proteinkinase II, Ca^{2+}/CaMKII), die ihrerseits eine Aktivierung der Adenylatcyclase (AC) bewirken. Daraufhin wird cyclisches Adenosinmonophosphat (cAMP) synthetisiert, das zusammen mit den Ca^{2+}-Ionen die Ausschüttung von kleinen Mengen Glutamat an dieser Synapse bewirkt. Beim Kontakt zum Prägungsreiz (unkonditionierter Stimulus) werden zeitgleich oder mit sehr kurzer Verzögerung dopaminerge Synapsen aus dem ventralen Tegmentum (AVT) aktiviert. Sind die dopaminergen Synapsen, wie hier dargestellt, präsynaptisch zu den glutamatergen Synapsen verschaltet, induziert das ausgeschüttete Dopamin in der glutamatergen Synapse über die Aktivierung der dopaminergen D1-Rezeptoren und der Adenylatcyclase ebenfalls die Synthese von cyclischem Adenosinmonophosphat. Da bei dieser Konstellation die Adenylatcyclase (AC) sowohl durch den Ca^{2+}-vermittelten Mechanismus als auch durch den dopaminerg vermittelten Mechanismus aktiviert wird, erhöht sich die Syntheserate des cyclischen Adenosinmonophosphat, was zu einer vermehrten Glutamatausschüttung in dieser Synapse führt (Langzeitpotenzierung = LTP). Das Glutamat könnte über eine Interaktion mit den verschiedenen postsynaptischen Glutamatrezeptoren des Typ I-Neurons, zum Beispiel N-methyl-D-aspartat (NMDA) und anderen Rezeptortypen (KA, mGluR, AMPA) diesen Langzeitpotenzierungseffekt manifestieren.

Danksagung

Die hier dargestellten Befunde zur auditorischen Filialprägung basieren auf den Arbeiten meiner Mitarbeiter und Mitarbeiterinnen, insbesondere von Dr. Manfred Bredenkötter, Jörg Bock, Michael Gruß, Dr. Martin Metzger, Dr. Michael Reiser und Dr. Reinhild Schnabel, denen ich für die anregenden Diskussionen und für die Überlassung von Abbildungen herzlich danken möchte. Bei Herrn Professor Hans-Joachim Bischof möchte ich mich für die kritische Durchsicht eines früheren Entwurfs dieses Manuskriptes bedanken.

Diese Arbeiten wurden gefördert vom Land Sachsen-Anhalt, von der Deutschen Forschungsgemeinschaft, vom Bundesministerium für Bildung, Wissenschaft, Forschung und Technologie und von der Volkswagenstiftung.

MHC-assoziierte Signale: Mechanismen der Geruchsexpression

Frank Eggert und Roman Ferstl

Zusammenfassung

Die chemosensorische Identität von Mäusen, Ratten und Menschen ist zum Teil durch polymorphe Gene des major histocompatibility complex (MHC) determiniert. Wie die MHC-Gene die Spezifität der mit ihnen assoziierten Gerüche determinieren, ist unbekannt. Ein Modell, in dem lösliche MHC-Proteine eine zentrale Rolle bei der olfaktorischen Expression dieser Gene spielen, und empirische Befunde, die dieses Modell stützen, werden dargestellt. Mit Hilfe experimenteller Knochenmarktransplantationen an Mäusen konnten sowohl das hämatopoetische System als auch weitere Gewebe und Organe als Ursprungsgewebe MHC-assoziierter Geruchsreize identifiziert werden. In immunologischen Studien konnten lösliche MHC-Proteine im Serum verschiedener Spezies nachgewiesen werden. Diese tauchen auch in Urin und Schweiß auf, wo neben dem intakten Molekül auch Fragmente nachgewiesen wurden. Durch einen noch unbekannten Prozeß scheinen diese spezifischen Peptide spezifische Profile flüchtiger Substanzen zu determinieren, die durch gaschromatographische Analysen entdeckt und beschrieben werden können.

Summary

Polymorphic genes of the major histocompatibility complex (MHC) determine in part the chemosensory identity of mice, rats, and humans. How the MHC genes determine the specificity of associated odors is still unknown. A model in which soluble MHC proteins play a central role in the production of MHC-associated odors is proposed and empirical evidence supporting this model is presented. By means of experimental bone marrow transplantations in mice the hematopoietic system as well as other tissues and organs were identified as being the origins of MHC-associated odors. Immunological studies showed that soluble MHC proteins originating from these tissues can be found in serum. The intact molecules and degraded moieties of these MHC proteins occur in urine as well as in sweat. By an unknown process these specific peptides seem to be linked to specific profiles of volatile substances, which are detectable and describable by means of gaschromatographic analyses.

1. Der Major Histocompatibility Complex (MHC)

Die Gene des Major Histocompatibility Complex oder *MHC* kodieren membranständige Proteine, die maßgeblich an verschiedenen immunologischen Prozessen beteiligt sind. So kontrollieren sie z.B. Zellinteraktionen im Rahmen der Antigenpräsentation und der Toleranzinduktion gegenüber körpereigenen Strukturen. Diese Toleranzinduktion wird aufgrund des antizipatorischen Immunsystems der Vertebraten (Wirbeltiere) notwendig; hier entstehen auch immunkompetente Effektorzellen, die auf körpereigene Strukturen reagieren. Dem MHC entsprechende Gencluster sind bei allen bisher untersuchten Vertebraten nachgewiesen worden. Für die hier präsentierten Zusammenhänge sei erwähnt, daß der MHC der Maus auch als *H-2*, der der Ratte auch als *RT1* und der MHC des Menschen als *HLA* bezeichnet wird. Jedes der zum MHC gehörenden Gene kann in mehreren verschiedenen Ausprägungen, den *Allelen* auftreten. Die verschiedenen HLA-Allele eines einzelnen Gens (z.B. des Gens HLA-A) werden durch Zahlen (z.B. HLA-A2); die einzelnen Allele von Genen des H-2 (z.B. des Gens H-2K) durch kleine hochgestellte Buchstaben (z.B. H-2K^k) gekennzeichnet. Eine bestimmte Kombination von Allelen (also bestimmter Ausprägungen der Gene) auf einem Chromosom bildet einen *MHC-Haplotyp*, dieser wird bei der Maus ebenfalls durch einen hochgestellten kleinen Buchstaben gekennzeichnet (z.B. H-2^k).

Das außergewöhnliche Kennzeichen des MHC in genetischer Hinsicht ist seine Diversifikation, die sich auf mehreren Ebenen zeigt. So findet man mehrere *funktionelle Loci*, also Gene, die exprimiert werden, und diese Loci weisen normalerweise einen außerordentlichen *allelischen Polymorphismus* auf, d.h. die Gene kommen in sehr vielen verschiedenen Ausprägungen vor. Die Gene des MHC zeigen darüber hinaus *Kodominanz*, es werden also beide Gene der homologen Chromosomen exprimiert, und in natürlichen Populationen der meisten Spezies liegt ein außerordentlich hoher Grad an *Heterozygotie*, also Unterschiedlichkeit der Gene auf den homologen Chromosomen, vor. Nach gängiger Vorstellung (vgl. Potts & Wakeland, 1990, 1993) wird diese Diversifikation durch eine balancierende, also die Allelfrequenzen stabilisierende, parasiten- bzw. pathogengetriebene Selektion aufrechterhalten. Diese beruht im wesentlichen auf zwei verschiedenen Mechanismen: erstens einer *negativen frequenzabhängigen Selektion*, d.h. einer höheren Fitneß seltener Allele, und zweitens *Überdominanz*, einer höheren Fitneß Heterozygoter im Vergleich zu Homozygoten, bei denen die Allele auf den homologen Chromosomen die gleiche Ausprägung zeigen.

Aufgrund einer ganzen Reihe von Untersuchungen, die inzwischen in mehreren Paradigmata MHC-assoziierte Gerüche bei Mäusen, Ratten und Menschen haben nachweisen können (vgl. Boyse et al., 1991; Brown et al., 1987; Ferstl et al., 1992; Yamazaki et al., 1991), wurde die Theorie entwickelt, daß die eben beschriebenen natürlichen Selektionsprozesse die Herausbildung sexueller Selektionsmechanismen (z.B. entsprechender Paarungspräferenzen) begünstigen sollten, die eine Aufrechterhaltung der Diversifikation im MHC ermöglichen (vgl. Boyse et al., 1990; Brown & Eklund, 1994; Eggert et al., 1994 d; Manning et al., 1992; Potts et al., 1991). Zu der zentralen proximaten Frage nach dem Mechanismus der olfaktorischen Expression wurde von uns ein integratives Modell (vgl. Abb. 1) entwickelt (vgl. Eggert et al., 1994 c).

Dieses Modell beschreibt die bisher vorliegenden Befunde zur olfaktorischen Expression ausgehend von ihrem Ursprung in verschiedenen Geweben. Als wichtiges Ursprungsgewebe wurde das hämatopoetische System identifiziert, daneben gibt es aber weitere an der Geruchsexpression beteiligte Gewebe. Die in diesen Geweben exprimierten primären Genprodukte, die auch in den Körperflüssigkeiten auftreten und dort einer Degradation in Fragmente unterliegen, determinieren nach bisherigem Kenntnisstand dann durch einen bisher unbekannten Transformationsprozeß die Bildung von Geruchssignalen.

Integratives Modell
Olfaktorische Expression des MHC

Ursprung	primäre Genprodukte	Körperflüssigkeiten	Degradation	Transformation	Geruchssignal
hämatopoetisches System		Speichel		Peptidbildung	
	membranständige Proteine	Schweiß			
polymorphe MHC-Gene		Serum	Fragmente	unterschiedliche Bindungsaffinitäten	Profile flüchtiger Stoffe
	lösliche Proteine				
andere Gewebe		Urin		bakterielle Beteiligung	

Abb. 1: Modell zur olfaktorischen Expression des MHC

2. Olfaktorische Expression des MHC

2.1 Primäre Genprodukte des MHC

Aufgrund von unterschiedlichen Strukturen und Expressionsmustern und damit einhergehenden Unterschieden in der immunologischen Funktion lassen sich die primären Genprodukte, die von den Genen kodierten Peptide, und damit die ihnen zugrunde liegenden Gene des MHC in zwei Klassen (I und II) einteilen. Die von Genen der jeweiligen Subklassen α- und ß-kodierten Polypeptide bilden miteinander ein Protein der entsprechenden Klasse (I bzw. II).
Die von den Klasse I-Genen kodierten Proteine werden von allen somatischen Zellen eines erwachsenen Individuums in unterschiedlicher Dichte in der Zellmembran exprimiert. Bei der Maus werden diese Proteine darüber hinaus auch auf Erythrozyten exprimiert. Klasse II-Moleküle haben ein auf B-Lymphozyten und auf aktivierte bzw. virusinfizierte T-Lymphozyten eingeschränktes Verteilungsmuster.

2.2 An der Expression beteiligte Gewebe

Zu der Frage, welche Gewebe und Zellpopulationen bei der Konstituierung der MHC-assoziierten Geruchsreize eine Rolle spielen, wurde von Yamazaki et al. (1985) die Beteiligung des hämatopoetischen Systems in Untersuchungen mit semiallogenen Knochenmarktransplantationen (bei diesen stimmen Spender und Empfänger in einem Haplotyp überein) zwischen MHC-congenen (diese unterscheiden sich genetisch nur im MHC) Mäusen untersucht. Mäuse, die zunächst MHC-congene Mäusestämme (Knochenmarkspender) aufgrund ihres Geruchs zu unterscheiden gelernt hatten, konnten anschließend zwischen Tieren eines dritten MHC-congenen Stammes unterscheiden, die jeweils das Knochenmark eines derjenigen Mäusestämme erhalten hatten, zwischen denen die ursprüngliche olfaktorische Diskrimination aufgebaut worden war. Allerdings sind aus diesen Untersuchungen abgeleitete Aussagen, das hämatopoetische System sei der Ort der Geruchskonstitution (vgl. Singh et al., 1988), aufgrund des verwendeten semiallogenen Transplantationsverfahrens, in dem es nicht möglich ist, die noch verbleibenden Einflüsse des Empfängers auf die Geruchsausprägung zu untersuchen, als nicht hinreichend belegt anzusehen. Systematische Untersuchungen zur Veränderung der chemosensorischen Identität nach experimenteller Knochenmarktransplantation (vgl. Eggert et al., 1989, 1993; Luszyk et al., 1992) zeigten, daß solche Empfängereinflüsse nachweisbar sind. Allerdings konnten in diesen Untersuchungen aufgrund der verwendeten Inzuchtstämme Einflüsse des MHC von denen anderer genetischer Faktoren nicht separiert werden. Davon ausgehend wiesen Eggert et al. (1994 b) nach, daß das hämatopoetische System, aber auch andere, nicht weiter spezifizierte Gewebe an der Expression MHC-assoziierter Geruchsreize beteiligt sind.

2.3 Rolle der primären Genprodukte

Die in diesen Geweben exprimierten Klasse I-Moleküle sind im allgemeinen als membranständige Proteine beschrieben worden, doch liegen sie offenbar auch in löslicher Form in den Körperflüssigkeiten vor (vgl. Zavazava et al., 1990). Singh et al. (1987, 1988) z.B. entdeckten in Serum, Lymphe und Urin von fünf Ratteninzuchtstämmen (AS2, BN, PVG, F344 und DA) lösliche Klasse I-Moleküle, die zu einem erheblichen Teil aus dem hämatopoetischen System zu stammen scheinen. Diese Proteine sind im Serum mit einer Konzentration von 350-380 ng/ml nachweisbar, zeigen eine kurze Halbwertszeit im Serum (2.7 h) und liegen fragmentiert im Urin vor.

Diese primären Genprodukte des MHC wurden inzwischen in den verschiedenen Körperflüssigkeiten wie Speichel, Schweiß, Serum und Urin verschiedener Spezies nachgewiesen und es wurde gezeigt, daß sie dort in Fragmente zerfallen. Wobst et al. (1994) konnten darüber hinaus zeigen, daß die Konzentration löslicher HLA-Proteine in Abhängigkeit vom reproduktiven Status über den weiblichen Zyklus variiert.

Die Ergebnisse von Singh et al. (1987), denen es gelungen war, im Rattenserum und Urin nicht nur die intakten Klasse I-Moleküle zu quantifizieren, sondern ein weiteres, kleineres Peptid vom Molekulargewicht 30 kD im Urin nachzuweisen, führten zu der Hypothese, daß die intakten Moleküle oder ihre proteolytisch gespaltenen Produkte *direkt* an der Geruchsbildung beteiligt sind. Da entsprechend trainierte Versuchstiere nicht in der Lage waren, Seren verschiedener RT1-congener Inzuchtstämme zu differenzieren und auch bei isolierten intakten Klasse I-Molekülen eine Differenzierung nicht möglich war, andererseits aber Urine, aus denen die Klasse I-Moleküle entfernt worden waren, diskriminiert werden konnten (Singh et al., 1987), schlossen die Autoren, daß die *intakten* Klasse I-Moleküle nicht direkt den Geruchsstoff konstituieren.

Singh et al. (1988) und Roser et al. (1991) diskutierten daraufhin zwei Möglichkeiten MHC-assoziierter Geruchskonstitution: Einerseits könnten die MHC-Moleküle als Vorläufer dienen und, auseinandergebrochen in kleinere Fragmente, als Geruchsstoffe wahrgenommen werden, wobei die polymorphen Abschnitte der MHC-Moleküle als konserviert postuliert werden müßten.

Andererseits könnten die MHC-Moleküle möglicherweise mit anderen kleinen flüchtigen Molekülen in unterschiedlichen Affinitätsgraden assoziiert sein, wodurch eine aus verschiedenen Stoffen in unterschiedlichen Konzentrationen bestehende Geruchscharakteristik für jeden MHC-Typ konstituiert werden würde.

Eine mögliche Beteiligung der vom MHC kodierten Moleküle an der spezifischen Geruchsbildung könnte aber auch durch den Transport spezifischer Peptid-Repertoires aus dem Serum an die Stellen bakterieller Besiedlung erfolgen, wo jene dann zu einer spezifischen Besiedlung führen könnten. Ebenfalls denkbar ist eine Bindung flüchtiger bakterieller Metaboliten, wobei das Repertoire gebundener Metaboliten aufgrund unterschiedlicher Bindungsaffinitäten der MHC-Produkte für unterschiedliche Metaboliten ein unterschiedliches Repertoire flüchtiger Stoffe konstituieren könnte (vgl. Roser et al., 1991).

2.4 Chemische Basis MHC-assoziierter Geruchssignale

Daß Profile flüchtiger Stoffe die Basis der Diskrimination darstellen, wird von verschiedenen Untersuchungen gestützt. So sind entsprechende Assoziationen zwischen flüchtigen Stoffen und Proteinen, durch die ein Profil flüchtiger Stoffe spezifisch modifiziert werden kann, nachgewiesen (Böcskei et al., 1992; vgl. auch Albone, 1984) und die als für die Diskrimination verantwortlich postulierten flüchtigen Stoffe sind mit einer hochmolekularen Fraktion assoziiert (vgl. Roser et al., 1991). Schwende et al. (1984) konnten aus Mäuseurin vier Komponenten isolieren, die eine solche Geruchscharakteristik konstituieren könnten (Octanal, Phenyl-Aceton, Ortho-Toluidin und Phenol), da sie in spezifischer Weise zwischen H-2-congenen Stämmen variieren.

Um mit dem MHC assoziierte Unterschiede in den Profilen flüchtiger Substanzen aus dem Urin entdecken und charakterisieren zu können, wurden von Eggert et al. (1996) je drei gepoolte Urinproben der drei Mäuseinzuchtstämme BALB, BALB und C3H gaschromatographisch untersucht. Die Verwendung dieser drei Mäuseinzuchtstämme bietet die Möglichkeit, mit dem MHC bzw. mit dem restlichen Genom assoziierte Unterschiede in den Profilen flüchtiger Substanzen zu separieren, da BALB sich von BALB nur im MHC unterscheidet, den gleichen MHC aufweist wie C3H und sich von diesem nur im genetischen Hintergrund unterscheidet.

Bildet man für jede der nachgewiesenen 55 Substanzen ein Maß für die MHC-Assoziation der Konzentrationen in der entsprechenden flüchtigen Substanz, so zeigen sich sechs Substanzen als aussichtsreichste Kandidaten für die chemische Grundlage

MHC-assoziierter Geruchsreize. Diese sind in weiteren Analysen chemisch zu charakterisieren.

2.5 Bakterielle Beteiligung an der Geruchsbildung

Nachdem Singh et al. (1990) zeigen konnten, daß 1. Ratten ohne bakterielle Besiedlung (germ-free rats) oder solche mit nur bestimmten Bakterienstämmen besiedelte, nicht anhand ihrer Uringerüche diskriminiert werden konnten, und daß 2. diese Diskrimination und damit die stammspezifischen Uringerüche aber wieder nachweisbar waren, nachdem die entsprechenden Ratten konventionell untergebracht worden waren, wird die Beteiligung von Bakterien an der Geruchsbildung genauer betrachtet (Singh et al., 1990). Da sich die Menge an im Urin ausgeschiedenen Klasse I-Moleküle zwischen den genannten Stämmen nicht unterschied, ist als Erklärungsansatz etwa eine Abhängigkeit der spezifischen bakteriellen Populationen von der Ausprägung im MHC denkbar (vgl. Howard, 1977), was zu spezifischen Profilen von bakteriellen Metaboliten und damit zu unterscheidbaren Geruchsprofilen führen könnte. Ein dabei bisher nicht zu klärendes Phänomen stellt der beobachtete speziesspezifische Unterschied der Abhängigkeit der Geruchsexpression von der bakteriellen Besiedlung zwischen Ratte und Maus dar. Yamazaki et al. (1990) konnten im Gegensatz zu den Ergebnissen bei Ratten in Studien mit entsprechenden Mäusestämmen (germ-free) zeigen, daß diese diskriminierbar sind.

2.6 Indirekte Wege der Geruchsbildung

Neben diesem modellhaft skizzierten Weg sind aber auch Möglichkeiten eines indirekteren Weges der Beteiligung des MHC an der Geruchsexpression denkbar.

Eine Möglichkeit, wie sich die unterschiedliche genetische Ausprägung im MHC indirekt auf die individuelle Geruchscharakteristik auswirken könnte, ergibt sich aus dem Befund, daß Variationen im MHC mit Variationen in verschiedenen nicht-immunologischen Größen assoziiert sind (vgl. Edidin, 1983; Gregorova et al., 1977; Gupta & Goldman, 1982; Ivanyi, 1978; Simpson et al., 1982).

Dieser Weg scheint für die Ratte aufgrund der Ergebnisse von Singh et al. (1990) allerdings eher nicht bedeutsam zu sein, da entsprechende Variationen auch bei bakterienfreien Stämmen zu geruchlichen Unterschieden führen sollten.

Die vom MHC kodierten Proteine könnten auch durch ihre Rolle bei der Selektion eines spezifischen T-Zell-Rezeptor Repertoires indirekt an der spezifischen Geruchsbildung beteiligt sein. Dies könnte den Befund, daß die Geruchscharakteristika H-2-heterozygoter F1-Generationen aus der Kreuzung H-2-congener Inzuchtstämme zwar Ähnlichkeit zu beiden Stämmen der P-Generation zeigen, aber von diesen unterscheidbar sind, erklären (vgl. Hoffman, 1986). In diesem Fall könnte, wie oben erwähnt, die bakterielle Besiedlung des Organismus durch die immunologischen Funktionen der MHC-Antigene direkt beeinflußt sein (vgl. Howard, 1977), was zu einem spezifischen Repertoire bakterieller Metaboliten führen könnte.

Dies scheint bei der Maus nicht der einzige Mechanismus zu sein, konnten doch Yamazaki et al. (1985) nachweisen, daß sich nach Austausch des hämatopoetischen Systems die Geruchscharakteristik ändert. Da in einem solchen Fall aber die Selektion des T-Zell-Repertoires weiterhin von der Ausprägung des Empfängers determiniert wird, sollte sich bei alleinigem Wirken des eben beschriebenen Mechanismus keine solche Veränderung des charakteristischen Geruchs zeigen. Auch die Ergebnisse von Yamazaki et al. (1982), daß Unterschiede in den nicht-klassischen Klasse I Loci der Qa/Tla-Familien mit Unterschieden in stammspezifischen Gerüchen assoziiert sind, sprechen gegen einen alleinigen Weg der Geruchsbildung über den eben beschriebenen Mechanismus, da die von nicht-klassischen Loci kodierten Proteine keine bekannte Kontrolle über die Immunreaktivität ausüben.

2.7 Übersetzung der immungenetischen in die chemosensorische Spezifität

Nicht hinreichend geklärt ist also immer noch die Frage, wie die molekularbiologische Spezifität der MHC-Moleküle übersetzt wird in die spezifischen Profile flüchtiger Substanzen, wie sie etwa bei Inzuchtmäusen nachgewiesen werden konnten.

Um diese zentrale Frage zu beantworten, wird derzeit zum einen die Rolle der löslichen MHC-Moleküle in diesem Transformationsprozeß und die Rolle einer möglichen bakteriellen Beteiligung an der Geruchsbildung intensiv untersucht. Hierzu zählen z.B. Studien zum Bindungsverhalten von HLA-Molekülen gegenüber flüchtigen Substanzen, Untersuchungen der individuellen Hautflora in Abhängigkeit von der HLA-Ausprägung und Inkubationsversuche mit löslichen HLA-Molekülen und verschiedenen auf der Haut auftretenden Bakterienstämmen.

Die Rolle der löslichen MHC-Moleküle an der Geruchsbildung wurde von Luszyk et al. (1994) genauer untersucht. Dazu wurden Ratten darauf trainiert, die systematischen Geruchsunterschiede zwischen Uringerüchen einer HLA-homogenen und einer HLA-heterogenen Gruppe von Personen zu erlernen. Nachdem die Tiere HLA-spezifische Geruchsreize identifizieren konnten, wurde mit Hilfe von manipulierten Proben die Rolle der löslichen MHC-Moleküle untersucht. Nach Filtration der Urinproben mit einer Ausschlußgröße von 3 Kilodalton, die größere Fragmente eliminiert, waren die Tiere dennoch in der Lage, MHC-assoziierte Gerüche zu identifizieren. Das bestätigt Ergebnisse von Singer et al. (1993), nach denen die Anwesenheit größerer Fragmente oder der intakten MHC-Moleküle für die Geruchsbildung nicht notwendig ist, bzw. der Geruchsbildungsprozeß im Urin schon abgeschlossen sein muß.

Zum anderen wird daran gearbeitet, die Geruchssignale mit Hilfe chemischanalytischer Methoden aufzuklären, um so weitere Hinweise zu bekommen, durch welche Art von Transformationsprozessen diese Signale entstehen können.

Dieses Vorgehen birgt gerade bei der Untersuchung humaner Geruchssignale ein wesentliches Problem, und zwar die große Variabilität dieser Signale auch innerhalb einer Person über die Zeit hinweg. Untersucht man den Uringeruch von Menschen, so gelingt es aber, das individualspezifische, über die Zeit hinweg stabile Geruchssignal zu identifizieren, wenn man 24-Stunden-Sammelurin verwendet. Poolt man solche 24-Stunden-Sammelurinproben über eine Gruppe von Personen mit homogenem HLA, so ist es darüber hinaus möglich, HLA-spezifische Geruchsprofile zu identifizieren, indem man sie gaschromatographisch analysiert und regressionsstatistisch auswertet. Die regressionsstatistische Auswertung ermöglicht es, ein Maß der MHC-Assoziation für jede einzelne nachgewiesene flüchtige Substanz zu bestimmen. In den bisherigen Studien (Bestmann et al.,1994) zeigte sich, daß nur einige wenige Substanzen eine deutliche Assoziation mit der HLA-Ausprägung aufweisen und daß diese über weite Teile des Geruchsprofils verstreut sind. Diese Ergebnisse stimmen überein mit entsprechenden Analysen der Uringerüche von Inzuchtmäusen, in denen ebenfalls nur einige wenige Substanzen mit einer deutlichen H-2-Assoziation identifiziert werden konnten (vgl. Eggert et al., 1994 a, 1996).

Zur Zeit wird mit entsprechenden Methoden versucht, HLA-assoziierte Geruchsprofile in menschlichem Schweiß zu identifizieren, um Hinweise darauf zu bekommen, welcher Art die dort vorhandenen Transformationsprozesse sind (vgl. McCormick et al.,1994; Sommerville et al., 1994).

Daß die Klasse I-Moleküle mit polymorphen Strukturen im Schweiß in relativ hoher Konzentration ausgeschieden werden und an der Konstitution des Körpergeruchs beim Menschen beteiligt sein könnten, legen Ergebnisse von Zavazava et al. (1990) nahe. Personen, denen im Rahmen einer von uns durchgeführten Feldstudie (Eggert et al., 1994 d; Ferstl et al., 1992) zur Wahrnehmung von Körpergerüchen eine intensive Körpergeruchsexpression zugeschrieben wurde, zeigten im Gegensatz zu einer Gruppe von Kontrollpersonen und im Vergleich mit Populationsdaten, überzufällig erhöhte Frequenzen im Auftreten der Allele A9(A23,A24) und B15(B62,B63). Die von Zavazava et al. (1990) gefundenen Konzentrationen löslichen HLAs war bei Personen, die diese Allele A9(A23,A24) oder B62 tragen, signifikant höher als bei Personen, die andere Ausprägungen zeigen.

Danksagung

Die Arbeit an diesem Manuskript und die in ihm erwähnten eigenen Untersuchungen wurden durch Projektmittel der Volkswagen-Stiftung und der Deutschen Forschungsgemeinschaft gefördert.

Gestalt und Sprache als rhythmische Gehirnprozesse

Friedemann Pulvermüller, Hubert Preißl, Werner Lutzenberger und Niels Birbaumer

Zusammenfassung

Neurophysiologische Experimente zeigen, daß hochfrequente rhythmische Aktivitätsmuster in Nervenzellgruppen des Gehirns für die Verarbeitung von Reizinformation von großer Bedeutung sind. Lokale hochfrequente Aktivität im Gamma-Band, d.h. oberhalb von 20 Hz, lassen sich am menschlichen Gehirn auch nicht-invasiv mit dem EEG und MEG messen. Wie neuere Untersuchungen nachweisen, kann Gamma-Band-Aktivität auch ein Indikator für höhere (kognitive) Verarbeitungsprozesse sein. So führt die Wahrnehmung bedeutungsvoller Reize, z.B. von gestalthaften visuellen Reizen oder von Wörtern, zu stärkeren Antworten im Gamma-Band als die bedeutungsloser Stimuli. Es wurde deshalb angenommen, daß die Gamma-Band-Antworten des Gehirns Information über die Aktivierung kortikaler Netzwerke (Cell Assemblies) enthalten, die bedeutungsvolle Einheiten repräsentieren. Die nicht-invasive Untersuchung hochfrequenter Gehirnantworten könnte sich in Zukunft bei der Erforschung kognitiver Prozesse als nützlich erweisen.

Summary

Neurophysiological experiments provide evidence that coherent high-frequency activity in neuron populations are important for processing of stimulus information in the brain. Local high-frequency activity in the gamma-band (> 20 Hz) can be recorded non-invasively in humans using EEG and MEG. According to recent studies, specific patterns of activity in the gamma-band may be indicators of higher cognitive processes. For example, perception of meaningful words and gestalt-like visual stimuli evoked stronger gamma-band responses compared to matched meaningless stimuli. It was hypothesized that gamma-band brain responses may provide some information about the activation of cortical networks (Hebbian cell assemblies) that represent meaningful elements. Non-invasive investigation of high-frequency brain responses may turn out to be a fruitful strategy in the cognitive neurosciences.

1. Grundlagen

Bereits Berger (1929) hat auf die mögliche Relevanz hochfrequenter Gehirnaktivität (> 20 Hz) für die geistige oder kognitive Verarbeitung hingewiesen. In der EEG-Forschung wurde aber erst spät damit begonnen, spektrale Antworten oberhalb von 20 Hz (Gamma-Band) systematisch zu untersuchen. Erste Ergebnisse deuteten darauf hin, daß hochfrequente spektrale Antworten mit der Verarbeitung von Reizinformation zusammenhängen könnten (Bressler & Freeman, 1980; Galambos et al., 1981). Manche Forscher glaubten auch, Indizien für die Bedeutung hochfrequenter EEG-Antworten als Signale erhöhter Aufmerksamkeit und anderer kognitiver Zustände oder Prozesse gefunden zu haben (Spydel et al., 1979; Sheer, 1984). Allerdings waren diese Arbeiten durch methodische Mängel gekennzeichnet, die eine Interpretation der Ergebnisse schwierig machen. So war zum Beispiel nicht geklärt, ob die Veränderung der Leistung im Gamma-Band auf Artefakte aus dem Elektromyogramm (EMG) zurückging.

Eine solide Grundlage bekam die Erforschung hochfrequenter Gehirnaktivität, als *im Tierversuch* gezeigt worden war, daß auch einzelne Zellen des Gehirns bei adäquater Stimulation rhythmisch im Bereich oberhalb von 20 Hz antworten (Eckhorn et al., 1988; Gray et al., 1989; Engel et al., 1992; Singer & Gray, 1995; Singer, 1995). Da rhythmische Aktivität häufig synchron auch in weit voneinander entfernten Neuronen auftrat, wurde angenommen, daß über den Kortex verteilte, aber dennoch gekoppelte Neuronenpopulationen (Hebb'sche Cell Assemblies) für die Generierung der hochfrequenten Antworten verantwortlich sind (Singer & Gray, 1995). Zirkulation neuronaler Erregung in solchen Netzwerken könnte der Dynamik im Gamma-Band bei der Perzeption von Reizen (Engel et al., 1992), sowie bei der Initiierung von Bewegungen (Murthy & Fetz, 1992) zugrundeliegen.

Auch die *nicht-invasive Untersuchung* kortikaler Gamma-Band-Antworten des menschlichen Gehirns mit dem Elektroenzephalogramm (EEG) und dem Magnetoenzephalogramm (MEG) brachte neuerdings erstaunliche Ergebnisse. So konnte gezeigt werden, daß bei der Vorbereitung von Bewegungen vielfach ein lokaler Anstieg der spektralen Leistung oberhalb von 20 Hz stattfindet (Pfurtscheller & Neuper, 1992; Pfurtscheller et al., 1994; Kristeva-Feige et al., 1993). Auch bei der Perzeption einfacher Töne kommt es zu Oszillationen im Bereich von 40 Hz, die mit dem MEG beobachtet werden können (Pantev et al., 1991). Nachfolgend soll kurz auf ein Experiment eingegangen werden, mit dem lokale Gamma-Band-Antworten auf visuelle Reize mit dem EEG untersucht wurden.

Die im invasiven Tierexperiment und im nicht-invasiven Humanexperiment verwendeten Paradigmen unterscheiden sich in bisherigen Studien erheblich. Wenn von EEG- oder MEG-Ergebnissen Rückschlüsse auf physiologische Prozesse gezogen werden sollen, so ist zunächst zu untersuchen, ob ähnliche Experimente am Tier und am Menschen zu konsistenten Ergebnissen führen, und ob sich die invasiv und nicht-invasiv gewonnenen Daten aufeinander beziehen lassen. Unser Ziel war es deshalb, ein nicht-invasives Humanexperiment durchzuführen, das 1. die Relevanz kohärenter hochfrequenter Prozesse für die kortikale Verarbeitung belegt und 2. einem vielfach durchgeführten Tierexperiment ähnlich ist.

2. Einfache visuelle Muster: Wahrnehmung im EEG

Ein inzwischen klassisches, in der Tierphysiologie vielfach verwendetes experimentelles Design untersucht Oszillation und Synchronisation der Aktivität einzelner Neuronen, die durch visuelle Stimulation mit sich bewegenden Balken ausgelöst wird. In einem eng verwandten Experiment untersuchten Lutzenberger, Pulvermüller, Elbert und Birbaumer (1995) die EEG-Antworten auf sich bewegende Balken. Ein kontinuierlich sich bewegendes Balkenmuster wurde entweder im oberen oder unteren visuellen Halbfeld der Versuchspersonen dargeboten. Im jeweils anderen Halbfeld, sowie zwischen den Darbietungen der regelmäßigen Balkenmuster, erschienen zufällige Anordnungen von Balken (deren Zahl danach den Target-Stimuli entsprach). Die Versuchsperson sah zunächst das unregelmäßige Muster, das dann nur in einem Halbfeld durch die regelmäßig sich bewegenden Balken abgelöst wurde (Abb. 1a). Das EEG wurde über 17 Elektroden abgeleitet, die eng nebeneinander über dem Okzipitalkortex plaziert waren. Entsprechend den Ergebnissen von Tierexperimenten wurde vermutet, daß Antworten im Gamma-Band erhöht sind, wenn die regelmäßigen Stimuli perzipiert werden. Da im oberen visuellen Feld dargebotene visuelle Information in weiter in ferior (unten) gelegene Gebiete des Okzipitallappens gelangt und Information vom unteren visuellen Feld in weiter superior (oben) gelegene Gebiete, wurden auch *topographische Unterschiede* in den Gamma-Band-Antworten erwartet.

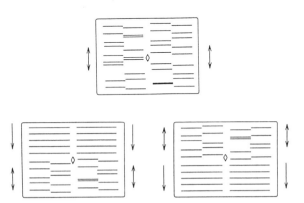

Abb. 1a: Visuelle Stimuli, die zu unterschiedlichen Gamma-Band Antworten führen. Wenn ein regelmäßig sich bewegendes Balkenmuster im oberen (unteren) visuellen Halbfeld erscheint, so erhöht sich die 40 Hz-Aktivität über dem inferioren (superioren) visuellen Kortex.(aus Lutzenberger et al., 1994).

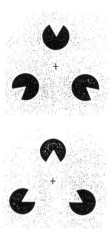

Abb. 1b: Ein gestalthafter Reiz wie Kanizsa's Dreieck führt zu stärkeren Gamma-Band-Antworten als ein ähnlicher visueller Reiz, der keine kohärente Gestalt ergibt.

In der Tat lösten die regelmäßigen Balkenmuster erhöhte Gamma-Band-Antworten im Bereich zwischen 35 und 45 Hz aus. Die Erhöhung der 40 Hz-Aktivität war lokal. Wie erwartet, erhöhte die Stimulation im oberen visuellen Feld die 40 Hz-Aktivität an den weiter inferior gelegenen Elektroden. Entsprechend führte Stimulation im unteren visuellen Feld zu erhöhter 40 Hz-Aktivität an den weiter superior gelegenen Elektroden (Lutzenberger et al., 1995). Diese lokale Dynamik der spektralen Antworten war nur im 40-Hz-Bereich zu finden. Sie trat weder in den niederfrequenten Bändern des Alpha- und Beta-Rhythmus auf, noch in dem hochfrequenten Bereich oberhalb von 50 Hz, in dem sich EMG-Artefakte besonders stark auswirken. Diese Ergebnisse zeigen eine gute Übereinstimmung der invasiv am Tier und nicht-invasiv am Menschen gewonnenen Befunde: Bei Wahrnehmung von regelmäßig sich bewegenden Balken werden Neuronenpopulationen synchron zum Schwingen gebracht. Die Neuronen sind so zahlreich, daß ihre Aktivität im EEG sichtbar werden kann. Die Neuronengruppen, die durch unterschiedliche Reize angeregt werden, können sich in ihrer kortikalen Verteilung deutlich unterscheiden.

3. Kognitive Prozesse: EEG-und MEG-Befunde

Daß die Präsentation von einfachen Stimuli wie Balken und Tönen, sowie die Ausführung einfacher Bewegungen zu erhöhter Aktivität im Gamma-Band führen, ist ein wichtiger neurowissenschaftlicher Befund. In der *kognitiven Neurowissenschaft* muß aber weiter gefragt werden, ob das Phänomen hochfrequenter Gehirnprozesse mit den sogenannten höheren Hirnleistungen wie Gestaltwahrnehmung, Sprache oder anderen Formen der Kognition in Zusammenhang zu bringen ist. Erste Hinweise darauf ergaben sich in EEG- und MEG-Untersuchungen, in denen die kortikale Aktivität von Versuchspersonen im Wachzustand, sowie in verschiedenen Schlafphasen und unter Narkose untersucht wurde. Während der Narkose kann durch akustische Stimulation nur eine im Vergleich zum Wachzustand geringe Aktivität um 40 Hz im EEG evoziert werden (Madler & Pöppel, 1987). In einem MEG-Experiment an einer kleinen Zahl von Probanden zeigte sich zudem, daß sowohl während des Wachzustands, als auch in den REM-Schlaf-Phasen, in denen oft geträumt wird, Gamma-Band-Spindeln durch Töne evoziert werden können, nicht jedoch im Delta-Schlaf, in dem die kognitiven Aktivitäten wahrscheinlich größtenteils zum Erliegen kommen (Llinas & Ribary, 1993). Diese Daten wurden als Hinweis interpretiert, daß generell kognitive Aktivität mit verstärkter Gamma-Band-Aktivität einhergeht. Diese Schlußfolgerung ist aber streng genommen aufgrund dieser Daten noch nicht zulässig. So wurden in der Mehrzahl der Studien, die reizinduzierte hochfrequente Aktivität untersuchen, sehr elementare Reize verwendet, z.B. sich bewegende Balken oder einfache Töne. Für diese Stimuli ist ungeklärt, ob sie zu höheren kognitiven Verarbeitungsprozessen führen oder lediglich zu einfachen Perzeptionsprozessen. Wenn Gamma-Band-Antworten ein Hinweis auf höhere Verarbeitungsprozesse des menschlichen Gehirn sind, so sollten kognitive Prozesse verschiedenster Art durch hochfrequente Muster reflektiert werden. Dies kann nur in *psychophysiologischen Experimenten* untersucht werden. Bei diesen Experimenten sollte gesichert sein, daß in den Versuchspersonen klar definierte psychologische Prozesse ablaufen, während Gamma-Band-Antworten registriert werden. Vielleicht lassen sich dann für unterschiedliche Typen kognitiver Verarbeitung unterschiedliche zeitliche Verläufe und topographische Verteilungen der Antworten im Gamma-Band nachweisen.

Wenn Gamma-Band-Antworten ein Indikator für höhere Verarbeitungsprozesse sind, so müßten Stimuli, die bestimmte kognitive Prozesse auslösen, und solche, die nicht zu diesen Prozessen führen, unterschiedliche Gamma-Band-Antworten hervorrufen. Die kognitiv interessanten Reize könnte man als *„bedeutungsvoll"* bezeichnen, wenn man darunter versteht, daß (1) für den Stimulus eine *gehirninterne Repräsentation* existiert, die sich entweder aufgrund von assoziativem Lernen oder aufgrund genetisch determinierter Mechanismen ausgebildet hat, und daß (2) der Reiz deshalb im Vergleich zu anderen Umgebungsreizen leichter wahrgenommen wird und in den Fokus der Aufmerksamkeit rückt, d.h. daß er eine größere *Auffälligkeit* (engl. *salience*) hat. Beispiele für bedeutungsvolle Reize sind visuelle Gestalten, Gesten einer Zeichensprache oder Wörter einer gesprochenen Sprache. Man könnte demnach z.B. Gestalten, die vielleicht zu Erinnerungen und vielerlei Assoziationen Anlaß geben, mit „bedeutungslosen" Strichen vergleichen, die keine Gestalten ergeben. Dabei stellt sich aber ein methodisches Problem. Einfache Striche und komplexe Bilder unterscheiden sich nicht nur insofern, als sie mehr oder weniger zu kognitiven Prozessen führen, sie unterscheiden sich u.U. schon in ihrer physikalischen Komplexität. Zeigten sich unterschiedliche Gamma-Band-Antworten auf solche Stimuli, so wäre unklar, ob dies auf die kognitiven oder die physikalischen Unterschiede zurückgeht.

3.1 Gestaltwahrnehmung

Um dieses Problem zu umgehen, kann man Stimuli wählen, die zwar unterschiedliche kognitive Prozesse anregen, sich jedoch in ihren physikalischen Eigenschaften weitgehend gleichen. Tallon, Bertrand, Bouchet und Pernier (1995) wählten Kanizsa's Dreieck (Kanizsa, 1976) und verglichen es mit ähnlichen Stimuli, die zwar aus exakt denselben Elementen bestanden, jedoch nicht zur Wahrnehmung eines Dreiecks führen (Abb. 1b). Die Untersuchung der Gamma-Band-Antworten im EEG auf diese Reize zeigte stärkere 30 Hz-Antworten auf die gestalthaften Bilder als auf die physikalisch fast gleichen aber nicht gestalthaften visuellen Reize. Dieses Experiment liefert erste Hinweise darauf, daß tatsächlich der Prozeß der *Gestaltwahrnehmung* zu physiologischen Reaktionen führt, die sich in den Gamma-Band-Antworten des Gehirns niederschlagen.

3.2 Wortverarbeitung

Eine weitere Möglichkeit, bedeutungsvolle und bedeutungslose, physikalisch aber fast identische Stimuli zu vergleichen, bietet sprachliches Material. Für bedeutungsvolle Wörter lassen sich durch Umstellung der Buchstaben leicht bedeutungslose Buchstabenfolgen (Pseudowörter) gewinnen. Will man die Pseudowörter so ähnlich zu den Wörtern wie möglich halten, so kann man darauf achten, daß die Pseudowörter leicht aussprechbar sind und den phonologischen und orthographischen Regeln einer Sprache - hier des Deutschen - gehorchen. Für das Wort SONNE könnte dann das Pseudowort ENNOS (nicht aber das „Unwort" NNSEO) kontruiert werden. Werden

Wörter Versuchspersonen dargeboten, so kommt es zu einem weitgehend automatisierten Verarbeitungprozess, der in der Psycholinguistik *lexikalischer Zugriff* genannt wird, und der wohl am wahrscheinlichsten der Aktivierung der kortikalen Repräsentation von Wortformen, also der Aktivierung wort-spezifischer Populationen kortikaler Nervenzellen (Neuronen) entspricht (Braitenberg & Pulvermüller, 1992). Wenn ein Pseudowort dargeboten wird, so sollte kein solcher lexikalischer Zugriffsprozeß stattfinden, weil ja für das Pseudowort keine Repräsentation vorhanden ist.

In einem Experiment wurden deutsche Wörter und gematchte (also im Bezug auf Länge, Silbenstruktur etc. übereinstimmende) Pseudowörter rechtshändigen und deutschsprachigen Versuchspersonen visuell dargeboten (Lutzenberger et al., 1994). Die Versuchspersonen mußten durch eine Fingerbewegung zum Ausdruck bringen, ob es sich bei den Stimuli um Wörter oder um Pseudowörter handelte (lexikalische Entscheidungsaufgabe). Ein Vergleich der Gamma-Band-Antworten im EEG ergab keine signifikanten Unterschiede im 40-Hz-Band und ebensowenig in sehr hohen Frequenzbereichen (> 50 Hz) oder den niederfrequenten Bereichen des Alpha- und Beta-Bandes. Ein signifikanter Wort/Pseudowort-Unterschied zeigte sich dagegen im 30 Hz-Band (25-35 Hz). Wörter führten zu stärkeren 30 Hz-Antworten als Pseudowörter. Der Unterschied war über den Sprachzentren der linken Hemisphäre statistisch signifikant, nicht aber über den homologen Gebieten der rechten Hemisphäre.

Ähnliche Ergebnisse lieferte ein MEG-Experiment, bei dem englische Wörter und Pseudowörter englischsprachigen Rechtshändern akustisch dargeboten wurden (Pulvermüller et al., 1996a). Bei diesem Experiment sollten sich die Versuchspersonen die Wörter und Pseudowörter einprägen, um sie später in einem Test richtig wiederzuerkennen. Auch in dieser Untersuchung ergab sich ein Unterschied der evozierten spektralen Antworten im unteren Gamma-Band. Wörter führten wieder zu stärkeren 30 Hz-Antworten als Pseudowörter. Im MEG zeigten sich die Unterschiede primär an Registrierorten über dem inferioren (unteren) Frontalkortex der linken Hemisphäre. In Abbildung 2 sind Daten von einer Versuchsperson dargestellt, bei der die Unterschiede besonders deutlich ausfielen. Die spektrale Leistung ist jeweils als Funktion der Zeit und der Frequenz aufgetragen. In der linken Spalte sind Werte von der linken Hemisphäre, in der rechten Spalte von der rechten Hemisphäre dargestellt. Die deutlichste Veränderung, die beobachtet werden kann, ist die starke Absenkung der spektralen Leistung im 30 Hz-Bereich nach Präsentation von Pseudowörtern, die über der linken Hemisphäre auftritt (Diagramm links unten) (Lutzenberger et al., 1994; Pulvermüller et al., 1994a). Die im Vergleich zu Pseudowörtern stärkeren 30-Hz Antworten über der linken Hemisphäre konnten in diesem Experiment konsistent bei allen Versuchspersonen beobachtet werden. Andere Frequenzbänder (z.B. der Alpha-Bereich um 10 Hz) zeigten keine derartige Dynamik.

Diese Daten liefern ein Argument dafür, daß Veränderungen der Gehirnaktivität im Gamma-Band für einen definierten kognitiven Prozeß, für den der *lexikalischen Verarbeitung*, wichtig sind oder zumindest mit seinem Auftreten korrelieren. Zusammen mit den Ergebnissen, welche die Veränderung der Gamma-Band-Antworten bei der Gestaltwahrnehmung belegen, nähren diese Resultate die Vermutung, daß kognitive Prozesse im Gehirn in spezifischen Gamma-Band-Antworten ihren Ausdruck finden. Es scheint aber so zu sein, daß bei verschiedenen Prozessen unterschiedliche Bereiche des Gamma-Bandes eine Leistungsveränderung zeigen. Veränderungen im Bereich von 30 Hz konnten mit den komplexeren kognitiven Funktionen Gestalterkennung und lexikalischer Zugriff in Zusammenhang gebracht werden, wogegen Veränderungen um 40 Hz bei der Perzeption einfacher visueller oder akustischer Stimuli auftraten. Generell scheint zu gelten, daß bei Verarbeitung eines bedeutungsvollen Elements (Gestalt, Wort) stärkere Gamma-Band-Aktivität vorliegt als bei Verarbeitung eines fast identischen, aber bedeutungslosen Stimulus. Dies läßt sich mit der Annahme erklären, daß die Präsentation des bedeutungsvollen Elements zur Aktivierung einer kortikalen Repräsentation, einer Hebb'schen Cell Assembly führt, in der Erregung für kurze Zeit schnell und rhythmisch zirkuliert. Präsentation eines bedeutungslosen Reizes führt nicht zur koordinierten Aktivierung eines großen Nervenzellpopulation, sondern zu asynchroner Erregung in nicht oder nur schwach gekoppelten Neuronen (Pulvermüller et al., 1994b; Pulvermüller, 1996).

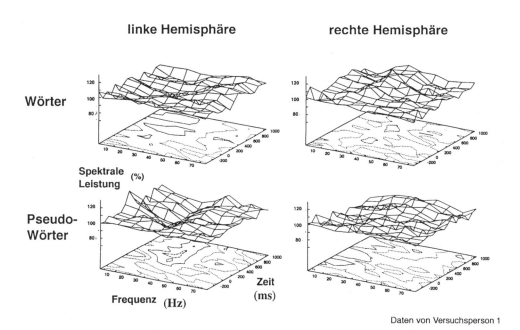

Abb. 2: Spektrale Antworten gemessen mit dem MEG nach Präsentation von bedeutunsvollen Wörtern (Diagramme oben) und bedeutungslosen Pseudowörtern (unten). Daten von nur einer Versuchsperson sind dargestellt. Signale, die von der linken Hemisphäre abgeleitet wurden (Diagramme links), sind solchen von der rechten Hemisphäre (rechts) gegenüber gestellt. Nach Pseudowörtern ergibt sich eine Absenkung der spektralen Leistung um 30 Hz (aus Pulvermüller et al., 1996a).

Diese Annahmen erklären sicherlich noch nicht alle Aspekte der bisher erhobenen Befunde zur Gamma-Band-Aktivität bei kognitiven Verarbeitungsprozessen, jedoch bieten sie einen Ansatz für ein Verständnis der zugrundeliegenden Gehirnprozesse. Sie erklären z.B. nicht, warum die 30 Hz-Aktivität auf Pseudowörter im Vergleich zur Baseline erniedrigt ist, anstatt nach Wörtern anzusteigen (s. Abb. 2) (Jürgens *et al*.1995b; Jürgens & Rösler, 1995a). Hier könnte man vermuten, daß die 30 Hz-Aktivität auch während der Baseline hoch ist, weil auch im Inter-Stimulus-Intervall kognitive Aktivität stattfindet und erst bei Wahrnehmung eines sinnlosen Stimulus diese Aktivität für kurze Zeit aussetzt. Solche Hilfsannahmen müssen aber in weiteren psychophysiologischen Experimenten auf ihre Richtigkeit hin überprüft werden.

Ein viel schwerwiegender Einwand gegen die bisherigen Befunde zur Bedeutung der Gamma-Band-Aktivität für die kognitive Verarbeitung ergibt sich, wenn man bedenkt, daß erst relativ grobe Verarbeitungsunterschiede zwischen bedeutungslosem und bedeutungsvollem Material berichtet wurden. Unterschiedliche Muster der Gehirnaktivität bei der Wahrnehmung von Wörtern oder Gestalten einerseits und bei der von Pseudowörtern und Pseudogestalten andererseits könnten z.B. auf unterschiedliche Grade der selektiven Aufmerksamkeit zurückgehen. Wenn die Verarbeitung bedeutungsvoller Reizinformation in Gehirnprozessen vor sich geht, die in Gamma-Band-Antworten an der Kopfoberfläche detektierbar sind, so würde man viel spezifischere Unterschiede erwarten als nur zwischen bedeutungslosem und bedeutungsvollem Material. Im Idealfall könnte man erwarten, daß unterschiedliche Aspekte der *Bedeutungsverarbeitung* in lokalen und frequenzspezifischen hochfrequenten Aktivitätsmustern reflektiert werden.

3.3 Verarbeitung von Bedeutung

Physikalisch ähnliche Elemente mit sehr unterschiedlicher Bedeutung findet man unter den bedeutungstragenden Elementen von Sprachen, den Morphemen und Wörtern. In einem weiteren EEG-Experiment untersuchten wir Gamma-Band-Antworten auf Wörter, die sich in ihrer Bedeutung klar unterscheiden. Wörter, die bei den Versuchspersonen starke visuelle Vorstellungen auslösten („visuelle Wörter") wurden mit Wörtern verglichen, die keine oder schwächere visuelle Vorstellungen hervorriefen, jedoch statt dessen Assoziationen zu Bewegungen des eigenen Körpers („motorische Wörter"). Wörter mit visuellen Assoziationen führten zu erhöhten Gamma-Band-Antworten über okzipitalen kortikalen Areae im Vergleich zu Wörtern, die keine (oder schwächere) visuelle Vorstellungen hervorrufen. Umgekehrt verursachten die Wörter mit motorischen Assoziationen stärkere 30 Hz-Antworten über den motorischen Hirngebieten als die visuellen Wörter (Pulvermüller *et al*.1996b). Abbildung 3 zeigt die Differenz zwischen den topographischen Mustern der 30 Hz-Aktivität, die durch motorische und visuelle Wörter ausgelöst wurden. Die visuellen Vorstellungen der visuellen Wörter scheinen ihren Niederschlag in den relativ erhöhten 30 Hz-Antworten über der Sehrinde zu finden, wogegen die motorischen Vorstellungen der motorischen Wörter mit erhöhten 30 Hz-Antworten in der Nähe der motorischen Cortices einhergehen. Die kortikale Topographie der Aktivität im Gamma-Band scheint demnach mit der Bedeutung der verarbeiteten Stimuli in Zusammenhang zu stehen (Pulvermüller, 1996).

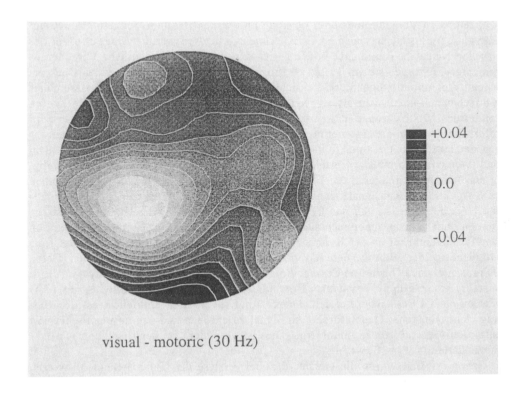

Abb. 3: Verteilungen der im EEG gemessenen Leistung im 30 Hz-Bereich bei Verarbeitung von Wörtern mit visuellen Assoziationen subtrahiert von der Leistungsverteilung bei Verarbeitung von Wörtern mit motorischen Assoziationen. Die visuellen Wörter führen zu verhältnismäßig stärkeren 30 Hz-Antworten über visuellen Hirnbereichen (dunkle Gebiete unten). Die motorischen Wörter führen dagegen zu stärkeren 30 Hz-Antworten über motorischen Hirngebieten (helles Gebiet im Zentrum) [aus Pulvermüller et al., 1996b].

Diese Befunde müssen sicherlich durch weitere Expermente erhärtet werden und in jedem Fall sollten sie mit Vorsicht interpretiert werden. Generell lassen sie es als wahrscheinlich erscheinen, daß nicht-invasiv registrierte Gamma-Band-Antworten wichtige Information über kognitive Verarbeitungsprozesse im menschlichen Gehirn enthalten.

4. Methodische Hinweise

Zum Abschluß dieses Überblicks soll auf *Methoden der Datenanalyse*, die sich bei der Bestimmung hochfrequenter Gehirnantworten als nützlich erwiesen haben, eingegangen werden. Außerdem soll nachdrücklich auf *mögliche Probleme* hingewiesen werden, die bei der nicht-invasiven Registrierung und Analyse von Gamma-Band-Antworten auftreten können. Zunächst ist anzumerken, daß die in EEG und MEG beobachtbaren Veränderungen der Leistung im Gamma-Band im Verhältnis zur Ruheaktivität gering sind. In vielen EEG-Experimenten machen sie nur wenige Prozent des Baseline-Niveaus aus und auch in den MEG-Experimenten, die deutliche Veränderungen zeigen, betragen sie nur 10 bis 20 Prozent der Baseline. Auf den ersten Blick erscheint dies unbefriedigend. Berücksichtigt man aber, daß einzelne Cell Assemblies wahrscheinlich nicht mehr als 10^6 Neuronen enthalten, wogegen der gesamte Kortex mindestens 10^{10} Neuronen enthält (von denen fast alle „spontan" aktiv sind), so wird sofort klar, warum die Aktivierung einzelner Assemblies nur zu kleinen Veränderungen der kortikalen Gesamtaktivität führen kann. Weil die Veränderungen aber klein sind, werden 19 komplexe Verfahren zu ihrer Registrierung und Analyse notwendig. In den von uns durchgeführten EEG-Untersuchungen konnten nur in wenigen Fällen nach Analyse der Rohsignale signifikante Unterschiede gefunden werden. Eine mögliche Ursache dafür ist, daß das EEG immer gegen eine Referenzelektrode registriert werden muß. Streng genommen sieht man deshalb im Signal ein komplexes Gemisch der Aktivitätsmuster an der Referenzelektrode und an der kritischen Elektrode. Eine Möglichkeit, den Beitrag der Aktivität an der Referenzelektrode aus den Daten „herauszurechnen" bietet die Current-Source-Density-Analyse (CSD-Analyse). Alle in unserer Arbeitsgruppe erhaltenen Ergebnisse zur Gamma-Band-Aktivität im EEG wurden nach CSD-Analyse erzielt. Dieses Analyseverfahren ermöglicht es, den Beitrag elektrodennaher Generatoren zum Signal zu erhöhen und den unspezifischer und entfernter Generatoren zu minimieren. Dies ist besonders bei der Erstellung von Aktivitätskarten (s. Abb. 3) wichtig.

Schon erwähnt wurde die Gefahr, daß bei Analyse der Gamma-Band-Antworten eigentlich Muskelaktivität gemessen wird. Es ist bekannt, daß das EMG besonders viel Energie in hohen Frequenzbereichen hat. Die Leistung des EMGs steigt mit der Frequenz monoton an und hat erst bei 100 Hz oder höher ihr Maximum (Cacioppo *et al.* 1990). Wird demnach nur die Leistung im 40 Hz-Bereich bestimmt, so ist es unmöglich zu entscheiden, ob eine Veränderung dieser Leistung durch Neuronen- oder Muskelaktivität verursacht wurde. Dies wird erst möglich, wenn zusätzlich noch höherfrequentere Bänder untersucht werden. Muskelaktivität muß nämlich, wenn sie eine Leistungsveränderung um 40 Hz verursacht, auch in höheren Bereichen des Spektrums (bis 100 Hz) dieselben (oder sogar noch stärkere) Effekte verursachen, da die EMG-Leistung ja mit der Frequenz ansteigt. Erst wenn gezeigt ist, daß erstens im 30 oder 40 Hz-Bereich ein Unterschied in der spektralen Leistung vorliegt und zweitens in höheren Frequenzbereichen *kein* gleichsinniger Unterschied vorliegt, kann angenommen werden, daß neuronale Aktivität der Veränderung zugrundeliegt (Lutzenberger *et al.* 1994).

Ein weiteres methodisches Problem betrifft eine Eigenschaft der Fourier-Transformation, die bei Frequenz-Analysen in der Regel verwendet wird. Wenn ein Signal nicht genau die Form einer Sinusschwingung hat, sondern leicht von dieser From abweicht (z.B. asymmetrisch ist) so erhält man bei der Fourier-Analyse Oberschwingungen. Ist die Grundschwingung z.B. ein 10 Hz-Rhythmus, so kann die Fourier-Transformation die erste, zweite oder dritte (usw.) Harmonische der Grundschwingung bei 20, 30 und 40 Hz enthalten. Es ist auch möglich, daß das Signal nur die Grundschwingung und eine der Harmonischen enthält. Es ist deshalb notwendig, auch zu untersuchen, ob Veränderungen der Leistung im Gamma-Band zusammen mit gleichsinnigen Veränderungen in niedrigeren Bändern auftreten. Ist dies der Fall, so kann vermutet werden, daß die Veränderungen im Gamma-Band nur Artfakte der niederfrequenten Leistungsveränderung sind (Jürgens *et al.*1995b; Pulvermüller *et al.*1995). Im Zusammenhang mit diesen methodischen Bemerkungen ist es sinnvoll, noch einmal Abbildung 2 genauer zu betrachten. Das Diagramm links unten zeigt einen Leistungsabfall im unteren Gamma-Band. Wichtig ist jetzt, daß zu gleicher Zeit im niederfrequenten Bereich ein leichter Leistungsanstieg zu beobachten ist. Im Frequenzbereich oberhalb von 50 Hz zeigt sich außerdem keine Leistungsveränderung. In diesem Fall kann deshalb davon ausgegangen werden, daß die Leistungsveränderung im unteren Gamma-Band weder der Effekt einer Harmonischen einer langsameren Schwingung, noch ein EMG-Artefakt ist.

5. Zusammenfassung

Zusammenfassend kann folgendes festgehalten werden: 1. Nervenzellpopulationen des Gehirns sind unter bestimmten Bedingungen synchron rhythmisch aktiv. Ihre Schwingungsfrequenz liegt oft im Gamma-Bereich (> 20 Hz). 2. Veränderung der Gamma-Band-Aktivität läßt sich nicht nur invasiv, sondern auch nicht-invasiv mit dem EEG und MEG bestimmen. 3. EEG- und MEG-Untersuchungen am Menschen liefern Evidenz, daß die Dynamik der Gamma-Band-Antworten nicht nur in Zusammenhang mit physikalischen Eigenschaften von Stimuli steht, sondern auch mit Aspekten ihrer kognitiven Verarbeitung. 4. Bedeutungsvolle Reize (Wörter, Gestalten) führen zu stärkeren Gamma-Band-Antworten, als physikalisch ähnliche aber bedeutungslose Stimuli. 5. Aspekte der Bedeutungsverarbeitung (z.B. motorische und visuelle Assoziationen) können sich in lokalen Veränderungen der Gamma-Band-Antworten widerspiegeln. 6. Eine mögliche Ursache für vergleichsweise starke Gamma-Band-Antworten ist die Aktivierung einer kortikalen Neuronenpopulation, einer Hebb'schen Cell Assembly. 7. Bei der nicht-invasiven Untersuchung von Gamma-Band-Antworten ist die Verwendung referenzfreier Daten vorteilhaft. Außerdem ist es wichtig, parallel spektrale Antworten in niederfrequenten (Alpha- und Beta-Band) und sehr hochfrequenten (nahe 100 Hz) Frequenzbereichen zu untersuchen, um mögliche Artefakte auszuschließen.

Danksagung

Mit Unterstützung der Deutschen Forschungsgemeinschaft (Heisenberg Stipendium an F.P., Projekt SFB 307/B1 an W.L. und N.B., Pu 97/2 an F.P.).

Mechanismen von Restitutionsprozessen im visuellen System am Beipiel der funktionellen Erholung nach retinaler Exzitotoxizität und kontrollierter Quetschung des Sehnerven

Michael R. Kreutz, Tobias M. Böckers, Jens Weise,
Christian K. Vorwerk, Erich Kasten und Bernhard A. Sabel

Zusammenfassung

Partielle Läsionen des visuellen Systems der Ratte (kontrollierte Quetschung des Sehnerven und retinale NMDA-Toxizität) werden genutzt um Neurotrauma zu simulieren. Tiere mit diesen Läsionen sind zu Anfang nicht in der Lage einfache visuelle Orientierungs- und Diskriminationsaufgaben zu lösen. Nach einem Zeitraum von ungefähr 2 Wochen zeigt sich jedoch eine funktionelle Erholung dieser Fähigkeiten. Eine Analyse der molekularen, morphologischen und zellulären Grundlagen dieses Phänomens zeigt, daß überlebende Ganglienzellen in der Retina über ein großes Soma verfügen und durch eine differentielle Expression des NMDA-Rezeptors charakterisiert sind. Auch die retinale Expression des Transkriptionsfaktors c-jun und des Wachstumsfaktors bFGF ist nach dem Trauma verändert. Es wird angenommen, daß zwischen retinaler Genexpression, dem anterograden und retrograden Transport von Wachstumsfaktoren sowie der Reorganisation von retino-tectalen Projektionen ein kausaler Zusammenhang besteht. Diese Prozesse scheinen grundllegend für die funktionelle Erholung des visuellen Verhaltens zu sein.

Summary

Partial lesions of the adult rat visual system (i.e. optic nerve crush and retinal NMDA-toxicity) are used to simulate neurotrauma and to study the mechanisms involved in recovery of function. Rats with such lesions are initially unable to perform visual tasks such as brightness or pattern discrimination. However, over a period of about 2 weeks, rats recover to near-normal performance despite the survival of only about 10% of retinal ganglion cells (RGC). These surviving RGC's are characterized by having a large soma and a differential cellular gene expression of NR1 receptors. In addition the expression of immediate early genes and trophic factors (i.e. bFGF) is altered. It is suggested that a causal link exists between differential retinal gene expression, the anterograde and retrograde transport of trophic factors and the reorganization of retino-tectal projections. These processes are probably part of the bases underlying the behavioral recovery observed in both models.

1. Funktionelle Erholung nach Neurotrauma

Schädigungen des zentralen Nervensystems führen zu einer Degeneration neuronaler Zellen. Dies hat, abhängig von der betroffenen Hirnstruktur, meist funktionelle Defizite zur Folge, die sich unter anderem auch in einer Einschränkung des Verhaltensrepertoires äußern. In vielen Fällen wird nach einer Läsion des Gehirns trotz des massiven Unterganges von Nervenzellen einige Zeit später eine Restitution der betroffenen Funktionen beobachtet, ein Prozeß, den man gemeinhin als funktionelle Erholung bezeichnet.

Trotz erheblicher Fortschritte in der Diagnostik von degenerativen und traumatischen Störungen sind Schädigungen des zentralen Nervensystems einer kausalen Therapie nach wie vor nur schwer zugänglich. Diese Ausgangssituation macht die Suche nach geeigneten Modellen notwendig, die sowohl den Prozeß der Neurodegeneration simulieren als auch aufgrund ihrer strukturellen Voraussetzungen die Möglichkeit eröffnen, kausale Beziehungen zwischen Determinanten des neuronalen Zelltodes, endogenen Reperaturmechanismen, der Intervention mit Pharmaka und der Restitution neuronaler Funktionen auf der Verhaltensebene aufzudecken. Dies hat sich aus verschiedensten Gründen bei vielen Modellen in der Vergangenheit als sehr schwierig erwiesen. Eine Untersuchung von Läsionswirkungen auf das Nervensystem wurde in den meisten Fällen nur nach globaler Zerstörung verschiedener neuronaler Populationen, etwa durch Läsionen, durchgeführt (Flohr, 1988). Auch wenn diese globalen Läsionen für die Untersuchung neurodegenerativer Prozesse wertvoll sind, da sie Schädel-Hirn-Trauma sehr gut simulieren, so haben sie den Nachteil, die Untersuchung der eigentlichen Ursachen für Degeneration nach Trauma zu erschweren. Dies kann an einem bekannten Beispiel der experimentellen Hirnverletzungen, dem sogenannten 'Fluid percussion' Modell, erläutert werden (Dixon et al., 1987). Durch grobe Druckeinwirkung auf die Schädelkalotte oder Cortexoberfläche wird eine umfangreiche und unspezifische Läsion des Gehirns gesetzt. Dieser Ansatz spiegelt zwar die reale Situation recht gut wieder, hat aber den Nachteil, daß fast keine kausalen Beziehungen zwischen biochemischen, anatomischen und funktionellen Aspekten von Degeneration und Funktionserholung dargestellt werden können. Außerdem ergibt sich eine erhebliche experimentelle Variabilität. Entsprechend sind die Daten, die mit diesem Läsions-Modell erhoben werden, entweder rein deskriptiv oder aber ausschließlich pharmakologischer Natur. Determinanten des Zelltodes oder beteiligte biochemische Mechanismen lassen sich so bei der Erholung von Verhaltensleistungen nicht identifizieren. Dies ist angesichts der Komplexität der betroffenen Strukturen auch kaum verwunderlich.

Als alternativer Ansatz werden hochspezifische Läsionen durch operative Eingriffe gesetzt, um anschließend kompensatorische Veränderungen darzustellen. Dabei nimmt man in Kauf, daß die praktische Relevanz eines solchen Vorgehens eingeschränkt ist. Doch selbst bei solch spezifischen Läsionen macht die komplexe neuronale Struktur des ZNS eine Interpretation schwierig, und die Läsionseffekte sind häufig nur schwer auf wenige Dimensionen im Verhalten oder neurochemischer / molekularer Vorgänge der beteiligten Zellen zurückführen.

2. Die Retina als Traumamodell

Wir glauben, mit den Modellen der kontrollierten Quetschung des Sehnerven sowie der retinalen Exzitotoxizität einen Zugang zu grundlegenden Mechanismen der Degeneration und funktionellen Erholung visueller Leistung gefunden zu haben. Die Retina und der Nervus opticus sind zentralnervöses Gewebe und demnach, im Gegensatz zum peripheren Nervensystem, nicht in der Lage zu regenerieren. Da die Neurone der Retina, die Axone des Nervus opticus und die Nervenendigungen im Zielgebiet des Gehirns [im wesentlichen das dorso-laterale Geniculatum und der Colliculus Superior (synonym wird auch der Begriff Tectum verwendet) / siehe Abb.1] klar voneinander getrennt sind, können die verschiedenen Kompartimente unabhängig voneinander untersucht und beeinflußt werden.

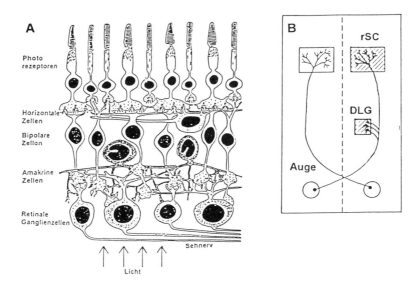

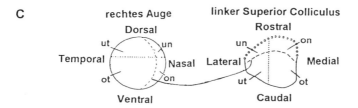

Abb. 1: Schematische Darstellung der Retina und ihrer Verbindungen zum Gehirn. A: Schichtung und synaptische Verbindungen der retinalen Zelltypen. B: Projektionen der retinalen Ganglienzellen ins Gehirn. DLG = Dorso-laterales Geniculatum; rSC = rechter Superior Colliculus. C: Topographie der retino-tectalen Projektionen in der Ratte. un = unteres nasales Gesichtsfeld; on = oberes nasales Gesichtsfeld; ut = unteres temporales Gesichtsfeld; ot = oberes temporales Gesichtsfeld. Der linke Superior Colliculus ist aus der horizontalen Perspektive (Aufsicht auf das Gehirn) dargestellt.

Darüberhinaus gibt es eine klare Struktur-Funktions Beziehung im visuellen System, die es ermöglicht, kausale Zusammenhänge zwischen der morphologischen und molekularbiologischen Ebene sowie dem visuellen Verhalten nachzuweisen. Innerhalb dieses konzeptuellen Rahmens haben wir in den vergangenen Jahren eine Reihe molekularbiologischer, morphologischer, metabolischer und Verhaltensuntersuchungen durchgeführt, die schon jetzt auf Signalkaskaden hinweisen, die mit einiger Wahrscheinlichkeit zu den biologischen Grundlagen der funktionellen Erholung zu zählen sind.

Die Quetschung des Sehnerven wird nach einem standardisierten Protokoll mit einer kalibrierten Pinzette durchgeführt. Der mechanischen Druck auf den Sehnerven läßt sich mittels einer Schraube einstellen, so daß reproduzierbar immer die gleiche 'Crushstärke' vorliegt. Das Ausmaß der Schädigung wurde durch die Zahl der überlebenden RGC operationalisiert, wobei ein milder 'Crush' dem Überleben von etwa 10 bis maximal 15% der RGC Gesamtpopulation entspricht. Eine Quetschung erfolgt entweder bilateral, oder aber der andere nicht gequetschte Sehnerv wird durchtrennt.

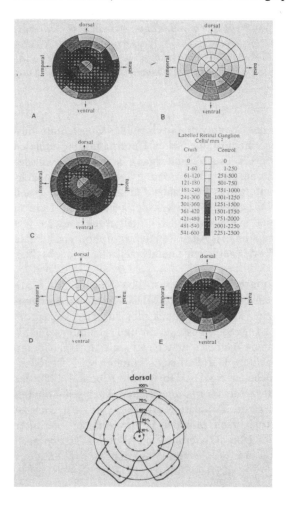

Abb. 2: Analyse der Zellzahlen in retinalen Flachpräparaten. An 48 definierten Zählpunkten (siehe unterer Teil der Abbildung) wird in unterschiedlicher Exzentrizität vom Austrittsort des Sehnerven die Zahl retrograd markierten Ganglienzellen auf einer Fläche von 200x200 µM bestimmt. Die jeweilige Zelldichte pro mm² ist in unterschiedliche Graustufen transformiert und schematisch für die 48 Zählpunkte dargestellt (die unterschiedliche Skala für Kontrolltiere und Tiere mit gequetschtem Sehnerv ist zu beachten). A und B: Mittlere Zelldichte 2 und 14 Tage nach milder Quetschung des Sehnerven. C und D: Mittlere Zelldichte 2 Tage nach mittlerer oder starker Quetschung des Sehnerven. E: Mittlere Zelldichte in Kontrollpräparaten.

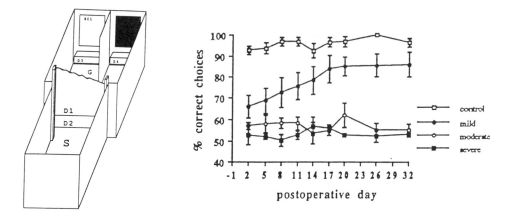

Abb. 3: Schematische Darstellung der Zwei-Wege Diskriminationsapparatur. S: Startbox; D1/2: Transparente und opaque Falltüre; G: Zielbox; D3/4: Wassernippel; SC1/2: Bildschirm. Die funktionelle Erholung der Helligkeits-Diskrimination ist abhängig von der Stärke der Quetschung des Sehnerven. Nur bei milder Quetschung kommet es zu einer Erholung innerhalb von drei Wochen nach der Läsion.

Partielle traumatische Schädigungen des Sehnerven mittels milder Quetschung führen in der Ratte, wie schon erwähnt, zu einem dramatischen Untergang von retinalen Ganglienzellen (Sautter et al., 1991; 1993). Dieser Zelluntergang ist abhängig von der Stärke der Quetschung (siehe Abb.2). Zu unserer Überraschung konnten wir beobachten, daß trotz eines ca. 90%igen Zelluntergangs bei milder Quetschung, über einen Zeitraum von zwei Wochen, die visuelle Leistungsfähigkeit der betroffenen Tiere in einem Zwei-Wege Diskriminationstest und in einer visuellen Orientierungsaufgabe fast komplett wieder hergestellt wurde (siehe Abb. 3). Auch konnten morphologisch keine degenerativen Veränderungen außerhalb der retinalen Gangeinzelschicht beobachtet werden.

Weitere Untersuchungen zur Funktionserholung im visuellen System der Ratte wurden nach intraocularer (i.o.) N-Methyl-D-Aspartat (NMDA)-Injektion durchgeführt (Sabel et al., 1995). NMDA ist ein Glutamat-Agonist, der an einen Rezeptor-Subtyp bindet, welcher zu den wenigen Liganden-gesteuerten und spannungsabhängigen Calcium Kanälen gehört (siehe unten). Dabei konnten wir eine dosisabhängige Degeneration von Ganglienzellen beobachten. Darüberhinaus konnten wir feststellen, daß interessanterweise auch bei der höchsten NMDA-Dosis von 100nmol 10% der retinalen Ganglienzellen überlebten. Mit Hilfe morphometrischer Analysen konnten wir zeigen, daß die überlebenden Zellen zu der Population größerer Ganglienzellen zu zählen sind (Vorwerk et al., 1995). Auch nach retinaler Exzitotoxizität (hierunter versteht man die toxischen Effekte einer Überaktivierung von Glutamat-Rezeptoren auf Nervenzellen) fand sich innerhalb von drei Wochen eine funktionelle Erholung des visuellen Diskriminationsvermögen (Sabel et al., 1995; Vorwerk et al., 1994 und in

Vorb., siehe Abb. 4). Eine parallele Gabe des NMDA-Antagonisten L-Kynurenin führte zu einer weiteren Verminderung der visuellen Defizite nach Exzitotoxizität.

Ein erster Zusammenhang im Hinblick auf eine gemeinsame Ursache des Zelltodes wurde zwischen beiden Läsions-Modellen deutlich, als sich bei Ratten mit einer kontrollierten Quetschung des Sehnervens nach i.o. Gabe des NMDA-Antagonisten MK-801 eine deutliche Verbesserung des visuellen Diskriminationsvermögens dokumentieren ließ.

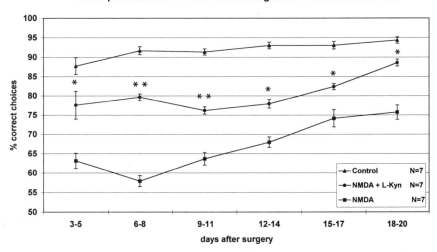

Abb. 4: *Funktionelle Erholung des visuellen Diskriminationsvermögens nach retinaler NMDA-Exzitotoxizität. Die parallele Gabe des NMDA-Antagonisten L-Kynurenine führt zu einer deutlichen Protektion der retinalen Ganglienzellen. Die höhere Zahl überlebender Zellen nach der Läsion ist korreliert mit geringeren visuellen Defiziten im Zwei-Wege Labyrinth.*

3. Neuronale Reorganisation des retino-tectalen Systems und die Erholung von visuellen Defiziten

Unsere Verhaltensstudien zeigen, daß trotz eines fortschreitenden degenerativen Prozesses adulte Ratten innerhalb kürzester Zeit wieder in der Lage sind, sich visuell zu orientieren und Hell-Dunkel Diskriminationsaufgaben zu lösen. Die Erholung dieser basalen visuellen Fähigkeiten ist abhängig vom Überleben einer bestimmten minimalen Anzahl von retinalen Ganglienzellen. Da Verhaltenserholung auftritt, obwohl nur 10-15% retinaler Ganglienzellen überleben, ist anzunehmen, daß adaptive Mechanismen die Grundlage des Erholungsprozesses darstellen. Ausgehend von der Hypothese, daß solche adaptiven Mechanismen primär nicht abhängig von der Zellzahl sind sondern daß vielmehr eine neuronale Reorganisation dem Phänomen zugrunde liegt, haben wir auf verschiedenen Ebenen plastische Prozesse im visuellen System nach retinaler Exzitotoxizität bzw. kontrollierter Quetschung des Sehnerven untersucht.

Mit der 2-Deoxyglukose-Methode läßt sich die metabolische Aktivität, d.h. der Glukoseverbrauch von Nervenzellpopulationen darstellen. Dabei geht man davon aus, daß ein erhöhter oder reduzierter Zellstoffwechsel in direktem Zusammenhang zur neuronalen Aktivität steht. Die Messung des lokalen Glukoseverbrauchs nach Quetschung des Sehnerven ergab eine Verlust der 2DG-Aktivität in den retinalen Projektionsarealen bei Ratten, nachdem die Versuchstiere mit Blitzlicht- und Mustern stimuliert wurden. Nach diesem drastischen Abfall der metabolischen Aktivität im lateralen Geniculatum und im Tectum zwei Tage nach der Läsion kam es allerdings nach neun Tagen wieder zu einer Zunahme des durch visuelle Reize induzierbaren Glukoseverbrauchs (siehe Abb.5 / Schmitt et al., eingereicht). Dies war ein erster Hinweis auf die Beteiligung von primären Projektionsgebieten am Erholungsprozeß der Sehleistung.

Weitere Hinweise auf neuroplastische Prozesse nach retinaler Schädigung ergeben sich aus Studien, bei denen mittels anterograden Tract-tracing die Verteilung der retino-fugalen Bahnen ermittelt wurde. Hier wurde nach intraocularer Injektion von NMDA ein Fluoreszenz-Tracer oder aber HRP (Meerrettich Peroxidase) ins Auge injiziert. Diese Substanzen werden von den retinalen Ganglienzellen aufgenommen und ins Gehirn transportiert. Hierdurch kann die Verteilung der axonalen Nervenendigungen verfolgt werden. Mit dieser Technik konnten wir zeigen, daß ein großer Teil der axonalen Fasern innerhalb einer Woche im Tectum nicht mehr detektierbar ist und erst wieder nach einem Zeitraum von 6 Wochen vor allem im rostro-medialen Anteil sichtbar werden (Kreutz et al., 1995). Die laterale retinotectale Projektion scheint hingegen dauerhaft geschädigt. Eine solche Form der Plastizität ist im adulten Hirn ausgesprochen selten. Entprechend interessant ist die Frage, welche Funktion solche Reorganisationsprozesse bei der Erholung von visuellen Defiziten haben könnten und inwieweit eine kontrollierte Quetschung des Sehnerven die retino-tectalen Projektionen verändern kann. Desweiteren gilt es zu prüfen, ob sich hier die Topographie der Projektion verändert hat, oder ob sich nur der anterograde Transport der Tracer-Moleküle verschiebt. Diese Untersuchungen werden von uns gerade durchgeführt.

Die Hypothese, daß die transneuronale Kommunikation zwischen retinalen Ganglienzellen und nachgeschalteten Neuronen im Gehirn eine wichtige Rolle für die funktionelle Erholung spielt, erfährt aber auch noch aus anderen Experimenten eine gewisse Unterstützung. So konnten wir zeigen, daß die i.o. Injektion von basischem Fibroblasten Wachstumsfaktor (bFGF), einer neurotrophen Substanz, die in hohen Konzentrationen in der Retina vorkommt, das visuelle Diskriminationsdefizit nach Quetschung des Sehnerven deutlich vermindert, ohne dabei einen direkten Einfluß auf die Anzahl überlebender Ganglienzellen zu haben (Schmitt et al., eingereicht). Vor kurzem wurde berichtet, daß die Quetschung des Nervus Opticus einen Anstieg von bFGF in der Retina und im Tractus opticus bewirkt (Kostyk et al., 1994). bFGF wird nach i.o. Injektion in der Ratte von retinalen Ganglienzellen anterograd ins Tectum transportiert (Ferguson et al., 1990). Dies steht im Gegensatz zu vielen anderen Wachstumsfaktoren, die ausschließlich retrograd (d.h. vom Axon zum Soma) transportiert werden. Daher gilt es nun zu prüfen, ob der axonale Transport von bFGF ein Schlüssel zum Verständnis der transneuronalen Kommunikation nach retinaler Schädigung ist. Von besonderem Interesse ist hierbei natürlich die Frage, welche Rolle der Wachstumsfaktor bei der Reorganisation der retino-tectalen Verbindungen spielt.

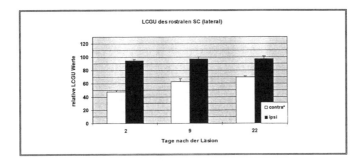

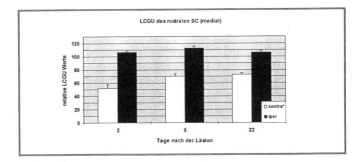

Abb. 5: Lokaler Glukose-Verbrauch im rostro-medialen, rostro-lateralen, caudo-medialen und caudo-lateralen Superior Colliculus, sowie verschiedenen Teilen des Geniculatums nach kontrollierter Quetschung des Sehnerven. Ein signifikanter Anstieg der metabolischen Aktivität findet sich vor allem im rostro-medialen Teil des Tectums.

4. Biochemische und molekulare Grundlagen der Zellschädigung nach Neurotrauma

Traumatische Einwirkungen auf das ZNS, die auch neurologische Defizite zur Folge haben, bestehen in aller Regel aus zwei Komponenten: der unmittelbaren, meist mechanischen Zerstörung von Hirngewebe, sowie der mittelbaren und sekundären posttraumatischen Läsion, die sich über einen Zeitraum von Stunden bis zu Wochen entwickelt (Cooper, 1985). Die Literatur zu Grundlagen des sekundären neuronalen Zelltodes ist zwar sehr umfangreich, dennoch ist der Kenntnisstand über die Ursachen der Degeneration immer noch sehr unbefriedigend. Als prominenteste Hypothese in diesem Zusammenhang kann die Exzitotoxizitätshypothese gelten. In ihrer ursprünglichen Version besagt sie, daß Neurone durch exzessive Erregung in Folge einer unkontrollierten und übermäßigen Freisetzung der exzitatorischen Aminosäure (EAA) Glutamat untergehen (Rothman & Olney, 1987). Glutamat bindet an eine Gruppe von ionotropen und metabotropen Rezeptoren. Die ionotropen Rezeptoren sind Membranproteine, die einen durch Glutamat aktivierten Ionenkanal konfigurieren. Vor einigen Jahren hat Choi vorgeschlagen, daß der exzitotoxische Zelltod über mindestens zwei Mechanismen vermittelt wird: (1) einen Influx von Chlorid und Natrium Ionen, was zum akuten Anschwellen der Neuronen und damit zum Zelltod führt, und (2) einen Influx von Calcium, was eine verzögerte Läsion zur Folge hat (Choi, 1987, 1989). Diese Hypothese wurde in jüngster Zeit durch Flint Beal um einen wichtigen Aspekt erweitert (Beal, 1992). Ausgehend von der Beobachtung, daß eine Reduzierung der mitochondrialen Energieressourcen eine Unterversorgung der Zellmembran mit ATP induziert, formulierte Beal die Hypothese, daß dies einen exzitotoxischen Zelltod zur Folge haben kann, ohne daß die präsynaptische Glutamatfreisetzung erhöht ist. Es gilt als gesichert, daß eine ATP-Unterversorgung den Magnesium-Block des NMDA-Rezeptors aufhebt (Henneberry et al., 1989), was in Konsequenz zu einem permanenten Einstrom von Calcium Ionen führt. Entsprechend kann eine durch ein traumatisches Ereignis vorgeschädigte Zellmembran vulnerabel für die Toxizität von Glutamat werden, ohne daß die extrazellulären Konzentrationen des Neurotransmitters erhöht sind.

Für das Modell des gequetschten Sehnerven könnte dies bedeuten, daß die vorgeschädigten Zellen in der retinalen Ganglienzellschicht durch eine Reduzierung der Energieressourcen anfällig für EAA Toxizität werden. Hierfür spricht auch die protektive Wirkung des NMDA-Antagonisten MK 801 nach Quetschung des N. Opticus (Schmitt et al., eingereicht). Zusammenfassend läßt sich aus diesen Überlegungen die Hypothese ableiten, daß der NMDA-Rezeptor ein Schlüsselmolekül für den Untergang wie auch das Überleben von retinalen Ganglienzellen sein könnte. Entsprechend sollte die zelluläre Expression des Rezeptorgens in der retinalen Ganglienzellschicht durch Trauma reguliert sein. Diese Hypothese haben wir mit Hilfe von in situ Hybridisierungen gegen die mRNA von NMDA Rezeptoren in der Retina nach Quetschung des Opticus geprüft. Hier konnten wir demonstrieren, daß es nach dem Trauma zu einer spezifischen Regulation der NMDA Genexpression kommt. Es zeigte sich, daß das Spleißen der mRNA charakteristisch verändert war. Unter Spleißen versteht man die Insertion oder Deletion von das Protein-kodierenden Sequenzen (Exon) eines Gens. Dieser Vorgang hat beim NMDA Rezeptor zur Folge, daß sich die Rezeptorphysiologie deutlich verändert. Wir fanden nach Quetschung des Sehnerven Spleiß-Varianten des NMDA Rezeptors, die aufgrund ihrer Eigenschaften vermutlich eine Adaption der Nervenzellen an die exzitotoxische Noxe darstellen. Eine solche Adaption soll an einem Beispiel kurz erläutert werden. Der Calcium Einstrom durch den Ionenkanal des Rezeptors wird durch einen Protonen- und damit pH-sensitiven Sensor gesteuert (Trayneflis et al., 1995). Neurotrauma und Ischämie verschieben den pH Wert der extrazellulären Flüssigkeit in den sauren Bereich. Eine Verminderung des Calcium-Influxes im nicht gespleißten Protein wäre die Folge. Der 'Protonen-Sensor' läßt sich aber durch die Insertion eines Exons im extrazellulären Bereich des Rezeptors maskieren. Ein so gespleißter NMDA-Rezeptor verliert die Protonen- und damit pH abhängige tonische Hemmung des Calciumkanals. Entsprechend hat die Insertion des Exons zur Folge, daß der Ioneneinstrom unabhängig vom pH Wert wird. Dadurch kann die nach Ischämie und Neurotrauma beobachtete Verschiebung des pH Wertes und die damit verbundene Inaktivierung des Rezeptors vermieden werden.

Unsere Experimente zeigen, daß die Expression einiger Spleißing-Varianten kaum betroffen ist, während andere nach einiger Zeit nicht mehr detektierbar sind. Von hohem Interesse ist auch der Befund, daß es nach einem unmittelbaren Abfall der retinalen NMDA mRNA Kopien in der Retina nach ca. 3 Tagen wieder zu einem transienten Anstieg der mRNA-Formation kommt. Hiervon sind nur zwei Spleiß-Varianten betroffen, wobei die eine die bereits oben geschilderte Maskierung des Protonen Sensors auslöst. Diese Veränderungen der Rezeptorexpression sind mit dem Zeitverlauf der verbesserten Leistungen im Diskriminationstest korreliert. In weiteren Experimenten soll nun geprüft werden, ob zwischen beiden Phänomenen ein kausaler Zusammenhang besteht. Zum jetzigen Zeitpunkt läßt sich aber schon sagen, daß die Expressionshemmung eines NMDA- Rezeptors der nicht durch Protonen gehemmt wird (entspricht der Spleißvariante, die nach crush präferentiell exprimiert wird) zu einem massiven Zelltod führt. Hierzu wurden kurze Antisense Oligonukleotide 2 bzw. 3 Tage nach der Schädigung ins Auge injiziert. Diese verhindern durch eine recht spezifische Bindung an die komplementäre DNA oder RNA, daß das jeweilige Protein synthetisiert werden kann. Die Tatsache, daß nur bei einer posttraumatischen nicht aber bei prätraumatischer Antisense Injektion ein massiver Zelltod auftrat, läßt uns vermuten, daß das alternative Spleißen des NMDA-Rezeptorgens kritische Bedeutung für das Zellüberleben hat.

Immediate early genes (IEG) kodieren Transkriptionsfaktoren, von denen angenommen wird, daß ihre Expression die genomische Antwort einer Zelle auf eine Reihe toxischer und traumatischer Einwirkungen vermittelt. So wurde ein Zusammenhang hergestellt zwischen der Expression von c-fos und c-jun (zweier IEG's), der Transkriptionskontrolle einer Reihe ihrer Zielgene und fundamentalen zellulären Prozesse, die in neuronalen Zelltod oder das Überleben der betroffenen Neurone einmünden. C-jun scheint hierbei vor allem eine Rolle für das Überleben von Nervenzellen nach traumatischen Einwirkungen auf das Axon zu spielen. Wir haben die retinale mRNA Expression von fos und jun Proteinen nach kontrollierter Quetschung des Sehnerven untersucht. In situ Hybridisierungen mit synthetischen Antisense-Oligonukleotiden gegen eine Reihe von IEG's ergaben, daß unter Kontrollbegingungen (keine Quetschung) keiner dieser Transkriptionsfaktoren konstitutiv exprimiert ist. C-fos mRNA wird nur sehr schwach und transient (2h und 12h nach Quetschung) in der retinalen Gangleinzellschicht exprimiert. Hingegen zeigt sich ein Anstieg der c-jun mRNA sowohl in der retinalen Ganglienzellschicht als auch in der inneren Körnerschicht nach frühestens 2 Tagen sowie besonders prominent nach 3 und 7 Tagen mit einzelnen positiven Zellen auch in der äußeren Körnerschicht. In situ Hybridisierungen gegen fos-b, jun-b sowie jun-d mRNA erbrachten zu keinem Zeitpunkt Hybridisierungssignale über dem Hintergrund von Kontrollpräparaten.

Aus diesen Ergebnissen läßt sich ableiten, daß die kontrollierte Quetschung des Sehnerven eine sehr spezifische Induktion von c-jun mRNA verursacht. Überraschenderweise beschränkt sich diese nach den bisherigen Ergebnissen nicht auf die retinale Ganglienzellschicht. Dies steht im Widerspruch zu einer Reihe von Experimenten, wo nach Axotomie (Durchtrennung) des Sehnerven ein selektiver Anstieg der C-jun Immunoreaktivität in der RGC berichtet wurde (Herdegen et al., 1993; Hüll & Bähr et al., 1994). In nachfolgenden immuncytochemischen Studien beabsichtigen wir der Frage nachzugehen, ob die nach Quetschung induzierte mRNA in den jeweiligen Zellschichten translatiert wird. Damit soll geprüft werden, inwieweit unterschiedliche Transkriptionsvorgänge auf der Ebene der IEG's durch Axotomie und kontrollierte Quetschung induziert werden. Diese Arbeiten sollen durch Kontrollexperimente ergänzt werden, in denen die Induktion von c-jun mRNA nach Axotomie untersucht wird.

Bei erfolgreichem Abschluß dieser Arbeiten sollen erste funktionelle Implikationen der c-jun Expression nach kontrollierter Quetschung des Sehnerven für das Überleben von retinalen Ganglienzellen und die funktionelle Erholung von visuellen Defiziten mit Hilfe von intraocularen Antisense Oligonukleotid-Injektionen analysiert werden. Sollte sich hierdurch eine Translationshemmung von c-jun nachweisen lassen, soll deren Einfluß auf das Überleben retinaler Ganglienzellen sowie auf die visuelle Diskriminationsleistung von Ratten nach milder Quetschung des Nervus Opticus untersucht werden.

5. Ausblick und Perspektiven

Unsere bisherigen Arbeiten dokumentieren, daß das Modell des gequetschten Sehnervens geeignet ist, um die transneuronale Kommunikation und zellspezifische Genexpression nach Trauma zu untersuchen. Darüberhinaus bietet es die Möglichkeit, biologische Grundlagen der funktionellen Erholung von visuellen Leistungen zu untersuchen. In Zukunft beabsichtigen wir vor allem kausale Zusammenhänge zwischen der Expression einzelner Gene aufzudecken. Dabei verfolgen wir als Arbeitshypothese, daß die retinale c-jun Expression direkten Einfluß auf bFGF Synthese nimmt. Von bFGF ist bekannt, daß es modulierend auf Glutamat-aktivierte Ströme über den NMDA Rezeptor wirkt und in vitro auch die NMDA-Rezeptor Genexpression steuert. Desweiteren weist der anterograde Transport des Wachstumsfaktor darauf hin, daß über bFGF auch eine transneuronale Regulation der retino-tectalen Signalübertragung vermittelt wird.

II.

Grundlagen neurologisch-psychiatrischer Störungen

Psychoneuroimmunologie - Konzepte und neuropsychologische Implikationen

Angelika Buske-Kirschbaum, Clemens Kirschbaum und Dirk H. Hellhammer

Zusammenfassung

Das Immunsystem erkennt und vernichtet pathogene Erreger sowie körperfremde Partikel und dient somit der Integrität des Organismus sowie dem Schutz gegen Krankheit. Befunde der Psychoneuroimmunologie (PNI) deuten auf eine enge Interaktion zwischen dem zentralen Nervensystem (ZNS) und dem Immunsystem hin, wobei ein bidirektionaler Informationsaustausch zwischen den beiden Systemen zu bestehen scheint. So scheint das Gehirn die Immunreaktivität sowohl über nervale Bahnen als auch über (neuro)endokrine Substanzen zu beeinflussen, während das Immunsystem über die Ausschüttung von Zytokinen Einfluß auf zentralnervöse Funktionen zeigt. Auch deuten Beobachtungen der PNI darauf hin, daß komplexe psychische Prozesse wie assoziatives Lernen oder auch psychosoziale Belastung verschiedene Immunfunktionen modulieren können, was insbesondere von klinischer Relevanz ist, da sowohl Lernprozesse als auch psychosoziale Belastung als relevante Faktoren bei der Entstehung und Aufrechterhaltung psychosomatischer Erkrankungen diskutiert werden. Ziel zukünftiger Forschung im Rahmen der PNI ist die Aufklärung zugrundeliegender Mechanismen psychoneuroimmunologischer Zusammenhänge sowie die Umsetzung bestehender und zukünftiger Erkenntnisse in therapeutische Maßnahmen.

Summary

The immune system recognizes and destroys pathogens and foreign particles in the body and is considered to be mainly responsible for the integrity and the well being of the organism. Recent findings in the field of psychoneuroimmunology, a new interdisciplinary scientific discipline, indicate that the immune system does not function autonomously and that immune processes are controlled by the central nervous system. Thus, there is growing evidence indicating that on the one hand the brain modulates immunity via the peripheral nervous system and (neuro)endocrine substances and on the other hand is informed about immune reactivity by cytokines released during the immune response. Furthermore, there are numerous reports suggesting that immunity is influenced by more complex psychological processes such as learning or stress which is especially of clinical relevance since learning processes as well as psychosocial stress are considered to be relevant factors in some psychosomatic disorders. Due to the clinical and heuristic relevance of psychoneuroimmunological observations future research is necessary to elucidate the underlying mechanisms of psychoneuroimmunological interactions and to integrate the findings in clinical and therapeutical concepts.

1. Einleitung

1.1 Historische Betrachtungen

Die Beeinflussung von Gesundheit und Krankheit durch psychische Prozesse wurde bereits sehr früh und unabhängig von kulturellen Gegebenheiten beobachtet. So wies der transsylvanische Arzt P. Ferenc (1680; zit. in Solomon, 1993) darauf hin, daß körperliches Wohlbefinden zumeist mit einem gesunden Geist einhergeht, ein glücklicher und harmonischer Geist jedoch unbedingte Voraussetzung für einen gesunden Körper ist. Auch mahnte der englische Arzt J.C. Williams (1836), daß in der ärztlichen Praxis Geist und Körper nicht getrennt zu betrachten und zu behandeln sind, sondern daß nur eine ganzheitliche Therapie zu einem Heilerfolg führt.

Neben diesen eher allgemeinen Beobachtungen einer engen Verbindung zwischen Psyche und Soma beschrieben andere Autoren, daß spezifische Störungsbilder wie etwa Infektionen oder Allergien durch psychische Prozesse modulierbar sind. Im Leitartikel des British Medical Journal (Leader, 1884) wurde z.B. darauf hingewiesen, daß Depression und Trauer, die den Verlust eines nahen Angehörigen begleiten, die Sukzeptibilität für Tuberkulose erhöhen. Diese Beobachtung einer streßinduzierten Infektanfälligkeit wurde später im Rahmen des 1. Weltkrieges erneut berichtet. So zeigten insbesondere gehäuft diejenigen Soldaten, die einen Stellungskrieg in den Schützengräben führten, eine akute ulzerative Gingivitis, wobei bereits damals der Ausbruch dieser Infektion mit der besonderen Kriegsbelastung in Zusammenhang gebracht wurde (zit. in Baker, 1987). Auch wurde im Rahmen von Einzelfallberichten dokumentiert, daß allergische Symptome wie etwa Asthma oder Heuschnupfen bereits bei Anblick einer künstlichen Rose oder eines bildlich dargestellten Heufeldes auftreten können (Mackenzie, 1896; Hill, 1930).

Die zugrundeliegenden immunologischen Pathomechanismen einer Infektion oder einer Allergie waren zu Beginn des 20. Jahrhunderts noch unbekannt, trotzdem fanden sich bereits zu dieser Zeit Berichte, die eine Beeinflussung von Immunfunktionen durch psychische Prozesse nahelegten und somit als erste Schritte der Psychoneuroimmunologie betrachtet werden können. So vertrat etwa Ishigami (1918) die Auffassung, daß bei Tuberkulosepatienten psychische Erregung zu einer reduzierten Phagozytoseaktivität und somit zu einer verzögerten Heilung führt. Metal`nikov und Chorine (1926) zeigten in ihren frühen Konditionierungsstudien, daß nach wiederholter Paarung eines taktilen Reizes (Kratzen der Haut) mit einer immunstimulierenden Injektion eines Bakterienfiltrates in Folge der taktile Stimulus allein zu einer Immunstimulation und somit zu einer „erlernten" Immunreaktion führt. Die zuletzt genannten Studien einer streßinduzierten Immunmodulation oder einer klassisch konditionierten Immunfunktion können als „Pionierarbeiten" der PNI betrachtet werden und repräsentieren gleichzeitig zwei der wichtigsten Forschungsbereiche der PNI.

Trotz der frühen Hinweise psychoneuroimmunologischer Zusammenhänge wird die Entstehung der Wissenschaft „Psychoneuroimmunologie" jedoch immer wieder zum einen mit der Publikation „Emotions, Immunity and Disease" von Solomon (1964), zum anderen jedoch mit der Prägung des Terminus „Psychoneuroimmunologie" und der Veröffentlichung der gleichnamigen, umfassenden Publikation durch Ader (1981) verbunden. Heute präsentiert sich die PNI als eine junge, interdisziplinäre Wissenschaft, die mit Hilfe neurologischer, endokrinologischer, immunologischer und psychologischer Forschungsmethoden die Interaktion zwischen psychischen Prozessen und dem Immunsystem sowie deren Bedeutung für verschiedene Störungsbilder zu erforschen sucht. Im folgenden sollen die wichtigsten Ergebnisse der PNI vorgestellt und ihre heuristischen und klinischen Implikationen diskutiert werden. Da eine umfassende Darstellung der unterschiedlichen Paradigmen und Befunde der PNI den Rahmen dieses Beitrages sprengen würde, sei an dieser Stelle auf einige Überblicksarbeiten verwiesen (Ader, 1984; Baker, 1987; Ader, Felten & Cohen, 1992; Ader & Cohen, 1993; Laudenslager, 1994).

2. Grundlagen des Immunsystems

Wie bereits angedeutet, hat die PNI das Ziel, die Interaktion zwischen dem zentralen Nervensystem (ZNS) und dem körpereigenen Abwehrsystem, dem Immunsystem, zu erforschen. Um das Verständnis der wechselseitigen Beziehung zwischen dem ZNS und dem Immunsystem zu erleichtern, ist eine kurze Einführung in die Organisation des Immunsystems sowie die Funktion einiger relevanter, immunologischer Parameter hilfreich.

Das Immunsystem besteht aus Zellen und Molekülen, die die Aufgabe haben, fremde, zumeist pathogene Erreger zu erkennen und zu eliminieren. Das Immunsystem läßt sich hierbei in zwei Subsysteme differenzieren, das (1) angeborene, unspezifische System und (2) das erworbene, spezifische System. Die angeborene unspezifische Abwehr kann auf unterschiedlichen Ebenen erfolgen und beinhaltet z.B. die Abwehr pathogener Erreger durch die Haut, den Abbau von Antigenen durch lösliche Substanzen in den Schleimhäuten oder auch die Vernichtung von Pathogenen durch spezifische „Freßzellen" wie etwa Granulozyten oder Makrophagen. Letztere erkennen unspezifisch pathogene Erreger und vernichten diese durch Phagozytose. Im Rahmen der Phagozytose wird das Antigen nicht nur eliminiert, sondern gleichzeitig in Kompartimente zerlegt und auf der Oberfläche des Makrophagen exprimiert (antigen processing). Die an der Zelloberfläche präsentierten Antigenfragmente sowie die Sekretion eines spezifischen Zytokins, des Interleukin-1 (IL-1), stellen das Signal zur Aktivierung der zweiten Form der Körperabwehr dar, der spezifischen Immunfunktion.

Die Träger des erworbenen, spezifischen Immunsystems sind Lymphozyten, die sich aufgrund ihrer Oberflächenstruktur und unter funktionalen Aspekten in T-Zellen und B-Zellen unterscheiden lassen. T-Zellen entstehen aus Vorläuferzellen im Knochenmark und wandern in den Thymus, wo sie zu funktionstüchtigen T-Lymphoyzten heranreifen. Nach ihrer Reifung zirkulieren sie im Blut oder der Lymphe oder verbleiben in den peripheren lymphatischen Organen wie der Milz oder den Lymphknoten. T-Zellen erkennen und binden hochspezifisch nach dem „Schlüssel-Schloß-Prinzip" antigene Strukturen, die jedoch auf der Oberfläche von sogenannten akzessorischen Zellen (z.B. Makrophagen) in Verbindung mit einem spezifischen Molekül, dem MHC-Komplex (major histocompapibility complex) präsentiert werden müssen. Wird das Antigen zusammen mit dem MHC-Komplex erkannt, kommt es zur Aktivierung sowie zu einer Proliferation der antigenspezifischen T-Zelle. Da nur der für das jeweilige Antigen spezifische T-Lymphozyt aktiviert wird, ist eine Proliferation der aktivierten Zelle notwendig, um eine ausreichende Zahl spezifischer, gegen das Pathogen gerichteter T-Lymphozyten zu gewährleisten. Aufgrund der Relevanz einer ausgeprägten Zellteilung des aktivierten Lymphozyten für das weitere immunologische Geschehen wird die Lymphozytenproliferation auf pflanzliche Mitogene wie etwa Concanavalin A (ConA), Phytohemagglutinin (PHA) oder Pokeweed Mitogen (PWM) häufig als Indikator für die Immunreaktivität im Rahmen psychoneuroimmunologischer Forschung verwandt.

Aufgrund von strukturellen und funktionalen Unterschieden lassen sich grob zwei Subpopulationen von T-Zellen unterscheiden. Aktivierte T-Helferzellen sezernieren unterschiedliche Zytokine und nehmen so Einfluß auf den Verlauf der Immunabwehr. Ein durch T-Zellen freigesetztes Zytokin ist z.B. Interleukin-2 (IL-2), das sowohl zytotoxische T-Zellen aktiviert als auch B-Zellen zur Antikörperproduktion anregt. Im Gegensatz zu T-Helferzellen gelten zytotoxische T-Zellen als Effektorzellen, die virusinfizierte und entartete Zellen erkennen und durch spezifische Perforine lysieren. Die Konzentration unterschiedlicher Zytokine oder die Aktivität zytotoxischer T-Zellen gegen virusinfizierte Zellen oder Tumorzellen in vitro spiegeln die Reaktivität der jeweiligen T-Zell-Subpopulationen wider und stellen gebräuchliche Maße in der Psychoneuroimmunologie dar.

Ein weiterer wichtiger Aspekt der spezifischen Immunabwehr ist die humorale Immunfunktion, die von den B-Lymphozyten getragen wird. B-Zellen werden im Knochenmark aus Vorläuferzellen gebildet. Nach ihrer Reifung zirkulieren sie, vergleichbar den T-Zellen, in der Peripherie oder finden sich in den lymphatischen Organen. B-Zellen tragen auf ihrer Oberfläche spezifische Rezeptoren, sogenannte Antikörper. Trifft ein Antigen auf einen antigenspezifischen B-Lymphozyten, wird es erkannt und gebunden. Die Folge ist die Proliferation der antigenspezifischen B-Zelle sowie ihre Reifung zur Plasmazelle. Als Plasmazelle produziert der B-Lymphozyt große Mengen von Antikörpern identischer Spezifität, die jedoch nicht mehr membrangebunden sind, sondern in hohen Konzentrationen in die Peripherie freigesetzt werden. Antikörper sind Immunglobuline, die Antigene ebenfalls hochspezifisch binden und ihre Vernichtung durch andere Effektorzellen wie etwa natürliche Killerzellen oder zytotoxische T-Zellen einleiten. Indikatoren der humoralen, spezifischen Immunabwehr sind die Antikörperproduktion (Antikörpertiter), die Produktion spezifischer Antikörper-Isotypen (z.B. Immunglobulin-E) oder die Anzahl antikörperproduzierender Zellen (Plaque forming cell assay).

Bei den hier beschriebenen Immunfunktionen handelt es sich um komplexe und vielschichtige Abwehrprozesse, die unterschiedliche Zeitverläufe zeigen, wobei letztere wiederum durch komplizierte Regelmechanismen wie etwa die Sekretion spezifischer Zytokine kontrolliert werden. So erfolgt die Lyse entarteter Zellen durch natürliche Killerzellen innerhalb von Stunden, während die Proliferation und Reifung von B-Lymphozyten zur Plasmazelle mit folgender Antikörpersekretion einen Zeitraum von bis zu sieben Tagen benötigen. Die Komplexität von Immunreaktionen sowie deren Regelmechanismen sollten im Rahmen von psychoneuroimmunologischen Studien und deren Interpretation berücksichtigt werden. So kann davon ausgegangen werden, daß (1) sich unterschiedliche Immunreaktionen in ihrer Sensitivität gegenüber zentralnervösen (psychischen) Prozessen unterscheiden und (2) eine Abwehrreaktion je nachdem, in welcher Phase sie sich befindet und welche Regulationsmechanismen greifen, zu unterschiedlichen Zeitpunkten unterschiedlich stark unter zentralnervöser Kontrolle steht. Die Modulation einer Immunfunktion durch psychische Prozesse ist somit in Abhängigkeit von der jeweiligen Immunreaktion, dem Zeitpunkt der zentralnervösen Stimulation (z.B. einem Stressor) sowie dem verwandten Antigen zu sehen (s. Überblicksarbeiten: Klein, 1991; Abbas, Lichtman & Pober, 1991; Janeway & Travers, 1995)

3. Anatomische und molekulare Grundlagen neuroimmunologischer Zusammenhänge

Wie im vorangegangenen Kapitel beschrieben, handelt es sich bei dem Immunsystem um ein komplexes System, dessen Funktionsträger insbesondere spezifische Zellen sind, die kontinuierlich durch den Organismus zirkulieren und somit nicht eindeutig lokalisiert sind. Auf diesem Hintergrund galt eine Regulation des Immunsystems durch andere Systeme wie etwa dem ZNS als unwahrscheinlich, da eine physiologische Verbindung zwischen dem Gehirn und der jeweiligen stimulierten Zelle nur schwer vorstellbar war. Auch deutete die Beobachtung von autoregulatorischen Prozessen wie z.B. die Aktivität von T-Helferzellen oder die Sekretion immunmodulierender Zytokine darauf hin, daß das Immunsystem unabhängig von anderen regulativen Systemen des Organismus wie etwa dem endokrinen System oder dem ZNS agiert und reagiert. Ergebnisse psychoneuroimmunologischer Forschung weisen nun darauf hin, daß das Immunsystem keineswegs unabhängig von zentralnervösen Prozessen, sondern in enger Interaktion mit dem Gehirn funktioniert. Die Kommunikation zwischen den beiden Systemen scheint hierbei über zwei Mechanismen zu verlaufen, das autonome Nervensystem und die Freisetzung spezifischer, neuroendokriner Substanzen.

Das autonome Nervensystem, bestehend aus dem Sympathikus und dem Parasympathikus, innerviert und kontrolliert verschiedene Organe in der Peripherie wie etwa das Herz oder den Magen über eine direkte nervale Verbindung. Neuere Befunde deuten darauf hin, daß die peripheren lymphatischen Organe wie Milz, Thymus oder auch Lymphknoten ebenfalls innerviert sind, wobei sich adrenerge, cholinerge sowie peptiderge Nervenbahnen beobachten ließen (Felten, Ackerman, Wiegand & Felten, 1987). Weitere Forschung ergab, daß die Nervenendigungen in einem direkten Kontakt mit immunkompetenten Zellen im lymphatischen Organ zu stehen scheinen, wobei dieser Kontakt strukturelle Ähnlichkeiten mit Synapsen in anderen Zielorganen aufweisen (Felten & Olschowka, 1987). Die Präsenz adrenerger, cholinerger und peptiderger Rezeptoren auf Lymphoyzten spricht weiterhin für eine Signifikanz dieser nervalen Verbindung und legt eine Regulation der Immunreaktivität im jeweiligen lymphatischen Organ durch entsprechende Neurotransmitter nahe (Sanders & Munson, 1985). Die Innervation der lymphatischen Organe, welche häufig als Sammlungsort der Lymphozyten bezeichnet werden und die höchste Dichte an immunkompetenten Zellen enthalten, kann als eine anatomische Grundlage für eine direkte Informationsübermittlung zwischen dem Gehirn und dem Immunsystem betrachtet werden (s. Überblicksarbeiten: Felten et al., 1987; Felten & Felten, 1991).

Eine weitere Möglichkeit der zentralnervösen Beeinflussung peripherer Prozesse liegt in der Sekretion von spezifischen Effektorsubstanzen wie etwa Neuropeptiden in die Peripherie. Diese Wirkstoffe regulieren entweder direkt die Zielzelle über spezifische Rezeptoren, oder sie induzieren die Freisetzung anderer, endokriner Substanzen und führen somit indirekt zu einer Modulation peripherer Prozesse. Die Existenz von Rezeptoren für unterschiedliche Neuropeptide und Hormone auf immunkompetenten Zellen deutet darauf hin, daß eine zentralnervöse Beeinflussung der Immunreaktivität auch auf diesem Wege möglich ist und eine Veränderung der Abwehr je nach neuroendokrinem Milieu erfolgen kann. Im Verlauf der letzten Jahre wurden Rezeptoren auf Immunozyten u.a. für Glukokortikoide, Opioide, Katecholamine, Serotonin und Wachstumshormon identifiziert (s. Überblicksarbeiten: Morley, Kay, Solomon & Plotnikoff, 1987; Munck & Guyre, 1991; McCruden & Stimson, 1991; Kelley, 1991). Zusammenfassend läßt sich festhalten, daß die anatomische Basis für eine neuroimmunologische Interaktion gegeben ist. Um jedoch eine funktionale Wechselwirkung zwischen den beiden Systemen postulieren zu können, sollte der Nachweis erbracht werden, daß eine Manipulation dieser Kommunikationsstrukturen von einer Veränderung der Immunreaktivität begleitet ist.

Erste Hinweise auf eine biologische Signifikanz o.a. Kommunikationswege stammen aus Stimulations- bzw. Läsionsstudien. Im Rahmen dieser Arbeiten wurde berichtet, daß insbesondere nach Stimulation hypothalamischer Areale eine deutliche Veränderung der Immunfunktion zu beobachten ist, wobei zumeist ein inhibitorischer Effekt dieser Hirnstruktur auf unterschiedliche immunologische Funktionen beschrieben wurde (s. Überblicksarbeiten: Roszman, Cross, Brooks & Markesbery, 1985; Jankovic & Spector, 1986). In späteren Studien zeigte sich, daß neben hypothalamischen Strukturen auch andere Regionen des ZNS modulierend auf die Immunfunktion einzuwirken scheinen. So wurden Veränderungen der Lymphozytenproliferation, der Antikörpersekretion oder der Aktivität der natürlichen Killerzellen (NK-Aktivität) nach Stimulation kortikaler Regionen, des Septums, der Amygdala oder auch des Hippocampus berichtet (Nance, Rayson & Carr, 1987). Die Beobachtung, daß insbesondere die Läsion der linken Hirnhemisphäre mit Veränderungen der Immunreaktivität einhergeht, spricht darüberhinaus für eine Lateralität der zentralnervösen Immunregulation (Renoux et al., 1987). Die zugrundeliegenden Mechanismen einer immunologischen Veränderung nach Stimulation zentralnervöser Strukturen sind bislang nur wenig geklärt. Erste Beobachtungen einer Inhibition o.a. Effekte durch Hypophysektomie deuten jedoch auf eine vermittelnde Rolle neuroendokriner Faktoren hin (Cross, Brooks, Roszman & Markesbery, 1982).

Die Bedeutsamkeit einer Regulation des Immunsystems durch das periphere Nervensystem dokumentieren andere Befunde. So ließ sich in der Vergangenheit wiederholt zeigen, daß eine Veränderung der Immunfunktion wie etwa der Antikörperproduktion gegen Schafserythrozyten, der allergischen Reaktion vom verzögerten Typ oder der NK-Aktivität durch Sympathektomie durch 6-Hydroxydopamin (6-OHDA) erzielt werden kann (Livnat et al., 1985). Auch scheinen die bereits erwähnten Rezeptoren für (neuro)endokrine Substanzen auf immunkompetenten Zellen bei der Regulation der Immunreaktivität maßgeblich beteiligt zu sein, da die Stimulation oder Inhibition der Rezeptoren durch entsprechende Agonisten bzw. Antagonisten mit bedeutsamen Veränderungen der jeweiligen Immunfunktion in vivo und in vitro einhergeht (s. Überblicksarbeiten: McEwen, 1987; Dunn, 1988).

Abschließend läßt sich festhalten, daß eine zentralnervöse Beeinflussung unterschiedlicher Immunfunktionen über nervale und humorale Prozesse möglich ist, wobei beiden Mechanismen eine wichtige Rolle in der Regulation und Koordination von Körperabwehrprozessen zuzukommen scheint.

4. Modulation der Immunfunktion durch psychologische Faktoren

Im vorangegangenen Kapitel wurden die unterschiedlichen Mechanismen einer zentralnervösen Beeinflussung der Immunfunktion beschrieben. Auf dem Hintergrund, daß das Nervensystem und Hormone die Immunreaktivität modulieren können, liegt die Frage nahe, ob komplexe psychische Prozesse, die ein Korrelat ebenfalls in Veränderungen nervaler und neuroendokriner Parameter haben, auf die körpereigene Abwehr einwirken können. Falls dem so ist, so schließt sich die Frage an, ob durch psychische Faktoren induzierte Immunveränderungen relevant sind und zu Krankheit führen bzw. diese verhindern können. Die letztgenannte Überlegung ist insbesondere im Rahmen der Psychosomatik von Relevanz, da bei einer biologischen Signifikanz psychisch induzierter Immunveränderungen ein möglicher Erklärungsansatz für den Zusammenhang zwischen Psyche und Krankheit/Gesundheit gegeben wäre. Ziel der PNI ist somit nicht nur, die anatomischen und funktionalen Aspekte einer neuroimmunologischen Wechselwirkung zu dokumentieren, sondern auch den Einfluß von komplexen psychischen Prozessen wie etwa Streß, Emotionen, Kognitionen und Lernen auf die Immunabwehr aufzuklären.

4.1 Die klassische Konditionierung von Immunfunktionen

Im Rahmen seiner frühen Arbeiten zum konditionierten Reflex beschrieb Pavlov (1928) erstmalig die Gesetzmäßigkeiten dieser Form des assoziativen Lernens und ermöglichte so die systematische Überprüfung antizipativ erlernter physiologischer Reaktionen. In seiner Theorie zum konditionierten Reflex postulierte Pavlov, daß nach wiederholter Paarung eines neutralen Stimulus (konditionierter Stimulus; CS) mit einem physiologisch wirksamen Agens (unkonditionierter Stimulus; US) in Folge der zuvor neutrale Reiz allein eine physiologische Veränderung, eine konditionierte Reaktion (CR), bewirkt. Die durch den CS induzierte physiologische Veränderung wurde hierbei als eine durch das ZNS vermittelte Reaktion betrachtet. Auch wenn die zugrundeliegenden Mechanismen einer konditionierten Reaktion bislang noch recht unklar sind, so wird doch angenommen, daß im Rahmen der Akquisition sowohl CS als auch US spezifische neuronale Muster aktivieren, die im Verlauf des Trainings miteinander assoziiert werden. Nach Etablierung einer entsprechenden neuronalen Verschaltung führt die Reexposition des CS allein zu einer Aktivierung des neuronalen Musters, die dann zu einer Induktion der physiologischen Veränderung führt (Hebb, 1966). Eine durch einen CS induzierte, klassisch konditionierte Veränderung eines Immunparameters könnte somit dahingehend interpretiert werden, daß (1) das

ZNS diesen Parameter modulieren kann und (2) dieser Parameter sensitiv für komplexe psychische Prozesse wie etwa assoziatives Lernen ist.

Aufbauend auf den Arbeiten von Pavlov, beschrieben Metal'nikov und Chorine (1926) erstmalig eine Beeinflussung der Immunreaktivität durch klassische Konditionierung. Meerschweinchen wurde wiederholt ein Bakterieninfiltrat (US) intraperitoneal injiziert, wobei die Injektion jeweils mit einer Hautstimulation (Kratzen der Haut; CS) assoziiert wurde. Nach Abschluß der Akquisitionsphase zeigte sich, daß eine erneute Stimulation der Haut zu einer erhöhten Anzahl polynukleärer Zellen im Peritoneum führte. Diese Ergebnisse wurden durch andere Arbeitsgruppen in der UDSSR repliziert und erweitert, wobei jedoch diese frühen Studien sehr unsystematisch durchgeführt wurden und deutliche methodische Mängel zeigten (s. Überblicksarbeit: Ader, 1981).

Ohne Kenntnis der Studien zur konditionierten Immunmodulation in der UDSSR beschrieben Ader und Cohen (1975) die klassische Konditionierung einer Immunsuppression im Geschmacks-Aversions-Protokoll. Ratten wurde eine Saccharinlösung (CS) und eine Injektion der Übelkeit-induzierenden und immunsuppressiven Substanz Cyclophosphamid (US) gepaart dargeboten. In Folge ließ sich bei den so konditionierten Tieren bei erneuter Präsentation des Saccharins nicht nur eine Aversion gegen die Zuckerlösung, sondern auch eine deutlich reduzierte Antikörperreaktion gegen Schafserythrozyten feststellen. Die Autoren interpretierten ihren Befund dahingehend, daß nach einmaliger Darbietung der Zuckerlösung und des Immunsuppressivums in enger räumlicher und zeitlicher Nähe (Kontingenz) das Saccharin in Folge immunsuppressive Wirkungen zeigt. Diese Befunde dokumentierten erstmalig systematisch, daß das Immunsystem durch klassische Lernprozesse beeinflußt werden kann und stützten damit frühere Beobachtungen einer zentralnervösen Regulation immunologischer Prozesse.

Trotz der vielversprechenden Ergebnisse wurde jedoch die Kritik geäußert, daß die im Geschmacks-Aversions-Paradigma erzielte Suppression der Antikörperreaktion weniger eine erlernte Reaktion, sondern eine unspezifische, physiologische Streßreaktion darstellt. Als grundlegender Mechanismus der im Aversionsparadigma beobachteten Immunsuppression wurde hierbei von einigen Autoren (a) eine Aktivierung der Hypothalamus-Hypophysen-Nebennierenrinden-Achse (HHNA) durch das belastende, aversive Lernprotokoll und (b) eine Suppression der Immunreaktivität durch die folgende erhöhte Konzentration von Glukokortikoiden postuliert (Kelley & Dantzer, 1986). Folgeuntersuchungen ergaben jedoch, daß unter Verwendung eines aversiven, jedoch nicht immunmodulierenden US keine konditionierte Immunsuppression erzielt werden kann (Ader & Cohen, 1975). Auch ließ sich im Rahmen nicht-aversiver Lernprotokolle (z.B. Präferenztest) eine konditionierte Suppression der Leukozytenzahl beobachten (Klosterhalfen & Klosterhalfen, 1987). Es scheint somit nicht ausreichend, die im Lernprotokoll beobachteten immunologischen Veränderungen ausschließlich durch eine streßinduzierte Aktivierung der HHNA und einer vermehrten Ausschüttung von Glukokortikoiden zu erklären.

In der Folgezeit konnte eine klassisch konditionierte Suppression der humoralen Abwehr repliziert und auf eine Vielzahl anderer immunologischer Parameter generalisiert werden. So liegen Berichte einer konditionierten Suppression der humoralen Immunfunktion auf unterschiedliche Antigene (T-Zell-abhängig/T-Zell-unabhängig) sowie die konditionierte Unterdrückung zellulärer Immunfunktionen wie z.B. der NK-Aktivität, der allergischen Reaktion vom verzögerten Typ (Typ IV), der Lymphozytenproliferation gegen unterschiedliche Mitogene oder auch einer zellulär vermittelten Abstoßungsreaktion vor. Weiterhin wurde eine konditionierte Aktivierung verschiedener Immunfunktionen wie etwa der NK-Aktivität oder der Lymphozytenproliferation dokumentiert. Zusätzlich konnte die Beeinflussung von immunologisch relevanten Prozessen wie etwa der Lymphozytenmigration, der Fieberreaktion oder der Ausschüttung von Mediatorsubstanzen wie etwa des Histamins durch assoziative Lernprozesse aufgezeigt werden (s. Überblicksarbeiten: Kusnecov, King & Husband, 1989; Ader & Cohen, 1991; Ader & Cohen, 1992; Ader & Cohen, 1993). Zusammenfassend läßt sich festhalten, daß die klassische Konditionierung von Immunfunktionen ein reliables Phänomen darstellt, wobei sich jedoch die Frage nach der biologischen Relevanz einer erlernten Immunreaktion stellt. Ist eine antizipative, erlernte Immunreaktion von adaptivem Wert und kann sie den Organismus im Kampf gegen pathogene Erreger, d.h. gegen Krankheit unterstützen? Auch wenn es sich bei immunologischen Parametern wie z.B. den natürlichen Killerzellen oder den zytotoxischen T-Lymphozyten um klinisch relevante Parameter handelt, so impliziert dies nicht unbedingt, daß eine Modulation dieses Parameters im Lernprotokol auch von klinischer Bedeutung ist.

Ader und Cohen (1982) dokumentierten in einer Arbeit mit weiblichen NZB1-Mäusen, einem standardisierten Tiermodell mit genetischer Disposition für die Autoimmunerkrankung Lupus erythematodes, daß der Verlauf einer Autoimmunerkrankung durch eine klassisch konditionierte Immunmodulation beeinflußt werden kann. NZB1-Mäuse erhielten achtmalig eine Kombination von Saccharin (CS) und Cyclophosphamid (US), wobei Cyclophosphamid aufgrund seiner immunsuppressiven Wirkung zur Reduktion der Symptomatik führt. Eine weitere Gruppe (Gruppe B) erhielt lediglich viermal die Kombination von Saccharin und Cyclophosphamid, wurde jedoch ersatzweise an den anderen vier Behandlungstagen dem Saccharin (CS) reexponiert. Die Autoren berichteten, daß sich die Gruppe B, obwohl lediglich mit einer reduzierten Therapie behandelt, bezüglich ihrer Überlebenszeit nicht von der durchgängig mit Cyclophosphamid behandelten Gruppe unterschied. Die Beobachtung, daß der Verlauf einer Autoimmunkrankheit durch eine konditionierte Immunsuppression zu manipulieren ist, wurde von anderen Arbeitsgruppen bestätigt. So zeigten Ratten, die zuvor mit Saccharin (CS) und Cyclophosphamid (US) konditioniert worden waren, einen deutlich verzögerten Krankheitsverlauf der Adjuvans Arthritis, wenn sie erneut mit der Zuckerlösung konfrontiert wurden (Klosterhalfen & Klosterhalfen, 1983). Andere Arbeitsgruppen wiesen auf eine veränderte Mortalität bei Tumorerkrankungen im Rahmen eines klassischen Lernprotokolls hin. Mäuse, die mit einem spezifischen Geruch (CS) und einer Injektion des immunstimulierenden Poly I:C (US) konditioniert worden waren, wiesen ein verzögertes Tumorwachstum sowie eine reduzierte Mortalitätsrate auf, wenn sie erneut dem Geruch ausgesetzt wurden (Ghanta, Hiramoto, Solvason & Spector, 1987). Diese Beobachtungen stützen die Annahme, daß erlernte Immunfunktionen von biologischer Signifikanz sind und den Verlauf von Erkrankungen modulieren können. Weiterhin legen sie die Möglichkeit nahe, daß eine konditionierte Immunfunktion therapeutisch nutzbar ist und eine standardisierte Therapie immunbedingter Erkrankungen möglicherweise durch ein entsprechendes Lernprotokoll optimiert werden kann. So wäre z.B. in Anlehnung an die bereits diskutierte Arbeit von Ader und Cohen (1982) denkbar, daß eine immunsuppressive Therapie (US) mit einem neutralen Stimulus (CS) assoziiert wird, wobei dann in Folge ein therapeutischer Effekt durch Reexposition eben dieses Reizes erzielt werden könnte.

Aufgrund der heuristischen Relevanz und vor allen Dingen auch aufgrund der o.a. klinischen Implikationen einer klassisch konditionierten Immunmodulation war es zunehmend von Interesse, ob auch die Immunreaktivität des Menschen durch klassische Lernprozesse beeinflußt werden kann. Versuchspersonen erhielten an vier aufeinanderfolgenden Tagen ein Brausebonbon (CS), dem eine subkutane Injektion von Adrenalin (US) folgte. Adrenalin führt innerhalb kurzer Zeit zu einem deutlichen Anstieg der Aktivität der natürlichen Killerzellen (NK-Aktivität), einer Zellpopulation, die insbesondere bei der Abwehr von viral infizierten Zellen oder auch Tumorzellen von Relevanz ist. Am kritischen Testtag, an dem die Probanden erneut das Bonbon, jedoch kombiniert mit einer neutralen Kochsalzinjektion erhalten hatten, zeigten die so konditionierten Personen einen deutlichen Anstieg der NK-Aktivität. Keine Veränderung dieses Immunparameters hingegen fand sich in entsprechenden Kontrollgruppen, die durchgängig mit dem Bonbon und einer Kochsalzkontrolle behandelt worden waren oder das Bonbon und die Adrenalininjektion in ungepaarter Form erhalten hatten (Buske-Kirschbaum et al., 1992). In einer Folgestudie zeigte die gleiche Arbeitsgruppe, daß nicht nur die Aktivität, sondern auch die Umverteilung von NK-Zellen durch assoziatives Lernen manipuliert werden kann (Buske-Kirschbaum et al., 1994).

Die Beobachtung einer klassisch konditionierten Immunveränderung hat unterschiedliche Implikationen. Zunächst kann sie als Hinweis dafür gelten, daß eine bidirektionale Kommunikation zwischen dem ZNS und dem Immunsystem vorliegt. So muß davon ausgegangen werden, daß der US eine immunologische Veränderung induziert, wobei gleichzeitig jedoch das ZNS über die US-induzierte Immunmodulation informiert ist (Akquisition). Weiterhin muß eine Modifikation des Parameters durch zentralnervöse Prozesse angenommen werden, wobei der CS den auslösenden Reiz für die Aktivierung des ZNS darstellt (Testung). Das Paradigma der klassischen Konditionierung stellt somit ein nützliches Forschungsinstrument dar, um afferente und efferente Kommunikationswege zwischen dem ZNS und dem Immunsystem zu untersuchen. Desweiteren kann eine konditionierte Immunmodulation von klinischer Relevanz sein, da eine erlernte Immunreaktion als möglicher Faktor bei der Pathogenese psychosomatischer Erkrankungen diskutiert werden könnte. Auch ist, wie bereits angedeutet, eine klinische Nutzung erlernter Immunfunktionen denkbar. Auf diesem Hintergrund sind weitere Forschungsbemühungen, die insbesondere die zugrundeliegenden biologischen Mechanismen einer konditionierten Immunreaktion aufklären helfen, von großem Interesse.

4.2 Streß und Immunfunktionen

Die Erforschung einer streßinduzierten Modifikation der Immunfunktion gilt als eines der vielversprechendsten Paradigmen in der Psychoneuroimmunologie. Das große Interesse an diesem Forschungsfeld ist u.a. sicherlich dadurch zu erklären, daß der Nachweis einer Veränderung der körpereigenen Abwehr nach belastenden Episoden (1) einen Rückschluß auf die Regulation der Immunfunktion durch komplexe psychische Prozesse erlaubt und (2) von klinischem Interesse ist, da hier ein möglicher Erklärungsansatz für streßbedingte Störungen liegen könnte.

4.2.1 Tierexperimentelle Befunde

Die Beeinflussung unterschiedlicher Immunfunktionen durch verschiedene Stressoren wurde in der Vergangenheit wiederholt im Tiermodell demonstriert, wobei in der Regel eine Suppression der Immunabwehr nach Streßexposition berichtet wurde. So zeigten Experimentaltiere nach Konfrontation mit unterschiedlichsten Stressoren wie etwa Schock, Bewegungseinengung, Licht, Kälte oder Hitze, Crowding, Trennung vom Muttertier oder der Bedrohung durch dominante Artgenossen eine deutliche Suppression unterschiedlicher Immunfunktionen. Hierbei wurde z.B. eine streßinduzierte Reduktion der Antikörperproduktion, allergischer Reaktionen (Typ IV), der Interferon(IFN)-Produktion, der Lymphozytenproliferation oder der NK-Aktivität beobachtet (s. Überblicksarbeiten: Keller, Schleifer & Demetrikopoulos, 1991; Shavit, 1991; Ader & Cohen, 1993). Auch wurde wiederholt eine veränderte Zirkulation unterschiedlicher Lymphozytensubpopulationen nach Streßexposition berichtet (s. Überblicksarbeit: Ottaway & Husband, 1992). Die im Rahmen dieser Streßparadigmen beobachteten Veränderungen der Immunreaktivität schienen hierbei von der Frequenz und Dauer der Streßexposition sowie von der Art und Dosis des Antigens abhängig zu sein. Auch scheint das zeitliche Verhältnis zwischen antigener Stimulation und der Applikation des Stressors maßgeblich das Ausmaß einer streßinduzierten Immunmodulation zu bestimmen. Zalcman und Mitarbeiter (1989) fanden eine deutlich reduzierte Zahl antikörperproduzierender-Zellen sowie eine Suppression des Antikörpertiters 72 Stunden nach Schockapplikation, während die Streßexposition zu anderen Zeitpunkten ohne immunologische Veränderungen blieb. Aufgrund dieser Beobachtung postulierten die Autoren eine „kritische Phase", in der immunologische Funktionen besonders sensitiv gegenüber Belastungsreizen sind.

Neben diesen Faktoren schienen weiterhin psychologische Variablen wie etwa die vom Versuchstier erlebte Kontrollierbarkeit des Stressors, Einfluß auf eine streßinduzierte Immunmodulation zu haben. So zeigten Laudenslager und Mitarbeiter (1983), daß nur ein unkontrollierbarer, nicht jedoch ein kontrollierbarer Schock zu einer Suppression der Lymphozytenproliferation führt. Ähnliche Beobachtungen dokumentierten wenig später auch andere Arbeitsgruppen (Shavit et al., 1983; Mormede et al., 1988). Diese Befunde deuten darauf hin, daß Streß mit Veränderungen der Immunfunktion einhergehen kann, wobei jedoch unterschiedliche Faktoren wie etwa psychische Prozesse oder auch einfach die Dosierung des Antigens oder der Zeitpunkt der Streßapplikation im Verhältnis zur antigenen Stimulation als wichtige modulierende Variablen einer streßinduzierten Immunmodulation berücksichtigt werden müssen.

4.2.2 Humanexperimentelle Befunde

Vergleichbar den tierexperimentellen Befunden ließ sich auch im Humanbereich ein deutlicher Zusammenhang zwischen psychosozialer Belastung und der Immunreaktivität feststellen, wobei auch hier vorrangig eine Inhibition der Immunfunktion nach belastenden Situationen berichtet wurde. Im Rahmen einer Vielzahl von Forschungsarbeiten ließ sich beobachten, daß akute Belastungen wie Partnerverlust, Scheidung, Prüfungssituationen oder auch diverse Laborstressoren mit einer Reduktion der Phagozytoseaktivität, der NK-Aktivität, der Lymphozytenproliferation oder auch der Gesamtleukozytenzahl einhergehen kann (s. Überblicksarbeiten: Kiecolt-Glaser & Glaser, 1991; O'Leary, 1990). So beschrieben Irwin und Mitarbeiter eine deutlich reduzierte NK-Aktivität bei Frauen nach Verlust des Ehepartners, wobei die beobachtete Immunsuppression mit der Depression der Witwen bedeutsam korrelierte (Irwin et al., 1987). Vergleichbare Befunde einer deutlich erniedrigen Lymphozytenproliferation bis zu zwei Monaten nach Verlust des Partners beobachteten auch andere Autoren (Schleifer et al., 1983). Neben dem Verlust des Ehepartners, der im Rahmen der „Life-event"-Forschung als ein einschneidendes Lebensereignis betrachtet wird, das sicherlich ein höchstmögliches Maß an Anpassungsleistung erfordert, scheinen auch mildere Formen der Belastung die Immunreaktivität zu modulieren. So ließ sich unter Prüfungsbelastung bei Studenten eine erniedrigte NK-Aktivität beobachten, die in einer Folgestudie auf eine reduzierte Anzahl NK+-Zellen zurückgeführt werden konnte (Kiecolt-Glaser et al., 1984; Glaser et al., 1986). In Folge zeigte sich weiterhin, daß Studenten unter Prüfungsbelastung eine veränderte Verteilung von Lymphozytensubpopulationen (T4:T8-Verhältnis), eine erniedrigte γ-Interferon-Produktion sowie einen erhöhten Antikörpertiter gegen latente Herpesviren aufweisen (Glaser et al., 1985; Glaser et al., 1986; Kiecolt-Glaser et al., 1986).

Neben den o.a. Beobachtungen einer Immunmodulation nach akuten Belastungen wurde weiterhin von deutlichen immunologischen Veränderungen bei chronischer Belastung, z.B. Ehekonflikten, Einsamkeit, Arbeitslosigkeit, Schlafdeprivation, Verantwortlichkeit für einen Pflegefall in der Familie oder der Bedrohung durch einen atomaren Zwischenfall berichtet. So zeigten Personen, die ein Familienmitglied zu Hause als Pflegefall betreuten, eine vergleichsweise reduzierte Lymphozytenzahl, eine erniedrigte Lymphozytenproliferation sowie einen erhöhten Antikörpertiter gegen latente Ebstein-Barr-Viren (Kiecolt-Glaser et al., 1987; Kiecolt-Glaser et al., 1991). Auch scheinen andere, chronische Belastungen wie etwa eine längere Arbeitslosigkeit (9 Monate) oder Probleme in der Ehe mit immunologischen Veränderungen wie z.B. einem erhöhten Antikörpertiter gegen Ebstein-Barr-Viren oder einer Suppression der Lymphozytenproliferation einhergehen (Arnetz et al., 1987; Kiecolt-Glaser et al., 1988). Beobachtungen, daß auch beim Menschen belastende Episoden mit einer Reduktion der Körperabwehr einhergehen können, lassen sich weiterhin durch Berichte ergänzen, die eine Aktivierung der Immunreaktivität durch psychotherpeutische Maßnahmen dokumentieren. So zeigten geriatrische Patienten im Verlauf eines Entspannungstrainings eine erhöhte NK-Aktivität, die jedoch bei Abbruch der Intervention zur Basislinie zurückfiel (Kiecolt-Glaser et al., 1985). Neben entspannenden Verfahren scheinen auch Interventionen zur Streßreduktion (Streßmanagement) oder das Auflisten belastender Ereignisse in Form von Tagebüchern eine stabilisierende Wirkung auf das Immunsystem zu haben (Kiecolt-Glaser et al, 1986; Pennebaker, Kiecolt-Glaser & Glaser, 1988).

Auch wenn überwiegend von einer streßinduzierten Suppression verschiedener Immunfunktionen berichtet wurde, so wiesen jedoch auch eine Vielzahl von Arbeiten auf eine Steigerung der Immunreaktivität nach Belastung hin. So zeigten Versuchspersonen nach ihrem ersten Fallschirmsprung einen deutlichen Anstieg der NK-

Aktivität, wobei die Veränderung dieses Parameters deutlich mit der Konzentration von Noradrenalin assoziiert war (Schedlowski et al., 1993). Dieser Befund einer Stimulation der Immunreaktivität durch akute Belastung wird von anderen Autoren, die eine erhöhte immunologische Aktivität nach Konfrontation der Versuchspersonen mit standardisierten Laborstressoren wie etwa mentalen Belastungstests, mildem Schock oder Lärmbelästigung nachweisen konnten, gestützt (Pettingale et al., 1989; Jern et al., 1989; Naliboff et al., 1991). Es sollte jedoch festgehalten werden, daß in den letztgenannten Studien zur streßinduzierten Aktivierung des Immunsystems häufig quantitative immunologische Veränderungen wie z.B. eine erhöhte Anzahl spezifischer Lymphozytenpopulationen berichtet wurde.

Zusammenfassend läßt sich festhalten, daß unterschiedliche akute und chronische Belastungssituationen Immunfunktionen beeinflussen können wobei eine Modulation verschiedener zellulärer und humoraler Immunparameter beschrieben wurde. Es stellt sich jedoch, insbesondere vom psychologischen Standpunkt, die Frage, welche psychischen Faktoren bei einer streßinduzierten Immunmodulation von Relevanz sind und inwieweit sie das Ausmaß einer immunologischen Veränderung nach Streßexposition beeinflussen können. In der Vergangenheit wurde wiederholt darauf hingewiesen, daß Emotionen den Verlauf einer Immunreaktion beeinflussen können. So scheinen Depressionen sowie auch kurzzeitige depressive Verstimmungen mit einer supprimierten NK-Aktivität einherzugehen (Irwin et al., 1990). Andere Autoren beobachteten eine reduzierte Lymphozytenproliferation sowie eine supprimierte NK-Aktivität nach Induktion negativer Emotionen, während positive Emotionen eher von einem Anstieg dieser Paramter begleitet zu sein schienen (Knapp et al., 1992; Futterman et al., 1994). Auch wurde auf einen Einfluß von Ärger und Angst auf die Antikörperreaktion hingewiesen (Fleshner et al., 1993). Neben affektiven Faktoren scheinen Kognitionen wie z.B. die individuelle Bewertung der Belastungssituation, die Einschätzung der Bewältigungsmöglichkeiten, die wahrgenommene Kontrolle oder die erlebte soziale Unterstützung eine belastungsinduzierte Immunveränderung zu beeinflussen (s. Überblicksarbeit: Kiecolt-Glaser & Glaser, 1991).

Die zugrundeliegenden Mechanismen einer immunologischen Veränderung durch psychologische Faktoren sind bislang wenig geklärt. Befunde der Psychoendokrinologie weisen jedoch darauf hin, daß psychosoziale Belastung mit der Ausschüttung von spezifischen neuroendokrinen Substanzen verbunden ist, wobei auch hier Emotionen und Kognitionen wie etwa Angst, Depressivität oder auch Bewertungs- und Bewältigungsmodi der jeweiligen Person die Konzentration der sezernierten (neuro)endokrinen Faktoren bestimmt (s. Überblicksarbeit: Brush & Levine, 1989). Mit diesem Hintergrund kann die Sekretion endokriner Substanzen in Abhängigkeit von spezifischen psychischen Konstellationen auf der einen Seite sowie die Sensitivität von immunkompetenten Zellen für das (neuro)endokrine Milieu (s. Kapitel 4.) auf der anderen Seite als eine Grundlage der o.a. psychoimmunologischen Zusammenhänge betrachtet werden.

5. Modulation des ZNS durch immunologische Prozesse

5.1 Beeinflussung zentralnervöser Prozesse durch das Immunsystem

Neben der Beeinflussung unterschiedlicher Immunfunktionen durch das ZNS scheint auch eine Regulation zentralnervöser Prozesse durch das Immunsystem und somit eine bidirektionale Kommunikation zwischen beiden Systemen möglich. Um eine Modulation des ZNS durch körpereigene Abwehrprozesse annehmen zu können, ist es erforderlich, daß (1) das Immunsystem das ZNS über eine immunologische Veränderung wie etwa einen antigenen Kontakt informiert und (2) das ZNS Signale des Immunsystems verstehen und diese in zentralnervöse Veränderungen umsetzen kann.

Eine veränderte zentralnervöse Aktivität im Verlauf einer Körperabwehrreaktion berichtete erstmalig Klimenko (zit. bei Korneva, 1987). Vergleichbare Beobachtungen beschrieben wenig später Besedovsky und Mitarbeiter (1977), die eine veränderte elektrische Aktivität hypothalamischer Zellen des ventromedialen Kerns nach antigener Stimulation mit Schafserythrozyten oder dem Hapten-Carrier-Conjugat TNP-HE feststellten. Die Autoren berichteten hierbei, daß Tiere mit einer ausgeprägten Antikörperreaktion gegen das Antigen auch zentralnervöse Veränderungen aufwiesen, wobei die Kinetik der immunologischen und der zentralnervösen Veränderung annähernd deckungsgleich erfolgte. Diese Ergebnisse deuteten erstmalig darauf hin, daß die Aktivierung des Immunsystems nicht nur unterschiedliche Körperabwehrprozesse, sondern auch spezifische Veränderungen im ZNS einleitet. Im Rahmen von Folgestudien ließen sich die durch eine Immunreaktion induzierten zentralnervösen Veränderungen näher beschreiben und klassifizieren. So wurde neben modifizierten elektrophysiologischen Reaktionsmustern eine veränderte Konzentration spezifischer Transmittermoleküle wie etwa dem hypothalamischen Noradrenalin (Besedovsky, del Rey & Sorkin, 1983) oder dem hippocampalen Serotonin (Carlson, Felten, Livnat, & Felten, 1987) nach Antigenstimulation berichtet. Unklar war jedoch, über welche Mechanismen das Immunsystem das ZNS über immunologische Aktivitäten informiert und über welche Strukturen immunologische Signale in zentralnervöse Veränderungen umgesetzt wurden. Erste Hinweise auf beteiligte Kommunikationswege und -moleküle kamen von der Arbeitsgruppe um Besedovsky (1986). Sie beobachteten, daß spezifische, im Rahmen einer Immunreaktion sezernierte Substanzen offensichtlich für die beobachteten zentralnervösen Veränderungen verantwortlich sind. Diese Annahme resultierte aus der Beobachtung, daß die Injektion des Überstandes zuvor aktivierter Lymphozyten in naive Tiere zu einem deutlichen Anstieg der Glukokortikoidkonzentration im Blut des Empfängertieres führt. Auf dem Hintergrund dieser Ergebnisse postulierten die Autoren einen durch aktivierte Immunzellen sezernierten Faktor „GIF" („glucocorticoid increasing factor"), der über die Aktivierung zentralnervöser Strukturen eine Ausschüttung von Glukokortikoiden verursacht. Im Rahmen weiterer Forschungsbemühungen konnte der Faktor „GIF" als IL-1, ein von aktivierten Phagozyten sezerniertes Zytokin, identifiziert werden. Es wird vermutet, daß IL-1 über die Aktivierung hypothalamischer Strukturen die Sekretion von Corticotropin-Releasing-Factor (CRF) und somit eine Stimulation der HHNA mit folgender erhöhter Ausschüttung von Glukokortikoiden bewirkt (Berkenbosch et al., 1987; Sapolsky et al., 1987). Neben der Aktivierung der HNNA scheint IL-1, ebenfalls über die Stimulation hypothalamischer Zellen die Thermoregulation (Induktion von Fieber; Dinarello, Conti & Weir, 1986) sowie den Schlaf (Shoham et al., 1987) modulieren zu können. Die hier beschriebenen zentralnervösen Effekte immunologischer Veränderungen weisen darauf hin, daß spezifische, durch das Immunsystem sezernierte Faktoren als „Immunoneurotransmitter" (Dunn, 1989) wirken und spezifische neurochemische Veränderungen induzieren können. Neben IL-1 zeigen auch andere Zytokine wie z.B. das durch T-Helfer-Zellen sezernierte Interleukin-2 (IL-2) oder Interferon (IFN) zentralnervöse Effekte. So wird von einer veränderten neuronalen Aktivität hypothalamischer Zellen, veränderten Schlafrhythmen sowie einer Analgesie nach Applikation von IFN-α berichtet (Dafny, 1984; Reyes-Vazquez, Prieto-Gomez, Georgiades, & Dafny, 1984; Tobler, Borbely, Schwyzer, & Fontana, 1984). Die Gabe von IL-2 hingegen führte zu einer erhöhten ACTH- und Cortisolkonzentration sowie zu einer Hyperthermie und spezifischen neuropsychiatrischen Veränderungen (West et al., 1987).

Obwohl eine Vielzahl von Befunden darauf hinweist, daß zentralnervöse Prozesse von Immunreaktionen beeinflußt oder vielleicht auch reguliert werden können, und daß Zytokine offensichtlich als Informationsträger dieser Interaktion fungieren, so bleibt doch zu klären, wie Zytokine zentralnervöse Prozesse manipulieren. Zytokine sind relativ große, lipophile Moleküle, die die Blut-Hirnschranke nicht ohne weiteres passieren können. Die Frage des Transfers von Zytokinen durch die Blut-Hirnschranke konnte bislang nur unzureichend geklärt werden, doch werden einige mögliche Modelle diskutiert. So wäre es möglich, daß Zytokine die Blut-Hirnschranke an Arealen mit höherer Durchlässigkeit wie etwa dem Organum vasculosum der Lamina terminalis passieren (Katsuura et al., 1990). Andere Autoren halten einen Transport von Zytokinen via spezialisierter Transportmechanismen für wahrscheinlich (Banks, Kastin & Durham, 1989). Beobachtungen von Dantzer und Mitarbeitern (1993) hingegen weisen darauf hin, daß Zytokine über die Stimulation peripherer Nervenbahnen wie etwa des N.Vagus die Sekretion zentraler Zytokine induzieren, wobei letztere dann zu den beschriebenen zentralnervösen Veränderungen führen. Auch wenn noch unklar ist, über welchen Weg Zytokine zentralnervöse Prozesse regulieren, so weist doch die Präsenz von Rezeptoren für Zytokine im Gehirn darauf hin, daß eine Regulation des ZNS durch immunologische Botenstoffe möglich und wahrscheinlich ist (Breder et al., 1988).

Zusammenfassend läßt sich festhalten, daß die im Verlauf einer Abwehrreaktion sezernierten Zytokine nicht nur der interzellulären Kommunikation des Immunsystems dienen, sondern gleichzeitig als Botenstoffe der immunologischen Information an das ZNS betrachtet werden können. Folge dieses Informationsaustausches sind spezifische zentralnervöse Veränderungen, die mit Verhaltensänderungen (z.B. Schlafverhalten) einhergehen können und so eine optimale, koordinierte Abwehr ermöglichen.

5.2. Beeinflussung von Verhalten durch immunologische Prozesse

Wie im vorangegangenen Kapitel diskutiert, scheint eine Aktivierung der Immunreaktivität durch ein Antigen mit spezifischen Veränderungen zentralnervöser Prozesse einherzugehen. Da zentralnervöse Strukturen und ihre jeweilige Aktivität jedoch Verhalten maßgeblich bestimmen, wäre zu erwarten, daß eine Aktivierung des Immunsystems auch von charakteristischen Verhaltensveränderungen begleitet ist.

Die Beeinflussung von Verhaltensmustern durch eine Aktivierung des Immunsystems beschrieben Dantzer und Mitarbeiter (1993). Sie beobachteten bei Tieren, denen ein Bakterieninfiltrat verabreicht worden war, charakteristische Verhaltensänderungen wie etwa erhöhte Müdigkeit, begleitet von einem verstärkten Schlafbedürfnis, Teilnahmslosigkeit, Konzentrationsschwierigkeiten, eingeschränkte Lernfähigkeit sowie fehlendes soziales Interesse. Dieses eher unspezifische Verhaltensmuster wurde von den Autoren als „krankheitsspezifisches Verhalten" (sickness behavior) klassifiziert, wobei postuliert wurde, daß das gezeigte Verhalten der Anpassung des kranken Organismus an einen pathogenen Erreger und dessen Bekämpfung dient. In Folge ließ sich weiterhin zeigen, daß die beobachteten Verhaltensänderungen durch Zytokine vermittelt sind, die im Rahmen der Abwehrreaktion freigesetzt werden. So ließen sich vergleichbare krankheitsspezifische Verhaltensmuster durch die zentrale oder periphere Injektion von IL-1 oder auch von Tumor-Nekrosefaktor (TNF) induzieren. Für die Beteiligung von Zytokinen bei der Auslösung von krankheitsspezifischem Verhalten spricht weiterhin, daß sich ein durch Endotoxine induziertes Verhaltensmuster durch IL-1-Antagonisten wie etwa IL-1ra inhibieren läßt (Bluthe, Dantzer & Kelley, 1992; Kent, Kelley & Dantzer, 1992).

Neben den o.a. eher unspezifischen, krankheitsinduzierten Verhaltenscharakteristika scheinen auch spezifische Verhaltensweisen wie etwa Schmerzreaktionen, Aversionslernen oder auch Nahrungsauswahl durch immunologische Prozesse beeinflußt zu sein. So wurde von einer erhöhten Schmerzempfindlichkeit (Hyperalgesie) nach Applikation eines Bakterienfiltrates berichtet, wobei die Hyperalgesie ebenfalls durch IL-1, welches durch aktivierte Phagozyten freigesetzt wurde, vermittelt war (Wiertelak et al., 1994; Watkins et al., 1994). Andere Autoren berichteten von einer reduzierten Lernfähigkeit nach antigener Stimulation oder nach viraler Infektion (McFarland & Hotchin, 1984; Forster, Popper, Retz & Lal, 1988). Ader und Mitarbeitern (1987) gelang der Nachweis, daß der jeweilige Immunstatus Verhalten beeinflussen kann, wobei das gezeigte Verhalten der Aufrechterhaltung einer physiologischen Balance zu dienen scheint. (NZB x NZW)F1-Mäusen mit einer genetischen Disposition für die Autoimmunerkrankung Lupus erythematodes wurde im Rahmen eines Geschmacks-Aversions-Protokolls eine Saccharinlösung (CS) in Kombination mit der immunsuppressiven, Übelkeit-erregenden Substanz Cyclophosphamid (US) dargeboten. Nach Reexposition des Saccharins ließ sich im Gegensatz zu Kontrolltieren ohne Disposition für die Autoimmunerkrankung keine Geschmacksaversion beobachten, was die Autoren zunächst dahingehend interpretierten, daß eine Hyperreaktivität des Immunsystems, wie sie ja im Rahmen von Autoimmunität gegeben ist, mit einer reduzierten Lernfähigkeit assoziiert ist. Folgeuntersuchungen ergaben jedoch die Etablierung einer Geschmacksaversion, wenn anstelle von Cyclophosphamid die nicht-immunsuppressive, jedoch aversive Substanz Lithiumchlorid als US verabreicht wurde. Es zeigte sich weiterhin, daß die Aversion gegen den Geschmack mit dem Schweregrad der Symptomatik korrelierte. Hierbei ergab sich, daß die Tiere ausreichend Cyclophosphamid zu sich nahmen, um eine Verschlechterung der Symptomatik zu verhindern. In weiteren Forschungsarbeiten bleibt jedoch zu klären, ob immunologische Prozesse im Rahmen der Autoimmunkrankheit über zentralnervöse Veränderungen Geschmackslernen sowie Nahrungsverhalten beeinflussen oder ob die erkrankten Tiere über die Aufnahme des cyclophosphamidversetzten Sacharins eine Linderung der Symptome erfuhren und so über operante, negative Verstärkermechanismen die Aversion gegen das Saccharin abnahm (s. Überblicksarbeit: Ader, Grota, Moynihan & Cohen, 1992).

Zusammenfassend läßt sich festhalten, daß der Immunstatus des Organismus Einfluß auf das jeweilige Verhalten haben kann, wobei im Rahmen der Immunreaktion sezernierte Zytokine für die beobachteten Verhaltensveränderungen verantwortlich zu sein scheinen. Das nach immunologischer Aktivierung gezeigte Verhalten scheint hierbei eine Anpassungsreaktion zu sein, die (1) das Aktivitätsniveau des Organismus supprimiert und so notwendige Energien für die Abwehrreaktion zur Verfügung stellt (z.B. Reduktion der sozialen Aktivität) oder die (2) über Verhaltensänderung zu einer Wiederherstellung der immunologischen bzw. physiologischen Homöostase führt (z.B. Aufnahme von immunsuppressiver Substanz trotz aversiver Nebeneffekte bei Hyperreaktivität des Immunsystems). Auf dem Hintergrund, daß Immunozyten spezifisch externe Stimuli wie etwa Erreger erkennen und eine immunologische Information in spezifische Verhaltensänderungen umsetzen kann, könnte das Immunsystem als das „mobile Gehirn" (Blalock, 1984) des Organismus betrachtet werden.

6. Psychoneuroimmunologie - Implikationen und Ausblick

Die in diesem Beitrag beschriebenen Befunde psychoneuroimmunologischer Forschung deuten auf ein enges, funktionales Netzwerk zwischen den drei großen Systemen des Organismus, dem ZNS, dem endokrinen System und dem Immunsystem, hin. Im Rahmen dieser Interaktion scheinen je nach Anforderungen an den Organismus unterschiedliche nervale und humorale Kommunikationswege aktivierbar zu sein, die einen bidirektionalen Informationsaustausch zwischen den Systemen ermöglichen. So scheint das Gehirn einerseits die Immunreaktivität in Abhängigkeit von externen Umgebungsreizen modulieren und regulieren zu können, andererseits scheint es über immunologische Prozesse informiert zu sein und durch eine Modulation von Verhalten den Kampf des Immunsystems gegen einen potentiellen pathogenen Erreger unterstützen zu können.

Obwohl durch die wachsende Anzahl psychoneuroimmunologischer Befunde zunehmend klarer wird, wie die Systeme miteinander agieren und sich gegenseitig regulieren, so stellt sich doch, gerade auf der Grundlage der immer vielfältigeren Befunde in der PNI, die Frage nach der Relevanz psychoneuroimmunologischer Zusammenhänge. Sind die in der PNI beobachteten Wechselwirkungen wirklich von biologischer Relevanz oder sind sie eine untergeordnete Nebenerscheinung ohne wirklichen adaptiven Wert für den Organismus? Welchen Wert hat eine erlernte Immunreaktion für das Individuum? Warum finden wir unter Belastung sowohl eine Aktivierung als auch eine Suppression der Immunreaktivität? Warum gehen Stressoren häufig mit einer Reduktion der Immunfunktion einher, was zunächst als eine Schwäche der Körperabwehr in einer möglicherweise bedrohlichen Situation gewertet werden muß?

Diese Fragen, die sicherlich als einige der wichtigsten Forschungsfragen der PNI betrachtet werden können, lassen sich bislang nur sehr spekulativ beantworten. Es könnte jedoch auf der Grundlage der vorliegenden Ergebnisse angenommen werden, daß das Ziel einer psychoneuroimmunologischen Reaktion eines Individuums die bestmögliche Adaptation des Organismus ist, wobei durch eine koordinierte Reaktion *aller* Körpersysteme die Adaptationsleistung optimiert werden soll. Die enge Interaktion zwischen dem ZNS und dem Immunsystem könnte hierbei von besonderer Relevanz sein, da gewisse Parallelen zwischen Funktionen und Aufgaben von ZNS und Immunsystem auffallen. So haben beide Systeme die Fähigkeit, (1) für den Organismus relevante (häufig bedrohliche) Informationen spezifisch zu erkennen und (2) daraufhin eine koordinierte Bewältigungsmaßnahme einzuleiten, wobei das Gehirn für Stimuli des externen, das Immunsystem jedoch für Reize des internen Milieus zuständig ist. So erkennt der Organismus über zentralnervöse Strukturen Fremdes und Unbekanntes und bildet in Folge eine wohlorganisierte Anpassungsreaktion aus. Demgegenüber erkennen Lymphozyten, ebenfalls spezifisch, Pathogene oder allogene Zellen und leiten eine koordinierte Abwehrreaktion ein. Hierbei informieren sich beide Systeme gegenseitig mit Hilfe der bereits beschriebenen Kommunikationswege über die jeweils notwendigen immunologischen oder zentralnervösen (Re)aktivitäten. Beide Phänomene, die Beeinflussung einer Immunfunktion durch einen Stressor als auch eine Modulation der Immunreaktivität durch assoziative Prozesse könnten vielleicht, wenn auch zunächst auf einer spekulativen Basis, in dieses kommunikative Netzwerk integriert werden. Die Modulation der Immunreaktivität im Rahmen einer Belastungssituation könnte hierbei als eine reaktive Anpassungsreaktion betrachtet werden, wobei das Individuum via zentralnervöser Prozesse immunologisch an eine neue, häufig bedrohliche Veränderung der externen Welt adaptiert. Im Rahmen einer streßinduzierten Immunmodulation wurden zwei grundlegende Reaktionen beschrieben, eine streßinduzierte Aktivierung des Immunsystems sowie eine streßinduzierte Suppression der Immunfunktion. Auch wenn die zugrundeliegenden biologischen und psychologischen Mechanismen dieser beiden doch recht gegensätzlichen Reaktionen noch wenig aufgeklärt sind, so wird doch vermutet, daß die unter einer Belastungssituation gezeigten immunologischen Veränderungen in Abhängigkeit vom jeweiligen Stressor und seiner Bewertung durch das Individuum zu sehen sind. So scheinen akute Stressoren, die eine schnelle, aktive Reaktion des Individuums erfordern und zu einer „Kampf-Flucht"-Reaktion (Cannon, 1930) führen, von einer Aktivierung des adrenergen Systems und einer erhöhten Reaktivität des Immunsystems begleitet zu sein (Frankenhäuser, Lundberg & Forsman, 1980). So zeigten Probanden unter unterschiedlichen Belastungen im Labor und im Feld eine erhöhte adrenerge Aktivität sowie eine erhöhte immunologische Reaktivität (Naliboff et al., 1991; Schedlowski et al., 1993). Letzteres ließ sich auf eine vermehrte Ausschüttung immunkompetenter Zellen in die Peripherie zurückführen, wobei insbesondere Zellpopulationen vermehrt auftraten, die zur ersten Verteidigungslinie des Abwehrsystems zählen (z.B. NK-Zellen). Diese Befunde würden die Annahme unterstützen, daß bei einer plötzlichen, akuten Bedrohung, die eine Verwundung und damit einen Antigenkontakt wahrscheinlich macht, Immunzellen aus den peripheren Organen oder von den Gefäßwänden rekrutiert und in die Peripherie entlassen werden, wo der Kontakt mit dem Erreger am wahrscheinlichsten ist. Vor diesem Hintergrund könnte somit eine immunologische Reaktion postuliert werden, die in Kooperation mit anderen physiologischen Systemen einer bestmöglichen Bewältigung des Stressors dient. In Anbetracht dieser Überlegungen würde sich die Frage nach dem biologischen Sinn der so häufig beobachteten Immunsuppression unter Belastung (s. Kapitel 4.) anschließen. So wurde wiederholt eine Suppression unterschiedlicher Immunparamter bei Mensch und Tier nach Streßexposition beobachtet, wobei eine streßinduzierte Aktivierung der HNNA mit folgender Ausschüttung von Glukokortikoiden vielfach für den immunsuppressiven Effekt verantwortlich schien (s. Überblicksarbeit: Munck & Guyre, 1991). Eine Hypothese zur Erklärung einer Immunsuppression unter Belastung kommt von Munck und Mitarbeitern (1984), die insbesondere den immunregulativen Effekt der unter Streß ausgeschütteten Glukokortikoide betonen. So scheint eine adäquate Reagibilität der HNNA notwendig, um eine Überreaktion des Immunsystems und damit verbundene Störungen wie etwa Autoimmunerkrankungen zu verhindern. Diese Hypothese wird durch tierexperimentelle Beobachtungen anderer Arbeitsgruppen gestützt, die eine erhöhte Sukzeptibilität für Autoimmunkrankheiten bei Tieren mit reduzierter Reagibilität der HNNA beschrieben (Sternberg et al., 1989). Die im Rahmen der Streßreaktion beobachtete Immunsuppression wäre somit ein Ausschnitt einer zentralnvervös vermittelten Immunregulation, die der Kontrolle einer möglicherweise zuvor aktivierten Immunreaktivität dient. Inwieweit eine streßinduzierte Glukokortikoidsekretion wirklich eine vorangegangene Aktivierung der Immunfunktion herunterreguliert, bleibt jedoch in weiterer Forschungsarbeit zu klären, wobei hier Untersuchungsprotokolle notwendig wären, die wiederholt über einen längeren Zeitraum unterschiedliche endokrine und immunologische Parameter erfassen und diese in Beziehung zueinander setzen. Eine andere Erklärung, warum eine streßinduzierte Immunsuppression von Nutzen für den Organismus sein kann, beruht auf dem Konzept einer optimalen Nutzung bestehender Energiereserven im Falle einer Streßsituation.Grundlegende Annahme ist hierbei, daß die Aktivierung der HNNA und die folgende Sekretion von Glukokortikoiden in erster Linie der Mobilisierung von Energiereserven (z.B. Bereitstellung von Glukose) dient (Sapolsky, 1992). Im Rahmen dieser Überlegung würde die Suppression unterschiedlicher immunologischer Vorgänge, die durch einen hohen Energieverbrauch gekennzeichnet sind bedeuten, daß bereits vorhandene Energien umgeleitet und im Sinne einer optimierten Anpassungsreaktion genutzt werden können. Wie Maier und Mitarbeiter (1994) treffend anmerken, sollten im Rahmen einer Belastungssituation Energien nicht für Entzündungsreaktionen o.ä., sondern für eine Aktivierung spezifischer Strukturen des Gehirns oder der Muskeln genutzt werden. Somit wäre auch hier eine zentralnervöse Regulation der Immunabwehr in Abstimmung mit externalen und internalen Reizen gegeben. Mit Blick auf diese Annahme wären Untersuchungen von Interesse, die eine veränderte Immunfunktion in Abhängigkeit von bestehenden und benötigten Energiereserven aufzeigen. Auch wäre der Nachweis von Interesse, daß eine im Rahmen einer Belastungssituation supprimierte Immunfunktion zur Basislinie zurückkehrt, wenn auch der durch den Stressor zuvor erhöhte Energieverbrauch wieder seinen normalen Wert erreicht.

Abschließend soll kurz auf die mögliche biologische Signifikanz einer erlernten Immunreaktion eingegangen werden. Eine konditionierte Immunfunktion könnte, im Gegensatz zur streßinduzierten Immunmodulation, die als eine eher reaktive Antwort des Organismus beschrieben wurde, als eine antizipative Anpassungsreaktion betrachtet werden. Die Konditionierbarkeit der Immunreaktivität deutet darauf hin, daß der Organismus in der Lage ist, bei einer erneuten Konfrontation mit einem Reiz, der zuvor mit einem immunologisch relevanten Stimulus, z.B. einem Erreger assoziiert war, antizipativ, d.h. vorbeugend mit einer Immunreaktion zu reagieren. Auf diesem Hintergrund ließe sich postulieren, daß die Interaktion zwischen dem Gehirn und dem Immunsystem nicht nur eine „Feedback-Regulation", sondern auch eine „Feedforward-Regulation" der Immunreaktivität (Bovbjerg, Cohen & Ader, 1982) beinhaltet.

Die hier diskutierten, hypothetischen Modelle deuten auf zukünftige Forschungsfragen der PNI hin. So bleibt zu klären, welche psychischen oder biochemischen Prozesse zu einer streßinduzierten Immunsuppression oder einer Aktivierung des Immunsystems führen, welche Mechanismen einer erlernten Immunreaktion zugrundeliegen und zuletzt, ob und wie sich bestehende und zukünftige Befunde der PNI in sinnvolle therapeutische Maßnahmen umsetzen lassen.

Zur Neuropsychologie des dopaminergen Systems am Beispiel des Morbus Parkinson

Bruno Fimm, Peter Zimmermann und Claus-Werner Wallesch

Zusammenfassung

Dem dopaminergen System werden neben motorischen auch kognitive Funktionen zugeschrieben. Am Beispiel des Morbus Parkinson (PD) werden pathophysiologische Mechanismen und wichtige Untersuchungen zu verschiedenen neuropsychologischen Funktionsbereichen dargestellt. Vorliegende Befunde deuten darauf hin, daß neuropsychologische Defizite am ehesten bei solchen Leistungen auftreten, die eine interne Kontrolle der Verarbeitung voraussetzen. Diese Beeinträchtigungen scheinen in erster Linie bei motorik-nahen Aufgaben (Sakkaden zu erinnerten Blickzielen, Tracking-Aufgaben, Wahlreaktionen ohne Hinweis, Zielbewegungen ohne visuelle Kontrolle, evtl. motorische prozedurale Aufgaben) am größten zu sein. Diese Befunde werden vor dem Hintergrund physiologischer Modelle gestörter dopaminerger Transmission bei PD diskutiert.

Summary

Besides its motor functions, the dopaminergic system is considered to have also effects on cognitive processes. Possible pathophysiological dopaminergic mechanisms in Parkinson's disease (PD) are described. Furthermore, important neuropsychological PD-studies are reviewed. There is converging evidence that PD-patients have deficits in tasks that demand internal control of processing. Especially in tasks with a motor component (saccadic eye movements to remembered target locations, manual tracking, choice reactions without cue, non-visually guided movements, procedural motor learning tasks) impairments of PD-patients can be found. These findings are discussed with respect to models of deficient dopaminergic transmission in PD.

1. Pathophysiologie des Morbus Parkinson

Bei Morbus Parkinson (PD) findet sich eine symmetrische Degeneration melaninhaltiger Zellen der Substantia nigra pars compacta (SNc), wobei der ventrale Teil der SNc am stärksten betroffen ist (Fearnley & Lees, 1991). Dadurch kommt es zu einer pathologischen Veränderung der dopaminergen Modulation des Informationsflusses durch die Basalganglien. PD bietet somit die Möglichkeit der Untersuchung selektiver, mit dem dopaminergen System assoziierter neuropsychologischer Beeinträchtigungen.

Die Substantia nigra und das ventrale Tegmentum sind die Hauptquellen dopaminerger Innervation der Basalganglien. Während die Substantia nigra pars compacta vor allem zum Striatum (Nucleus caudatus und Putamen) projiziert, innervieren die Zellen des ventralen Tegmentums in erster Linie den Nucleus accumbens des ventralen Striatums. Es wird davon ausgegangen, daß neurologische Symptome bei PD erst bei mindestens 80%iger Dopaminreduktion im Striatum (in der Regel im Putamen) auftreten (Hornykiewicz, 1988). Auch im Tierexperiment beobachtete man Verhaltensauffälligkeiten erst bei drastischer Dopaminreduktion (Zigmond et al., 1990). Diese außerordentliche Kompensationsfähigkeit des dopaminergen Systems wird zurückgeführt auf (a) eine Erhöhung der Dopaminausschüttung verbliebener dopaminerger Neurone durch Erhöhung ihrer Sensitivität, (b) eine längere Verweildauer des Dopamins im extrazellulären Raum aufgrund einer Reduktion dopaminerger Bindungsstellen und (c) eine Erhöhung der Anzahl postsynaptischer Dopaminrezeptoren. Wenn trotz dieser kompensatorischen Effekte die Zahl dopaminerger Terminals zu gering wird, um einen adäquaten extrazellulären Dopaminspiegel zu gewährleisten, und wenn postsynaptisch keine weiteren kompensatorischen Prozesse mehr erfolgen können (Zigmond et al., 1990), kommt es zur ersten Manifestation der Erkrankung.

Tierexperminentell wurden durch Gabe der toxischen Substanz 1-methyl-4-phenyl-1,2,3,6-tetrahydropyridin (MPTP) parkinson-ähnliche Verhaltensänderungen provoziert. MPTP wird im Gehirn durch das Enzym Monoaminoxidase in toxisches MPP+ umgewandelt. Dieses wird dann von nigrostriatalen Neuronen aufgenommen. Neurophysiologisch gibt es jedoch einen wesentlichen Unterschied zwischen humanen PD- und tierischen MPTP-Läsionen. MPTP ruft eine das ganze Striatum und die ganze Substantia nigra betreffende Dopaminreduktion hervor, wogegen bei PD-Patienten deutliche regionale Unterschiede zu verzeichnen sind (Hornykiewicz, 1988). MPTP führt zu ca. 95%iger Dopaminreduktion sowohl im Caudatum als auch im Putamen. Idiopathische PD-Patienten weisen demgegenüber die deutlichste Dopaminreduktion im Putamen auf. Sawle et al. (1993) fanden bei PET-Untersuchungen eine deutlich reduzierte F-dopa (fluoriniertes Levodopa) Aufnahme im Putamen gekoppelt mit einer Hochregulierung post-synaptischer D2-Rezeptoren. Eine vergleichbare D2-Rezeptoren-Hochregulierung wird auch bei frühen, medikamentös unbehandelten PD-Patienten berichtet (Laulumaa et al., 1993). Otsuka et al. (1991) beschrieben bei Patienten mit idiopathischem PD ebenfalls eine verminderte F-dopa-Aufnahme, die im Putamen deutlich, im Caudatumkopf mäßig ausgeprägt war. Demgegenüber war der zerebrale Blutfluß in diesen Arealen nicht vermindert.

2. Funktionelle Anatomie der Basalganglien und des extrapyramidalen Systems

Die Basalganglien setzen sich zusammen aus Neostriatum (Nucleus caudatus und Putamen), Claustrum und Corpus amygdaloideum. Zu den Basalganglien wird auch der Globus pallidus (externes und internes Segment) gezählt. Neostriatum und Pallidum sind Teile des extrapyramidalen Systems, dem weiterhin die Substantia nigra, der Nucleus ruber sowie der Nucleus subthalamicus zugerechnet werden. Sowohl das Claustrum als auch das Corpus amygdaloideum liegen außerhalb dieses Systems; letzteres projiziert jedoch zum ventralen Striatum. Die Basalganglien stehen auf anatomischer und funktionaler Ebene in enger Verbindung zum frontalen Kortex.

Die primären Output-Strukturen der Basalganglien sind der mediale Globus pallidus (MGp) und die Substantia nigra pars reticulata (SNr). MGp erhält direkte Projektionen vom Striatum. Zusätzlich existiert eine indirekte Projektion zu MGp und SNr, die vom Striatum über den lateralen Globus pallidus (LGp), von dort zum Nucleus subthalamicus, zum medialen Globus pallidus und zur Substantia nigra pars reticulata verläuft. Das Striatum projiziert auch auf die Substantia nigra pars compacta (SNc) und erhält von dieser wieder Projektionen (siehe Abb. 1).

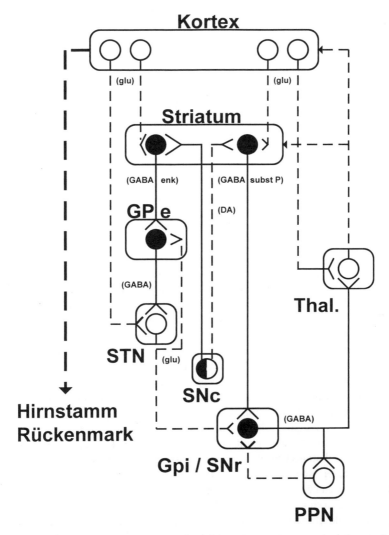

Abb. 1: Verschaltung der an den extrapyramidalen Funktionskreisen beteiligten Strukturen (nach Alexander & Crutcher, 1990). Inhibitorische Neurone sind als ausgefüllte, exzitatorische Neurone als offene Symbole dargestellt. DA: Dopamin; enk: Enkephalin; GABA: Gamma-Amino-n-Buttersäure; Gpe: externes Segment des Globus pallidus; Gpi: internes Segment des Globus pallidus; glu: Glutamat; PPN: Nucleus pedunculopontinus; SNc: Substantia nigra pars compacta; SNr: Substantia nigra pars reticulata; subst P: Substanz P; STN: Nucleus subthalamicus; Thal: Thalamus.

Strange (1993) geht davon aus, daß die SNc über D1-Rezeptoren auf den direkten und über D2-Rezeptoren auf den indirekten Pfad einwirkt. Der Globus pallidus projiziert dann auf die Substantia nigra pars reticulata und spezifische Areale des Thalamus. Jede thalamische Region projiziert dann wieder zurück zu dem kortikalen Areal, das den Ausgang der Schleife gebildet hatte („closed loop"). Jeder geschlossene Funktionskreis ist jedoch auch externen Modulationen, z.B. durch verschiedene kortikale Areale, unterworfen.

Alexander et al. (1986) beschrieben 5 solcher Funktionskreise, die jeweils Output von verschiedenen, miteinander in funktionaler Verbindung stehenden kortikalen Arealen erhalten, die partiell überlappende Projektionen zum Striatum senden: (1) *Die motorische Schleife* (supplementär-motorisches Areal (SMA)-Putamen-inneres und äußeres Segment des Globus pallidus/Substantia nigra pars reticulata-ventrolateraler und ventroanteriorer Thalamus-SMA), (2) die *okulomotorische Schleife* (frontales Augenfeld-Nucleus caudatus-caudaler und mediodorsaler Globus pallidus internus/ventrolatere Substantia nigra pars reticulata-mediodorsaler Thalamus-frontales Augenfeld), (3) die *dorsolaterale präfrontale Schleife* (dorsolateraler präfrontaler Kortex-dorsolateraler Caudatumkopf-lateraler dorsomedialer Globus pallidus internus/rostrale Substantia nigra pars reticulata-mediodorsaler und ventroanteriorer Thalamus-dorsolateraler präfrontaler Kortex, (4) der *laterale orbitofrontale Regelkreis* (lateraler orbitofrontaler Kortex-ventromedialer Sektor des Nucleuscaudatus-dorsomedialer Sektor des Globus pallidus internus/rostromediale Substantia nigra pars reticulata-ventroanteriorer und mediodorsaler Thalamus-lateraler orbitofrontaler Kortex und (5) die *anteriore cinguläre Schleife* („limbischer" Kortex-ventrales Striatum/Nucleusaccumbens-ventrales Pallidum/rostrodorsale Substantia nigra pars reticulata-paramediane Anteile des mediodorsalen Thalamus-„limbischer" Kortex).

Entgegen früheren Annahmen einer zunehmenden Integration des kortico-striato-pallido-thalamo-korticalen Informationsflusses deuten aktuelle Befunde darauf hin, daß Subschleifen innerhalb der motorischen Schleife auf allen Ebenen weitgehend getrennt verlaufen. Innerhalb jeder somatotopischen Subschleife (verantwortlich für Bein-, Arm- und orofaciale Kontrolle) konnten einzelne Neurone identifiziert werden (Alexander & Crutcher, 1990), die entweder bei Bewegungsplanung (d.h. instruktionsabhängig) oder -ausführung feuerten. Dies verweist auf die Möglichkeit, daß Aspekte der Bewegungsvorbereitung und der Bewegungsausführung evtl. durch separierte Schleifensysteme vermittelt werden. Ferner konnte gezeigt werden, daß Neurone in der Substantia nigra pars reticulata (SNr) entweder bei Augenbewegung oder bei orofacialer Bewegung feuern (vgl. motorische Schleife), jedoch niemals bei beiden Bewegungen, was auf einen parallelen Verlauf von motorischer und okulomotorischer Schleife in der SNr schließen läßt.

Die funktionale Bedeutung der dorsolateralen präfrontalen Schleife wurde nicht ausreichend spezifiziert, es wird ihr jedoch in jedem Falle eine kognitive Funktion unterstellt (Alexander et al., 1986). Die Funktion der lateralen orbitofrontalen Schleife ist ebenfalls nur in Teilen bekannt. Studien an Primaten zeigten, daß bilaterale Läsionen von orbitofrontalem Kortex oder dessen Zielgebiet im Nucleus caudatus zu perseverativem Verhalten und zu Schwierigkeiten führten, zwischen Verhaltens„sets" zu wechseln (Divac et al., 1967). Die Beteiligung limbischer Strukturen an dem anterioren cingulären Funktionskreis könnte auf emotionale und motivationale Funktionen schließen lassen (vgl. Haltenhof & Schröter, 1994, in ihrer Übersicht zur Depression bei PD). Swerdlow und Koob (1987) stellen in diesem Zusammenhang ein Modell der Genese depressiver und psychotischer Erkrankungen auf der Ebene dysfunktionaler dopaminerger Prozesse in den Basalganglien vor.

Der dopaminerge nigrostriatale Trakt, der von der Substantia nigra pars compacta zum Striatum zieht, führt zu einer Modulation der Transmitterexpression in den Hauptschleifen.Grundsätzlich lassen sich die Hauptschleifen von ihrer Biochemie her folgendermaßen charakterisieren (vgl. Abb. 1):

Die kortikalen Afferenzen sind vermutlich weitgehend glutamaterg und durchgehend exzitatorisch. Innerhalb der Basalganglien ist die inhibitorische Gamma-Amino-n-Buttersäure (GABA) der vorherrschende Transmitter. Die meisten Neurone im Striatum und Pallidum sind GABAerg. So auch die Neurone der Substantia nigra pars reticulata. Aufgrund der Art der neuronalen Verschaltung der Hauptschleifen führt der exzitatorische Einfluß des Kortex zu einer Hemmung des Pallidums und somit zu einer Disinhibition des Thalamus und des Hirnstamms. Die exzitatorische thalamo-kortikale Verbindung ihrerseits führt dann dazu, daß der Kortex letztendlich erregt wird. Unter Umständen können Symptome wie z.B. Rigidität und Tremor bei PD als Folge einer solchen subkortikalen Enthemmung interpretiert werden.

3. Untersuchungen zu kognitiven und motorischen Korrelaten des dopaminergen Systems

Die systematische Untersuchung neuropsychologischer Korrelate von Basalganglien- bzw. dopaminergen Dysfunktionen begann Mitte bis Ende der 60er-Jahre und wurde höchstwahrscheinlich durch die Entdeckung von L-dopa als vielversprechendem Therapeutikum (Birkmayer & Hornykiewicz, 1961) bei Morbus Parkinson und die dadurch erzielten, teilweise deutlichen Leistungsverbesserungen im motorischen (und kognitiven; vgl. Oliver Sacks, 1989) Bereich zusätzlich angeregt.

Nachfolgend werden wichtige Ergebnisse zu ausgewählten neuropsychologischen Funktionsbereichen bei Patienten mit PD vorgestellt. Diese Übersicht ist angesichts der Vielzahl an neuropsychologischen Arbeiten keineswegs erschöpfend. Ergebnisse zu Bradyphrenie bzw. kognitiver Verarbeitungsgeschwindigkeit und Depression werden nicht referiert, da dies den Rahmen des vorliegenden Beitrages sprengen würde. Revonsuo et al. (1993) und Haltenhof und Schröter (1994) liefern hierzu jedoch Übersichten. Hinsichtlich kognitiver Verarbeitungsgeschwindigkeit läßt sich zumindest festhalten, daß die Mehrzahl der (gruppenstatistischen) Untersuchungen keine Beeinträchtigung bei PD fand.

3.1 Untersuchungen „frontaler", exekutiver Leistungsaspekte

Defizite in delayed-alternation-Tests (in der Regel zwei Reaktionsalternativen, die bei jedem Durchgang abwechselnd gewählt werden müssen) und object-alternation-Tests (bei denen unter zwei oder mehreren Reaktionsalternativen eine gewählt werden muß, die entsprechende Reaktion dann mehrfach verstärkt und anschließend ein Wechsel des Kriteriums eingeführt wird) sowohl nach Läsionen des Nucleus caudatus als auch damit assoziierter frontaler Kortexareale bei Tieren (Divac et al., 1967) stützten die Hypothese einer engen funktionalen Verknüpfung von Striatum und präfrontalem Kortex. Eine Vielzahl von Untersuchungen bei Patienten mit Schädigung der Basalganglien beschäftigte sich seither mit der Rolle dieser subkortikalen Strukturen bzw. des dopaminergen Systems bei sogenannten „frontalen" Leistungen, d.h. Aufgaben, deren Bewältigung nach Stand der Literatur die Intaktheit frontaler Kortexareale voraussetzt.

3.1.1 Konzeptbildung und Konzeptwechsel

Eine Reihe von Untersuchungen beschrieb Defizite im Wisconsin Card Sorting Test (WCST) bei unbehandelten PD-Patienten im frühen Krankheitsstadium (Lees & Smith, 1983; Cooper et al., 1991) und bei mit L-dopa behandelten Patienten (Taylor et al., 1986; Gotham et al., 1988; Cooper et al., 1992). Die PD-Patienten erzielten weniger sortierte Kategorien als Kontrollen oder machten mehr perseverative oder nicht-perseverative Fehler. Die Beeinträchtigungen waren jedoch weit weniger ausgeprägt als bei Patienten mit Frontalhirnläsionen.

Ein Defizit der PD-Patienten beim Konzeptwechsel wurde auch von Flowers und Robertson (1985) mit dem Odd-Man-Out-Test beschrieben. Bei diesem Verfahren ist einer von drei Stimuli, die in zwei Dimensionen (Größe und Form) variieren, auszuwählen. Die Fähigkeit zur Beibehaltung eines Konzepts bei Vorgabe konkurrierender Stimulation wurde in letzterer Untersuchung mittels des Stroop-Tests geprüft, erwies sich bei den PD-Patienten jedoch als unbeeinträchtigt.

Downes et al. (1989) und Owen et al. (1992) beschrieben ein selektives Defizit medizierter und unmedizierter Patienten bei extra-dimensionalen Shifts, d.h. in Situationen mit zwei Reaktionsalternativen, in denen eine bis dahin irrelevante Stimulusdimension durch eine neue (relevante) Dimension ersetzt wird (z.B. Form [relevant] und Linien [irrelevant] werden ersetzt durch Muster [relevant] und Form [irrelevant]). Eine Weiterentwicklung des Paradigmas (Owen et al., 1993) ergab Beeinträchtigungen von (a) medizierten, etwas fortgeschrittenen PD-Patienten bei einem Shift zu einer vormals irrelevanten Dimension, (b) Patienten mit Frontalhirnläsion beim Wechsel von einer vormals relevanten Dimension (Perseveration) und (c) unmedizierten, frühen PD-Patienten bei beiden Arten des Shifts. Lange et al. (1992) konnten zudem nachweisen, daß die Leistung in diesem und anderen „frontalen" Verfahren (Arbeitsgedächtnis, Tower of London) in unmediziertem Zustand (OFF-L-dopa) schlechter als im medizierten (ON-L-dopa) Zustand war. Die Medikamentenpause wirkte sich hingegen nicht auf Rekognitions-Aufgaben, matching-to-sample-Tests und Assoziationslernen aus.

3.1.2 Programmierung von Bewegungen

Eine wesentliche Komponente bei der Kontrolle motorischer Aktionen ist die Fähigkeit zur Vorhersage von Ereignissen und damit zusammenhängend die Planung bzw. Vorprogrammierung von Bewegungen (Marsden, 1982).

Mit Prozessen der motorischen Planung wird in erster Linie der supplementärmotorische Kortex in Verbindung gebracht (Goldberg, 1985), der wiederum Teil der motorischen kortico-striato-pallido-thalamo-kortikalen Schleife ist (Alexander et al., 1986), die für die motorischen Symptome bei PD verantwortlich gemacht wird.

Flowers (1978) versuchte, die Planungsprozesse von sensomotorischen zu trennen, indem er PD-Patienten, Patienten mit Intentionstremor und Kontrollprobanden visuelle Tracking-Aufgaben vorgab, bei denen der bewegte Zielreiz jeweils an bestimmten Stellen kurze Zeit ausgeblendet wurde, so daß die Probanden die Bewegung des Reizes vorhersagen und einen zweiten Reiz entsprechend steuern mußten. PD-Patienten waren in allen drei Bedingungen bei der Vorhersage der Reizbewegung beeinträchtigt.

Demgegenüber verwendeten Bloxham et al. (1984) eine Trackingaufgabe mit regelmäßig bzw. unregelmäßig bewegtem Zielreiz und eine Wahlreaktionsaufgabe mit bzw. ohne Vorinformation (Cue). Die PD-Patienten unterschieden sich in der Tracking-Aufgabe nicht von den Kontrollen, dagegen deutlich in der Wahlreaktionsaufgabe. Die Autoren interpretieren diesen Befund als Schwierigkeit der PD-Patienten, bei Willkürbewegungen gebotene Vorinformation zu benutzen, um (a) das geforderte motorische Programm zu selektieren oder (b) die Bewegung zu initiieren.

Fünf idiopathische PD-Patienten und 9 Kontrollpersonen sollten in der Studie von Benecke et al. (1987) unilateral eine Ellbogenflexion und eine isometrische Opposition von Daumen und Fingern unter vier Bedingungen ausführen: beide Bewegungen jeweils isoliert, simultan und sequentiell. Die Patienten waren in allen Bedingungen langsamer als die Kontrollen, besonders in den komplexen Bedingungen. L-dopa führte zu einer Leistungsverbesserung in allen Bedingungen, mit dem stärksten Leistungszuwachs in den komplexen Bedingungen. Die Ergebnisse sprechen somit für eine Rolle des dopaminergen Systems bei Superposition und Sequenzierung motorischer Programme. Allerdings wird die Aussagekraft der Studie durch die kleinen Stichprobenumfänge eingeschränkt.

Marsden (1982) schreibt in seinem Übersichtsartikel den Basalganglien eine wesentliche Funktion bei der automatischen Ausführung erlernter Bewegungspläne zu. Selektive Defizite von PD-Patienten bei simultaner oder sequentieller Ausführung von motorischen Programmen wären hierdurch erklärbar.

Ein mögliches neurophysiologisches Korrelat motorischer Vorbereitungsprozesse stellt die frühe NS1-Komponente (frühe EEG-Negativierung ca. 650 ms bevor Muskelaktivität im EMG sichtbar wird) des Bereitschaftspotentials dar. So fanden Dick et al. (1989) eine Reduktion dieser NS1-Komponente bei PD-Patienten und deuten dies als verminderte Aktivierung der supplementär-motorischen Area durch die Basalganglien.

3.1.3 Visuomotorik

Experimente zur Untersuchung von Augenbewegungen bei PD sind in engem Zusammenhang mit den Untersuchungen zur motorischen Programmierung zu sehen. Der Aspekt der Vorhersagbarkeit bzw. der externen Triggerung von Sakkaden spielte hierbei eine wesentliche Rolle. Analog zu Tracking-Aufgaben mit vorhersagbarer und nicht-vorhersagbarer Bewegung des Zielreizes und Wahlreaktionsaufgaben mit oder ohne Cue wurden hierbei Sakkaden zu tatsächlich vorhandenen, bezüglich ihrer Lokalisation bekannten Zielen einerseits bzw. zu randomisiert verteilten bzw. erinnerten

Blickzielen andererseits gemessen, oder visuelle Trackingaufgaben mit regelmäßig bzw. unregelmäßig bewegtem Zielreiz vorgegeben.

Bronstein und Kennard (1985) konnten bei medizierten PD-Patienten zeigen, daß es in bestimmten Bedingungen mit vorhersagbarem Reiz zu einer Reduktion der Häufigkeit antizipatorischer Sakkaden kommt. Sie sehen dies als Folge einer vermehrten Abhängigkeit der PD-Patienten von visuellem Input; die Patienten verhalten sich so, als wenn sie keine Information über den Ort des Zielreizes hätten. Die Metriken von Sakkaden und langsamen Augenbewegungen waren unauffällig. Eine weitere pathophysiologische Erklärung dieses Resultats wird in der engen Verbindung von Basalganglien und dem frontalen Augenfeld (Area 8) und den Colliculi superiores gesehen.

Crawford et al. (1989) demonstrierten in diesem Zusammenhang eine Beeinträchtigung von PD-Patienten bei Sakkaden zu erinnerten Blickzielen. Die primäre Sakkade war hierbei ungenau und in der Regel gefolgt von mehreren kleinen Sakkaden. Die Genauigkeit der finalen Augenposition unterschied jedoch nicht zwischen PD und Kontrollen. Bezüglich visuell getriggerter Sakkaden ergab sich ebenfalls kein Unterschied zwischen den Gruppen. Dieses Ergebnis beleuchtet erneut die Abhängigkeit von externer Stimulation, die bei PD-Patienten auch bei anderen Paradigmen zu finden ist.

3.1.4 Intern vs. extern kontrollierte Verarbeitung

In ihrer Übersicht zur Neuropsychologie des PD kommen Brown & Marsden (1990) zum Schluß, daß die Wahrscheinlichkeit neuropsychologischer Defizite bei PD größer ist, wenn der Gebrauch interner Hinweisreize (cues) oder Strategien notwendig wird. Hingegen seien PD-Patienten nicht beeinträchtigt, wenn explizit vorgegebene Cues die weitere Verarbeitung steuern. Beispiele für Tests, deren Bearbeitung interne Aufmerksamkeitskontrolle voraussetzt, sind der Wisconsin Card Sorting Test, Aufgaben zur Wortflüssigkeit bei wechselndem Kriterium (z.B. Generierung von Worten abwechselnd nach phonologischem und semantischem Kriterium), der Teil B des Trail Making Tests oder der Rey Auditory Verbal Learning Test, der eine freie Wiedergabe des Gelernten erfordert. Auch motorische Aufgaben, bei denen die visuelle Kontrolle ausgeschaltet wird, z.B. Sakkaden zu erinnerten Blickzielen, können hierunter gefaßt werden.

Taylor et al. (1986) beobachteten in ihrer umfangreichen Untersuchung von medizierten und unmedizierten PD-Patienten Leistungsminderungen in solchen Verfahren, die die intern gesteuerte Generierung effizienter Bearbeitungsstrategien erforderten (Wisconsin Card Sorting Test, Rey Auditory Verbal Learning Test). Demgegenüber war beispielsweise die Leistung in Gedächtnistests, die das zu behaltende Material in organisierter Form darboten oder als Rekognitionstest vorgegeben wurden, nicht beeinträchtigt. In einer Untersuchung von Owen et al. (1992) benötigten PD-Patienten beim „Tower of London", einem an den „Turm von Hanoi" angelehnten Verfahren, länger zur Lösung der Aufgabe. Das Wiedererkennen von Mustern war nicht beeinträchtigt. In diesem Zusammenhang fanden Gotham et al. (1988) bei PD-Patienten im unmedizierten Zustand (OFF-L-dopa) eine stärkere Beeinträchtigung bei einem Wortflüssigkeitstest nach alternierendem Abrufkriterium als mit L-dopa. Der einfache Wortabruf bei gleichbleibendem Kriterium war nicht beeinträchtigt. Downes et al.

(1993) fanden kein basales Wortflüssigkeits-Defizit, jedoch im Vergleich mit einer Kontrollgruppe Beeinträchtigungen medizierter PD-Patienten bei alternierenden Bedingungen, wenn Worte nach permanent wechselndem Kriterium unterschiedlicher „Modalität" (Buchstaben und semantische Kategorie) generiert werden sollten. Es traten in dieser Bedingung mehr Perseverationen und ein verminderter Output auf. Dies deutet nach Downes et al. (1993) auf Defizite inhibitorischer Aufmerksamkeitsprozesse und eine Störung bei der Aufrechterhaltung interner, verhaltensrelevanter Repräsentationen hin. Konzeptwechsel-Untersuchungen, die keine extern vorgegebene Information zur Steuerung des Konzeptwechsels vorgaben, berichteten Defizite bei PD (z.B. Owen et al., 1992; Fimm et al., 1994); wurden solche externen Hinweisreize gegeben, war dies jedoch nicht der Fall (Brown & Marsden, 1988).

Diese Unterscheidung von interner vs. externer Aufmerksamkeitskontrolle wird auch von Goldberg (1985) bei der Analyse der SMA und deren Funktion verwendet. Er postuliert verschiedene funktionale Repräsentationen intern generierten (mediales System mit SMA als zentraler Kontrollstruktur) vs. extern getriggerten (laterales System) motorischen Verhaltens. Playford et al. (1992) fanden beispielweise in ihrer PET-Untersuchung bei PD-Patienten eine verminderte Aktivierung in medialen frontalen Arealen. Aufgabe der Patienten war es hierbei, nach einem Ton einen Joystick in eine von 4 Richtungen zu bewegen. Die Art der Bewegung konnte frei gewählt werden, war also intern gesteuert und nicht extern getriggert.

3.1.5 Zeitschätzung bzw. zeitliche Einordnung von Ereignissen

In den letzten Jahren wurden mehrere Studien veröffentlicht, die sich mit Prozessen der Zeitschätzung, zeitgebundener Bewegungskontrolle, zeitlicher Einordnung von Ereignissen bzw. dargebotenen Reizen und Zeitwahrnehmung bei PD befaßten. Ausgangspunkt dieser Untersuchungen waren Befunde, die eine kritische Rolle des Frontalhirns bei der zeitlichen Organisation von Gedächtnisinhalten nahelegten. Es wurde hierbei ein Defizit beim Abruf von, mit einem Ereignis assoziierter, zeitlicher Information postuliert.

Sagar et al. (1988) verwendeten den Verbal Temporal Ordering Test (VTO), bei dem 493 Nomina sequentiell für jeweils 2 Sekunden dargeboten werden. In bestimmten Intervallen werden dann Worte vorgegeben, für die zu bestimmen ist, (a) welches Wort schon einmal vorkam (Rekognition) oder (b) welches der Worte zuletzt dargeboten wurde (zeitl. Diskrimination). Verglichen mit Alzheimer-Patienten waren medizierte PD-Patienten, gemessen an ihrer Rekognitionsleistung, stärker beeinträchtigt bei zeitlicher Diskrimination. Dieses Ergebnis konnte mit einer nonverbalen Variante des Verfahrens bestätigt werden (Sullivan & Sagar, 1989).

Basale Prozesse der Zeitschätzung und -reproduktion wurden von Pastor et al. (1992) untersucht. PD-Patienten unterschätzten hierbei 12-24 Stunden nach Absetzen dopaminerger Medikation die Dauer dargebotener Zeitintervalle und produzierten zu viele Intervalle, wenn sie eine kurze Zeitspanne damit füllen und reproduzieren sollten. Die Leistungen korrelierten mit dem Grad der motorischen Beeinträchtigung. L-dopa wirkte sich bei einer Teilgruppe von PD-Patienten, die zusätzlich unter dopaminerger Medikation untersucht wurden, positiv auf die Testergebnisse aus. Pastor et al. schließen aus den Ergebnissen auf eine Verlangsamung der „internen Uhr" bei PD.

Eine übergreifende Bewertung der Befunde ist aufgrund der Heterogenität der untersuchten Funktionen und der dabei verwendeten Methoden allerdings nicht möglich.

3.2 Gedächtnis

Studien zur Gedächtnisleistung von PD-Patienten lassen sich nach dem Gedächtnissystem (deklarativ vs. prozedural; explizit vs. implizit), das primärer Gegenstand der Untersuchung war, unterteilen. Deklaratives Gedächtnis bezeichnet die Fähigkeit, Daten, Sprache, Bilder und Ereignisse zu speichern und bewußt abzurufen bzw. wiederzuerkennen. Prozedurales Lernen ist definiert als die Fähigkeit, eine motorische oder auch kognitive Fertigkeit durch Wiederholung zu erlernen und diese ohne Beteiligung bewußter Verarbeitung abzurufen. Einzelne Komponenten der erlernten Fertigkeit können nicht erinnert werden. Prozedurales Lernen drückt sich in der Regel in einer Verkürzung von Reaktionszeiten oder einer Minderung der Fehlerhäufigkeit bei entsprechenden Aufgaben (z.B. Klavier spielen, spiegelbildlich lesen und zeichnen, Pursuit Rotor) aus. Das Produkt prozeduralen Lernens wird auch als „habit" bezeichnet (Saint-Cyr & Taylor, 1992). Deklaratives und prozedurales Gedächtnis werden mit unterschiedlichen neuroanatomischen Strukturen verknüpft. Das anatomische Substrat des deklarativen Gedächtnisses wird in Teilen des Temporallappens, dem Hippocampus, der Amygdala, den Mammillar-Körpern, den anterioren und mediodorsalen thalamischen Kernen und dem Frontalhirn gesehen. Das anatomische Substrat des prozeduralen Gedächtnisses oder des habit-Systems wird dagegen in den Basalganglien oder dem Striatum vermutet.

3.2.1 Deklaratives Gedächtnis

Die verschiedenen hierzu durchgeführten Untersuchungen mit PD-Patienten sind sehr heterogen bezüglich Patientenstichprobe und verwendeten experimentellen Paradigmen bzw. Tests. Sahakian et al. (1988) fanden bei PD-Patienten in unterschiedlichen Krankheitsstadien Defizite beim Erlernen und Wiedererkennen von visuellen Mustern und bei matching-to-sample-Aufgaben. Im Gegensatz hierzu demonstrierten Mohr et al. (1987) selektive Defizite von PD-Patienten beim Geschichten-Nacherzählen und Wortpaar-Assoziationslernen im OFF-Zustand. Mit L-dopa besserten sich diese Gedächtnisleistungen bei der Mehrzahl der Patienten. Verschiedene Studien untersuchten u.a. Gedächtnisleistungen bei PD-Patienten im frühen, unbehandelten Stadium. So berichten Levin et al. (1989) über eine Leistungsminderung der PD-Patienten bei schnellem und verzögertem Abruf der „Logical Memory Passages" der WMS. Auch Cooper et al. (1992) wiesen Kurzzeitgedächtnis-Defizite bei PD-Patienten nach. Sie konnten ferner zeigen, daß anticholinerge Medikation diese Defizite noch verstärkt. Dopaminerge Behandlung wirkte sich nicht auf die Gedächtnisleistungen aus. Dies trifft jedoch unter Umständen nur für kurzfristige Gedächtnisleistungen zu. Delis et al. (1982) beschrieben einen Patienten, dessen Kurzzeitgedächtnisleistungen ON- und OFF-L-dopa unverändert waren. Längerfristiges Behalten (20 Minuten) einer Geschichte (Logical Memory der WMS) war OFF-L-dopa jedoch schlechter als im ON-Zustand. Es gibt weiterhin Hinweise, daß Gedächtnisdefizite bei PD auf Schwierigkeiten bei der Aufnahme und Organisation zu erlernenden Materials zurückgehen. So berichten Taylor et al. (1990) spezifische Defizite von PD-Patienten bei spontaner Organisation zu erinnernden Materials und gesteigerte Sensitivität gegenüber Interferenz beim Lernen.

3.2.2 Prozedurales Gedächtnis

Nach dem Modell von Saint-Cyr & Taylor (1992) ist das Striatum in frühen prozeduralen Lernphasen mit eingebunden, funktioniert intuitiv und nicht-kognitiv. Dem Striatum kommt die Aufgabe zu, neue Prozeduren zu mobilisieren bzw. schon vorhandene Prozeduren zu selektieren (wobei es hierbei als „procedural memory buffer" agiert). Der Nutzen striataler Beteiligung wird in neuartigen Situationen, bezüglich derer noch keine Vorerfahrungen bestehen, evident. Das prozedurale System stellt hierbei die „Datenbasis" bereit, auf die nachfolgend bewußte, kortikale Mechanismen zugreifen und modifizierend wirken können. Nach Ausfall frontaler Kontrolle (bzw. deklarativer Gedächtnismechanismen) nach entsprechenden Läsionen kann es dann zu gesteigerter Konkretheit und Objektgebundenheit (Lhermitte, 1986) des Verhaltens kommen, was in diesem Modell auch als Regression auf ontogenetisch früheres Verhalten gesehen werden kann. Spezifische Defizite prozeduralen Lernens bei PD beschrieben beispielsweise Saint-Cyr et al. (1988) bei Verwendung einer vereinfachten Variante des Turms von Hanoi und Heindel et al. (1989) bei Pursuit Rotor und lexikalischem Priming.

Eine qualitative Analyse der Lösungsprozesse beim Turm von Toronto (Saint-Cyr & Taylor, 1992) ergab, daß PD-Patienten häufig ineffiziente Bearbeitungsschritte wählen, jedoch durchaus in der Lage sind, die Aufgabe zu lösen. Manche Patienten „verloren" sich förmlich bei einzelnen Bearbeitungsschritten, die Bearbeitung wirkte in diesen Phasen eher randomisiert, denn geplant. Saint-Cyr und Taylor (1992) nehmen an, daß vor allem bei älteren und fortgeschritteneren PD-Patienten kortikale Systeme zu wenig bei der Lösung der Aufgabe beteiligt sind und somit das Striatum vor dem Hintergrund massiven Dopaminmangels vermehrt ineffiziente Prozeduren zur Vefügung stellt, die mangels kortikaler Kontrolle häufig nicht rechtzeitig korrigiert werden können.

4. Schlußfolgerung

Die Heterogenität der Ergebnisse erschwert eine zusammenfassende Beurteilung des Forschungsstandes zur Neuropsychologie des dopaminergen Systems. Ein Grund hierfür liegt sicher auch in der Heterogenität der Patientenstichproben und der verwendeten Methoden, wobei letztere in der Regel nicht hinsichtlich teststatistischer Eigenschaften (Reliabilität, Validität) überprüft, sondern häufig nach Augenscheinvalidität ausgewählt werden. Eines läßt sich jedoch festhalten: Wenn neuropsychologische Defizite bei PD gefunden wurden, so am ehesten bei solchen Leistungen, die eine interne Kontrolle (bzw. einen Rückgriff auf interne Repräsentationen) während der Verarbeitung voraussetzen. Mehrfach konnte gezeigt werden, daß PD-Patienten in Situationen, in denen sie auf externe Reize zur Handlungskontrolle zurückgreifen können, nicht beeinträchtigt sind. Die Auftretenswahrscheinlichkeit neuropsychologischer Defizite scheint bei motorik-nahen Aufgaben (Sakkaden zu erinnerten Blickzielen, Tracking-Aufgaben, Wahlreaktionen ohne Hinweis, Zielbewegungen ohne visuelle Kontrolle, evtl. motorische prozedurale Aufgaben) am größten zu sein. Dies könnte als Folge der herausragenden Beeinträchtigung der motorischen kortico-striato-pallido-thalamo-korticalen Schleife (Alexander et al., 1986) aufzufassen sein. Diese ist aufgrund der drastischen Dopaminreduktion im Putamen bei PD am stärksten betroffen. Bei kognitiven Leistungen mit geforderter interner Aufmerksamkeits- bzw. Handlungskontrolle (Konzeptbildung, Konzeptwechsel, Wortflüssigkeit, Zeitschätzung) sind die Ergebnisse weit weniger eindeutig und in der Regel nur bei bestimmten Paradigmen zu beobachten. Zwei alternative Hypothesen bieten sich hierfür an: (1) Die geprüften neuropsychologischen Leistungen sind nicht dopaminerg vermittelt. Vielmehr scheinen nicht-dopaminerge Transmittersysteme daran beteiligt zu sein. Hierfür sprechen u.a. Befunde von Pillon et al. (1989), die keine Korrelation zwischen motorischen und kognitiven Parametern fanden. Zudem konnte in post-mortem - Untersuchungen gezeigt werden, daß bei Patienten mit diagnostiziertem Morbus Parkinson auch mit Veränderungen in anderen Transmittersystemen gerechnet werden muß (Hughes et al., 1992). (2) Diese neuropsychologischen Funktionen sind mit dopaminerger Transmission assoziiert. Allerdings ist die, gemessen an der Reduktion im Putamen, weit weniger starke Dopaminreduktion im Nucleus caudatus, der Teil der von Alexander et al. (1986) postulierten „kognitiven" Funktionskreise ist, nicht in der Lage, neuropsychologische Defizite zu generieren.

Angesichts der enormen physiologischen Kompensationsmechanismen (erst bei ca. 80%iger Dopaminreduktion im Putamen treten erste motorische Symptome auf) erscheint letztere Annahme durchaus plausibel. Es wäre also nur bei solchen Patienten mit Defiziten zu rechnen, deren Dopaminspiegel im Nucleus caudatus schon relativ deutlich reduziert ist. Bei Geltung der zweiten Hypothese wäre ebenfalls nicht unbedingt mit einer Korrelation motorischer und kognitiver Parameter zu rechnen. Zwischen beiden Annahmen kann beim jetzigen Stand der Literatur nicht eindeutig entschieden werden. In jüngerer Zeit berichten Holthoff et al. (1994) in ihrer PET-Studie jedoch von einer signifikanten Korrelation zwischen striatalem Fluorodopa-uptake und der Leistung im Buschke Selective Reminding Test, was wiederum für eine wesentliche Rolle dopaminerger Transmission bei kognitiven Funktionen spricht. Weitere PET-Studien, die zusätzlich neuropsychologische Parameter erfassen, könnten wichtige Beiträge zu dieser Diskussion liefern.

Glutamat-Dopamin-Interaktionen und ihre Störungen im zentralen Nervensystem - Neue Ansätze zum Verständnis neuropsychiatrischer Erkrankungen

Ulrike Schröder, Helmut Schröder und Bernhard A. Sabel

Zusammenfassung

Die Suche nach neuen pharmakotherapeutischen Strategien bei der Behandlung endogener Psychosen und neurodegenerativer Krankheitszustände ist von großer gesundheitspolitischer Bedeutung. Durch die Entwicklung der Neurobiologie hat sich unser Verständnis der diesen Störungen zugrundeliegenden Mechanismen tiefgreifend verändert. Zunehmend rücken Interaktionen bei der Signalübertragung durch die Neurotransmitter Glutamat und Dopamin in den Mittelpunkt des Interesses. In der Übersicht werden jüngere Ergebnisse der Grundlagenforschung auf diesem Gebiet im Zusammenhang mit psychomotorischen und kognitiven Funktionen diskutiert. Dies dient als Beispiel, die wichtige Brücke von der molekularen Neurobiologie zu klassischen Fragestellungen der biologischen Psychologie darzustellen.

Summary

The search for new pharmacotherapeutic strategies in the treatment of psychosis and neurodegenerative diseases is an important research goal. Recent development in neurobiology have led to a better understanding of mechanisms underlying these diseases. In this context the interaction of the neurotransmitters dopamine and glutamate in the signal transduction is of interest. This review discusses the latest results of the research in this field in relation to psychomotor and cognitive function as an example of important links between the molecular neurobiology and biological psychology.

1. Einleitung

Endogene Psychosen bilden eine sehr heterogene Gruppe neuropsychiatrischer Störungen. Einen großen Teil dieser Psychosen stellen die Schizophrenien dar, deren Häufigkeit des Auftretens im arbeitsfähigen Alter und deren kostenintensive, langzeitige Behandlung (Tagesklinik, Anstalt) sie zu einem bedeutenden gesundheitspolitischen Problem werden lassen. Die Ursachen für dieses Krankheitsgeschehen sind weitgehend ungeklärt.

Die Beobachtung der Effekte von Psychopharmaka führte zu der Hypothese, daß pathologische Auslenkungen der chemischen Neurotransmission für die Ätiopathogenese psychischer Störungen von entscheidender Bedeutung sind. Psychopharmaka entfalten ihre Wirkung über die Modulation der synaptischen Elementarprozesse der chemischen Neurotransmission, indem sie präsynaptisch die Freisetzung der Neurotransmitter fazilitieren oder blockieren oder aber post- und/oder präsynaptisch die Aktivität von Transmitterrezeptoren in agonistischer bzw. antagonistischer Weise verändern. Die Wirkung von Psychopharmaka auf verschiedene Transmitterrezeptoren ist nicht nur für das pharmakodynamische Wirkprofil entscheidend, sondern bestimmt auch deren oft unangenehme Nebenwirkungen (Carlsson, 1990).

Befunde der letzten Jahre belegen, daß nicht nur der Mangel oder Überschuß selektiver Neurotransmitter für das Entstehen psychopathologischer Zustände entscheidend ist, sondern die Dysbalance homöostatischer Regulationsmechanismen zwischen Transmittersystemen in definierten Hirnregionen. Die Wiederherstellung der Homöostase intra- und interneuronaler Regelmechanismen wird als das therapeutische Wirkprinzip angesehen und steht deshalb im Zentrum der Forschung.

Insbesondere dem dopaminergen System wird eine zentrale Rolle für eine Reihe von psychischen Krankheitszuständen im ZNS zugesprochen, sei es bei den neurodegenerativen Erscheinungen des Morbus Parkinson im nigrostriatalen Bahnsystem oder aber bei der dopaminergen Überaktivierung im mesolimbisch-mesolimbokortikalen System bei endogenen Psychosen (Carlsson, 1990; Fink, 1993; Ulas, 1993).

Die lange Zeit anerkannte Dopamin-Hypothese der Schizophrenie, die im wesentlichen besagt, daß bei verschiedenen antipsychotisch wirksamen Pharmaka immer eine Dopamin-Rezeptorblockade als gemeinsamer Wirkmechanismus vorliegt, wird in den letzten Jahren immer mehr kritisch unter dem Aspekt der Interaktion mit anderen Transmittersystemen beleuchtet (Carlsson, 1990). So scheint der Neurotransmitter Dopamin für sich allein genommen eine weitaus weniger wichtige Rolle bei der Regulation psychomotorischer Dysfunktionen zu spielen als bisher angenommen. Ein entscheidender Grund für diese Annahme ist, daß die in der Psychopharmakotherapie endogener Psychosen eingesetzten Neuroleptika (in den verwendeten Dosierungen) neben der bekannten Affinität zum dopaminergen System auch deutliche Wirkungen auf andere Transmittersysteme (glutamaterge, noradrenerge, cholinerge, serotonerge, histaminerge) aufweisen. Tierexperimentelle Untersuchungen zum Morbus Parkinson und zu endogenen Psychosen berücksichtigen vor allem den im ZNS am weitesten verbreiteten exzitatorischen Aminosäuretransmitter Glutamat, der unbestritten bei pathologisch ausgelenkter Exzitabilität neuronaler Systeme mit progressivem, exzitotoxisch ausgelöstem Zelltod eine wichtige Komponente der Pathogenese dieser Funktionsstörungen im ZNS darstellt. Es sei in diesem Zusammenhang auch darauf verwiesen, daß Glutamat an der Auslösung sekundärer Schädigungen bei exzitotoxischen Prozessen wie Ischämie (Hirnschlag) und bestimmte Formen der Epilepsie beteiligt ist. Man kann als gesichert voraussetzen, daß bei der Realisierung exzitotoxischer Vorgänge im ZNS die exzitatorische Aminosäuretransmission (speziell Glutamat) von zentraler Bedeutung ist.

Die drastischen pathologischen Veränderungen im dopaminergen System sowohl beim Parkinsonismus als auch bei endogenen Psychosen sind sehr gut untersucht worden. Offen ist dagegen die Frage nach der Rolle der anderen synaptischen Transmissionssysteme, besonders des glutamatergen, in diesem Prozeß. Im folgenden soll auf die entscheidenden Verstellungen im dopaminergen System anhand morphologischer, neurochemischer und molekularbiologischer Untersuchungen und, soweit bekannt, auf simultane Veränderungen des glutamatergen Systems eingegangen werden.

2. Glutamat-Dopamin-Interaktionen im ZNS

Um über die Wechselwirkung dieser beiden Systeme ein besseres Verständnis zu erhalten, soll eingangs auf die Verschaltungen und Projektionen der subkortikal gelegenen Basalganglien kürzer und auf bisher bekannte Interaktionen anschließend ausführlicher eingegangen werden.

Zahlreiche Arbeiten belegen die Bedeutung der neuronalen Interaktion von exzitatorischen Aminosäuren mit dopaminergen Terminalen des nigrostriatalen und mesolimbischen Systems für motivationale, emotionale, psychomotorische und kognitive Prozesse. Gleiches gilt für axo-axonische und axo-dendritische Kontakte dopaminerger Neuronen mit glutamatergen Zellen. Über die neurochemischen und molekularen Grundlagen dieser wechselseitigen Einflußnahme und Kopplung beider Neurotransmittersysteme existieren zum Teil widersprüchliche Befunde. Wenig bekannt sind bisher vor allem die beteiligten Signalkaskaden. Die morphologische Grundlage der Glutamat-Dopamin-Interaktionen, dren Veränderungen bei psychotischen Erkrankungen in Abb.1 dargestellt sind, ist im Neostriatum hingegen sehr gut untersucht und soll nun kurz zusammengefaßt werden:

Das Neostriatum, bestehend aus dem Nucleus caudatus und Putamen, empfängt im wesentlichen Afferenzen aus drei Hirngebieten, dem medialen Thalamus, dem Cortex sowie der Substantia nigra pars compacta. Diese Afferenzen sind glutamaterg, so daß sich eine Vielzahl von Glutamat-Rezeptoren auf den postsynaptischen Zellen im Neostriatum nachweisen läßt. Die Haupteffenenzen projizieren über den Thalamus zurück zum frontalen Cortex sowie über das interne Segment des Globus pallidus und die Substantia nigra pars reticulata zum Thalamus. Diese Efferenzen sind GABAerg (γ-aminobutyric acid). Die efferenten Fasern werden wiederum über zwei parallele GABAerge Projektionen aus dem Neostriatum kontrolliert, die indirekt über den externalen Globus pallidus und den Nucleus subthalamicus oder aber auch direkt auf den Globus pallidus und die Substantia nigra projizieren (striatonigrale Projektion). Die Efferenzen aus dem Neostriatum scheinen entgegengesetzte Wirkungen zu haben. Die Aktivierung der direkten Bahn resultiert in einer Erregung der thalamokortikalen Projektion mit der Folge einer Häufung von cortical initiierten Bewegungen. Folgerichtig erhöhen die nigrostriatalen dopaminergen Afferenzen die Transmission über die direkte striatonigrale Projektion und hemmen die Transmission über die indirekte striatopallidale Bahn. Der Netzwerkeffekt der Dopamin-Freisetzung im Striatum ist daher ein positives Feedback auf die corticalen motorischen Areale, was in einer Erleichterung der Willkürmotorik Ausdruck findet. Der Untergang dopaminerger Zellen führt deshalb beim Parkinson zu einer Imbalance der striatopallidalen und striatonigralen Bahnen.

Das Striatum ist in zwei Kompartimente aufgeteilt, Striosomen und Matrix. Diese weisen unterschiedliche Afferenzen und Efferenzen auf und zeigen auch in ihrer Genexpression Unterschiede. Neben Unterschieden in der Synthese von Neuropeptiden unterscheiden sich die Nervenzellen in Matrix und Striosomen durch die Expression distinkter Neurotransmitter-Rezeptoren. So finden sich hauptsächlich in Striosomen (Besson et al., 1988) D1 Rezeptoren, während in der Matrix häufiger D2 Rezeptoren und Dopamin-Transporter gefunden wurden (Loopuijt, 1989; Graybiel & Moratalla, 1989). Für die Glutamat-Rezeptoren wurde berichtet, daß die AMPA- und

NMDA-Bindungsstellen in der Matrix relativ erhöht sind (Dure et al., 1992). Die Kainat-Bindung hingegen scheint in Striosomen des humanen Striatums höher zu sein (Dure et al., 1992). Auch wenn die physiologische Signifikanz dieser Befunde bisher unklar ist und systematische Untersuchungen auf mRNA-Ebene immer noch ausstehen, so scheint sich doch eine Kompartmentierung der Rezeptorexpression abzuzeichnen, die für das Verständnis der vielfältigen Glutamat-Dopamin-Interaktionen fundamentale Konsequenzen haben kann.

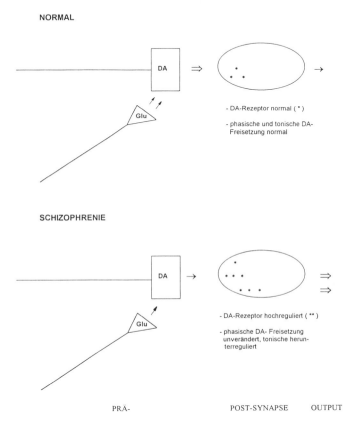

Abb. 1: *Schematische Darstellung der Glutamat- und Dopamin-Interaktione bei Epilepsie und Schizophrenie (nach Grace, 1991).*

3. Pharmakologische Untersuchungen der Glutamat-Dopamin-Interaktionen

Das Wechselspiel der glutamatergen und dopaminergen Neurone in den Basalganglien kann durch selektive pharmakologische Auslenkungen des einen und Beobachtung des anderen Systems transparent gemacht werden.

In pharmakologischen Studien konnte mehrfach in vitro und in vivo demonstriert werden, daß exogen verabreichte Glutamat-Agonisten eine Dopamin-Freisetzung im

Striatum evozieren (Bowyer et al., 1991; Clow & Jhamandas, 1989; Krebs et al., 1991; Moghaddam et al., 1990). Als weiterer Mechanismus wurde eine direkte Interaktion von Glutamat insbesondere über NMDA-Rezeptoren mit dem Dopamin-Transporter vorgeschlagen (Lonart & Zigmond, 1991a,b; Fuller et al., 1992; Keefe et al., 1992; Marshall et al., 1993).

Weiterhin wird angenommen, daß nigrostriatale dopaminerge Fasern einen inhibitorischen Einfluß auf die Glutamatfreisetzung aus corticostriatalen Fasern über Dopamin-D2-Rezeptoren haben, die auf den präsynaptischen Terminalen lokalisiert sind (Kornhuber & Kornhuber, 1986; Carlsson & Carlsson, 1990). Der therapeutische Effekt von Neuroleptika soll unter anderem durch eine Stärkung der glutamatergen Neurotransmission im Striatum zustande kommen. Da Dopamin die tonische Glutamat-Freisetzung im Striatum nicht beeinflußt, muß man von einem hyperaktiven Dopamin-System ausgehen, das sekundär zu einer defizienten Glutamat-Signalübertragung führt. Allerdings stehen hier biochemische und physiologische Arbeiten (u.a. Schwarcz et al., 1978; Theodorou et al., 1981; Maura et al., 1988) noch im Widerspruch zu histochemischen und ultrastrukturellen Untersuchungen (Totterdell & Smith, 1989; Smith & Bolam, 1990, Bouyer et al., 1984).

Läsionen des nigrostriatalen Systems mit Hilfe des neurotoxisch wirkenden Methylphenyltetrahydropyridins (MPTP) führen zu dramatischen Veränderungen in der neuronalen Aktivität der Basalganglien, der corticostriatalen und der thalamokortikalen Bahnen (siehe hierzu Miller & Delong, 1986). An Affen kommt es nach MPTP-Gabe zu einem tonischen Anstieg in der Zellaktivität des Globus pallidus und der Substantia nigra pars reticulata, während die Aktivität in anderen Subregionen reduziert ist (Miller & Delong, 1986; Mitchell et al., 1989; Bergman et al., 1990). Die Konsequenz dieser reduzierten inhibitorischen Aktivität ist das Überschießen der glutamatergen exzitatorischen corticothalamischen Bahn. Dies hat zur Folge, daß die Aktivität der motorischen 'output' - Kerne weiter ansteigt, was sich in Akinesien bei Parkinson-Patienten äußert (Klockgether & Turski, 1990; Carlsson & Carlsson, 1990; Riederer et al., 1992). Diese abnorme neuronale Aktivität läßt sich wiederum durch eine Dopamin-Substitution aufheben (Filion, 1979). Desweiteren verbessern Läsionen des Nucleus subthalamicus bei Primaten dramatisch die Parkinson-Symptome (Bergmann et al., 1990). Neben dem Potential für eine symptomatische Therapie geben Daten aus jüngster Zeit Anlaß zu der Hoffnung, den langsamen Zelltod durch eine neuroprotektive Wirkung von Glutamat-Rezeptorantagonisten vielleicht sogar partiell zu verhindern. Diese Spekulationen basieren auf den langfristigen Konsequenzen einer Imbalance spezifischer glutamaterger-dopaminerger Bahnen im Gehirn, die selbst zum dynamischen Bestandteil des pathologischen Prozesses werden könnten (Klockgether & Turski, 1989; Carlsson & Carlsson, 1990; Riederer et al., 1992; Klockgether & Turski, 1993). Erste Pilotstudien im Humanbereich erbrachten dann auch eine siginifikante Reduktion der Parkinsonsymptomatik bei kombinierter Gabe von L-Dopa und Memantine, einem NMDA-Rezeptor-Blocker (Rabey et al., 1992). Die pharmakologische Beeinflussung des Glutamatrezeptors kann über dessen iono- und metabotropen Subtypen (ionotrope sind der N-Methyl-D-Aspartat (NMDA)-Subtyp sowie die non-NMDA-Subtypen (GluR) und der metabotrope wird mGluR bezeichnet) erfolgen.

Da die Signifikanz der überschießenden glutamatergen Aktivität für das motorische Verhalten mit fortschreitendem Untergang der Dopamin-Neuronen zunehmen sollte, könnte die Gabe von NMDA-Antagonisten vor allem bei substantiellen Zellverlusten zu therapeutischen Erfolgen führen.

Auf diese Daten bezugnehmend haben wir in unseren tierexperimentellen Untersuchungen zu den neurobiologischen Mechanismen des Morbus Parkinson und psychotischer Krankheitszustände unter anderem die Glutamat-Dopamin-Interaktionen in den Vordergrund unserer Forschung gestellt. Dabei werden folgende Aspekte berücksichtigt:

- Suche nach Arzneiformulierungen, die eine drastische Dosisverminderung im Sinne einer Minimierung der Nebenwirkungen zulassen.
- Optimierung bereits vorhandener bzw. Schaffung neuer relevanter Tiermodelle zur optimalen Testung potentieller Psychopharmaka.

Eine wichtige Voraussetzung dafür sind die von Sabel und Mitarbeitern entwickelten „controlled release" Polymere als Arzneimittelträger. Ein weiteres Modell stellen die sogenannten „Nanopartikel" dar, mit deren Hilfe es möglich ist, Wirkstoffe an nm (Nanometer) große organische Träger zu koppeln, die dann die für viele Wirkstoffe unüberwindbare Blut-Hirn-Schranke passieren können und gewünschte Effekte auslösen.

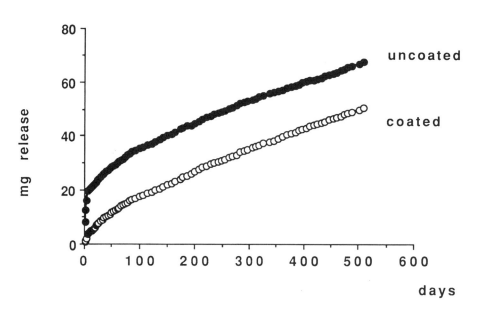

Abb. 2: Die kumulative in vitro Freisetzung von Haloperidol in Phosphatpuffer (pH 7,4, Bestimmung mit HPLC-Technik) aus Polymermatrices.

Mit der Methode der „slow release" Polymere wurden Polymere mit verschiedenen Pharmaka, die ihre Wirkung über das dopaminerge System realisieren, hergestellt und ihre Freisetzung in vitro über längere Zeiträume mittels Hochdruckflüssigkeitschromatographie-Technik bestimmt (During et al., 1989, Sabel et al., 1990, Freese et al., 1990, Köhler et al., 1994). So wurden Haloperidol, Amphetamin, Gangliosid GM1, L-DOPA, MPTP und Dopamin mit verschiedenen Konzentrationen im Polymer über einen längeren Zeitraum (100 bis 600 Tage) getestet. Abbildung 2 gibt beispielhaft die Freisetzung von Haloperidol wieder. Die über die Polymere freigesetzten Pharmaka und Substanzen haben zu einer deutlichen Optimierung einiger Tiermodelle (MPTP-Modell, Haloperidolsupersensitivität, L-DOPA-Applikation) geführt. In eigenen Untersuchungen konnte am Modell der Haloperidol-induzierten Dopaminrezeptor-Supersensitivität gezeigt werden, daß der Einsatz von „controlled release" Polymeren an diesem Modell bei gleichem pharmakologischen Effekt deutliche Vorteile gegenüber der Bolusinjektion aufweist (Schröder, 1994). Erste Ergebnisse eigener Untersuchungen zur Wechselwirkung des dopaminergen mit dem glutamatergen System zeigen, daß die nach einer durch subchronische Gabe von Haloperidol ausgelöste Dopaminrezeptor-Supersensitivität von einer Herabregulation der Aktivität des glutamatergen Systems im Striatum begleitet ist (Schröder et al., in prep.), was sich in einer verminderten, ex vivo gemessenen Aminosäurefreisetzung aus Striatumschnitten gegenüber Kontrollen äußert. Dadurch wird die Annahme, daß Verstellungen der Balance der beiden Transmissionssysteme von entscheidender Bedeutung sind, bestätigt.

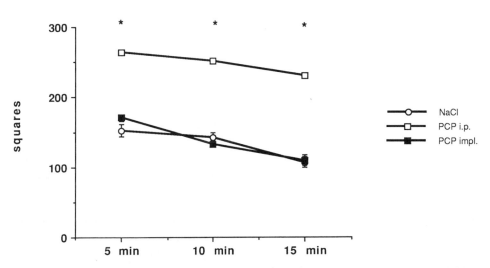

Abb. 3: Spontanaktivität von Ratten nach pulsatiler und kontinuierlicher Gabe von PCP (5 mg/kg, intraperitoneal) über 5 Tage (letzte Injektion 30 min. vor Testbeginn). PCP-implantierte Tiere erhielten 0.9 % NaCl-Injektion. $p< 0.05$ (t-Test.

Die Vorteile der Methode der „controlled release" Polymere (Dosisreduktion, „slow release" und Steady-state-Einstellung, keine wiederholte Applikation, Langzeitstudien, geringere Nebenwirkungen u.a.) stellen den Ausgangspunkt für weitere gezielte experimentelle Ansätze sowohl zur Parkinsonproblematik als auch für Untersuchungen zu Problemen endogener Psychosen dar.

4. Molekularbiologische Untersuchungen der Glutamat- und Dopamin-Rezeptoren

Immer mehr zeigt sich heute, daß psychopathologischen Prozessen zugrundeliegende Mechanismen auf molekularer Ebene ihren Ausgangspunkt haben. Die Molekularbiologie hat es mit ihren Methoden ermöglicht, die Ursachen für bestimmte Krankheitszustände zu ermitteln und bei deren Therapie neue Wege zu finden. Bei einer Reihe von Krankheiten konnten genetische Defekte dargestellt werden (z. B. Huntington's Chorea). Eine entscheidende Rolle bei der Pathogenese neurodegenerativer und psychotischer Krankheitszustände wird auf der Ebene der Transmitterrezeptoren vermutet. Ein Aspekt der auch für die experimentelle Psychologie von großer Relevanz ist. Deshalb soll im folgenden auf die Molekularbiologie der Dopamin- und Glutamatrezeptoren als eine mögliche Ebene der Interaktionen beider Transmissionssysteme eingegangen werden.

Durch die Klonierung einer Reihe von Glutamat- und Dopaminrezeptoren haben sich inzwischen neue Perspektiven für die Erforschung verschiedener neurodegenerativer Erkrankungen ergeben. Über die Analyse der Genexpression lassen sich nun weitergehende Untersuchungen durchführen, welche die bereits formulierten Hypothesen zur Pathogenese dieser Erkrankungen befruchten können. Ausgangspunkt dafür sind Befunde, die eine veränderte Glutamat-Dopamin Interaktion als Konsequenz respektive als ein pathologisches Merkmal der Parkinson Erkrankung oder endogener Psychosen formulieren.

Bereits kurz nach der Klonierung der Glutamat- und Dopamin-Rezeptoren wurde von zahlreichen Arbeitsgruppen die codierende mRNA im ZNS lokalisiert. Dabei zeigte sich für die Dopaminrezeptoren, die in D1 und D2-Subtypengruppen unterteilt werden, daß Transkripte für die D1 Rezeptoren in großer Zahl im Nucleus caudatus, im Putamen und dem Nucleus accumbens vorliegen, während in der Substantia nigra, dem ventralen Tegmentum und dem Globus pallidus keine entsprechende mRNA gefunden wurde (Mengod et al., 1992). Im Gegensatz dazu finden sich zahlreiche D2 mRNA Kopien sowohl in der Substantia nigra pars compacta als auch dem ventralen Tegmentum. Beide Spleiß-Varianten des D2 Rezeptors finden sich zudem auch in großer Zahl im Neostriatum. Darüber hinaus zeigte sich, daß D2 Rezeptoren nur in intrinsischen striatalen Neuronen und nicht in corticostriatalen Afferenzen zu finden sind (Mengod, 1992). Völlig anders ist das Verteilungsmuster der drei anderen klonierten Dopamin-Rezeptoren. Sie werden nur marginal im nigrostriatalen System exprimiert (Übersicht siehe Fink, 1993), wobei eine Zuordnung zu Striosom- und Matrixkomponenten bisher nicht erfolgt ist.

Die Expression von Glutamatrezeptor mRNA ist in den Basalganglien, dem Cortex sowie in der Substantia nigra, wenn auch nicht systematisch, so doch zum größten

Teil untersucht. Die Glutamatrezeptoren werden entsprechend ihrer selektiven Agonisten-Affinität in NMDA-, α-Amino-3-hydroxy-5-methyl-4-isoxasole-propionic acid (AMPA)- bzw. Quisqualat- und Kainat-Rezeptoren oder nach ihren Effektuierungsmechanismen in ionotrope (NMDA-, AMPA- auch als GluR 1-4 bezeichnet und Kainat KA1 und 2 sowie GluR 5-7) und metabotrope (mGluR 1-8) Rezeptorsubtypen unterteilt.

Der ubiquitäre NMDA R1 Rezeptor scheint sehr spezifisch in einzelnen Subregionen der Basalganglien gespleißt zu werden (Monyer et al., 1992, Standaert et al., 1994). Die Immunoreaktivität für die AMPA Rezeptoren differenziert sich darüberhinaus in Striosomen und Matrix. In Striosomen findet sich hauptsächlich GluR1-Immunoreaktivität, in Matrix GluR4-Immunoreaktivität, während die GluR2 und 3 positiven Neuronen in etwa gleich verteilt sind. Von den klonierten metabotropen Glutamat-Rezeptoren findet sich mRNA des mGluR 2 im Neostriatum aber nicht in der Substantia nigra (Ohishi et al., 1993). Der mGluR1 wird in der Substantia nigra exprimiert (Shigemoto et al., 1991; Martin et al., 1992), und besonders prominent ist auch die Expression des mGluR5 im Striatum (Shigemoto et al., 1993). Von den Kainat-Rezeptoren sind besonders deutlich GluR6 und 7 im Caudatum und Putamen exprimiert, während von den anderen Untereinheiten weniger Transkripte gefunden wurden (Wisden & Seeburg, 1993).

Zusammenfassend deuten diese Resultate auf ein hohes Maß an Spezifität der Glutamat- und Dopamin-Rezeptoren-Expression in den Basalganglien und der Substantia nigra hin. Dieser Aspekt sollte Ausgangspunkt für die Suche nach selektiven Antagonisten von Glutamatrezeptorsubtypen sein, um in distinkten Strukturen des ZNS pharmakotherapeutisch eingreifen zu können.

5. Untersuchungen an humanen Parkinson-Gehirnen

Humanmedizinische Untersuchungen des Parkinsonsyndroms sind durch bildgebende und biopsychologische Verfahren sowie Untersuchungen an post mortem Material begrenzt. Wichtige Hinweise über die neurobiologischen Mechanismen der Pathogenese dieser Erkrankung konnten jedoch mit histo- und neurochemischen sowie molekularbiologischen Methoden an post mortem-Gewebe erhoben werden.

Bisherige Studien zur Expression beider Rezeptorfamilien in humanen Parkinson Gehirnen sind ausschließlich mit autoradiographischen Methoden durchgeführt worden. Aufgrund der methodischen Grenzen dieses Ansatzes sind daher nur Aussagen über die pharmakologisch definierten Subtypen möglich (D1 und D2 sowie AMPA, Kainat und NMDA), die zu einem großen Teil leider widersprüchlich sind. So wurde berichtet, daß die Bindungsdichte für den D1 Rezeptor im Gehirn von Parkinson Patienten unverändert ist (Cortés et al., 1989). Gleiches wurde nach nigrostriataler Läsion bei der Ratte beobachtet (Marshall et al., 1989). Im Affen (Callithrix jacchus) induziert das dopaminerge Neurotoxin MPTP hingegen einen Anstieg der D1-Bindung im Striatum und eine Abnahme der D2 Bindung in der Substantia nigra (Gnanalingham et al., 1993).

Im Striatum der Ratte führt der Verlust des dopaminergen Inputs nach 6-Hydroxy-Dopamin (6-OHDA) Läsionen aber zu einem Anstieg der mRNA Formation für D2

Rezeptoren (bis zu 40% Neve et al., 1991). Mittels PET Studien oder post mortem Analysen konnte bei Parkinson-Patienten ebenfalls ein Anstieg der D2 Bindung nachgewiesen werden, ohne korrespondierende Veränderungen der D1 Bindungsstelle (Rinne et al., 1990; Seeman & Niznik, 1990). Im Widerspruch dazu fanden Gerfen et al. (Gerfen et al., 1990) in der Ratte eine komplexere Genregulation nach 6-OHDA Läsionen. Zusammenfassend läßt sich als gesichert feststellen, daß die Degeneration der nigrostrialen Bahn einen Anstieg der D2 Bindung und D2 mRNA im Striatum induziert. Die Genregulation des D1 Rezeptors sowie der anderen Dopaminrezeptoren bei Parkinsonismus ist noch nicht abschließend geklärt. Ebenfalls weitestgehend unbekannt ist die zellspezifische Expression von Dopaminrezeptoren nach nigrostriataler Degeneration außerhalb des Striatums.

Nur wenige Arbeiten existieren bisher zu Konsequenzen einer nigrostriatalen Läsion für die Expression von Glutamat-Rezeptoren. Autoradiographische Studien im MPTP-Maus-Modell legen nahe, daß vor allem die AMPA Rezeptoren im Globus pallidus betroffen sind (Wullner et al., 1993), während sich in anderen Hirnstrukturen keine signifikanten Veränderungen ergaben. Auch Bindungsstudien in der Substantia nigra aus humanem Parkinson-Hirn erbrachten keine dramatischen Veränderungen der Bindungskapazität (Difazio et al., 1992), sondern eine allgemeine Abnahme der Bindung der exzitatorischen Aminosäuren an allen Rezeptorsubtypen. Im Gegensatz dazu wurde beim idiopathischen Parkinson in den Basalganglien eine signifiknate Zunahme der Glutamat-Bindung an NMDA Rezeptoren beschrieben (Weihmuller et al., 1992).

Zusammenfassend muß man feststellen, daß über die Rolle der Glutamatrezeptorsubtypen und deren Wechselwirkung mit den Dopaminrezeptoren in Verbindung mit dem Parkinsonsyndrom noch viele Fragen offen bleiben.

6. Experimentelle Untersuchungen an Psychose-relevanten Tiermodellen

In den letzten Jahren gibt es vermehrt Hinweise über die mögliche Rolle des glutamatergen Transmissionssystems bei der Pathogenese psychotischer Erkrankungen.

Die verminderte kortikostriatale Aktivität des glutamatergen Systems könnte eine wichtige pathologische Komponente bei der Genese des schizophrenen Krankheitszustandes darstellen. Im Gegensatz dazu wird eine Hyperaktivität dieses Transmissionssystems in den Basalganglien bei neurodegenerativen Erkrankungen wie Parkinsonsyndrom oder Huntington-Chorea diskutiert (Fink, 1993). Die unter physiologischen Bedingungen im Striatum ankommenden exzitatorischen, glutamatergen Inputs vom Kortex werden zum frontalen Kortex über den Thalamus zurück projiziert. Eine bedeutende Rolle kommt dabei dem Globus pallidus sowie der Substantia nigra zu, die wiederum Verbindungen über den inhibitorischen Neurotransmitter GABA zum Thalamus senden (Fink, 1993; Di Chiara, 1994).

Auf der Suche nach tierexperimentellen Methoden zur Auslösung Psychoseähnlicher Zustände, die nur Teilaspekte psychoserelevanter Symptome berücksichtigen, wird in letzter Zeit das Phencyclidin-Modell favorisiert. Dieses resultiert vor allem aus Beobachtungen, die an Phencyclidin-Süchtigen (bekannt unter der Bezeichnung „angel dust" oder „peace pill") erhoben werden konnten. Diese Droge führt zu einer Psychose, die der von Schizophrenen nahekommt. Probanden, die intravenös

Phencyclidin verabreicht bekamen, zeigten eine sogenannte Depersonalisierung und fühlten sich von ihrer Umwelt entkoppelt.

Das weit verbreitete Amphetamin-Modell als Prototyp zur Auslösung schizophrenie-ähnlicher Zustände zeichnet sich durch eine überwiegende Aktivierung des dopaminergen Systems aus und bildet deshalb unter anderem die Grundlage für die oben diskutierte Dopaminhypothese der Schizophrenie. Phencyclidin hingegen tritt sowohl mit dopaminergen als auch mit dem glutamatergen Transmissionssytem in Wechselwirkung, so hemmt es indirekt dopaminomimetisch die Dopaminaufnahme und antagonisiert die Wirkung von NMDA über die nonkompetetive NMDA-Antagonisten-Bindungsstelle im Ionenkanal und interagiert darüberhinaus mit der δ-Rezeptor-Bindungsstelle sowie mit dem cholinergen System. Ein weiterer Vorteil des Phencyclidin (PCP) -Modells ist letztendlich auch dadurch gegeben, daß diese Substanz nicht nur aggitiert-produktive Symptome auslöst, sondern auch von einer Defizit-Symptomatik (Negativsymptomatik) begleitet ist (Javitt, 1991).

Beim PCP, ein Arylcyclohexylamin, scheint die neben der Affinität zu dopaminergen Neuronen bekannte Wirkung als nonkompetetiver NMDA-Antagonist bedeutend für die psychose-relevante Symtomatik zu sein. Über NMDA-antagonistische Effekte lassen sich eine Reihe von Verhaltensmustern im Tierexperiment deutlich beeinflussen. Die Lernfähigkeit von Ratten an verschiedenen Modellen wird gestört, die Blockade der NMDA-Rezeptoren löst stereotypes Verhalten aus, und eine posttetanische Langzeitpotentierung als einen Grundmechanismus plastisch-adaptiver Prozesse ist nicht mehr induzierbar (Reymann, 1993). Die Modulation der glutamatergen Transmission führt zu Veränderungen der synaptischen Effizienz anderer Transmissionssysteme im ZNS mit der Folge eines am Tier meßbaren, veränderten Verhaltensmusters. Auch andere potentielle NMDA-Antagonisten (Verwendung bei der Behandlung NMDA-induzierter Neurotoxizität nach Insult oder Krampfleiden) werden von psychoseähnlichen Nebeneffekten begleitet. Die Wechselwirkung der glutamatergen Transmission mit anderen Systemen, so z.B. mit dem dopaminergen als ein entscheidendes Moment für psychomotorische Aktivitätsänderungen im Sinne pathologischer Krankheitszustände, im ZNS kann in vitro, ex vivo oder aber in vivo validiert werden.

Für dopaminerge Wirkungen nach PCP-Behandlung sprechen die Daten von Ohmori und Mitarbeiter (1992), wonach ein erhöhter Dopamin-Turnover nachweisbar war, der Dopamin- und Dihydroxyphenylessigsäure-(DOPAC)-Efflux aus Striatumschnitten war deutlich gesteigert. Hirnregionspezifische Effekte auf die DA- und D-Aspartat-Freisetzung nach einer mehrtägigen, kontinuierlichen PCP-Behandlung wurden von Lillrank und Mitarbeitern (1992) beschrieben. In der Literatur ist wenig über Veränderungen verhaltenspharmakologischer Parameter unter PCP-Einfluß bekannt. So wurde beobachtet, daß nach PCP-Gabe Veränderungen in der Motorik wie Ataxie u. ä. auftreten (Castellani & Adams, 1981).

Als ein verhaltenspharmakologisch relevantes Modell zur Erfassung psychoseähnlicher Verhaltensmuster wird die latente Hemmung, die auf einer fehlenden Unterdrückung irrelevanter Reize beruht, so wie sie auch bei Psychotikern manifest wird (Weiner, 1981), akzeptiert. Hierzu gibt es zum PCP in der Literatur nur einen Hinweis, wonach eine akute PCP-Applikation keine Wirkung auf die latente Hemmung zeigte (Weiner, 1992). Dieses Ergebnis war zu erwarten, da erst nach subchronischer

Gabe, wie es vom Amphetamin bekannt ist, eine Beeinflussung des adaptiv-plastischen Prozesses der latenten Hemmung zu erwarten ist.

Ein weiterer Parameter, der bei Psychotikern drastischen Veränderungen unterliegt, ist die Emotionalität. Tierexperimentell wird die Emotionalität unter anderem mit dem sogenannten „elevated plus maze"-Modell erfaßt (Pellow et al., 1985). An post mortem Material von Schizophrenen konnte eine verminderte Freisetzung von Glutamat und GABA aus Synaptosomenfraktionen und eine reduzierte Enzym-Aktivität (GAD-glutamic acid decarboxylase) dargestellt werden. Diese Abnahme konnte in beiden Fällen partiell durch eine Präinkubation mit Haloperidol überwunden werden (Sherman et al., 1991).

Die in der Literatur beschriebenen Hinweise über die Wirkung des PCP auf beide Transmittersysteme und deren Interaktionen im ZNS lassen keine eindeutigen Schlußfolgerungen über eine mögliche Rolle in der Pathogenese von Krankheitszuständen des schizophrenen Formenkreises erkennen. Deshalb scheint es äußerst interessant zu sein, die Wirkung des PCP in einer komplex angelegten Studie mit neurochemischen und verhaltenspharmakologischen Untersuchungsmethoden zu verfolgen. Bei diesen Überlegungen spielen nicht zuletzt die hypothetischen Vorstellungen von Grace (1991) eine Rolle. Er postuliert bei Psychotikern eine Imbalance von tonischen und phasischen synaptischen Prozessen des dopaminergen und glutamatergen Systems (Abb. 1).

An einem einfachen überschaubaren pharmakologischen Experiment können diese möglichen Wechselwirkungen dieser beiden Systeme selektiv erfasst werden. So ist z.B. bekannt, daß spezifische NMDA-Antagonisten die dopaminerge, synaptische Aktivität, die durch NMDA ausgelöst wurde, hemmen. Auf der anderen Seite ist es möglich, durch Blockade oder Aktivierung von dopaminergen Rezeptoren, deren Lokalisation präsynaptisch auf glutamatergen Terminalien postuliert wird, eine Modulation der synaptischen Elementarprozesse glutamaterger Fasern zu erfassen ist (Kulkarni, 1991). Die Freisetzung von Dopamin bzw. Glutamat in vivo (Mikrodialyse) und in vitro (Schnitte oder Synaptosomen) als Ausdruck synaptischer Aktivität kann so dementsprechend spezifisch ausgelenkt werden. Die bisher am Phencyclidin-Modell durchgeführten Untersuchungen charakterisieren entweder neurochemische Parameter oder verhaltenspharmakologische Aspekte (Weiner, 1992; Lillrank, 1994). Integriertes Herangehen mit neurochemischen, molekularbiologischen aber auch mit verhaltenspharmakologischen Methoden stellt einen neuen, methodologischen Ansatz zur Beschreibung der molekularen, zellulären Mechanismen der pharmakologisch ausgelösten Phencyclidin-Psychose im Tierexperiment dar.

Erste eigene erfolgversprechende Untersuchungen am PCP-Modell können einen Beitrag zum Verständnis psychotischer Erkrankungen liefern. Die Implantation PCP-beladener Polymere führt zur drastischen Verminderung solcher Nebenwirkungen wie Hyperaktivität (Abb. 3). Auch scheint die emotionale Komponente, getestet am Modell des „elevated plus maze", gegenüber der pulsatilen PCP-Gabe unbeeinflußt. Die pulsatile Gabe von PCP, die pharmakokinetisch im Plasmalevel zu „peak"- und „valley"-Erscheinungen führt, hat eine Verschlechterung der Lernfähigkeit zur Folge und läßt demzufolge auch keine latente Hemmung erkennen. Die kontinuierliche Gabe der gleichen PCP-Dosis (5 mg/kg) beeinflußt die Lernfähigkeit nicht. Sie ist mit der von Kontrolltieren vergleichbar (Abb. 4). Die Psychoserelevanz wird durch die Aufhebung der latenten Hemmung bestätigt. Dieses Ergebnis bildet den Ausgangspunkt für ein multidisziplinäres Herangehen, um korrelative Beziehungen zwischen Morphologie und Neurochemie sowie Verhalten nach PCP-Gabe zu beschreiben.

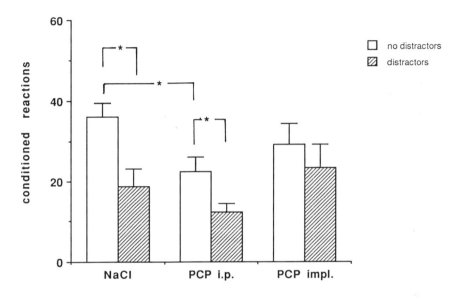

Abb. 4: Einfluß der subchronischen Applikation pulsatil und kontinuierlich freigesetzten PCP (5 mg/kg) auf die Ausbildung einer latenten Hemmung bei Ratten, die mit Hilfe des Erlernens einer bedingten Fluchtreaktion charakterisiert wurde.

7. Ausblick

Trotz des in den letzten 10 Jahren enorm gewachsenen Verständnisses auf dem Gebiet der Glutamat-Dopamin-Interaktionen in Verbindung mit Störungen der Normalfunktion des ZNS gibt es bisher keinen therapeutisch nutzbaren Ansatz. Deshalb ist es Aufgabe der klinisch-experimentellen Forschung neben der konvetionellen Suche nach Pharmaka mit breitem Wirkortangriff (mehrere Transmissionsgebiete beeinflussend in distinkten Hirnstrukturen), neue selektive, nebenwirkungsarme Dopamin-Agonisten bzw. -Antagonisten und/oder Glutamat-Antagonisten (NMDA, AMPA, mGluR) für die therapeutische Nutzung zu entwickeln.

In diesem Zusammenhang müssen in tierexperimentellen Untersuchungen die entsprechenden Grundlagen geschaffen werden. Auf der Suche nach tierexperimentellen

Methoden zur Auslösung Psychose-relevanter Verhaltensmuster sowie Parkinson-ähnlicher Zustände, sind in naher Zukunft folgende Aspekte zu beachten:
1. Es müssen selektive Pharmaka oder medikamentöse Wirkprinzipien entwickelt werden, die effektiver auf die Hauptsymptome des Krankheitsgeschehens wirken ohne Bildung von Residualzuständen oder anderen Nebeneffekten (z. B. selektive Blockade der Isoformen des D2-Rezeptors -D3 und D4- im mesolimbischen-mesokortikalen System gegenüber denen im Striatum bei endogenen Psychosen).
2. Es müssen Arzneiformulierungen gefunden werden, die eine drastische Dosisverminderung im Sinne einer Minimierung der Nebenwirkungen zulassen.
3. Eine weitere Optimierung bereits vorhandener bzw. Schaffung neuer relevanter Tiermodelle zur optimalen Testung potenzieller Psychopharmaka ist angezeigt.

Diese allgemein formulierten Aspekte sind für die experimetelle Psychologie von großer Relevanz und sollten die weitere neurobiologische Forschung auf diesem Gebiet befruchten.

III.

Klinische Neuropsychologie

Über welche Hirnareale wird der Abruf aus dem episodischen Gedächtnis gesteuert?

Hans J. Markowitsch

Zusammenfassung

Gedächtnis ist januskopfartig in die Zukunft und die Vergangenheit gerichtet - Neu- und Altgedächtnis sind die hierfür benutzten Termini. Während die vorherrschende Lehrmeinung von einer Verschränkung beider Gedächtnisformen ausgeht und dafür auch weitgehend die gleichen Hirnregionen für zuständig hält, zeigen neue Einzelfälle, daß es sowohl von verhaltens- wie von neuroanatomischer Seite Dissoziationen gibt: Limbische Hirnregionen gelten als die Zentren, die primär für die Enkodierung autobiographischer und semantischer Information relevant sind, während corticale Strukturen des basalen Vorderhirns und des anterolateralen Temporalpols primär für den Abruf aus dem Altgedächtnis zuständig sind. Hierbei scheinen die Strukturen der rechten Hirnhälfte vor allem für den Abruf episodischer, die der linken primär für den aus dem Wissenssystem wichtig zu sein. Da nach Schädigung derartiger Strukturkombinationen Neulernen noch möglich ist und auch abgerufen werden kann, ist es wahrscheinlich, daß nach einer Hirnschädigung alternative Regionen vikariierend agieren können.

Summary

Memory is two-sided like the head of Janus: it looks into the past (retrograde memory) and the future (anterograde memory). While current opinion assumes a strong anatomical interdigitation in the processing of either kind of memory, recent single case reports and results obtained with the positron emission tomographic-subtraction method indicate the likely existence of a dissociation: Regions of the limbic system are primarily engaged in the encoding of autobiographical and semantic information, while cortical areas in the orbitofrontal and anterolateral temporo-polar regions are principally engaged in information retrieval. Within this retrieval system the right hemisphere may subserve episodic memory retrieval, and the left retrieval from the knowledge system (semantic memory). As new learning is possible after damage to such structural combinations, and can be recalled as well, it is likely that after respective brain damage alternative regions may act vicariously.

1. Einführung

Das Gedächtnis zählt zu den wichtigsten höheren Hirnleistungen des Menschen. Gedächtnisvorgänge werden traditionell der Zeit nach unterteilt (Ultrakurzzeit-, Kurzzeit-, Langzeitgedächtnis), neuerdings aber zunehmend auch dem Inhalt nach, wobei hier vier Gedächtnisformen zentral sind: Das episodische Gedächtnis, das Wissenssystem, das prozedurale Gedächtnis und Priming (Markowitsch, 1995a; Tulving, 1995). Das episodische Gedächtnis setzt sich aus persönlichen, nach Zeit und Ort definierbaren Ereignissen zusammen, das Wissenssystem umfaßt demgegenüber unser Weltwissen (Schulwissen, Grammatik, u.ä.), das prozedurale Gedächtnis setzt sich aus schwer verbalisierbaren Fertigkeiten zusammen (z.B. Autofahren, Skifahren, Skatspielen) und Priming ist eine auf deutsch schlecht mit Bahnung übersetzbare Lernform. Das episodische Gedächtnis ist explizit - wir setzen uns bewußt nachdenkend damit auseinander, die anderen Gedächtnisformen sind (meist) implizit, sie werden routinemäßig, ohne Selbstreflexion ausgeführt (Tulving, 1995).

Es ist inzwischen weitgehend belegt oder hinreichend wahrscheinlich, daß für jedes Gedächtnissystem - gleichgültig ob der Zeit oder dem Inhalt nach unterteilt - unterschiedliche Hirnregionen oder Systeme von Hirnregionen „zuständig" sind. Die beidhemisphärige Schädigung bestimmter Hirnregionen - sog. Flaschenhalsstrukturen - führt zu massiven und anhaltenden Amnesien im Bereich des episodischen Gedächtnisses: der mediale Temporallappenbereich, das mediale Diencephalon und das basale Vorderhirn repräsentieren diese Gebiete (Markowitsch, 1994, 1995a,b). (Von 'Flaschenhalsstrukturen' wird hier gesprochen, da von einem System zusammenhängender Strukturen ausgegangen wird, durch das Information hindurch muß, um letztendlich abgespeichert werden zu können.)

Nach klassischer Lehrmeinung haben diese Bereiche - wenn die Hirnschädigung auf sie begrenzt ist - primär anterograde Amnesien zur Folge (z.B. Fall N.A. mit Thalamusschaden; Fall H.M. mit medialem Temporallappenschaden; für Zitate s. Markowitsch, 1995a). Treten retrograde zusammen mit anterograden Amnesien auf, so handelt es sich dabei in der Regel um weitflächige, eher diffuse Hirnschäden, wie bei der Alzheimerschen Krankheit (Beatty, Salmon, Butters, Heindel & Granholm, 1988; Dall'Ora, Della Sala & Spinnler, 1989; Kopelman, 1993) oder in Fällen mit encephalitisbedingt weitflächigen basal frontalen und temporalen Schäden (Brazzelli et al., 1994; Damasio et al., 1985).

Neuerdings fanden Squire, Haist und Shimamura (1989) ähnlich schwere, ca. 15 Jahre zurückreichende retrograde Amnesien für Patienten mit Zuständen nach Korsakowscher Psychose, Anoxie oder Ischämie, oder Thalamusinfarkt und damit für Patienten mit Schädigungen in den für anterograde Amnesien repräsentativen Flaschenhalsstrukturen. Sie schlußfolgerten aus ihren Ergebnissen, daß die gleichen Hirnstrukturen, die die Speicherung von Gedächtnis bewirken, auch für dessen Abruf wichtig sind, u.z. jeweils für eine längere Zeitperiode wonach - wie die Autoren es ausdrücken - die Engramme dann Unabhängigkeit von diesen Regionen erlangen (nach mehr als einem Dutzend Jahren).

Meudell bezweifelte noch 1992, daß anterograde und retrograde Amnesie auf unterschiedliche und voneinander abgrenzbare Hirnschäden zurückführbar seien (S. 67). Dennoch gab es seit längerem aus ganz unterschiedlichen Quellen Evidenzen für separat gestörte Einspeicher- und Konsolidierungsvorgänge einerseits und Abrufprozesse andererseits. Allerdings waren diese Beschreibungen für eine differenzierte Bestimmung relevanter Hirnregionen in der Regel unbrauchbar: Psychogene Amnesien, plötzliche Stoffwechselunterbindungen auf Hirnebene, elektrische Hirnreizungen und traumatische Hirnschäden sind charakteristische Beispiele (für Zitate s. Markowitsch, 1995b).

Erst in jüngster Zeit gelang es auf der Basis einzelner Fallbeschreibungen fokal Hirngeschädigter und durch Ergebnisse, die an Normalen mittels ^{15}O-Positronen-Emission-Tomographie gewonnen worden waren, eine Hypothese aufzustellen, in der die Existenz bestimmter Abrufstrukturen postuliert wird, die (weitgehend) unabhängig von den für Einspeicherung und Konsolidierung relevanten angesehen werden. (D.h., auch eine Dissoziation zwischen beeinträchtigtem Altgedächtnis bei erhaltener Fähigkeit zur langfristigen Neugedächtnisbildung und -ablagerung existiert.) Die hierbei im Vordergrund stehenden Hirnregionen liegen im Stirnhirn und innerhalb des Schläfenlappens vor allem in dessen anterioren und lateralen Abschnitten und damit getrennt von den sich medial befindenden Flaschenhalsstrukturen, die für die Neugedächtnisbildung wichtig sind.

Im folgenden sollen deswegen die Hypothesen vertreten werden, daß (a) retrograde Amnesie, ähnlich wie anterograde, ein Diskonnektionssyndrom darstellt, (b) die gemeinsame Schädigung lateroventraler präfrontaler und anterolateraler Schläfenlappenregionen die primäre Region für das Auftreten retrograder Amnesie darstellt, (c) die linke und die rechte Hemisphäre für unterschiedliche Arten des Gedächtnisabrufs zuständig sind und (d) Neulernen nach Schädigung der für retrograde Amnesie kritischen Orte auf Grund hierarchisch angeordneter Verknüpfungs-, Synchronisations-, Speicher- und Abrufnetzwerke erfolgen kann.

2. Gedächtnisebenen

Betrachtet werden soll im folgenden das von Squire (1987) so bezeichnete deklarative Gedächtnis, also das episodische und das Wissenssystem (semantisches Gedächtnis). Squire (1987) stellt diesen eine Reihe nichtdeklarativer Gedächtnissysteme gegenüber. Für Tulving sind das episodische und das Wissenssystem nicht nur ihren Inhaltsspeichern nach unterschiedlich, sondern auch hinsichtlich der Art, wie aus ihnen abgerufen wird: explizit aus dem episodischen, implizit aus dem semantischen (s. Tabelle 54.1 in Tulving, 1995). Diese Unterteilung hat insofern Bedeutung, als die Anhänger der Unterteilung in deklarative und nicht-deklarative Gedächtnissysteme grundsätzlich von einer Schädigung sowohl des episodischen wie des Kenntnissystems bei Amnestikern ausgehen (s. Verfaellie & Cermak, 1994 für neue Evidenzen hierzu), während die Anhänger der Tulvingschen Differenzierung entsprechend des von ihm propagierten Hierarchiemodells (s. Tulving, 1995, Tabelle 54.1) davon ausgehen, daß das semantische Gedächtnis bei Amnestikern durchaus intakt sein kann, da es hierarchisch unter dem episodischen Gedächtnis angesiedelt ist. Annahme ist hier, daß jede Einzelinformation irgendwann einmal das erste Mal eingespeichert wird und deswegen per definitionem 'episodisch' ist. Erst eine wiederholte Darbietung oder Konfrontation mit der gleichen Information läßt diese „tiefer sinken", d.h., führt zu einer Generalisierung oder Abstrahierung von Raum und Zeit und damit von dem episodischen Charakter zu dem - verallgemeinerten - des Kenntnissystems.

Ich werde im folgenden aufzeigen, daß bei Patienten mit fokalen retrograden Amnesien das episodische Altgedächtnis selektiv geschädigt sein kann, werde aber auch Evidenzen anderer dafür anführen, daß nach bestimmten andersartig gelagerten fokalen Hirnschäden offensichtlich auch der Abruf semantischer Information selektiv beeinträchtigt sein kann.

3. Retrograde Amnesie als Diskonnektionssyndrom

Es ist nahezu unbestritten, daß unser episodisches und semantisches Gedächtnis primär in Regionen des cerebralen Cortexes abgespeichert ist. Engramme können dabei in Form distinkter Module (Ellis & Young, 1988), als modalitäts- oder „Feature"-spezifische Netzwerke (McClelland, 1994) oder in noch allgemeineren, weitverzweigten neuronalen Netzwerken (Bartlett & John, 1973) repräsentiert sein. Selbst eine Unterteilung rein der Zeit nach ist in Einzelfällen nicht auszuschließen, wie die beiden Patienten von Treadway und Mitarbeitern (1992) demonstrierten, die Weltwissen wie autobiographische Ereignisse bis zu einem gewissen Zeitpunkt ihres Lebens abrufbar gespeichert hatten, alle nachfolgende, zeitlich jüngere Information aber nicht. Unabhängig davon, welche Form der Repräsentation man annimmt, ist es wahrscheinlich, daß Ansteuerimpulse, die den ekphorischen Abrufvorgang bewirken sollen, eher eine lokale Quelle haben werden (s. z.B. die „connection weights" von McClelland, 1994).

Selbst, wenn man die Existenz lokaler Module annimmt, so sind viele Gedächtnisinhalte derartig komplex - beispielsweise aus emotional betonten Szenen oder Handlungssequenzen zusammengesetzt - daß das integrierte Abrufbild sich aus mehreren, distribuiert liegenden Modulen (oder aber, aus distribuiert verzahnten neuronalen Netzen) zusammensetzen wird. (Auf verbaler Ebene beschrieben Cohen, Dehaene & Verstichel, 1994, beispielsweise eine „oberflächliche" Route, die nach sprachspezifischen Regeln arbeite, und eine „tiefe" semantische Route, die nach Bekanntheit und spezifischen lexikalischen Einträgen agiere.) Kommt dann noch hinzu, daß mehrere Abrufinhalte oder Aspekte von Abrufinhalten nahezu gleichzeitig miteinander in Konkurrenz zu treten drohen, so werden auf Hirnebene parallele und serielle Überwachungs- und Steuervorgänge notwendig. Hierdurch bedingt wird man im Regelfall eine größere Anzahl von Hirnorten gleichzeitig aktiviert haben, wobei den den Informationsabruf koordinierenden eine besondere Rolle zukommt. Ist nun durch einen lokalen Hirnschaden eine derartige Koordination von Modulen oder von Netzverbindungen unterbrochen, so wird die Wahrscheinlichkeit eines erfolgreichen Abrufs drastisch sinken - selbst wenn man davon ausgeht, daß die Speichersysteme (Engrammorte) vom Hirnschaden unberührt blieben - es kommt zu einem Diskonnektionssyndrom.

Durch ein derartiges Szenario läßt sich erklären, wieso nach Hirnschäden der Nachweis der Existenz von Altgedächtnisinformation unter bestimmten Bedingungen wie massiven Abrufhilfen, Bekanntheitsurteilen oder impliziten Abrufvorgängen teilweise noch gelingt, nicht aber unter der Standardbedingung des aktiven oder freien Abrufs. Auf Hirnseite läßt sich durch die Annahme derartiger multipler Abrufvorgänge erklären, wieso zum Teil ganz unterschiedlich gelagerte Hirnschäden zu retrograder Amnesie führen: Überspitzt und vereinfacht formuliert können frontale oder frontostriatale Hirnschäden den Steuermechanismus außer Kraft gesetzt haben, diencephale das reflektierende Bewußtsein, die Konexteinbettung oder den emotionalen Bezug (letzteres mag auch für Strukturen wie die Amygdala oder den Septalkern gelten) (für Literaturangaben s. Markowitsch, 1995b).

Die aus guten Gründen anzunehmende Existenz retrograder Diskonnektionssyndrome erschwert die Bestimmung der eigentlichen Abrufstrukturen - so man von deren Existenz ausgeht. Daß derartige Strukturen wahrscheinlich existieren, soll im jetzt folgenden belegt werden.

4. Einzelfälle mit erhaltener anterograder, aber ausgelöschter retrograder Gedächtnisfähigkeit

Wiederum eingeschränkt auf den Bereich episodischer und semantischer Gedächtnisinhalte sollen hier exemplarisch Fallgeschichten dargestellt werden, die zeigen, daß anterolaterale temporale und inferolaterale frontale Cortexanteile für den Gedächtnisabruf essentiell sind. Der erste beispielgebende Fall für diese Ansicht wurde 1992 von N. Kapur, Ellison, Smith, McClellan und Burrows veröffentlicht. Eine traumabedingte (Sturz vom Pferd) bilaterale Schädigung der Temporalpole und des inferolateralen präfrontalen Cortexes führte zum Verlust der Wiedergabemöglichkeit autobiographischer Ereignisse und historischer Fakten, während prozedurale (oder nichtdeklarative) Fertigkeiten wie Klavierspielen und Autofahren erhalten blieben. Intelligenz und die Fähigkeit zur Neugedächtnisbildung waren ebenfalls normal.

Ganz ähnlich von der Hirnschadens- wie von der Verhaltensseite war der von Markowitsch et al. (1993a,b) publizierte Fall. Auch dieser Patient war vom Pferd gestürzt, danach mehrwöchig komatös und hatte einen rechts stärker betonten kombinierten fronto-temporalen Hirnschaden, u.z. im inferolateralen Stirnhirnbereich und im anterolateralen Temporallappen. Auch er war durchschnittlich intelligent, in seinem anterograden Gedächtnis nur gering beeinträchtigt und auf nicht-deklarativer Gedächtnisebene unbeeinträchtigt. Kurz vor diesen beiden Fällen hatten O'Connor, Butters, Miliotis, Eslinger und Cermak (1992) den Fall einer Patientin mit Encephalitis-Ätiologie beschrieben, die bei nur mäßigen anterograden verbalen Gedächtnisstörungen massive retrograde Amnesie für episodische Gedächtnisleistungen zeigte. Auch ihr Hirnschaden lag überwiegend rechts temporal, schloß hier aber auch hippocampale Strukturen mit ein.

Andere Patienten mit weniger distinkt eingegrenzten Hirnschäden, bei denen aber dennoch anterotemporale oder basal frontale Cortexbereiche mit betroffen waren, zeigten unterschiedliche Ausmaße und Zusammensetzungen retrograder Amnesie (s. Markowitsch, 1995b). Wenn hierbei die linke Hirnhälfte stärker als die rechte geschädigt war, fiel das Defizitbild hauptsächlich in den Bereich des Wissensystem, was von manchen Autoren mit dem stärkeren Engagement der rechten Hemisphäre für bildhafte Vorstellungen in Zusammenhang gebracht wird.

Auf Grund dieser Ergebnisse, insbesondere auf Grund der an den Patienten von N. Kapur et al. (1992) und Markowitsch et al. (1993a,b) gefundenen, wird propagiert, daß die vom ventralen Ast des Fasciculus uncinatus klammerartig verbundenen Regionen des basalen Stirnhirns und des anterioren Schläfenlappens im intakten Gehirn für den Abruf deklarativer Altgedächtnisinformation essentiell sind (Abb. 1).

5. Hemisphärenspezifische Informationsverarbeitung

Obwohl seit langem bekannt ist, daß die menschlichen Großhirnhirnhälften in einer Art Aufgabenteilung unterschiedliche kognitive Funktionen steuern, galt bislang das Dogma, daß globale und andauernde Amnesien an eine weitgehend symmetrische Schädigung entsprechender Flaschenhalsstrukturen gebunden sind. Auf der anderen

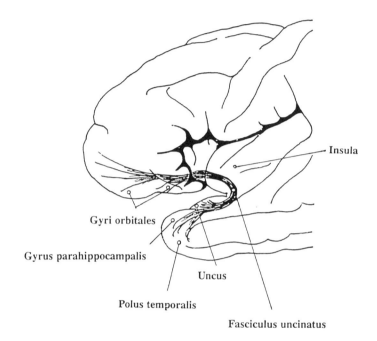

Abb. 1: Schematische Ansicht der lateralen anterioren Hälfte des menschlichen Cortex. Die Hirnregionen, die als zentral für den Abruf episodischer Information aus dem Langzeitgedächtnis angesehen werden, sind benannt. (Hierzu zählen nicht die entlang der medialen Temporallappenfläche liegenden hippocampalen Strukturen.)

Seite kennt man eine Reihe von Fallbeispielen mit einseitigem Hirnschaden und materialspezifischen Amnesien (z.B. Markowitsch, 1988). Die Idee aber, daß der Abruf von Information aus dem Altgedächtnis ebenfalls spezifisch, u.z. entsprechend der von der Experimentalpsychologie kommenden Aufteilung (oder zumindest in recht ähnlicher Form) erfolgt, ist neuartig. Nimmt man jedoch neuere Fälle mit retrograder Amnesie (bei weitgehend erhaltener Neugedächtnisbildungsfähigkeit), so zeigen diese vorwiegend rechtshemisphärische Schäden wenn das episodische Altgedächtnis betroffen ist und vorwiegend linkshemisphärische, wenn das semantische defizitär ist (s.o.). Hinzu kommen Fälle mit transitorischen autobiographischen Gedächtnisstörungen, die neben thalamischer auch eine rechtsfrontale Hypoperfusion zeigen (s. Markowitsch, 1995b) und die damit auf die Bedeutung thalamischer (Hodges & McCarthy, 1993) wie präfrontaler Regionen für den Abruf hinweisen.

Stärker noch als derartige Fallbeschreibungen ins Gewicht fallend sind neue, mittels Positronen-Emissions-Tomographie (PET) an normalen Versuchspersonen gewonnene Resultate zum Abruf aus dem Altgedächtnis (für Einzelarbeiten s. Markowitsch, 1995b). Tulving und Mitarbeiter untersuchten in mehreren mittels der ^{15}O-PET-Technik durchgeführten Arbeiten den Abruf episodischer und semantischer Information, wobei die episodische Information verbaler wie visueller Natur sein konnte. Aus den Ergebnissen dieser Studien entwickelten sie das sog. HERA-Modell der Informationsverarbeitung. HERA steht für Hemispheric-Encoding-Retrieval-Asymmetry und besagt, daß die Einspeicherung episodischer Information prinzipiell über die linke, deren Abruf aber über die rechte Hemisphäre verläuft (Tulving et al., 1994). Die Ergebnisse all dieser mittels PET gewonnenen Daten betonen für den Abruf episodischen Materials starke Blutflußzunahmen im rechten ventralen Stirnhirn, die sich teilweise nach posterior bis in die medialen limbischen Regionen hineinziehen (wegen technischer Einschränkungen in der Weite des Analysefensters wurden bei diesen Untersuchungen leider die ventraleren Bereich des Schläfenlappens nicht miterfaßt). Auf Grund der starken Aktivierungen bis an die ventrale Grenze der erfaßten Temporallappenregion ist es jedoch als wahrscheinlich anzusehen, daß auch das darunterliegende Gebiet des Schläfenlappens stark aktiviert worden war.

Zusammengefaßt zeigen somit sowohl Einzelfallanalysen nach fokaler Hirnschädigung wie mit der ^{15}O-PET-Subtraktionsmethode an Gesunden erhaltene Ergebnisse, daß unser Gehirn sich beim Abruf episodischer Information aus dem Altgedächtnis vor allem auf Bereiche der rechten, und für den Abruf entsprechender Information aus dem Wissenssystem auf solche der linken Hirnhälfte stützt.

6. Was sind die Aufgaben des Stirnhirns, was die des temporalen Pols?

Es ist wahrscheinlich, daß die beteiligten Stirnhirnanteile und die des Temporalpols unterschiedliche Funktionen beim Abruf ausführen. Im Stirnhirnbereich findet sich wohl die Kontrollinstanz oder Metaebene, durch die Metagedächtnis (Janowsky et al., 1989), willentliche Abrufinitiierung (Jetter et al., 1986) und die zeitliche Sequenzierung und Organisation der Information (Stuss et al., 1994) gesteuert werden. Der anterolaterale temporale Cortex wird dagegen die Verbindung zu den posterioren corticalen Integrationszentren und damit zu den wesentlichen Engrammspeichern herstellen (Markowitsch et al., 1985). Beide Regionen zusammen bewirken dann den Prozess gezielter Ekphorie.

7. Warum gelingt der Abruf von neu Gelerntem trotz angeblich fehlender Abrufregionen?

Wenn die für den Altgedächtnisabruf relevanten Regionen im Frontotemporalbereich lädiert sind, ist die Möglichkeit zum Abruf episodischer (rechte Hemisphäre) oder semantischer (linke Hemisphäre) Information weitgehend blockiert. Da derartige Patienten sich andererseits neue Information aneignen können und diesen Erwerb über den Abruf sichtbar machen können, muß der Abruf von nach der Hirnschädigung gelernter Information über andere Wege erfolgen können.

Man kann hierfür die Plastizität des Nervensystems ins Feld führen, die zu einem „rewiring" oder „rerouting" führen mag (siehe hierzu auch die Diskussion in Treadway et al., 1992, die Beispiele multipler Persönlichkeiten hierzu anführen). Man kann mit Squire, Knowlton und Musen (1993) davon ausgehen, daß für eine Jahre umfassende Zeit noch die Konsolidierung andauert und deswegen ein Abruf über die limbischen Enkodierungsstrukturen erfolgen kann, oder man kann ähnlich wie in Modellen zur möglichen Neugedächtnisbildung nach Schädigung relevanter Flaschenhalsstrukturen von der Existenz hierarchisch gliederbarer oder gegliederter Hirnsysteme ausgehen, von denen die subdominanten solange blockiert sind, wie die dominanten uneingeschränkt arbeiten können. Die subdominanten können aber nach Ausschalten der dominanten ersatzweise und mit geringerer Kapazität in Aktion treten. Derartige Vorstellungen wurden von Markowitsch (1985b, 1988b, 1988c) entwickelt und bauen auf einer Reihe tierexperimenteller Resultate auf.

Die geringere Kapazität derartiger Ersatzregionen wird sichtbar in der (im Vergleich zu vor dem Hirnschaden) etwas eingeschränkten kognitiven Leistungsfähigkeit so geschädigter Patienten und in ihrer nach dem Hirnschaden geänderten Informationsaufnahme (für episodische Information mit weniger Affekt oder Anteilnahme). Weitere Faktoren für die erhaltengebliebene oder wiedergewinnbare Lern- und Behaltensfähigkeit mögen in den weiterhin vorhandenen Möglichkeiten der Informationseinspeicherung und Konsolidierung liegen (über die entsprechenden intakten Regionen des limbischen Systems; Markowitsch, 1995a). Die für Einspeicherung und Konsolidierung relevanten limbischen Strukturen können auch durch Vorgänge von Verknüpfung und Synchronisation (Abeles, 1988) eine Neuverdrahtung ermöglichen, die über alternative Wege Abrufstrukturen in Funktion setzt, die mit etwas geringerer Kapazität und Effektivität den Abruf bewerkstelligen können.

Hier mag Hirnregionen wie der Area 36 an der Schnittstelle der Einspeicher- und Abrufregionen eine besondere Bedeutung zukommen (Eslinger, Grattan, Easton & van Hoesen, 1994). Auch kann man daran denken, daß es neben der „schnellen" Enkodierung über die limbischen Flaschenhalsstrukturen eine „langsame", dafür aber umfassender verknüpfende über neocorticale Regionen (und in Teilen über die Basalganglien) gibt (McClelland, 1994). Nach Wegfall der primär relevanten Abrufregionen im temporofrontalen Cortex kann es zu einer Neufestsetzung der für die Initierung des Abrufs wichtigen „connection weights" (im Sinne McClellands, 1994) kommen, die dann zwar nicht mehr die prämorbid erworbenen Episoden, wohl aber postmorbid neu aufgenommene dem gezielten Abruf zugänglich macht.

Die von mehreren Autoren implizit oder explizit propagierte Idee, daß Gedächtnisinhalte nach sog. Marksteinen oder Wendepunkten („landmarks") gegliedert gespeichert sind, sich also um einen bedeutenden Lebenseinschnitt wie beispielsweise den als Marinesoldat im Zweiten Weltkrieg an Bord eines U-Bootes oder einen ähnlichen emotionalen Lebensabschnitt ranken, kann ebenfalls dazu führen, daß zeitlich davor Liegendes nicht mehr erinnert, danach Liegendes aber reproduzierbar wird (Hodges & McCarthy, 1993; Schacter, Wang, Tulving & Freedman, 1982; Treadway et al., 1992).

Kognitiv-neurowissenschaftliche Implikationen und Psychopharmakologie von Bewußtseins- und Wahrnehmungsstörungen

F. Markus Leweke, Detlef Dietrich, Udo Schneider, Hinderk M. Emrich

Zusammenfassung

Ausgehend von einem bekannten Modell zur Beschreibung von Wahrnehmungsprozessen, der Drei-Komponenten-Hypothese der Wahrnehmung, und von Überlegungen zur Kopplung von kognitiven Inhalten mit begleitenden emotionalen Empfindungen werden zwei experimentelle Untersuchungsansätze dieser Prozesse vorgestellt. Die Veränderung binokulärer Invertwahrnehmungsillusionen wird dabei anhand der Wirkungen von Cannabinoiden unter Entwicklung eines Ansatzes zur Funktion des endogenen, zentralnervös lokalisierten Cannabinoid-Systems dargestellt. Die Ergebnisse einer Untersuchung ereigniskorrelierter Potentiale (ERP) mit emotional und imaginativ gefärbten Worten bei depressiven Patienten werden im Kontext einer Theorie der Kopplung kognitiver und emotionaler Abläufe präsentiert.

Summary

Starting from a familiar modell of perception, the Three-component-hypothesis of perception and based on reflections about the coupling of cognitive processes and accompanying emotions, two experimental attempts on these topics are presented. The variation of illusionary binocular perception under the influence of Cannabis resin leads to suggestions on the function of the CNS-based endogenous Cannabinoid-receptor system. A study on event related potentials (ERP) is discussed related to a theory of a coupling between perception and accompanying emotional processes. In this study, words coloured by emotion and imagination were presented to depressive patients.

1. Neuropsychologie von Wahrnehmungsprozessen und Kognitions-Emotionskopplung

Neuropsychologische Betrachtungen und Untersuchungen können zum besseren Verständnis einer Reihe von Phänomenen bei verschiedenen psychischen Störungen einen wichtigen Beitrag leisten. Hierbei sind sowohl Störungen von Prozessen der äußeren Wahrnehmung als auch hiermit verbundene Veränderungen des emotionalen Erlebens von klinischer Relevanz. Ausgehend von Beobachtungen bei schizophrenen Patienten, die sich im Zustand des akuten produktiv-psychotischen Erlebniswandels befanden, haben wir daher ein Modell zur Betrachtung von Wahrnehmungsprozessen, die Drei-Komponenten-Hypothese der Wahrnehmung (Komparatormodell) vorgeschlagen, das eine plausible Betrachtungshilfe der Erlebnisveränderungen bei produktiven Psychosen erlaubt (Emrich, 1988; Emrich, 1989).

Das Komparatormodell geht, basierend auf einer experimentalpsychologisch fundierten Wahrnehmungstheorie, davon aus, daß Wahrnehmung keinen in sich einheitli-

chen Prozeß darstellt, sondern vielmehr auf der Interaktion mehrerer Partialprozesse beruht (Übersichten bei Hemsley, 1988; Emrich, 1989). Dabei scheinen die folgenden drei Komponenten von entscheidender Bedeutung zu sein:
1. eingehende Sinnesdaten,
2. Konzeptualisierung (Generierung interner Wahrnehmungshypothesen),
3. Korrekturkomponente.

Eingehende Sinnesdaten werden dabei in einem Konzeptualisierungsprozeß unter Einbeziehung bereits vorliegender Konzepte und Erfahrung zu einer Wahrnehmungshypothese verarbeitet und von der Korrekturkomponente auf ihre Brauchbarkeit im Alltag hin überprüft. Erst die Interaktion der einzelnen Wahrnehmungskomponenten führt dann zu einer bewußten Wahrnehmung der äußeren Welt. In verschiedenen neuropsychologischen Studien fanden sich Hinweise, daß hippocampale Strukturen eine wichtige Rolle bezüglich der Korrekturkomponente ausüben. Die hippocampale Formation scheint Konsolidierung der sensorischen Daten, Speicherung und Wiederaufruf zu beeinflussen (Gray & Rawlins, 1986). Es ist dabei aber im Sinne von Lurija (1992) von einem zugrundeliegenden komplexen funktionellen System auszugehen.

Psychopharmakologische Erfahrungen, die in den letzten Jahren über die Wirkungsweise von Antikonvulsiva als „mood-stabilizer" in der psychiatrischen Pharmakotherapie gesammelt wurden (Übersicht bei Emrich, Dose & Wolf, 1993), haben gezeigt, daß insbesondere das Antikonvulsivum Carbamazepin, aber auch Natrium-Valproat sowohl als Akuttherapeutika bei Hypomanien und Manien als auch phasenprophylaktisch in einer mit der Wirkung von Lithium vergleichbaren Weise eingesetzt werden können, wobei eine besondere Indikation die Behandlung des manisch-depressiven „rapid-cycling" darstellt. Im Rahmen derartiger Behandlungen fiel auf, daß insbesondere psychoorganisch Kranke mit affektiven Störungen sich therapeutisch günstig durch Carbamazepin beeinflussen lassen.

Der Wirkungsmechanismus, auf den diese therapeutischen Effekte bezogen werden können, läßt sich mit der „Wahrnehmungs-Emotionskopplung" in Verbindung bringen. Hierunter versteht man das Phänomen, daß Wahrnehmung grundsätzlich auf emotionale Leistungen bezogen werden muß, wobei umgekehrt wiederum emotionale Leistungen auf kognitive und Funktionen der Wahrnehmung einwirken.

Nach Untersuchungen von Aggleton und Mishkin (1986) spielen für die Wahrnehmungs-Emotionskopplung die Mandelkerne (Amygdala) eine wesentliche Rolle, da sie als „Eintrittspforten" in das limbische System charakterisiert werden können, wobei Signale aus kortikalen Assoziationsarealen verschiedener sensorischer Leistungen in tiefer liegende limbische Strukturen über die Mandelkerne vermittelt werden. Nach Untersuchungen von Post und Mitarbeitern (1982) unter Verwendung des Amygdalakindling Modells lassen sich die phasenprophylaktisch besonders wirksamen Antikonvulsiva dadurch charakterisieren, daß sie eine besonders ausgeprägte stabilisierende Wirkung auf das Amygdala-kindling ausüben. Aus diesem Grunde ist es plausibel anzunehmen, daß die „mood-stabilizing"-Effekte von Antikonvulsiva mit der Stabilisierung von Wahrnehmungs-Emotions-Kopplungsfunktionen zu tun haben.

Auf Grund dieser Befunde wurde von Emrich et al. (1993) kürzlich ein integratives neurochemisch-psychopharmakologisches Basis-Modell vorgeschlagen, innerhalb dessen angenommen wird, daß zwischen der Wahrnehmungs-Emotionskopplung einerseits und der Emotions-Kognitionskopplung andererseits jeweils integrative Übersetzungsfunktionsschritte liegen, die autoregulativen Charakter im Sinne eines bidirektionalen Abgleichs zwischen kognitiven und emotionalen Leistungen haben (Abb.1) Im Sinne dieses Modells wird nach Mumford (1991) angenommen, daß die thalamocortikale Rückkopplungsschleife mit der Funktion der „Konzeptualisierung" einhergeht und daß jeweils eine Art „Plausibilitätskontrolle" über die bereits im Zusammenhang mit dem oben vorgestellten Komparatormodell von Gray und Rawlins (1986) beschriebenen hippocampalen Komparatorsysteme erfolgt. Andererseits werden vom Hirnstamm aus und von limbischen Strukturen durch noradrenerge und dopaminerge Systeme Aktivationen von cortikalen assoziativen Leistungen und den beschriebenen cortiko-thalamischen Konzeptualisierungsleistungen induziert.

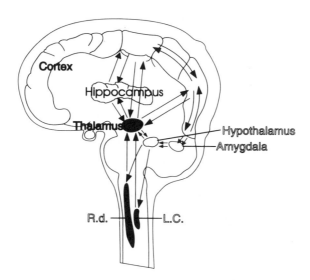

Abb. 1: Schematische Darstellung des „reduzierten Gehirns" zur Veranschaulichung psychopharmakologischer Interaktionen auf neurophysiologischer Basis. In Erweiterung des Konzepts von Mumford (1991) wird Konzeptualisierung als „Trialog" zwischen Thalamus, Hippocampus und Cortex interpretiert, dessen Aktivität sowohl vom Hirnstamm aus als auch über die Mandelkerne von corticalen Strukturen her modifiziert werden kann. (R.d. = raphe dorsalis; L.c. = locus coeruleus).

2. Untersuchungsansätze visueller Wahrnehmungsveränderungen und Änderungen der Kognitions-Emotionskopplung

Sensorische Leistungen und Wahrnehmungsfunktionen sind eng mit der bereits erwähnten Funktion eines Komparatorsystems gekoppelt. Die Untersuchung von Störungen der visuellen Wahrnehmung bietet daher eine interessante Möglichkeit, die Interaktion zwischen aufgenommenen Sinnesdaten und ihrer bewußten Wahrnehmung zu untersuchen. Hierzu kann die im folgenden beschriebene Methode der Illusionsforschung herangezogen werden.

Das Phänomen der Perzeption stereoskopischer Invertbilder soll am Beispiel der Betrachtung dreidimensionaler Hohlmasken von menschlichen Gesichtern erläutert werden. Hierbei handelt es sich um eine illusionäre Wahrnehmungsveränderung, die unter einer Reihe von Bedingungen auftritt, wenn man eine dreidimensionale Hohlmaske, also die konkave Darstellung eines Gesichtes betrachtet. In der Mehrzahl der Fälle wird in Abhängigkeit vom Abstand des Betrachters zum Objekt und der damit verbundenen Querdisparation und in weitaus geringerem Maße abhängig von der Beleuchtungsrichtung, der Oberflächentextur des Objektes und seiner Farbgebung das oben geschilderte Gesicht als konvex wahrgenommen werden. Bei der dabei auftretenden binokulären Tiefeninversion handelt es sich um eine optische Illusion.

Die Grundlagen der Wahrnehmung von Invertbildern wurden bereits im 19. Jahrhundert durch von Helmholtz und Mach (1921) untersucht, die die Querdisparation als wichtigste binokuläre Einflußgröße der Tiefenwahrnehmung identifizieren konnten. Weiterführende Arbeiten zu dieser Thematik wurden von Gregory (1973) und von Yellott (1981) veröffentlicht. Yellott konnte zeigen, daß die Invertwahrnehmungsillusion dadurch zustande kommt, daß das menschliche Gehirn bestimmte Hypothesen über die dreidimensionale Struktur von Objekten testet und diese mit den retinalen Sinnesdaten vergleicht. Offensichtlich korrigieren und strukturieren die mentalen Konzepte, im Sinne von Vorurteilen, die Sinnesdaten in einem kritischen Interaktionsprozeß, der letztlich zur bewußten Wahrnehmung führt („wirklichkeitsschaffende Fiktion" im Sinne von Watzlawick, 1985).

1988 analysierte Ramachandran die Faktoren der monokularen Tiefenwahrnehmung, und 1993 konnten Hill et al. Einflußgrößen wie Richtung des einfallenden Lichts, Bewegung des Betrachters und Entfernung des Betrachters vom Objekt auf die binokuläre Tiefenwahrnehmung zeigen (Ramachandran, 1988; Hill & Bruce, 1993).

Die Präsentation der Bilder wurde mit einer Stereoprojektion von Diapositiven unter Verwendung von polarisiertem Licht realisiert. Der Proband trägt hierbei eine Polfilterbrille, die durch die Filterrichtung das Sehen nur des jeweils gleichsinnig gefilterten Diapositivs erlaubt. Wird dabei eine Vertauschung der Polarisationsfilter vorgenommen, so daß die ursprünglich auf dem rechten Auge abgebildete Information nur das linke Auge erreicht und umgekehrt, kommt es bei gesunden Probanden durch die Modifikation der Querdisparation zur Invertwahrnehmungsillusion.

Es wurden drei Gruppen von Bildern präsentiert, die sich hinsichtlich ihres semantischen Gehaltes und der primären Form der dargestellten Objekte unterschieden. Der semantische Gehalt eines Objektes ist dabei durch seine Vertrautheit im täglichen Leben und die damit verbundenen Assoziationen charakterisiert. Es wurden semantisch niedrig und hoch relevante Objekte gezeigt. Unter den semantisch hoch relevanten Objekten wurden solche mit primär konvexer Form, die erst durch Vertauschen der beiden stereoskopisch aufgenommenen Diapositive einen konkaven Informationsgehalt bezüglich ihrer Querdisparation erhielten, und solche mit primär konkaver Form unterschieden. Den Probanden wurden unterschiedliche Fragen zum Tiefeneindruck der in der bereits beschriebenen Weise stereoskopisch demonstrierten Objekte unter Verwendung einer Punkteskala gestellt. Es konnte ein „Inversions-Score" von maximal 2 Punkten pro Bild erreicht werden. Vor der Messung wurde überprüft, ob das räumliche Sehen der Probanden intakt war (Stereotest: Hausfliege und Kreise, Stereo Optical Co, Chicago). Die Diapositive wurden jeweils 30 Sekunden präsentiert.

Zur Untersuchung von Prozessen der Kognitions-Emotionskopplung, die in engem Zusammenhang mit dem oben beschriebenen Komparatormodell der Wahrnehmung steht, kann dagegen die Ableitung ereigniskorrelierter Potentiale herangezogen werden. Verglichen mit Verfahren wie der Kernspintomographie und auch der Positronenemissionstomographie bieten ereigniskorrelierte Potentiale (ERP) die Möglichkeit, Informationen insbesondere über die Prozeßhaftigkeit kognitiver oder auch emotioneller Leistungen zu gewinnen. Werden beispielsweise Stimuli (z.B. Wörter, Bilder oder Gesichter) wiederholt visuell präsentiert, so lassen sich durch ein mathematisches Mittelungsverfahren aus den zeitparallel registrierten EEG-Daten stimulusabhängige Reizantworten als ereigniskorrelierte Hirnpotentiale der Versuchspersonen darstellen. Spezifische kognitive Leistungen korrelieren dabei typischerweise mit bestimmten reproduzierbaren ERP-Verläufen oder einzelnen ERP-Komponenten.

Werden in Versuchen zum kontinuierlichen Wiedererkennen z.B. Stimuli auf einem Bildschirm wiederholt dargeboten und wird parallel das EEG abgeleitet, zeichnen sich die elektrophysiologischen Korrelate der Stimulusverarbeitung durch eine größere Positivität für die wiederholten Items aus. Dieser sogenannte „alt/neu-Effekt" variiert dabei in seiner Ausprägung je nach präsentierter Stimulusart oder -häufigkeit und ist bei der Präsentation von Wörtern deutlich ausgeprägt, gut reproduzierbar und differenziert untersucht (Rugg et al., 1994). Damit stellen diese ERP-Experimente eine geeignete Basis für Untersuchungen an Patienten dar.

Bisher wurden mit Hilfe verschiedener ERP-Paradigmen unterschiedliche Kollektive psychiatrischer Patienten untersucht. Die teilweise auch deutlich ausgeprägten ERP-Unterschiede zu gesunden Probanden blieben jedoch weitgehend unspezifisch und deren Interpretation schwierig.

Eine Möglichkeit näherer Differenzierung und Untersuchung spezifischer kognitiver und/oder emotioneller Störungen besteht nun in der Modifikation der Stimuluspräsentation im Hinblick auf die jeweiligen Fragestellungen. Basierend auf der Kenntnis des alt/neu-Effektes beim kontinuierlichen Wortwiedererkennen erschien für die Untersuchung von Menschen mit einer affektiven Störung eine Differenzierung der präsentierten Wörter bezüglich ihres emotionalen Gehaltes sinnvoll, um die Interpretierbarkeit der Befunde zu erhöhen. Für Untersuchungen an Probanden mit Störungen imaginativer Leistungen war die ERP-Berechnung je nach dem Grad der Imaginierbarkeit der Wörter sinnvoll. Mit derartig modifizierten ERP-Paradigmen lassen sich recht differenziert Patienten z. B. mit einer affektiven Störung oder - bezogen auf das zweite Beispiel - Patienten mit einer schizophrenen oder schizophreniformen Störung (z. B. einer cannabisinduzierten Störung) untersuchen.

Auf die Aussagekraft der oben beschriebenen Methodiken soll im folgenden anhand von Untersuchungen zu Wirkungen von Cannabinoiden auf die stereoskopische Wahrnehmung und zur Veränderung ereigniskorrelierter Potentiale im Hinblick auf die Präsentation emotional und imaginativ getönter Worte näher eingegangen werden.

3. Die mögliche Rolle exogener und endogener Cannabinoide bei der Regulation imaginativer mentaler Leistungen

Die Beschäftigung mit der Rolle des endogenen Cannabinoidsystems, dessen Existenz bis in die achtziger Jahre dieses Jahrhunderts hinein umstritten war, gewinnt nach den Erstbeschreibungen eines im Zentralnervensystem lokalisierten Cannabinoid-Rezeptors (CB1) durch Devane et al. (1988) und eines ersten endogenen Liganden durch die gleiche Arbeitsgruppe (1992) zunehmend an Bedeutung. Darüberhinaus wurde zwischenzeitlich ein zweiter Cannabinoid-Rezeptor (CB2) mit einer ausschließlich peripheren Lokalisation im lymphatischen Gewebe identifiziert (Munro et al., 1993). Als wesentlicher psychotroper Inhaltsstoff des Cannabis-Harzes wird Δ^9-Tetrahydrocannabinol (THC) angesehen (Gaoni & Mechoulam, 1964). In neurophysiologischen Untersuchungen des cerebralen Cannabinoidsystems konnten als Wirkungen von THC im Cerebellum eine durch G-Proteine vermittelte Inhibition der Adenylatcyclase und in Kulturen hippocampaler Neurone eine Verstärkung von G-Protein-mediierten Kalium-Leitfähigkeiten sowie spannungsabhängiger A-Ströme durch Veränderung der Spannungsempfindlichkeit in höhere Bereiche (Childers et al., 1993) nachgewiesen werden. Dies führt zu einer größeren Kalium-Leitfähigkeit bei niedrigen Membranpotentialen und einer Verringerung der Wahrscheinlichkeit multipler Aktionspotentiale. Es konnte ferner eine THC-induzierte Reduzierung von Calcium-Leitfähigkeiten gezeigt werden.

Mit den Wirkungen von Cannabis-Harz auf die Psyche des Menschen beschäftigten sich bereits seit Beginn dieses Jahrhundert zahlreiche Arbeiten. Ein Gefühl der Euphorie, ein sogenanntes „High", eine leichte Benommenheit, eine Verstärkung der äußeren und inneren Wahrnehmung, eine Veränderung der Zeitwahrnehmung und eine Verbesserung der visuellen Leistung stehen dabei im Vordergrund der beobachteten Wirkungen, die von großer interindividueller Variabilität sind (Hollister, 1986). Psychotische Zustandsbilder nach Cannabis-Konsum sind vielfach beobachtet worden, wobei Schweregrad, Dauer und Häufigkeit der psychotischen Syndrome von kulturellen und persönlichkeitsspezifischen Faktoren sowie von der Frequenz und Intensität des Cannabis-Konsums abhängen (Bron, 1982). Die Existenz eines eigenständigen Krankheitsbildes einer cannabisinduzierten Psychose ist zwar in der Literatur umstritten, dennoch eignen sich Cannabisinduzierte psychosenahe Zustände zur Untersuchung von basalen Mechanismen produktiver Psychosen (Hermle et al., 1993).

Mit Hilfe der oben beschriebenen Versuchsanordnung zur binokulären Tiefeninversionsmessung wurden daher sieben gesunde männliche Probanden vor und nach Einnahme von Cannabis-Harz untersucht. An der Studie nahmen ausschließlich qualifizierte Ärzte im durchschnittlichen Alter von 34,6 ± 8,3 Jahren (Mittelwert (MV) ± Standardabweichung (SD)) teil, die nach einer zuvor erfolgten ausführlichen Aufklärung und Instruktion eine schriftliche Einverständniserklärung zur freiwilligen Versuchsteilnahme unterzeichnet hatten.

Nach der initialen Bestimmung des „Inversions-Scores" erhielten die Probanden in Abhängigkeit vom Körpergewicht zwischen 222 und 373 mg Cannabis-Harz peroral. Es wurden regelmäßige Kontrollen des THC-Plasmaspiegels vorgenommen, deren Ergebnisse in Abbildung 2D dargestellt sind. Vor der Einnahme des Cannabis-Harzes sowie zu verschiedenen Zeitpunkten bis 192 Stunden danach wurde der Inversions-Score der Probanden bestimmt.

Bei den semantisch niedrig relevanten Objekten - wie Blumen oder Buschwerk - betrug der initiale Inversions-Score 41,9 ± 24,13 % (MV ± SD) des maximal erreichbaren Wertes. Dies spiegelt die Tatsache wieder, daß auch nicht durch Substanzen beeinflußte, „normale" Probanden in der Lage sind, semantisch niedrig relevante Objekte in ihrer physikalisch korrekten Darstellung zumindest partiell wahrzunehmen. In diesem Fall kann vor dem Hintergrund der bereits vorgestellten Wahrnehmungshypothese des Drei-Komponenten-Modells der Wahrnehmung davon ausgegangen werden, daß die Härte der physikalischen Daten das „innere Weltbild" in einer Art Wette übertreffen kann (Gregory, 1973). Der maximale Inversions-Score wurde nach etwa zwei bis drei Stunden erreicht (Abb. 2A). Dies stimmt gut mit dem maximalen THC-Plasmaspiegel überein, der im gleichen Zeitbereich erreicht wird. Der Effekt war nach 192 Stunden akzeptabel reversibel (Abb. 2A).

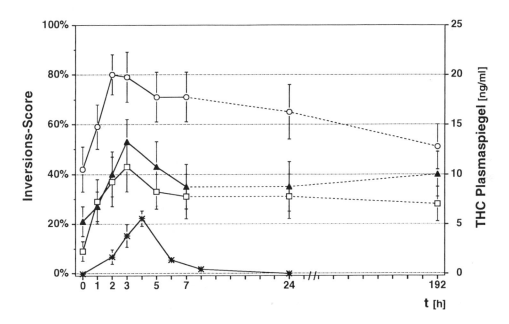

Abb. 2: Darstellung der Inversions-Scores (Mittelwert (MV) in % des Maximalwertes ± Standardabweichung des Mittelwertes (SEM)) für Objekte mit niedrigem semantischen Gehalt und primär konvexer Form (offene Kreise, A), mit hohem semantischen Gehalt und primär konvexer Form (offene Quadrate, B) sowie mit hohem semantischen Gehalt und primär konkaver Form (geschlossene Dreiecke, C) vor und zu verschiedenen Zeitpunkten nach der oralen Einnahme von Cannabis-Harz bei gesunden Probanden (n=7). Zudem ist die Plasmakonzentration von THC als wichtigstem psychedelischen Inhaltsstoff des Harzes zu verschiedenen Zeitpunkten der Messung abgebildet (Sterne, D; MV ± SEM; n=7).

Interessanterweise lag der initiale Inversions-Score sematisch hoch relevanter Objekte mit 8,93 ± 15,67 % (MV ± SD) des maximal erreichbaren Wertes deutlich unterhalb des Vergleichswertes für semantisch niedrig relevante Objekte. Nach der Einnahme von Cannabis zeigt sich auch hier ein signifikanter Anstieg des Scores nach drei Stunden (Abb. 2B). Die Probanden beschrieben hierbei, daß sie ein „hohles" Gesicht oder hohle Objekte sehen konnten. In einigen wenigen Fällen waren Probanden sogar in der Lage, solche Objekte als hohl wahrzunehmen, die in der korrekten oder realen Weise präsentiert wurden. Nach 192 Stunden betrug der Inversions-Score allerdings immer noch 28,13 ± 20,82 % (MV ± SD). Das ist am ehesten auf einen Lerneffekt zurückzuführen, der durch die durch den Cannabiskonsum gemachte Erfahrung einer Hemmung der binokulären Tiefeninversion begründet wird. Die Probanden realisieren hierbei, daß eine andere als die bislang bekannte Erscheinungsweise bekannter Objekte auch im Falle semantisch höher relevanter Objekte möglich ist.

In der dritten Gruppe untersuchter Objekte wurden semantisch hoch relevante Objekte mit primär konkaver Form präsentiert. Die Invert-Illusion zeigt sich hierbei also bereits in der der Aufnahmerealität entsprechenden Präsentationsrichtung. Bei dieser Form der Präsentation sind im Gegensatz zu der durch Seitenwechsel der beiden Diapositive bewirkten ausschließlichen Änderung der Querdisparation und der Konvergenz bei den übrigen präsentierten Objekten auch die übrigen bereits erwähnten Faktoren, die die Tiefenwahrnehmung von Objekten beeinflussen, berücksichtigt. Sie bieten daher eine klarere physikalische Information als die übrigen semantisch hoch relevanten Objekte an. Als Folge hiervon zeigte sich bereits initial ein im Vergleich mit den übrigen semantisch hoch relevanten Objekten leicht erhöhter Inversions-Score (Abb. 2C). Nach Cannabis-Einnahme war erneut ein maximaler Inversions-Score nach drei Stunden zu sehen. Auch hier war die Rückbildung des Effektes nach 192 Stunden aus den oben genannten Gründen nicht ganz vollständig.

Zum Verständnis der hier vorgestellten Daten bietet die bereits vorgestellte Drei-Komponenten-Hypothese der Wahrnehmung, die auf dem von Gray und Rawlins (1986) vorgestellten hippocampalen Komparator-Modell beruht, einen plausiblen Ansatz. Unter der Einwirkung von Cannabinoiden kommt es demnach zu einer Störung der sensiblen Balance zwischen den einzelnen, die Wahrnehmung von Objekten maßgeblich regelnden Komponenten, den sensorischen Eingangsdaten, der Generierung interner Hypothesen und Konzepte der äußeren Welt, der sogenannten Konzeptualisierung, und einer diese beiden Komponenten miteinander abstimmenden Kontrollkomponente, dem „ratiomorphen Apparat" (Wolf, 1985).

Das Gleichgewicht zwischen diesen Komponenten ist essentiell für eine bewußte Wahrnehmung der äußeren Welt und ist offenbar während verschiedener psychosenaher und psychotischer Zustandsbilder beeinträchtigt. Da die sensorischen Eingangsdaten von den Versuchspersonen nicht wesentlich beeinflußt werden konnten, liegt der veränderten Wahrnehmung unter Cannabis wahrscheinlich eine Störung der Balance zwischen Konzeptualisierung und Zensur zugrunde, die am ehesten im Sinne einer Schwächung der Zensurkomponente verstanden werden kann (Emrich, 1989). Vergleichbare Ergebnisse konnten in der Vergangenheit bereits bei schizophrenen Patienten während akuter produktiv-psychotischer Episoden erhoben werden, bei denen sich ebenfalls eine deutliche Störung der binokulären Tiefenwahrnehmung nachweisen ließ (Emrich, 1988).

Interessanterweise findet sich in autoradiographischen Untersuchungen der Cannabinoid-Rezeptordistribution beim Menschen post mortem wie auch bei anderen Säugetieren eine einzigartige und durchgängige Verteilung des Rezeptors mit einer höchsten Dichte in den Basalganglien, dem Hippocampus und dem Cerebellum (Herkenham et al., 1991). Dies deutet sehr auf eine Rolle der Cannabinoide bei kognitiven Prozessen und bei der Steuerung von Bewegungsabläufen hin (Richfield & Herkenham, 1994).

Die hier dargestellten Untersuchungsergebnisse zur Wirkung von Cannabinoiden auf imaginative mentale Leistungen weisen also zusammenfassend darauf hin, daß cannabisinduzierte psychedelische Zustände durch eine Störung der Interaktion zwischen Sinnesdaten und Konzeptualisierung zu erklären sind, die am ehesten auf eine gestörte Zensurkomponente zurückzuführen sind. Darüber hinaus zeigen die vorgestellten Daten, daß die Messung der binokulären Tiefeninversion einen sensiblen Parameter zur qualitativen und semiquantitativen Erfassung von Wahrnehmungsstörungen unter verschiedenen physiologischen und pathophysiologischen Bedingungen darstellt.

Darüber hinaus ergibt sich aus dem Vergleich der hier dargestellten Daten mit Vergleichsdaten schizophrener Patienten während akuter produktiv-psychotischer Episoden ein interessanter Arbeitsansatz zur Erklärung basaler Mechanismen des produktiv-psychotischen Geschehens. In Übereinstimmung mit einer Reihe klinischer Beobachtungen, die auf eine Rolle der Cannabinoide bei produktiv-psychotischen Syndromen hinweisen (Andréasson et al., 1989), läßt sich spekulieren, daß eine gesteigerte oder dysregulierte Aktivität des endogenen, im Zentralnervensystem lokalisierten Cannabinoid/Anandamid-Systems produktive psychotische Symptome hervorrufen kann.

Unter Berücksichtigung der Vielfalt von Faktoren, durch die die ausgesprochen heterogenen schizophrenen Krankheitsbilder beeinflußt werden können, bietet diese Cannabinoid-Hypothese produktiver Psychosen einen weiteren wichtigen ätiologischen Faktor an, dessen Relevanz in der Zukunft durch intensive Untersuchungen geprüft werden sollte.

4. Erfassung kognitiv-emotionaler Leistungen bei depressiven Patienten mit Hilfe ereigniskorrelierter Potentiale (ERP)

Die Untersuchung von Veränderungen der Kognitions-Emotionskopplung bei affektiv gestörten Patienten kann einen Beitrag zum besseren Verständnis der bei diesen Störungen anzutreffenden neuropsychologischen Veränderungen bieten.

Ereigniskorrelierte Potentiale (ERP) wurden daher mit der oben beschriebenen Methodik zunächst bei gesunden Versuchspersonen, später bei Depressiven, während eines Versuches zum kontinuierlichen Wiedererkennen von visuell präsentierten Wörtern bestimmt (Verben und Substantive; dargestellt sind die Befunde für die Verben; vgl. Dietrich et al., 1995). Diese unterschieden sich bezüglich ihres emotionalen Gehaltes: als „positiv" wurden beispielsweise „küssen", als „neutral" z. B. „gehen" und als „negativ" z. B. „sterben" von einer unabhängigen Probandengruppe eingestuft. Die Versuchspersonen mußten entscheiden, ob ein präsentiertes Item ein erstes ("neues" Wort) oder bereits ein zweites Mal ("altes" Wort) auf einem Bildschirm präsentiert wurde. Die richtig als "alt" wiedererkannten Wörter waren bei allen drei Wortkategorien mit einer größeren Positivität ca. 250 ms post stimulus (alt/neu-Effekt) verbunden. Dieser alt/neu-Effekt war bei den gesunden Probanden am deutlichsten bei den als "negativ" eingestuften Items und hierbei mit einer frontalen Betonung ausgeprägt (Abb.3), was zunächst die Hypothese bestätigte, daß die unterschiedliche emotionale Färbung von Wörtern Einfluß auf die kognitive Verarbeitung hat und sich dies in unterschiedlichen ERP-Verläufen ausprägt.

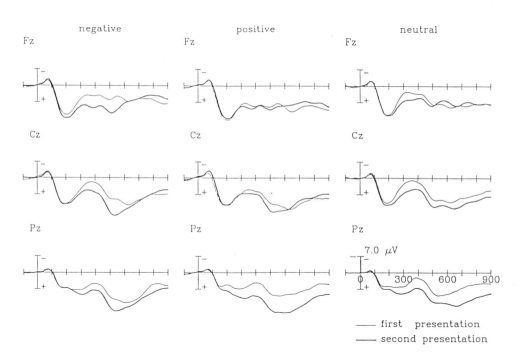

Abb. 3: Gesamtmittel-Darstellung der ereigniskorrelierten Potentiale für die richtig wiedererkannten Verben mit unterschiedlichem emotionalem Gehalt für die zentralen Elektrodenpositionen bei gesunden Probanden.

Bei den Depressiven wies der alt/neu-Effekt eine signifikant geringere und für die "negativen" Items die kleinste Ausprägung auf, verbunden mit einer größeren besonders frontal ausgeprägten Positivität bei der Erstpräsentation im Vergleich zu den Gesunden (siehe Abb.4).

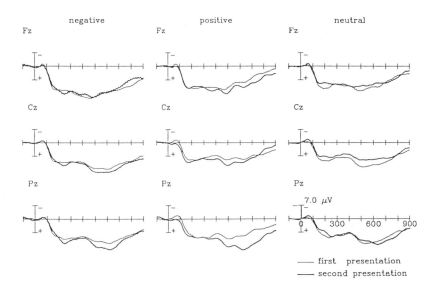

Abb. 4: Gesamtmitttel-Darstellung der ereigniskorrelierten Potentiale für die richtig wiedererkannten Verben mit unterschiedlichem emotionalem Gehalt für die zentralen Elektrodenpositionen bei Depressiven.

Interpretierbar werden die unterschiedlichen Befunde insbesondere durch die Variation des emotionalen Gehaltes der präsentierten Wörter: Die größere Positivität bei der Erstpräsentation zwischen etwa 250-500 ms besonders für die negativen Begriffe bei den Depressiven erscheint wie ein ERP-Verlauf bei der Zweitpräsentation der Wörter, d.h. die ERP ähneln den Verläufen zuvor gebahnter Begriffe ('repetition priming'). Dieser „Bahnungseffekt" könnte Ausdruck größerer semantischer Übereinstimmung der präsentierten Begriffe mit den vorbestehenden Gedanken der Depressiven sein. Diese bestehen bekanntlich nicht unwesentlich aus negativ gefärbten Erinnerungen und Assoziationen. Die grüblerischen negativen Gedanken „bahnen" so quasi die ERP-Potentiale besonders für die präsentierten negativen Wörter. Dies wiederum läßt sich in Bezug setzen zu Theorien über die Rolle der Zeit bei depressiven Erkrankungen, bei denen angenommen wird, daß Depression mit einem Dominieren der negativen Werteerfahrungen der Vergangenheit zu tun hat (siehe z. B. Theunissen, 1992). Diese „Dominanz" des negativen Vergangenen erklärt am ehesten die geringere Differenz der ERP zwischen Erst- und Zweitpräsentation bei Depressiven in diesem Beispiel und scheint somit die erwähnten Theorien zu bestätigen.

Auf diese spezifische Weise modifizierte ERP-Experimente eignen sich somit für die Untersuchung kognitiver und emotioneller Prozesse psychiatrischer Patienten. Weitere Informationen (z.B. zur Topographie dieser Prozesse) lassen sich durch spezifische mathematische Verfahren zur Berechnung der Quellen neuronaler Aktivitäten und insbesondere durch die anzustrebende Kombination dieser Versuchsparadigmen mit PET-Untersuchungen (oder funktionellem NMR) gewinnen.

Elementare zeitliche Informationsverarbeitung als Diagnoseinstrument zentralnervöser Störungen

Nicole von Steinbüchel und Marc Wittmann

Zusammenfassung

Für Diagnostik und Therapie von Patienten, die hirnorganische Schädigungen aufweisen, erscheint eine Unterscheidung in mental-inhaltsbezogene und logistische Funktionen nützlich. Nach einer Schädigung des ZNS können neben inhaltsbezogenen Funktionen der Reizaufnahme, Reizbearbeitung und Handlung wie z.B. Sprache, Planen oder Gedächtnis auch formale Randbedingungen z.B. der Aktivation oder der zeitlichen Integration und Organisation gestört sein. Mit verschiedenen experimentellen Paradigmen werden unterschiedliche Ebenen der zeitlichen Informationsverarbeitung und Verhaltensorganisation erfaßt, die je nach Art und Lokalisation der Schädigung differentiell gestört sein können. Dies wird exemplarisch für Patienten mit fokalen Hirnschädigungen, für Patienten mit symptomatischer HIV-Infektion und Patienten mit unterschiedlich behandelten Epilepsien gezeigt.

Summary

For the diagnosis and therapy of patients suffering from injuries of the CNS, it seems useful with regard to mental functions to distinguish between functions related to content and logistic functions. After an injury of the CNS, both content related functions of stimulus perception, stimulus processing and action such as language, planning or memory, and formal constraints such as activation or temporal integration and organisation can be impaired. With various experimental paradigms different levels of temporal processing of information and behaviour are assessed, which can be differentially impaired depending on the nature and localization of the damage. This will be shown for patients with focal brain lesions, for patients with symptomatic HIV infection, and for patients with epilepsy who received different treatment.

1. Zur Lokalisation psychischer Funktionen

Lokale Schädigungen des Gehirns können bekanntlich zu selektiven Funktionsstörungen führen. Als Folge der Läsionen wird ein vollständiger Ausfall neuronaler Tätigkeit oder ein veränderter Stoffwechsel in betroffenen und angrenzenden Arealen beobachtet; beides kann heute mit modernen bildgebenden Verfahren sichtbar gemacht werden. Außerdem werden mit Verhaltensbeobachtungen und psychologischen Instrumenten, wie z.B. psychometrischen und neuropsychologischen Tests Verhaltens- und Erlebensauffälligkeiten objektiviert. Für ein Verstehen der so erhobenen Befunde mit Implikationen für eine weitere Diagnostik und Therapie ist ein differenziertes Konzept über die Repräsentation psychischer Funktionen im Gehirn notwendig.

In den Neurowissenschaften besteht seit langem eine Kontroverse zwischen Lokalisationisten und Antilokalisationisten. Es wird aber heute meist von einem modifizierten Lokalisationalismus ausgegangen, der die Vorstellung einer holistischen Repräsentation von Funktionen mit der strengen Lokalisation von Funktionen in umschriebenen Gebieten integriert (z.B. Jenkins & Merzenich, 1992; v. Steinbüchel & Pöppel, 1993). Komplexe Funktionen, wie z.B. Sprache, Lernen oder Gedächtnis sind nicht an einem Ort repräsentiert. Sie setzen sich aus Unterfunktionen zusammen, die modular in mehreren Arealen des Gehirns repräsentiert sind. Erst durch die Integration dieser Komponenten gelingt das komplexe Funktionieren, beispielsweise von Sprache. Daß komplexen Leistungen - wie etwa dem Lesen - verteilte Aktivitäten in verschiedenen Arealen zugrundeliegen, zeigen schon ältere Untersuchungen, in welchen die regionale Hirndurchblutung erfaßt wird (z.B. Lassen et al., 1977).

Eine weitere Differenzierung hinsichtlich der Taxonomie von Funktionen nimmt Pöppel (1988) vor, indem er zwischen inhaltsbezogenen und logistischen Funktionen unterscheidet. Inhaltsbezogene Funktionen generieren den Gehalt von subjektiver Erfahrung (das „Was"). Sie sind jedoch abhängig von formalen Randbedingungen (dem „Wie"), nämlich der Aktivation und der zeitlichen Organisation neuronaler Prozesse. Ein Grund für die zuvor erwähnte Kontroverse um die Lokalisation könnte in der undefinierten Verwendung des Begriffes „Funktion" liegen; durch die Unterscheidung in inhaltsbezogene und logistische Funktionen wird eine Lösungsmöglichkeit angeboten (von Steinbüchel & Pöppel, 1993). Inhaltsbezogene Funktionen lassen sich gliedern in die Kategorien: Reizaufnahme (Wahrnehmung), Verarbeitung und Evaluation bzw. Bewertung (Lernen, Gedächtnis und Emotion) und Reaktion (Handlungsplanung und Handlung). Verletzungen bestimmter Hirnregionen haben den Ausfall neuronaler Programme eines oder mehrerer dort repräsentierter Module und der durch sie repräsentierten Funktionen zur Folge, während andere verfügbar bleiben. Logistische Funktionen hingegen sind räumlich nicht eindeutig zuzuordnen. Wenn z.B. die formalen Randbedingungen der Aktivation, Integration oder zeitlichen Organisation der neuronalen Prozesse gestört sind, ist die gesamte psychisch-inhaltsbezogene Funktionsfähigkeit beeinträchtigt. So finden sich beim Krankheitsbild der Depression Hinweise auf eine generell veränderte zeitliche Verarbeitung, die bei Münzel (1993) diskutiert wird.

Die elementaren zeitlichen Organisationsfunktionen koordinieren die über das Gehirn verteilten lokal repräsentierten inhaltsbezogenen Funktionen und ermöglichen so ein Zusammenspiel dieser Komponenten. Hierbei lassen sich mehrere Ebenen der zeitlichen Struktur neuronaler Informationsverarbeitung unterscheiden. Mit sehr langwelligen Oszillationen befaßt sich u.a. die Chronobiologie (z.B. Aschoff, 1994). Hier sollen jedoch nur einige Oszillationen im Sekunden- bzw. Millisekundenbereich betrachtet werden. Mit der Erkennung der Aufeinanderfolge von einzelnen Ereignissen in ihrer zeitlichen Ordnung verbunden ist ein hochfrequenter Prozeß im zeitlichen Bereich von etwa 30-40 ms. Ein niederfrequenter Prozeß im Zeitbereich bis zu etwa 3 Sekunden ermöglicht die Integration aufeinanderfolgender Ereignisse zu Wahrnehmungs und Handlungsgestalten. Zeitlich zwischen dem hoch- und dem niederfrequenten Bereich liegt die Ebene der Ausführung bestimmter Bewegungen (z.B. Reaktionen auf plötzlich auftretende Ereignisse) und ihre mögliche neuronale Implementierung, auf die zum Schluß eingegangen wird.

2. Neuronale Oszillationen als zeitlicher Ordnungsparameter

Bei der Integration der in verschiedenen Hirnarealen modular repräsentierten Informationen ergibt sich nach Pöppel et al. (1990) infolge intermodal unterschiedlicher Laufzeiten ein Verarbeitungsproblem. Unter Laufzeit ist in diesem Kontext die Gesamtdauer vom Auftreten eines Reizes in der äußeren Welt bis zu seiner neuronal codierten zentralen Verfügbarkeit zu verstehen. Diese setzt sich aus einem externen (physikalischen) Anteil, einem für die Umwandlung in den Rezeptoren benötigten Teil (der Transduktionszeit) und einem internen (zentralnervösen) Teil zusammen. Letzterer soll hier zunächst vernachlässigt werden. Physikalisch und biophysikalisch sind die verschiedenen sensorischen Modalitäten durch verschiedene Zeitcharakteristiken gekennzeichnet (Torre et al., 1995). Daraus ergibt sich u.a., daß nur bei einer ganz bestimmten Distanz, dem „Horizont der Gleichzeitigkeit", der für das visuelle und das auditorische System im Bereich von etwa 10 m liegt, die neuronalen Signale wirklich gleichzeitig für die zentrale Integration und Weiterverarbeitung zur Verfügung stehen. Optische und akustische Reize, die ein Objekt charakterisieren, werden unterschiedlich schnell transduziert; auditive Information liegt nach Transduktionszeiten von weniger als 1 ms vor, während visuelle Information frühestens nach etwa 20 ms verfügbar ist. Hierdurch entsteht für die zentrale zeitliche Verfügbarkeit der Informationen aus beiden sensorischen Systemen ein logistisches Problem. Pöppel et al. (1990) nehmen deshalb an, daß das Gehirn mittels neuronaler Oszillationen Systemzustände definiert, innerhalb derer alle eintreffenden Informationen als gleichzeitig behandelt werden. Eine Periode dieser Oszillationen entspricht einem solchen Systemzustand, in dem alle Informationen als „kotemporal" gelten. Aufgrund zahlreicher experimenteller Befunde wird postuliert, daß diese hochfrequenten Oszillationen eine Periodendauer von etwa 30 bis 40 ms haben. Verschiedene neuronale Impulse, die innerhalb dieses Intervalls eintreffen, gelten als gleichzeitig. Erst die Information, die in der nächsten Periode ankommt, wird als zweites, in seiner Ordnung als nachfolgendes Ereignis registriert. In diesem Konzept wird also auch von einer zeitlich diskontinuierlichen, d.h. diskreten Informationsverarbeitung ausgegangen, wobei die einzelnen Schritte jeweils etwa 30 bis 40 ms dauern.

Experimentelle Hinweise für diese These stammen z.B. aus neurophysiologischen Untersuchungen auf der Einzelzell-Ebene und von Massenpotentialen. Gardner und Costanzo (1980) zeigten etwa, daß im somatosensorischen Cortex zeitliche Integrationen im hier diskutierten Bereich liegen. Oszillationen im Gammawellenbereich (30 - 60 Hz) wurden auch im visuellen Kortex der Katze als Synchronisationen zwischen einzelnen Kolumnen interpretiert, die globale Stimuluseigenschaften wiederspiegeln (Gray et al., 1989). Studien über akustisch evozierte Potentiale erbrachten Hinweise auf Oszillationen mit Periodendauern von etwa 30 ms, die unter Vollnarkose verschwinden (Madler & Pöppel, 1987). Es wurde geschlossen, daß Oszillationen in diesem Frequenzbereich eine notwendige Bedingung für zentralnervöse Informationsverarbeitung darstellen, und daß eine Aufhebung der Oszillationen - z.B. durch allgemein wirkende Anästhetika - integrierte zentralnervöse Informationsverarbeitung unmöglich macht (siehe auch Schwender et al., 1994).

Auch Befunde aus den Forschungsbereichen der Wahrnehmung optischer und akustischer Reize und der Motorik sprechen für zeitlich diskrete Verarbeitungsprozesse: z.B. bei Aufgabenstellungen, welche die Koordination von Wahrnehmung und Motorik verlangen, werden Multimodalitäten in Abständen von etwa 30 ms beobachtet. Bei der Aufgabe, durch Drücken einer Taste („Tapping") die Wahrnehmung eines rhythmischen, akustischen Musters durch dessen Reproduktion zu koordinieren, treten regelmäßige Synchronisationsfehler auf. Die Versuchspersonen drücken die Taste, im Glauben, sie reagierten gleichzeitig, immer systematisch kurz vor dem Auftreten des jeweiligen Tons. Erklärungsmodelle zu dieser Asynchronie haben Aschersleben und Prinz (1995) diskutiert. Die Analyse der Verteilung der Synchronisationsfehler zeigte bei Radil et al. (1990) verschiedene lokale Maxima, mit einem Intermodalabstand von etwa 30 ms. Dieser Abstand fand sich sowohl in den individuellen Verteilungen als auch bei der Mittelung über alle Versuchspersonen. Auch hier legen die Ergebnisse zeitlich diskrete, zentrale Steuerungsmechanismen nahe, die motorische Aktivitäten organisieren.

Bei Untersuchungen zu auditiven, visuellen und taktilen zeitlichen Ordnungsschwellen, bei welchen Probanden die Reihenfolge von zwei Ereignissen anzugeben haben, muß ein Abstand von mindestens 30 bis 40 ms zwischen den Reizen gegeben sein, damit die Ordnung mit hoher Präzision richtig erkannt werden kann (Hirsh & Sherrick, 1961). Bei älteren Probanden liegt dieser Wert zwischen 40 und 60 ms. Diese Übereinstimmung zwischen den sensorischen Modalitäten deutet darauf hin, daß die Wahrnehmung zeitlicher Ordnung von Ereignissen an einen allgemeinen, zentralen Mechanismus gekoppelt ist (von Steinbüchel & Pöppel, 1991). Wenn nach erworbenen Hirnschädigungen Funktionsstörungen durch die Veränderung hochfrequenter neuronaler Oszillationen charakterisiert ist, sollte sich diese auch bei der zeitlichen Ordnungsschwelle zeigen. Swisher und Hirsh (1972), wie auch Efron (1963) berichteten von einer Verlangsamung der zentralen Verarbeitung von Reizen - gemessen mit dem Ordnungsschwellenparadigma, bei Patienten mit Hirnschädigungen, insbesondere bei Patienten mit Aphasien. Diese Befunde können als Hinweis darauf gedeutet werden, daß eine inhaltsbezogene Funktionsstörung der Sprache (z.B. der Syntax oder Semantik) zum Teil abhängig ist von einer Störung der logistischen Funktion bei der zeitlichen Ordnung zentralnervös verarbeiteter Information. Wenn zwei aufeinanderfolgende Phoneme nämlich als neuronale Codes in derselben durch die Störung verlängerten Oszillationsperiode eintreffen - und nicht wie bei Gesunden in zwei aufeinanderfolgenden kürzeren Perioden -, kann ihre Reihenfolge nicht mehr erkannt werden. Bei einem Teil der Patienten mit Aphasien ist auch die Erkennungs- und Unterscheidungsleistung bei Stopkonsonant-Vokal-Silben mit verschiedenen „Voice-Onset-Times" (die Zeit, die zwischen Plosivgeräusch und Stimmlippenschwingung vergeht) gestört (Tallal & Newcombe, 1978). Zur Unterscheidung zwischen Stimmhaftigkeit, z.B. der Silbe /da/, und Stimmlosigkeit, z.B. der Silbe /ta/, wird nämlich eine zeitliche Auflösungsfähigkeit im Millisekundenbereich benötigt.

So führten u.a. diese Befunde zur Formulierung und Überprüfung der Hypothese, daß eine Verbesserung der zeitlichen Diskriminationsfähigkeit eine Verbesserung sprachlicher Erkennungsleistungen bei Aphasikern bewirken könnte (von Steinbüchel, 1987, 1995a). Bei einem Training der auditiven Ordnungsschwellen bei Patienten mit Aphasien wurde jedem Ohr unabhängig voneinander ein „click" von 1 ms Länge in randomisierter Folge (links oder rechts zuerst) präsentiert. Die Aufgabe der Patienten war es, anzugeben, welches Ohr zuerst stimuliert wurde. Die Aphasiker (überwiegend mit „nicht-flüssigen" (Broca-) Aphasien, zum großen Teil mit zusätzlicher Symptomatik „flüssiger" Aphasien) benötigten durchschnittlich ein Interstimulus-Intervall (ISI) von über 100 ms, um die Ordnung der Reize korrekt angeben zu können; jüngere Gesunde hatten eine mittlere Ordnungsschwelle von 32 ms. Über ein verhaltenstheoretisch orientiertes Ordnungsschwellentraining mit positiver Rückmeldung konnte sich eine Aphasikergruppe (die Experimentalgruppe, n = 5) bis nahe an den Wert der Gesunden verbessern. Zwei weitere Aphasikergruppen, die zur Kontrolle mit einer visuellen Suchbildaufgabe (Kontrollgruppe 1, n = 5) beschäftigt bzw. in der Fähigkeit der Tonhöhendiskrimination (Kontrollgruppe 2, n = 5) nach demselben Design wie die Experimentalgruppe trainiert wurden, verbesserten sich jedoch nicht.

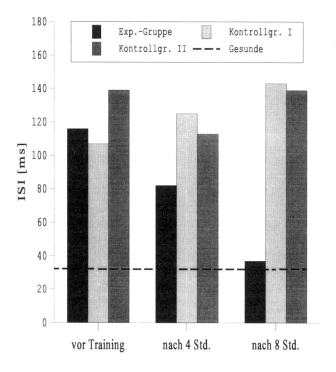

Abb. 1: Ordnungsschwellen-Mittelwerte der aphasischen Experimentalgruppe und der beiden aphasischen Kontrollgruppen im Vergleich zu einer gesunden Gruppe vor, nach 4 Stunden und nach 8 Stunden OS-Training.

Um einen möglichen Transfer auf eine verbesserte Sprachlauterkennung zu testen, wurde bei allen Gruppen die Fähigkeit, Stopkonsonant-Vokal-Silben mit verschiedener Voice-Onset-Time zu unterscheiden, geprüft.

Nur die in das Ordnungsschwellentraining eingeschlossenen Aphasie-Patienten unterschieden sich nach Therapieende in ihrer Fähigkeit, die Phoneme /da/ und /ta/ zu unterscheiden, nicht mehr von Gesunden. Die beiden anderen Aphasikergruppen dagegen zeigten unverändert große Probleme in der Phonemunterscheidung.

Elementare zeitliche Informationsverarbeitung 151

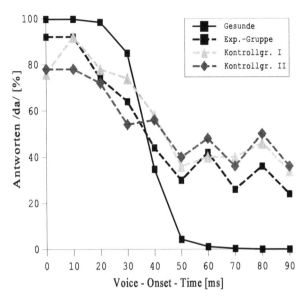

Abb. 2a: /da/ta/-Diskriminationsleistung in Prozent vor dem Ordnungsschwellen-Training der aphasischen Experimentalgruppe und der beiden aphasischen Kontrollgruppen im Vergleich zu einer gesunden Gruppe.

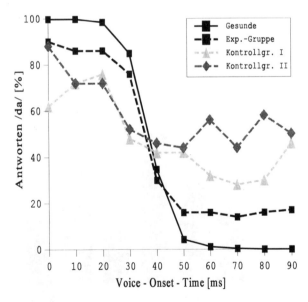

Abb. 2b: /da/ta/-Diskriminationsleistung in Prozent nach dem Ordnungsschwellen-Training der aphasischen Experimentalgruppe und der beiden aphasischen Kontrollgruppen im Vergleich zu einer gesunden Gruppe.

Also verbesserten sich nur die mit dem Ordnungsschwellenparadigma trainierten Patienten in der zeitlich-logistischen Funktion und zeigten einen Transfer auf die inhaltsbezogene Leistung. Dieser Befund weist auf die Bedeutung der zeitlich hochfrequenten Verarbeitung von Reizen und deren Störung für die Sprachentwicklung hin. Als mögliche therapeutische Konsequenz leitet sich ab, daß in der Therapie von Aphasien eine „neurobiologisch orientierte" Therapie, welche die elementaren neuronalen Leistungsbedingungen bezüglich der zeitlichen Codierung von Reizen verbessert, den Effekt der linguistisch orientierten Therapie möglicherweise verstärken könnte. Mit diesem Paradigma des Trainings von zeitlicher Verarbeitung der Wahrnehmung erzielten kürzlich auch Merzenich et al. (1996) Erfolge bei sprachentwicklungsverzögerten Kindern.

Auch die im folgenden erwähnten Befunde stammen von Patienten mit erworbenen fokalen Hirnschädigungen und geben Hinweise auf mögliche Lokalisationen zeitlicher Verarbeitungsmechanismen. Es handelt sich um Patienten mit 1. linkshemisphärischen präzentralen Läsionen (LH prä, n = 7) und „nicht-flüssigen" (Broca-) Aphasien, 2. linkshemisphärischen postzentralen Läsionen (LH post, n = 15) und „flüssigen" (Wernicke-, amnestischen-, transkortikal-sensorischen) Aphasien, 3. mit linkshemisphärischen (zum Teil ausschließlich subkortikalen) Läsionen ohne Aphasie (LH ohne Aph., n = 9), 4. rechtshemisphärischen präzentralen Läsionen (RH prä, n = 7) und 5. rechtshemisphärischen postzentralen Läsionen (RH post, n = 7). Als Kontrollgruppe dienten Patienten ohne Beeinträchtigungen des ZNS mit zumeist orthopädischen Problemen (n = 17). Über die einzelnen Experimente hinweg verändert sich die Zahl der in die Auswertung eingehenden Patienten pro Gruppe leicht.

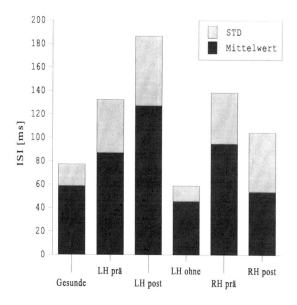

Abb. 3: Gemittelte auditive Ordnungsschwellen für fünf Patientengruppen mit fokalen Hirnschädigungen und eine neurologisch gesunde Gruppe.

Diese Untersuchungen zur auditiven Ordnungsschwelle (v. Steinbüchel et al., 1995) zeigen, daß nur bei den Patienten mit fokalen postcentralen Läsionen der linken Hemisphäre, die zu einer „flüssigen" Aphasie führen, eine signifikante Verlängerung der Ordnungsschwelle zu beobachten ist. Bei Patienten mit präzentralen Läsionen in der linken Hemisphäre, die zu „nicht-flüssigen"- (Broca)-Aphasien führen, war eine solche signifikante Verlängerung nicht zu beobachten. Patienten mit kontralateralen Läsionen (in der rechten Hemisphäre) und Patienten mit linkshemisphärischen, zum Teil nur subkortikalen Läsionen, die außerhalb der Sprachregionen liegen und neurologisch Gesunde, zeigen keine derartige Verlängerung.

Diese Ergebnisse geben somit deutliche Hinweise auf die Gebiete, die bei Verletzung zu einer Verlängerung hochfrequenter Oszillationsperioden führen können, nämlich die linkshemisphärischen Areale, die mit den Funktionen der Sprachrezeption verbunden sind.

3. Zeitliche Integration und ihre Veränderungen nach zentralnervöser Schädigung

Der zweite hier diskutierte Bereich zeitlicher Organisation neuronaler Informationsverarbeitung betrifft die Verbindung einzeln wahrgenommener Ereignisse und Ereignisfolgen zu einer zusammengehörigen Gestalt (z.B. Pöppel, 1994). Die Integrationsdauer erstreckt sich bis zu etwa 3 Sekunden und ist vermutlich assoziiert mit der subjektiven Gegenwart, dem Erlebnis von „Jetzt". Was wir als Gegenwart bezeichnen, ist kein ausdehnungsloser Schnittpunkt von Vergangenheit und Zukunft, sondern hat introspektiv eine Dauer von einigen wenigen Sekunden. Es ist die Zeit, in der Menschen sich und ihre Umgebung präsent haben und überblicken. Dieses Zeitfenster nutzen wir für Aktivitäten und unsere Leistungen sind innerhalb dieser Grenzen auch am genauesten (von Steinbüchel et al., 1993). Allerdings sollte man hier nicht von einer Zeitkonstante im physikalischen Sinn ausgehen, sondern von einer zeitlichen Bereichsangabe.

Dieser Integrationsmechanismus ist zugänglich einerseits mittels sensomotorischer Experimente, andererseits auch durch Verhaltensbeobachtungen. Die Messung der Dauer von alltäglichen kurzzeitigen, insbesondere repetitiven, Handlungen von Menschen beim Essen, Arbeiten oder Sprechen, ergibt - konstant über unterschiedliche Kulturen - stets ein klares Häufigkeitsmaxima bei etwa drei Sekunden. Zeitdauern von weniger als zwei Sekunden oder über vier Sekunden sind deutlich seltener festzustellen (Schleidt et al., 1987).

Auch aus Studien zur „Mismatch Negativity" mit Hilfe der Magnetencephalographie (MEG) können Hinweise für diesen Integrationsprozeß gezogen werden. Die „Magnetic Mismatch Negativity" (MMN) kann als objektive und als von Aufmerksamkeitslenkungen unabhängige Meßvariable von zentraler auditiver Repräsentation angesehen werden (Näätänen, 1995). Dabei konnte in einer Untersuchung (Sams et al., 1993) festgestellt werden, daß die MMN bei einem Interstimulus-Intervall (ISI) von etwa 3 Sekunden die größte Amplitude zeigte. Dies kann so interpretiert werden, daß eine maximale Bereitschaft des sensorischen Kanals, in diesem Fall des auditiven Systems, für neue Information jeweils nach etwa 3 Sekunden vorliegt. Oder anders formuliert: Nach längstens 3 Sekunden ist ein Integrationsintervall abgeschlossen, und der sensorische Kanal wird wieder sensitiver für neue von den Sinnesorganen bereitgestellter Information.

Auch die unter Punkt 2 bereits erwähnten „Tapping"-Experimente zur sensomotorischen Synchronisation sind in dieser Hinsicht aufschlußreich. Bei einem ISI bis etwa 2 oder 3 Sekunden kann ein Proband den nächsten Ton mit einem geringen Synchronisationsfehler - antizipieren, die Tonfolge also adäquat mit seinem Tastendruck begleiten. Bei einem ISI jenseits dieser Grenze ist das Gehirn häufig nicht mehr in der Lage zu antizipieren und das Verhalten schlägt um in eine Reaktion auf den Reiz (Mates et al., 1994). Es scheint, daß innerhalb einer Dauer von bis zu 3 Sekunden die Koordination des motorischen Programmes mit der Antizipation von Reizen erfolgreich funktioniert, längere ISI jedoch die zeitliche Integrationsleistung des Gehirns beim Vergleich der Handlungsplanung mit dem Handlungserfolg - überfordern.

Auch bei der Wirksamkeitsbewertung verschiedener Antiepileptika wie Carbamazepin (CBZ, n = 12) oder Phenytoin (PT, n = 12) bei Patienten mit Epilepsie, welche also nichtfokale Schädigungen des ZNS aufweisen, hat sich dieses experimentelle Paradigma bewährt. Patienten, die mit Phenytoin behandelt werden, zeigen bei der Präsentation von Tonserien mit einem ISI von 1200, 1800, 2400, 3000 und 3600 ms signifikant verlängerte Synchronisationfehler im Vergleich zu Patienten, die mit Carbamazepin behandelt werden oder gesunden Kontrollpersonen (von Steinbüchel et al., 1992b).

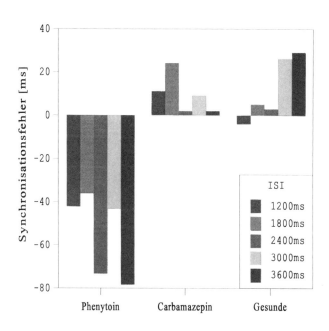

Abb. 4: Gemittelte Synchronisationsfehler der mit Carbamazepin oder Phenytoin behandelten Epilepsiepatienten im Vergleich zu einer gesunden Kontrollgruppe bei Vorgabe von fünf verschiedenen ISI.

Elementare zeitliche Informationsverarbeitung 155

Eine weitere Methode zur Messung der Integrationsspanne von Ereignissen stellt die nonverbale Reproduktion von Zeitdauern dar. Werden akustische oder optische Reize vorgegeben, die von Probanden entsprechend der Dauer reproduziert werden sollen, so zeigt sich, daß Zeitintervalle bis zu ungefähr drei Sekunden nahezu korrekt - höchstens mit einer kleinen Überschätzung - reproduziert werden können. Bei Intervallen über drei Sekunden hingegen werden sie bei größerer Verhaltensvarianz stark unterschätzt. Der Zeitpunkt, bei dem der Übergang von der Überschätzung zur Unterschätzung stattfindet, definiert das Indifferenzintervall. An diesem Punkt wird die Dauer am genauesten wiedergegeben und die Varianz der Reproduktionen ist am geringsten (Pöppel, 1994). Das Indifferenzintervall kann ebenfalls als zeitlicher Rahmen interpretiert werden, in dem sensorische und motorische Informationen zu einer Einheit integriert werden.

In den beiden nachfolgenden Abbildungen sind visuelle Reproduktionszeiten von Patienten mit prä- und postzentralen Läsionen in der linken und rechten Hemisphäre im Vergleich zu Gesunden dargestellt. Bei Patienten mit präzentralen Läsionen ist ein differentieller Effekt bezüglich der Reproduktion von Zeitdauern zu beobachten (von Steinbüchel et al., 1993).

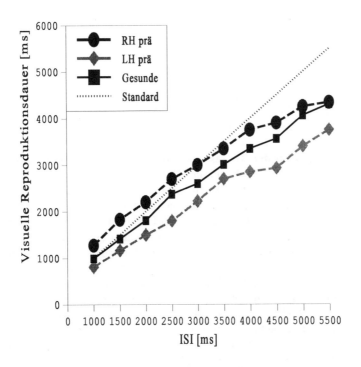

Abb. 5a: Gemittelte visuelle Reproduktionszeiten für Patienten mit präzentralen linken und rechten Läsionen und für neurologisch Gesunde.

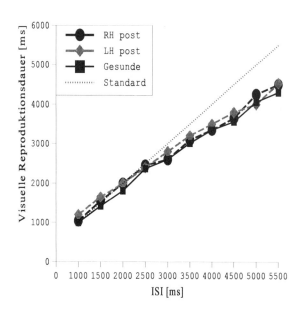

Abb. 5b: Gemittelte visuelle Reproduktionszeiten für Patienten mit postzentralen linken und rechten Läsionen und für neurologisch Gesunde.

In Abbildung 5a wird deutlich, daß Patienten mit präzentralen Läsionen in der linken Hemisphäre alle Intervalle kürzer reproduzieren als Gesunde, daß ihr Integrationsintervall also kleiner ist. Patienten mit präzentralen Läsionen in der rechten Hemisphäre überschätzen im Vergleich zu den gesunden Kontrollpersonen die Dauer zeitlicher Intervalle. Auch die Steilheit der Regressionsgerade unterscheidet sich bei dieser Gruppe signifikant von allen anderen. In Abbildung 5b ist zu sehen, daß sich Patienten mit links- oder rechtshemisphärischen postzentralen Läsionen nicht von Gesunden unterscheiden. Im übrigen unterscheiden sich auch Patienten mit Läsionen in der linken Hemisphäre ohne Aphasien - mit zum Teil nur subkortikalen Läsionen - nicht von Gesunden.

Diese Befunde können als Hinweis auf die Bedeutung des Frontalhirns bezüglich der Stabilisierung der zeitlichen Integration interpretiert werden. Man kann die Daten der beiden Patientengruppen mit Schädigungen des Frontalhirns so deuten, daß die linke Hemisphäre durch eine natürliche Tendenz zu einer längeren Integrationsspanne charakterisiert ist, die rechte Hemisphäre zu kürzeren Integrationen tendiert. Nimmt man eine interhemisphärische inhibitorische Verknüpfung beider Mechanismen an, kommt es bei Gesunden zu einer zeitlichen Stabilisierung der Integration. Erst bei der Schädigung einer Hemisphäre kann die natürliche Tendenz der gesunden Hemisphäre durch den Wegfall der Inhibition durch die andere beobachtet werden.

Ein anderes experimentelles Paradigma ist die Untersuchung von spontanen Wechselraten optischer und akustischer Kippfiguren wie z.B. der Rubin-Figur, auf der eine

Vase und dann wieder zwei Gesichter in abwechselnder Reihenfolge gesehen werden können. Die Ergebnisse hierzu weisen auf automatisierte zeitliche Verarbeitungsmechanismen im Bereich von zwei bis drei Sekunden hin. Bei der Untersuchung der Wahrnehmungsdauer jeder der beiden möglichen Interpretationen der doppeldeutigen Figuren, stellt man bei Gesunden einen spontanen Wechsel (Kippen) durchschnittlich alle drei Sekunden fest. Die hier aus Verhaltensbeobachtungen wie auch aus experimenteller Forschung berichteten Befunde - sprechen für einen neuronalen Mechanismus auf dieser niederfrequenten Ebene, der Wahrnehmung und Handlung zeitlich segmentiert und auf diese Weise menschliches Erleben und Verhalten präsemantisch strukturiert.

Bei den oben genannten Patientengruppen mit fokalen Hirnschädigungen zeigen sich bei der Untersuchung spontaner Wechselraten bei Kippfiguren selektive Störungen (von Steinbüchel et al., 1993). Als Stimulusmaterial wurden je zwei optische und akustische Kippfiguren benutzt. Beim Necker-Würfel wird bei einem Aspektwechsel die semantische Kategorie beibehalten, jedoch die Perspektive verändert wahrgenommen. Bei der Rubin-Figur (Vase-Gesichter) verändert sich die semantische Kategorie. In Analogie dazu wurden als akustische Stimuli zum einen zwei Töne unterschiedlicher Höhe gewählt (kein Kategorienwechsel), zum anderen eine Silbenfolge, deren wahrgenommene Gruppierung zwei verschiedene semantische Kategorien ergibt. Gesunde Probanden gruppieren automatisch die Töne als Paare „hoch-tief" oder „tief-hoch" und die Silbenfolge als „So-Ma" oder „Ma-So". Die Versuchspersonen sollten bei jedem spontanen Interpretationswechsel eine Signaltaste drücken. Über alle vier Versuchsbedingungen und Gruppen hinweg war die Wechselrate konstant (circa 3 bis 4 Sekunden für jede Interpretationsmöglichkeit). Lediglich die Wahrnehmungsdauern der Patientengruppen mit präzentralen Läsionen in der linken wie rechten Hemisphäre waren für die visuelle wie für die auditive Modalität eindeutig verlängert.

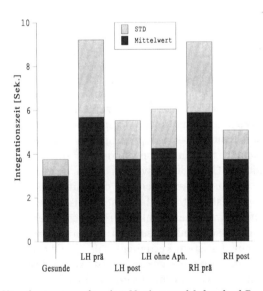

Abb. 6a: Gemittelte Kippfrequenzen für den Neckerwürfel für fünf Patientengruppen mit erworbenen fokalen Hirnschädigungen und eine neurologisch gesunde Gruppe.

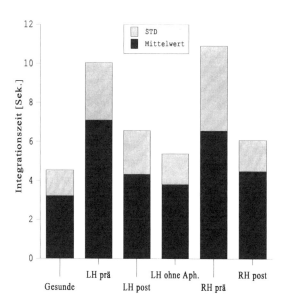

Abb. 6b: Gemittelte Kippfrequenzen für die Silbenfolge „soma - maso" für fünf Patientengruppen mit fokalen Hirnschädigungen und eine neurologisch gesunde Gruppe.

Wie schon im Zeitreproduktionsversuch ist also bei Patienten mit Frontalhirnläsionen das zeitliche Integrationsverhalten verändert. Es muß aber betont werden, daß es in den Untersuchungen zu Kippfiguren bei beiden präzentralen Gruppen zu einer Verlängerung kam, im Gegensatz zu den Experimenten zur zeitlichen Reproduktion, bei welchen nur Patienten mit rechtshemisphärischen präzentralen Läsionen längere Integrationen zeigten, während Patienten mit linkshemisphärischen präzentralen Läsionen kürzere Reproduktionsintervalle als Gesunde aufwiesen. Auch Introspektion macht bei beiden Untersuchungen unterschiedliche Ansprüche an die Aufmerksamkeit deutlich; so ist es naheliegend anzunehmen, daß zeitliche Integrationsprozesse auch wesentlich an der Kontrolle von differentiellen Aufmerksamkeitsprozessen beteiligt sind. Schon seit langem sind Aufmerksamkeitsschwankungen und deren Störungen bei verschiedenen Krankheitsbildern bekannt. Es ist zu vermuten, daß die Dynamik der Aufmerksamkeit eng an zeitliche Integrationsprozesse gekoppelt ist, wobei insbesondere die Frage zu klären ist, wie die Kontinuität von Aufmerksamkeit über aufeinanderfolgende Integrationsintervalle sichergestellt wird, und welche Störungen (z.B. auch bei Schizophrenie, Alzheimer, Alkoholismus) den Zerfall von Aufmerksamkeit bewirken.

4. Zeitliche Kontrolle von Bewegungen nach zentralnervöser Schädigung

Im Zeitbereich zwischen den beiden bisher erörterten, offenbar durch automatisierte neuronale Prozesse gekennzeichneten Prozeßebenen von 30 bis 40 ms einerseits und von 2 bis 3 Sekunden andererseits, liegt eine Vielzahl weiterer beobachtbarer Verhaltensphänomene. Diese sind zeitkritisch und möglicherweise in den zeitlichen Rahmen eingebettet, der durch die beiden genannten Prozesse vorgegeben wird; zumindest muß angenommen werden, daß jene Prozesse der zeitlichen Organisation und Integration diese Phänomene beeinflussen. Im wesentlichen ist an verschiedene Varianten des Reaktionszeitparadigmas zu denken, aber auch an so klassische Aufgaben wie das persönliche Tempo.

Bei Wahlreaktionszeitexperimenten beispielsweise ist eine getrennte Erfassung von zentralen und peripher-motorischen Anteilen einer Reaktion möglich. Ein Proband hält eine „Go"-Taste gedrückt und bewegt sich dann in Abhängigkeit von der Qualität des Reizes so schnell wie möglich zu einer von zwei Ziel-Tasten. Die Zeit, die zwischen der Stimuluspräsentation und dem Loslassen der „Go"-Taste vergeht, kann als „Entscheidungszeit" interpretiert werden, die für die Stimulusidentifikation und die Entscheidung für eine der beiden Reaktionstasten benötigt wird. Die „Bewegungszeit" mißt die Zeit zwischen dem Loslassen der „Go"-Taste und dem Erreichen der Reaktionstaste (Steinbach et al., 1991). Bei diesem Paradigma lassen sich eher zentralnervös-kognitive (Entscheidungszeit) und eher peripher-motorische Verhaltensfunktionen (Bewegungszeit) getrennt voneinander erheben.

Bei Patienten mit symptomatischer HIV-Infektion, die also nicht-fokale Schädigungen des ZNS aufweisen, stellt das Wahlreaktionszeitparadigma eines der wenigen neuropsychologischen Meßinstrumente dar, das sensitiv für die Erfassung mentaler Veränderungen im Frühstadium der Erkrankung ist (Perdices & Cooper, 1989). Im Vergleich zu einer gesunden Kontrollgruppe (n = 30) sind visuelle Wahlreaktionszeiten bei HIV-positiven Patienten (n = 60) in unterschiedlichen Erkrankungsstadien sowohl für die Entscheidungs- als auch für die Bewegungszeit signifikant verlängert (von Steinbüchel, 1994). Jeweils für die dominante Hand gemessen, beträgt die Entscheidungszeit für die Patienten im Mittel 382 ms (STD = 100 ms), für die gesunde Kontrollgruppe 280 ms (STD = 28 ms); die mittlere Bewegungszeit für die Patienten liegt bei 149 ms (STD = 74 ms), für die Kontrollpersonen bei 93 ms (STD = 15 ms). Beide Prozesse, die der zentralen Entscheidung und die der motorischen Ausführung, sind also aufgrund der Erkrankung verändert.

Bei Patienten mit Epilepsie unter Monotherapie mit Carbamazepin (CBZ, n = 12) oder Phenytoin (PT, n = 12) werden jedoch Unterschiede zwischen den zentralen und peripheren motorischen Aspekten bei Reaktionszeitmessungen beobachtet. In ihrer zentralen Entscheidungszeit sind die Patienten unter PT-Therapie (im Mittel mit 313 ms, STD = 49 ms) mit der dominanten Hand signifikant langsamer als die mit CBZ (284 ms, STD = 34 ms) behandelten Patienten oder die gesunde Kontrollgruppe (280 ms, STD = 34 ms). Bezüglich der motorischen Komponente, der mittleren Bewegungszeit unterscheiden sich die beiden Patientengruppen statistisch nicht (PT: 99 ms, STD = 11 ms; CBZ: 121 ms, STD = 56 ms). Bei der gesunden Kontrollgruppe jedoch sind signifikant kürzere Bewegungszeiten (93 ms, STD = 15 ms) als bei beiden Epilepsie-Patientengruppen zu beobachten (von Steinbüchel, 1995b). Diese Befunde zu Wahlreaktionszeiten machen deutlich, daß Aspekte der zeitlichen Verarbeitung für zentrale und peripher-motorische Anteile einer Reaktion selektiv in Abhängigkeit der Erkrankungsart und dem Läsionsort beeinträchtigt sein können.

Peripher-motorische und zentral kognitive Aspekte der zeitlichen Kontrolle von sensomotorischen Willkürbewegungen können auch bei der Untersuchung des persönlichen Tempos unterschieden werden. Hier ist die Aufgabe der Probanden für 30 Sekunden in einem ihnen angenehmen Tempo und in gleichmäßigen Takt eine Taste herunterzudrücken. Die Tastendruckdauer (TDD), welche über das Zeitintervall zwischen dem Ende der agonistischen und dem Anfang der antagonistischen Bewegung erhoben wird, repräsentiert die eher motorisch-periphere Verhaltensebene. Das Pausenintervall (PI), das zwischen dem „Offset" des letzten „Tap" und dem „Onset" des nächsten Tastendruckes liegt, läßt hingegen Rückschlüsse auf die eher zentral-kognitiven Prozesse dieser motorischen Willküraktivität zu (von Steinbüchel et al., 1992).

HIV-positive Patienten sind in ihrem persönlichen Tempo analog zu den Wahlreaktionszeitexperimenten in beiden Variablen gegenüber gesunden Kontrollpersonen verlangsamt und weisen eine wesentlich größere Varianz auf. Bei gesunden Kontrollpersonen (n = 30) liegen die zentralen Aspekte der zeitlichen Programmierung von Willkürbewegungen (Pausenzeiten, PI) bei 345 ms (STD = 154 ms), bei den HIV-Patienten (n = 60) bei 540 ms (STD = 310 ms). Die Werte für die eher motorisch-peripheren Anteile der Bewegung (Tastendruckdauer, TDD) liegen für die Kontrollpersonen bei 149 ms (STD = 86 ms) und bei den HIV-Patienten bei 310 ms (STD = 370 ms) (von Steinbüchel, 1994).

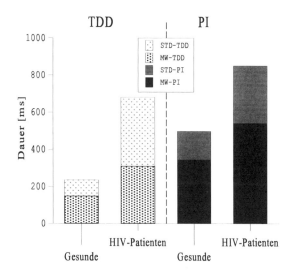

Abb. 7: Mittelwerte (MW) der Tastendruckdauern (TDD) und Pausenintervalle (PI) beim persönlichen Tempo bei Patienten mit symptomatischer HIV-Infektion und eine neurologisch gesunde Gruppe.

Hinsichtlich der Befunde zum persönlichen Tempo von Patienten mit erworbenen Hirnschädigungen werden Parallelen zu den Befunden der Ordnungsschwellenmessungen deutlich. Bei dem im persönlichen Tempo die zentralen Aspekte zeitlicher Verarbeitung abbildenden Pausenintervall unterschieden sich nur Patienten mit Läsionen der linken Hemisphäre und aphasischer Symptomatik von einer neurologisch gesunden Kontrollgruppe. Sowohl Patienten mit linkshemisphärischen Läsionen ohne Aphasie als auch Patienten mit rechtshemisphärischen präzentralen Läsionen zeigten hingegen kein verlängertes Pausenintervall (Die Patientengruppe mit postzentralen Läsionen der rechten Hemisphäre wurde wegen zu geringer Gruppengröße bisher noch nicht in die Analyse einbezogen). Die Aphasiker hatten - bei sehr großer Streubreite - im Mittel Pausenintervallzeiten von über 300 ms, während die Gesunden und die anderen Patientengruppen Werte unter 200 ms aufwiesen. Bei der Ordnungsschwelle, die ja zentrale Aspekte der zeitlichen Verarbeitung repräsentiert, zeigte aber nur die Aphasikergruppe mit postzentralen Läsionen signifikante Verlängerungen. Die eher motorische Anteile repräsentierende Tastendruckdauer differenzierte nicht zwischen den verschiedenen Gruppen (Wittmann et al., 1995).

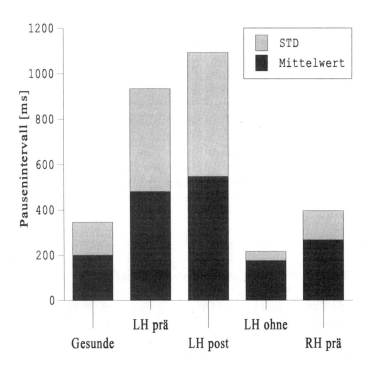

Abb. 8: Persönliches Tempo für vier Patientengruppen mit fokalern Hirnschädigungen und einer neurologisch gesunden Gruppe.

Mit den inhaltsbezogenen Störungen der Sprachfunktionen gehen also nicht nur Störungen der hochfrequenten Prozesse, sondern auch Störungen der zeitlichen Prozesse der Implementierung und Ausführung von Bewegungen einher. Es ist möglich, daß diese beiden unterschiedlichen funktionalen Algorithmen unabhängig voneinander wichtige formale Rahmenbedingungen für Sprachrezeption und Sprachproduktion bilden. Denkbar ist aber auch ein Zusammenhang beider zeitlichen Funktionsebenen. Mehrere hochfrequente Oszillationen könnten aufsummiert und zu einer Gestalt integriert die Prozesse auf dieser mittleren, zeitlichen Verarbeitungsebene bilden.

5. Schlußfolgerung

Diese Ausführungen sollen deutlich machen, wie wichtig die Erfassung zeitlicher Aspekte der Verarbeitung von Information ist. Hirnschädigungen und andere Erkrankungen des zentralnervösen Systems führen häufig auch zu Störungen im Zeitbereich. Neben die Untersuchung von inhaltsbezogenen Funktionen sollte also auch die Überprüfung der formalen Randbedingungen treten, denn Störungen mancher Komponenten inhaltsbezogener Funktionen können auf erkrankungsbedingte Änderungen der logistischen Funktionen zurückzuführen sein. Dieser in der Diagnostik bisher vernachlässigte Aspekt hat dann natürlich auch Konsequenzen für die Therapie. Durch therapeutische Interventionen auf den Ebenen der zeitlichen Integration und Organisation können die inhaltsbezogenen Funktionsebenen beeinflußt werden. Vorgestellt wurden drei Bereiche der zeitlichen Informationsverarbeitung, die je nach Art der Schädigung und Lokalisation differentiell bei Patienten mit fokalen Hirnläsionen gestört sein können. Aber auch bei Patienten mit Epilepsie oder symptomatischer HIV Infektion werden - eventuell medikamentös beeinflußbare Veränderungen der zeitlichen Organisation ihres Verhaltens beobachtet. Einige der dargestellten neuropsychologischen Untersuchungen könnten als Diagnoseinstrumente eingesetzt werden und zur Entwicklung von verhaltenstherapeutisch orientierten Therapieansätzen führen. Eine Entwicklung und Integration dieser Sicht von Funktionsstörungen verspricht für die Zukunft wichtige Ergänzungen für Diagnostik und Therapie, um einen komplementären Einsatz der verschiedenen Möglichkeiten zum Vorteil der Patienten sicherzustellen (v. Steinbüchel et al., 1992a).

Danksagung

Ein großer Teil der Patienten mit erworbenen Hirnschädigungen wurden in der Rehabilitationsklinik Bavaria, Schaufling, unter der Leitung von Dr. Frommelt und mit Hilfe von Dr. Ernst de Langen untersucht. Dr. Mario Prosiegel, Neurologische Klinik Tristanstraße, München, evaluierte die CTs. Ihnen gilt unser ausdrücklicher Dank. Die Studie wurde vom Bundesministerium für Bildung und Forschung finanziert. Förderschwerpunkt Neurotrauma, FKZ: 01 KO 94026.

IV.

Neuropsychologie visueller Funktionen

Grundlagen der Behandelbarkeit cerebral verursachter Gesichtsfelddefekte

Erich Kasten, Fritz Schmielau, Wolfgang Behrens-Baumann, Stefan Wüst und Bernhard A. Sabel

Zusammenfassung

Der Artikel zählt Forschungsansätze zur Plastizität des Sehsystems auf und beschreibt dann die wichtigsten tierexperimentellen Arbeiten. Auch viele himgeschädigte Patienten leiden unter cerebral verursachten Sehstörungen. Es wurden 36 Patienten untersucht, um die Frage der Variabilität von Gesichtsfeldausfällen zu prüfen. Die Daten zeigten eine unerwartet hohe Stabilität der visuellen Defizite. Der zweite Teil des Artikels beschreibt ein System computergestützter Trainingsprogramme, welches die Größe des blinden Bereiches reduzieren soll. In einer Pilot-Studie wurden elf postchiasmatisch- und in einer noch laufenden anderen Studie bisher sieben prächiasmatisch-geschädigte Patienten behandelt. Neun der ersten und fünf der zweiten Patientengruppe erreichten eine Vergrößerung des Gesichtsfeldes. Drei weitere Patienten, die am Training nicht teilnahmen, zeigten nach einem Jahr keine signifikante Besserung. In weiteren Untersuchungen wurde gefunden, daß zwar nur wenige Patienten zuverlässig feststellbare visuelle Restbereiche hatten, bei vielen zeigt sich jedoch ein breites Übergangsfeld, das sich durch Training verbessern ließ.

Summary

The article reports some scientific investigations about plasticity of the visual system and describes the most important animal experiments. In patients, brain damage is often accompanied by visual deficits. In a study 36 brain-damaged patients were investigated to answer the question of variability of visual field defects. The data demonstrated an unexpected stability of the visual field defects. The second part of the article describes computerized trainingprograms, by which the size of the „blind" visual field can be reduced in patients. In a pilot study, 11 patients with post-chiasmatic lesions were assessed. In another on-going study 7 patients with prae-chiasmatic lesions were trained. 9 patients of the first and 5 patients of the second group achieved an enlargement of visual field size. In 3 patients who opted not to participate in the training procedure there was no increase within one year. In a further analysis we found that only some patients had reliable visual islands, but many had a broad transition zone of the anopic field, which was increased by training.

1. Einleitung

Eine Antwort auf die Frage zu finden, wie das visuelle Abbild unserer Umgebung in unserem Kopf entsteht, hat den Menschen wohl schon immer fasziniert. Die Erforschung visueller Funktionen ist deshalb schon erheblich älter als man dies vielleicht zunächst glauben würde. Einen ausgezeichneten Überblick über die Historie dieser Wissenschaft gibt z.B. Finger (1994). Einer der frühesten Hinweise auf die wesentliche Rolle des Kortex bei der visuellen Verarbeitung stammt von Herman Boerhaave (1668-1738), der einen Bettler beschrieb, welcher bei einem Unfall einen Großteil des Schädelknochens verloren hatte, so daß es möglich war, durch Druck mit der Hand von außen direkten Einfluß auf seine Hirnfunktionen zu nehmen. Bei leichtem Druck im hinteren Bereich berichtete der Bettler, er würde tausende von Sternchen vor seinen Augen aufblitzen stehen. Drückte man stärker, wurde ihm völlig schwarz vor den Augen. 1719 wurde von Giovanni Battista Morgagni (1682-1771) ein Patient mit einseitiger Hirnläsion vorgestellt, der unter einer Halbseitenblindheit auf beiden Augen litt, was mit den damaligen anatomischen Kenntnissen noch nicht in Einklang zu bringen war. Daß beim Menschen die visuellen Bahnen beider Augen jeweils auf der selben Seite bleiben wie sie in der Retina liegen, geht im wesentlichen auf theoretische Überlegungen von Isaac Newton (1642-1727) zurück. 1750 entwickelte John Taylor (1703-1772) nach Beobachtung einer ganzen Reihe von Patienten mit homonymen Hemianopsien eine Zeichnung, die den Gedankengängen von Newton entsprach. Schon 1755 konnte diese Theorie durch physiologische Untersuchungen von Johann Gottfried Zinn (1727-1759) dann auch tatsächlich bestätigt werden. Im Jahr 1664 verfolgte Thomas Willis (1621-1675) den Verlauf der Sehbahnen bis in den Thalamus, von dem er glaubte, daß dessen Physiologie auf irgendeine Weise mit der Produktion eines „Spiritus visualis" verbunden sei. Bartolomeo Panizza (1785-1867) war der Überzeugung, daß die visuellen Bahnen weiter zum posterioren Kortex ziehen. An Tierversuchen mit Hunden stellte er dann auch fest, daß eine Läsion in diesem Bereich Blindheit verursachte. Eine weitere Beschreibung der homonymen Halbseitenblindheit war Albrecht von Graefe (1820-1870) zu verdanken; auch er stellte diese Sehstörung häufig in Verbindung mit Läsionen im Okzipitalbereich fest. Hermann Munk (1839-1912) prägte den Begriff der „Rindenblindheit" für die cerebral verursachte Anopsie. 1884 führte der amerikanische Arzt Moses Allen Starr (1854-1932) Autopsien an Menschen durch, die zu Lebzeiten unter homonymen Hemianopsien gelitten hatten und konnte dadurch den Ort der Schädigung sehr eindeutig belegen. Salomon Henschen (1847-1930) aus Schweden bestätigte dieses Ergebnis mit über 160 Fallbeispielen. Schon beim Anbruch des 20. Jahrhunderts war es somit klar, welche Hirnregion für das Sehen verantwortlich ist und wodurch homonyme Gesichtsfeldausfälle bedingt sind. Wenig berührt wurde dagegen bis dahin die Frage der Behandelbarkeit von cerebral bedingten Sehstörungen.

2. Tierexperimentelle Studien

Die Frage, ob es prinzipiell möglich sein könnte, ausgefallene visuelle Funktionen zu trainieren, läßt sich durch tierexperimentelle Untersuchungen zum Teil sehr viel klarer beantworten als durch Untersuchungen bei hirngeschädigten Menschen. In Tierexperimenten ist es möglich, Läsionen des visuellen Systems gezielt zu setzen und deren Auswirkungen nicht nur in Verhaltensexperimenten, sondern auch anatomisch und elektrophysiologisch zu untersuchen.

2.1 Visuelle Restfunktionen nach striärer Lobotomie

Schon 1941 konnte Klüver demonstrieren, daß Affen auch nach völliger Entfernung des striären Kortex noch Verhaltensweisen zeigten, die von visuellen Funktionen abhängig sein mußten. Die Area V1 konnte also nicht der einzige Hirnbereich sein, in dem Sehinformationen verarbeitet werden. Auch Cowey und Weiskrantz hatten 1963 bei perimetrischen Untersuchungen an Affen festgestellt, daß nach Entfernung unterschiedlicher Teile des striären Kortex visuelle Defekte entstanden, in denen die Tiere jedoch nicht völlig blind waren. Cowey führte u.a. 1967 perimetrische Untersuchungen an zwei Rhesusaffen durch. Eine retinale Schädigung der Tiere bewirkte eine völlige makuläre Blindheit, die sich auch durch ein Training nicht verringern ließ. Die kortikale Resektion dagegen erzeugte nur einen partiellen Gesichtsfelddefekt, d.h. einen Bereich verringerter Sensitivität, welcher durch Übung dann sogar wieder kleiner wurde.

Welche Hirnbezirke können für diese visuellen Restfunktionen verantwortlich sein? Das Corpus geniculatum laterale zeigt eine erhebliche Degeneration, wenn beide Okzipitallappen entfernt werden (Polyak, 1933; Walker, 1938) und kommt daher nicht in Frage. Die Bedeutung der Colliculi superiores bei der Sehleistung ist dagegen schon lange bekannt, für viele Nicht-Säugetiere ist es bekanntermaßen sogar das einzige Sehzentrum. Allerdings bewiesen einige Versuche an Ratten, Katzen oder Affen, daß auch nach chirurgischer Entfernung sowohl des striären Kortex wie auch der Colliculi noch eine Helligkeitsunterscheidung möglich war (Ghiselli, 1938; Norton & Clark, 1963; Fischman & Meikle, 1965; Horel, 1968; Urbaitis & Meikle, 1968, Anderson, K.V. and Symmes, D.,1969). Eine der inzwischen klassischen Untersuchungen von Pasik und Pasik (1973) zeigt die Probleme, die bei den Versuchen auftreten, um diese Frage zu beantworten, 14 Makkaken trainierten eine Wahlaufgabe (Licht vs. kein Licht). Allen Tieren wurden dann beide Okzipitallappen amputiert. Sofort nach der Lobotomie verhielten die Tiere sich zunächst wie völlig blind, sie stießen z.B. gegen Objekte oder fielen hinunter, die Pupillenreaktionen und spontane Augenbewegungen waren jedoch normal. Drei Monate nach der Operation reagierten die Tiere bereits auf Helligkeit, indem sie Greifbewegungen in die Richtung eines Lichtpunktes zeigten. Bei der Diskriminationsaufgabe machten gesunde Tiere etwa 1,5% Fehler, nach der Amputation der Okzipitallappen und einer weiteren Trainingsphase war diese Rate jedoch nur auf knapp 10% angestiegen. Man teilte die Tiere nun in fünf Gruppen ein und es wurden weitere Läsionen gesetzt: 1. im ventrolateralen Teil des Temporallappens, 2. im posterioren Parahippocampus, 3. im Pulvinar, 4. im Colliculus superior und medialen Prätectum und 5. in der lateralen prätektalen Region plus den unter 4. genannten Bereichen. Auch die weitere Entfernung der meisten Hirngebiete änderte das Verhalten der Tiere in den ersten vier Gruppen kaum. Lediglich die Affen der Gruppe 5. machten annähernd 50% Fehler, was der Ratewahrscheinlichkeit entsprach. Durch diese Versuche war offensichtlich, daß es nicht ein einziges abgrenzbares Gehirnteil gibt, welches für Sehfunktionen verantwortlich ist, sondern mit sehr viel größerer Wahrscheinlichkeit steigt im Sinne einer holistischen Sichtweise der Funktionsverlust mit der Anzahl der ausgefallenen Teile des visuellen Systems. Wenn dies richtig ist und das Gehirn geschädigte Funktionen bis zu einem gewissen Ausmaß kompensieren kann, dann müßte es aber auch möglich sein, durch ein gezieltes Training Verbesserungen zu erreichen.

2.2 Trainierbarkeit visueller Defizite im Tierexperiment

Eine der wichtigsten Arbeiten zu dieser Frage stammt von Chow und Stewart (1972). Nachdem Hubel und Wiesel im Verlauf der sechziger Jahre gezeigt hatten, welche Auswirkungen visuelle Deprivation auf die normale Entwicklung des visuellen Systems hat (Hubel & Wiesel, 1962, 1963, 1965, 1970, Wiesel & Hubel, 1963, 1965), stellten Chow und Steward die Frage, ob es auch möglich ist, die Sehfunktionen durch Übungen wieder zu verbessern. Bei fünf neugeborenen Katzen wurde zunächst für 16 bis 24 Monate ein Augenlid zugenäht. Nachdem das Auge wieder geöffnet worden war, schienen die Tiere dieses gar nicht zu benutzen, sondern verließen sich ausschließlich auf das intakte, andere Auge. Nun aber verschlossen Chow und Steward bei drei dieser Katzen das gesunde Auge. Die Tiere verhielten sich zunächst wie völlig blind, wurden dann aber allmählich besser, bis sie sogar eine Musterdiskriminations-Aufgabe lösen konnten. Den Autoren gelang bei diesen drei Tieren später sogar der Nachweis einer Erhöhung der Anzahl binokulär erregbarer Zellen. Die monokulare Deprivation hatte bei den zwei nicht-behandelten Tieren das Soma der korrespondierenden Zellen für okuläre Dominanz im Corpus geniculatum um durchschnittlich 35% verringert, dieser Wert wurde jedoch bei den drei behandelten Tieren durch die nachfolgende Übung wieder soweit verbessert, daß die Zellgröße nur noch 12-13% unter der normalen Größe lag.

Auch ein Experiment von Mohler und Wurtz (1977) zeigte die Trainierbarkeit visueller Funktionen. Die Autoren übten mit Makaken das Ausführen sakkadischer Blickbewegungen zu einem Lichtreiz, wenn der Fixationspunkt erlosch. Sie entfernten dann bei zwei Tieren einseitig den striären Kortex. Die Affen waren zunächst nicht in der Lage, die Lichtreize zu entdecken, erst bei einer starke Erhöhung der Leuchtdichte von 11 auf 1700 cd/m^2 reagierten die Makaken. Aber schon nach einem Monat Training machten die Tiere auch wieder Augenbewegungen zu Stimuli mit der geringeren Leuchtdichte. Trotz Spontanerholung glaubten die Autoren an einen echten Trainingseffekt. So besserte sich die Reizerkennung in häufig trainierten Gesichtsfeldteilen sehr viel mehr als in wenig-stimulierten Bereichen. Eine partielle Läsion der Colliculi superiores an zwei anderen Makaken brachte kein Defizit, die Affen führten lediglich mehr Korrektur-Sakkaden durch, um den Lichtreiz zu finden. Erst eine halbseitige Entfernung sowohl des striären Kortex wie auch des Colliculus superior erzeugte eine permanente Halbseitenblindheit, die auch nach 15 Wochen keine Besserung zeigte. Die Autoren schließen daraus, daß die Colliculi superiores nach okzipitaler Schädigung eine wichtige Rolle bei der Erholung visueller Funktionen spielen. In der Tat unterstützten elektrophysiologische Untersuchungen diese Vermutung, denn bei Tieren mit Entfernung des striären Kortex reagierten in den Colliculi sehr viel mehr Zellen stärker auf Lichtreizung als bei normalen Makaken (Wurtz & Mohler, 1976).

2.3 Spontanerholung

Es gibt also Hinweise, daß ausgefallene visuelle Funktionen trainiert werden können. Allerdings kommt es nach einer Hirnschädigung zunächst ohnehin zur Spontanerholung, die von Behandlungs-Effekten meist kaum getrennt werden kann. Die Besserungsrate liegt zwischen 7% und 86,5%, die Dauer von 6 Wochen bis zu 6 Monaten bei Patienten (Trobe et al., 1973; Hier et al., 1983; Bogousslavsky et al., 1983; Kölmel, 1984; Zihl & Cramon, 1985, 1986; Messing & Gänshirt, 1987; Kölmel, 1988, Cramon & Zihl, 1988, Prosiegel, 1991, Tiel-Wilck, 1991). Diese Differenzen sind vermutlich auf unterschiedliche Meßinstrumente und auf Patientengruppen mit verschiedenen Schädigungen zurückzuführen. So benutzten Hier et al. (1983) lediglich den Konfrontationstest als Untersuchungsinstrument. Eine wesentliche Rolle spielt auch der Zeitpunkt der Erstuntersuchung, da sich oft in den ersten Tagen nach der Läsion die größte Spontanerholung zeigt. So führten Zihl und Cramon (1985) den Eingangstest bei einigen Patienten erst drei bis sechs Wochen nach dem Eintritt der Schädigung durch. Kleine Gesichtsfelddefekte scheinen sich in der Regel besser zurückzubilden als große (Gray, 1989). Bei kompletter Zerstörung oder Entfernung von Teilen der Okzipitallappen z.B. infolge einer Tumor-Operation, dürfte sich naturgemäß eine erheblich geringere Spontanremission finden lassen als z.B. nach cerebralen Insulten oder Entzündungen. Tiel-Wilck (1991) fand darüber hinaus, daß bestimmte Teile des Gesichtsfeldes eine bessere Spontanerholung zeigen als andere. Hierzu gehört insbesondere das zentrale Gesichtsfeld, was Tiel-Wilck mit der besseren Kollateralversorgung dieses Areals in Verbindung bringt. Auch Horton (1992) weist in diesem Zusammenhang auf die doppelte Blutversorgung des Okzipitalpols hin, durch die sich ohnehin häufig eine makulare Aussparung finden läßt (s. z.B. Tanaka, 1992). In diesen Gebieten ist dann in der Frühphase nach der Läsion vermutlich kein Zelltod, sondern nur eine reversible funktionelle Störung eingetreten. Mit Hilfe der Positronen-Emissions-Tomographie konnten Bosley et al. (1985) dies auch nachweisen.

Trotz zahlreicher Nachweise auf der Verhaltensebene ist die neurobiologische Grundlage der Erholung bisher aber noch weitgehend ungeklärt. Wesentliche Theorien beschäftigen sich z.B. mit: (1) axonalem Sprießen, (2) erhöhter Sensitivität der Rezeptoren („Denervierungs-Supersensitivität"), (3) Übernahme der Funktionen durch benachbarte, intakte Neuronen, (4) Kompensation durch nichtgeschädigte Teilfunktionen, bzw. die andere Hirnhemisphäre (Fawcett, 1989; Finger, 1978; Finger et al., 1988).

Seit mehreren Jahren beschäftigt sich einer der Verfasser u.a. auch mit der Erholung des visuellen Systems der adulten Ratte. Hierbei wurde entweder eine partielle Quetschung („crush") des Nervus opticus gesetzt (Duvdevani et al., 1990; Sautter et al., 1991; Sautter & Sabel, 1993) oder eine retinale Läsion durch die intraoculare Gabe von n-Methyl-d-Aspartat (NMDA) erzielt (Sabel et al., 1995). Nach einer starken Läsion waren die Tiere erblindet und es zeigte sich auch keinerlei Funktionserholung. Insbesondere nach einer etwas leichteren Schädigung hatten die Tiere aber nur anfänglich ein Defizit, von dem sie sich innerhalb von ca. 14 Tagen so gut erholten, daß in einem visuellen Wahrnehmungsexperiment wieder weitgehend normales Verhalten gezeigt wurde. Eine genauere Untersuchung der anatomischen und physiologischen Gegebenheiten offenbarte allerdings, daß nur etwa 11% der retinalen Ganglienzellen erhalten geblieben waren (Sautter & Sabel, 1993). Offenbar kann es zu einer erheblichen Erholung visueller Funktionen selbst dann kommen, wenn nur ein Bruchteil des neurobiologischen Substrats erhalten ist.

2.4 Transsynaptische Degeneration und kortikale Reorganisation

Um Spontanerholungseffekte auszuschließen, müssen Untersuchungen zum Trainingseffekt in späten Phasen nach der Läsion erfolgen. Hierbei entsteht jedoch das Problem der sekundären Degeneration. So nimmt z.B. schon ab dem 5. Tag nach der Durchtrennung des Nervus opticus die Anzahl der Synapsen im Corpus geniculatum ab. Parallel zur Degeneration der Axone wachsen in den folgenden Wochen Glia-Zellen in den freigewordenen Raum hinein, die sich dann auch auf ein theoretisch mögliches axonales Sprouting hemmend auswirken. Rund 6-8 Wochen nach der Läsion erreichen jedoch viele Zellen im Corpus geniculatum wieder 50% der normalen Aktivität (Eysel, 1977). Wahrscheinlich entstehen in diesem Zeitraum viele Synapsen mit neuen, zum Teil sogar nicht-visuellen Verschaltungen, wodurch etliche Neuronen eine neue Funktion erhalten und dadurch überleben können. Erst nach drei bis vier Monaten kommt es zur letzten Phase, in der nun viele Zellen im Corpus geniculatum laterale völlig degenerieren. Neurone, die ihren Input aus dem Läsionsgebiet beziehen, degenerieren aber nur dann, wenn sie überhaupt keine anderen Verschaltungen zu intakten Gebieten mehr haben. Angesichts der großen Anzahl synaptischer Divergenz besonders zu den höheren kortikalen Verarbeitungszentren (z.B. Area 7, V4, V5) zeigt sich insgesamt eine recht geringe Anzahl von transsynaptischem Zelltod. Stattdessen kommt es zu einer Reorganisation des Inputs, die auch dafür verantwortlich ist, daß das Ausmaß des blinden Bereichs auf jeder nachgeschalteten Stufe immer geringer wird. Bei einer retinalen Schädigung bildet sich dieser Bereich schon im Corpus geniculatum erheblich kleiner ab als erwartet (Grüsser & Landis, 1991). Dieser kompensatorische Mechanismus setzt sich auf der Ebene des primären visuellen Kortex fort, selbst so große Lücken wie sie etwa durch den Austritt des Sehnerven im Auge entstehen („Blinder Fleck"), werden hier ja vollständig ausgeglichen und auch bei einäugigem Sehen subjektiv nicht mehr wahrgenommen. Vorwiegend minimale Schädigungen, z.B. sehr kleine Skotome, oder monokulare retinale Defekte lassen sich in der Regel in höheren Verarbeitungsstätten wie V2 oder V4 kaum oder sogar gar nicht mehr nachweisen. Die entsprechenden kortikalen Zellen beziehen ihren Input nun aus dem Randbereich intakt gebliebener retinaler Zellen („filling-in"-Effekt). An Primaten konnte gezeigt werden, daß die rezeptiven Felder sich im Bereich der Area striata ohnehin erheblich überlappen (Zeki, 1993). Auch Kaas et al. (1990) und Kaas (1991) zeigten diese Reorganisation nicht nur eindrucksvoll für den visuellen, sondern z.B. auch für den somatosensorischen und akustischen Kortex verschiedener Säugetiere. Allerdings vermutet Bach-y-Rita (1990), daß der visuelle Kortex hier ohnehin eine besondere Rolle innehat und auch bei völlig fehlendem Input aus den Augen kaum degeneriert. Untersuchungen mit EEG und PET bewiesen, daß bei frühzeitig erblindeten Menschen akustische Reize in parietalen und möglicherweise sogar in okzipitalen Hirnteilen verarbeitet werden (Wanet-Defalque et al., 1988; Kujala et al., 1992; Alho et al., 1993).

Aber auch bei einer Schädigung in der Area striata (V1) kommt es durch funktionale Reorganisation zu einer Verkleinerung des Defektes auf den übrigen Ebenen des visuellen Systems. Eine retrograde Degeneration zeigt sich vorwiegend im Corpus geniculatum laterale. Der anterograd degenerierende Teil in der Area V2 ist dagegen erheblich kleiner und schrumpft sogar noch im Verlauf der Zeit. Eysel und Schmidt-Kastner (1991) zeigten mit Mikroläsionen am Katzenhirn, daß direkt um eine 1 mm große Läsion herum ein etwa 0,5 mm breiter Ring von Nervenzellen mit verminderter Aktivität besteht, der wiederum von einem etwa 2-3 mm breiten Ring von Neuronen umgeben ist, die eine stark erhöhte Spontanaktivität hatten. Möglicherweise hat eine derartige Übererregung auch die Phosphene und Photopsien zur Folge, die Kölmel (1984) bei einigen seiner Patienten in den ersten Tagen nach der Läsion beobachtete. Die Ausbreitung des Signals durch Interneuronen führt auch hier zu einem funktionellen „filling-in" in den Bereichen V3, V4 und V5 (Grüsser & Landis, 1991). Daß nach Läsion im Bereich von V1 in diesen höheren Verarbeitungsstätten nur noch kleine oder gar keine defekten Bereiche mehr gefunden werden können, liegt aber möglicherweise auch an einer direkten Verbindung. Fries (1981) stellte an Untersuchungen von Affen fest, daß der extrastriäre visuelle Kortex seine Informationen nicht nur von V1, sondern auch direkt von Neuronen des Corpus geniculatum laterale erhält.

2.5 Pharmakologische Therapieansätze

Besonders in den letzten Jahren wurden viele pharmakologische Therapieansätze studiert (z.B. Sabel, 1988, 1992b). Durch Protektion von partiell geschädigtem Gehirngewebe soll hierdurch der Erhalt von restlichen Funktionen gewährleistet und der zusätzliche Degenerationsprozeß verhindert werden. Die mögliche therapeutische Wirkung dieser Substanzen wurde auch von den Verfassern tierexperimentell geprüft. Zu diesem Zweck wurde Ratten der Nervus opticus durch „crush" (s.o.) partiell geschädigt und anschließend die Behandlung entweder durch direkte Injektion (Nervenwachstumsfaktoren) vorgenommen oder systemisch verabreicht (z.B. Ganglioside). Obschon eine neuroprotektive Wirkung mit NGF („nerve growth factor") nicht nachgewiesen werden konnte (Stoehr & Sabel, in prep.), fand sich hingegen bei der Verabreichung von bFGF („basic Fibroblast Growth Factor") oder GM1 Gangliosid (Sautter et al., 1991) eine Protektion der visuellen Leistung. Die behandelten Tiere hatten signifikant größere intakte visuelle Felder als die Kontrollgruppe. Der protektive Effekt zeigte sich auch in einer verbesserten Preservation der elektrophysiologischen Leitfähigkeit des Nervus opticus (Sautter et al. 1991), sowie in einer verbesserten Überlebensrate retinaler Ganglienzellen (Schmitt & Sabel, 1992a, 1992b).

3. Behandlungsansätze

Man muß sich bei allen zitierten tierexperimentellen Untersuchungen der erheblichen Unterschiede bewußt sein, die zwischen den visuellen Systemen bestehen. So kommt es z.B. bei den meisten Tieren zu einer nahezu vollständigen Kreuzung der Sehnerven und nicht wie beim Menschen oder Primaten zu einer nur halbseitigen. Selbst bei Affen wurden im Vergleich zum menschlichen Gehirn erhebliche Unterschiede der höheren Verarbeitungsbereiche visueller Information, insbesondere der Areale V4 und V5, gefunden. Ein weiterer wesentlicher Nachteil vieler tierexperimenteller Arbeiten ist darüber hinaus darin zu sehen, daß mit dem Training oft schon kurz nach der Hirnläsion begonnen wurde und eine Trennung von Spontanerholung und Behandlungs-Effekten daher kaum zu leisten ist. Leider geben Studien an Tieren auch wenig Auskünfte über die Qualität des Sehens. So haben z.B. Galambros et al. (1967) und Chow (1968) nachgewiesen, daß mit nur 2-5% der Nerven bzw. Sautter und Sabel (1993), daß mit 11% der Neurone des Nervus opticus in bestimmten Wahrnehmungsexperimenten ein „fast normales" visuelles Verhalten unterstützt werden kann. Aber auch diese Verhaltenstests liefern vergleichsweise wenig Auskünfte darüber, wie gut die Umwelt mit diesem Restbestand an intakten Nervenfasern noch wahrgenommen wird. Hier sind Untersuchungen im Humanbereich aufschlußreicher.

Etwa 20-30% hirngeschädigter Patienten zeigen auch Sehstörungen (Kerkhoff, 1992). Infolge einer Schädigung des visuellen Systems kann es hierbei zu den oben beschriebenen Gesichtsfeldausfällen kommen. Eine Übersicht über kompensatorische Behandlungsansätze z.B. mit Spiegelbrillen, Prismen oder Sakkadentraining liefern Kerkhoff (1992), Kasten (1994a) und Kasten et al. (1994). Es scheint aber darüber hinaus auch bei einigen hirngeschädigten Patienten eine Restitution möglich zu sein.

Pöppel wies schon 1973, 1977 und 1987 in mehreren Aufsätzen auf die erstaunliche Plastizität des visuellen Systems hin. Zihl et al. stellten dann 1978 bei sechs Patienten nach wiederholter Messung der Inkrementalschwelle im Übergangsbereich zu blinden Gesichtsfeldanteilen tatsächlich eine Vergrößerung des intakten Feldes fest. Balliett et al. (1985) behandelten 12 Patienten mit dieser Methode, konnten aber bei keinem signifikante Verbesserungen beobachten. Schmielau dagegen konnte mit dem Training am Tübinger Perimeter und am „Lübecker-Reaktionszeitgerät" bei seinen Patienten einen deutlichen Gesichtsfeldzuwachs feststellen (Schmielau 1989, Schmielau & Potthof 1990). Mit unseren Untersuchungen wollten wir daher der Frage nachgehen, ob und insbesondere bei welchen Patienten sich durch ein Training ein Gesichtsfeldzuwachs erreichen läßt?

4. Methoden

Zur Prüfung einer therapiebedingten Verbesserung wurden zum einen Vermessungen am Tübinger Handperimeter (Sloan, 1971; Aulhorn & Harms, 1972) oder am Tübinger Automatik Perimeter TAP 2000 (Lachenmeyr & Vivell, 1992) durchgeführt [dynamische, monokulare Messung; Reizgröße 12 Winkelminuten; runder, weißer Lichtreiz der Leuchtdichte 318 cd/m^2; Umfeldleuchtdichte 6,35 cd/m^2; roter Fixationspunkt]. Außerdem wurden mehrere Computerprogramme entwickelt, die eine erheblich exaktere, automatisierte Vermessung des inneren Gesichtsfeldbereiches erlaubten. Alle Untersuchungen fanden unter standardisierten Bedingungen in einem völlig abgedunkelten Zimmer statt, der Kopf des Patienten wurde durch eine Kinnstütze in stabiler Position gehalten. Durch Positionierung des Fixationspunktes in die vier Bildschirmecken konnte ein Bereich bis 40° Exzentrizität geprüft werden. Zur Fixationskontrolle wechselt der Fixationspunkt in randomisierten Abständen kurzzeitig die Farbe von hellgrün auf hellgelb. Neben den Diagnoseprogrammen wurden auch

Trainingsprogramme entwickelt, um die geschädigten Gesichtsfeldbereiche gezielt zu stimulieren. Hierbei wird dem Patienten sofort durch unterschiedliche Töne rückgemeldet, ob die Eingabe richtig war. Die Trainingsprogramme können auch zu Hause am Heimcomputer benutzt werden und speichern dann nach jedem Übungsdurchgang die erreichten Werte auf einer Diskette ab. Diese lassen sich bei den Kontrolluntersuchungen abrufen und auswerten. Abhängig von den Leistungsfortschritten wurde das Programm dann auf ein schwierigeres Niveau eingestellt (z.B. kleinere Größe des Stimulus) oder es wurde ein spezifischeres Übungsprogramm ausgewählt. Ausführliche Programmbeschreibungen befinden sich in: Hogrefe (1991), Kuratorium ZNS (1994) und Kasten (1994b), hier erfolgt daher nur eine stichwortartige Auflistung.

- *Perimat*: automatisierte statische Kampimetrie mit bis zu 500 Lichtreizen [Größe des Lichtreizes: 0,2°, Farbe: weiß, Helligkeit: 10 cd/m², Darbietungszeit: 150 ms. Gesunde Versuchspersonen (n=15) erkannten im Mittel 99,6% der Lichtreize, Hirngeschädigte ohne visuellen Defekt (n=3) 98%].
- *Periform*: Prüfung der Formerkennungsfähigkeit mit 250 Linien in vier zu diskriminierenden Richtungen oder den Buchstaben A, B, C oder D [Größe der Formreize: 0,93°, Farbe: weiß, Helligkeit 10 cd/m², Darbietung: 150 ms Gesunde Versuchspersonen (n=15) erkannten im Mittel 95,6% der Formreize richtig, Hirngeschädigte ohne visuellen Defekt (n=3) 90,0%].
- *Perifarb*: Prüfung der Farbdiskriminationsleistung mit 250 Reizen in vier Farben [Größe der Reize 1,6°. Farben: grün, rot, blau, grau. Helligkeiten 2,4 bis 4,4 cd/m². Diese Differenzen waren zu gering, um die Farben anhand der Helligkeit unterscheiden zu können (untersucht an drei farbblinden Patienten). Darbietungszeit: 150 ms. Gesunde Versuchspersonen (n=15) erkannten im Mittel 95,8 % der Formreize richtig, Hirngeschädigte ohne visuellen Defekt (n=3) 92,0 %]
- *Sehtra*: Im Subprogramm 1 wird ein Reiz heller, im Subprogramm 2 größer. Das Programm mißt die Reaktionszeiten. Neben dem Diagnoseprogramm existiert eine Trainingsversion.
- *Visure*: Training an der Gesichtsfeldgrenze zu cerebral blinden Bereichen. Ein großer, blinkender Stimulus startet zeilenweise im intakten Feld und läuft in Richtung des blinden Areals, bis der Patient nicht mehr reagiert. Dann läuft der Reizpunkt wieder in den intakten Bereich zurück, bis der Patient erneut reagiert.
- *Formtra*: automatisiertes Training der Formerkennung mit kurzzeitig dargebotenen Formreizen (Linien, Buchstaben oder geometrischen Objekten).
- *Farbtra*: entsprechendes Training der Farbdiskriminationsfähigkeit.
- *Fixtra*: acht Subprogramme, die z.B. das Beobachten eines oder mehrerer Stimuli auf Veränderung eines vorgegebenen Kriteriums trainieren. Ein Subprogramm prüft die Fixationstüchtigkeit

5. Konsistenz von Gesichtsfeldausfällen

Eine stabile Baseline ist die wichtigste Voraussetzung, um Therapieeffekte nachweisen zu können. Es gibt jedoch für die Untersuchung von Gesichtsfeldeinschränkungen Ergebnisse, die beträchtliche Schwankungen solcher Messungen zeigen (Drance et al., 1966; Niesel, 1970; Sato et al., 1982; Flammer & Niesel, 1984; Brenton & Argus,

1987; Werner et al., 1989; Heijl et al., 1989; Norden, 1989; Fujimoto & Adachi-Usami, 1992; McMillan et al., 1992). Zihl, Pöppel und Cramon (1979) untersuchten z.B. den Einfluß der Tageszeit. Die größte Variabilität zeigten Patienten mit sehr großen Gesichtsfeldeinschränkungen. Das gesunde Gesichtsfeld hatte seine maximale Ausdehnung am Mittag, die geringste am Abend. Allerdings wurden solche systematischen Schwankungen nur bei Patienten beobachtet, die einen graduellen Anstieg der Inkrementalschwellen zwischen dem gesunden und dem blinden Bereich zeigten. Bei zwei Patienten mit einer sehr abrupten Grenze konnten solche Tagesschwankungen nicht beobachtet werden.

5.1 Versuchsdurchführung

Im Rahmen unserer Studien wurden an 36 Patienten (s. Tab. 1) mit Altläsionen (> 1 Jahr) je fünf Messungen mit den Computerprogrammen durchgeführt. Als Maß für die Variabilität wurde die individuelle Standardabweichung der Meßergebnisse berechnet. Eine Überprüfung zeigte, daß diese Daten nicht normalverteilt waren, daher wurden für die statistischen Berechnungen der Wilcoxon-Test und der Chi-Quadrat-Test benutzt.

5.2 Ergebnisse der Konsistenzuntersuchung

Die Anzahl der erkannten Reize der fünf einzelnen Messungen je Patient wurden miteinander korreliert. Sie lag für die drei Diagnoseprogramme (Perimat, Periform, Perifarb) mit Werten zwischen r = 0,86 und 0,94 erstaunlich hoch. Für die Perimat-Daten zeigten sich weder im Wilcoxon-Test (p = 0,315) noch im Chi-Quadrat-Test (χ^2 = 0,038) signifikante Differenzen zwischen homo- und heteronymen Defekten. Für die weiteren Untersuchungen wurden daher die Daten der prä- und postchiasmatisch geschädigten Patienten gemeinsam verrechnet.

Im weiteren überprüften wir den Einfluß verschiedener Variablen auf die Schwankungen der Gesichtsfeldgröße. Vor jeder Untersuchung mußten die Patienten einen von uns entwickelten Fragebogen mit den jeweils fünffach abgestuften Skalen körperliche, intellektuelle und emotionale Befindlichkeit ausfüllen. Die Korrelationen zwischen der individuellen Standardabweichung der Messungen der Gesichtsfeldgröße und dem Range in unserem Befindlichkeitsfragebogen waren infolge der hohen Stabilität der Gesichtsfeldgrenzen erheblich niedriger als erwartet, sie betrug für die Perimat-Daten r = 0,42. Auch das Alter der Patienten hatte nur geringen Einfluß auf die Stabilität der Gesichtsfelddefizite. Die Korrelation lag bei r = 0,23. Wir teilten die Patienten in 2 Gruppen (< 50 und >50 Jahre), der Wilcoxon-Test (p = 0,09) und der Chi-Quadrat-Test (<2 vs. >2 Standardabweichungen, χ^2 = 0,168) waren beide nicht signifikant.

Zur Prüfung des Einflusses der allgemeinen Aufmerksamkeit wurde der Zahlenverbindungstest (ZVT, Oswald & Roth, 1987) und der Aufmerksamkeits-Belastungstest „d2", Brickenkamp, 1981) durchgeführt. Die Korrelationen zur individuellen Standardabweichung betrug für den ZVT r = 0,30 und für den „d2"-Test r = -0,23. Wir teilten die Patienten wiederum in zwei Gruppen (< PR 15 oder >PR 15 in den Aufmerksamkeitstests). Der Wilcoxon-Test zeigte zwar ein signifikantes Ergebnis

ZVT-Daten (p = 0,017), nicht jedoch für die d2-Ergebnisse (p = 0,098). Die Chi-Quadrat-Tests waren beide nicht signifikant ($\chi^2 = 2,26$ für den ZVT und $\chi^2 = 0,36$ für den d2-Test). Ein wesentlicher Einfluß der allgemeinen Aufmerksamkeit kann also auch nicht angenommen werden.

1. Patient (Code), Alter (Jahre) und Geschlecht 2. Ursache und Jahr der Läsion	Perimetrie linkes - rechtes Auge	1. Patient (Code), Alter (Jahre) und Geschlecht 2. Ursache und Jahr der Läsion	Perimetrie linkes - rechtes Auge
1. IB., 67, f 2. Insult, 1989		1. HK3., 59, m 2. Trauma, 1985	
1. SB., 40, f 2. Encephalitis, 1985		1. NK., 54, m 2. Cerebr. Degeneration, 1988	
1. EB., 72, f 2. Insult, 1992		1. HL., 57, m 2. Insult, 1994	
1. RC., 58, m 2. Insult, 1990		1. DM., 46, m 2. Trauma, 1991	
1. WE., 71, m 2. Insult, 1993		1. BN., 56, f 2. Cerebr. Entzündung, 1992	
1. SF., 30, f 2. Trauma, 1980		1. UP., 44, f 2. Trauma, 1990	
1. AG., 62, m 2. Insult, 1992		1. IR., 45, f 2. Trauma, 1993	
1. BG., 19, f 2. Cerebrale Blutung, 1978		1. HR., 71, m 2. mehrere Insulte, 1985-'94	
1. GG., 52, m 2. Insult, 1985		1. JR., 43, f 2. Trauma, 1993	
1. HG., 72, m 2. Insult, 1993		1. FS., 68, m 2. Cerebrale Blutung, 1992	
1. HHH., 51, m 2. Tumor operation, 1985		1. HS., 57, m. 2. Insult, 1985	
1. KH., 52, m 2. Insult, 1987		1. RS., 75, m 2. Insult, 1991	
1. GH., 75, f 2. Insult, 1993		1. MS., 50, f 2. Tumor Operation, 1993	
1. FJ., 39, m 2. Cerebr. Angiom Op., 1981		1. IS., 53, f 2. cerebrale Blutung, 1993	
1. HK1., 53, m 2. Trauma, 1974		1. ST., 28, f. 2. cerebr. Entzündung, 1993	
1. IK., 53, f. 2. Insult, 1990		1. JT., 27, m 2. Tumor Operation, 1993	
1. HK2., 53, f. 2. Insult, 1974		1. TW., 23, m. 2. Trauma, 1989	
1. EK., 57, m. 2. Cerebrale Blutung, 1993		1. MW., 19, f. 2. Trauma, 1984	

Tab. 1: Beschreibung der Patienten der Stabilitätsstudie. Erste Spalte: 1. = Namenscode, Alter und Geschlecht (f = weiblich, m = männlich) und 2. = Ursache und Zeitpunkt der Läsion. Zweite Spalte: Ergebnisse der monokularen perimetrischen Untersuchung am TAP 2000, schwarz = blinde Bereiche, weiß = intakte Bereiche, grau = Bereiche mit unzuverlässigen Reaktionen.

In einem nächsten Schritt wurde geprüft, ob eine spezifische visuelle Aufmerksamkeit sich auf die Gesichtsfeldschwankungen auswirkt. Als Kriterium für diese visuelle Aufmerksamkeit nahmen wir die Anzahl der nicht-erkannten Reize im gesunden Halbfeld. Die Korrelation dieser Anzahl mit der individuellen Standardabweichung betrug $r = 0,53$ (signifikant $p<0,05$). Möglicherweise sind daher also doch Aufmerksamkeitsdefizite für die Variabilität verantwortlich, wobei man offensichtlich eine spezielle visuelle Aufmerksamkeitsleistung von der allgemeinen Aufmerksamkeit abgrenzen muß, wie sie in üblichen Paper-Pencil-Tests gemessen wird.

Zur Prüfung, ob das Ausmaß der Gesichtsfeldeinschränkung einen Einfluß hat, teilten wir die Patienten in zwei Gruppen mit a) großen und b) kleinen Defekten. Der Wilcoxon-Test ($p = 0,22$) und der Chi-Quadrat-Test ($\chi^2 = 0,028$) waren jedoch beide nicht signifikant. Um herauszufinden, ob die Ursache der Läsion einen Einfluß hat, wurden die Patienten einer der drei folgenden Gruppen zugeteilt: a) Schlaganfall, b) Trauma und c) andere Ursachen. Der Kruskal-Wallis-Test als non-parametrisches Verfahren zur Analyse der Varianzen zeigte gleichfalls kein signifikantes Resultat ($p = 0,62$). Größe und Ursache der Läsion scheinen demnach keine bedeutsame Rolle bezüglich der Meßschwankungen zu spielen.

6. Trainierbarkeit homonymer Gesichtsfeldeinschränkungen

6.1 Versuchsdurchführung

Im Rahmen einer Pilot-Studie (Kasten & Sabel, 1995) wurden zunächst 14 Patienten (s. Tab. 2) behandelt. Drei Patienten brachen jedoch das Training kurz nach Beendigung der Eingangsdiagnostik aus persönlichen Gründen ab. Diese Patienten konnten am Ende der Studie nochmals untersucht werden, so daß deren Daten als Vergleich herangezogen werden konnten.

Zunächst wurde auch hier die Vermessung des Gesichtsfeldausfalles durchgeführt. Im Anschluß an die Eingangsdiagnostik erhielten die Patienten eine speziell auf ihre Schädigung abgestimmte Trainingsdiskette (Visure, Sehtra, Formtra, Farbtra), mit der sie täglich etwa eine Stunde üben sollten. Im Abstand von 2-4 Wochen wurden dann Kontrolluntersuchungen durchgeführt. Trainiert wurde prinzipiell immer der am meisten geschädigte Quadrant, bei kompletten homonymen Hemianopsien der mittlere, foveanahe Bereich. Die Patienten übten ausschließlich zu Hause am eigenen oder von uns ausgeliehenen Computer in einem abgedunkelten Zimmer. Aufgrund der notwendigen langen Dauer der Behandlung (bis zu 2 Jahren) beendeten leider einige Patienten die Übungen frühzeitig, so daß deren Anzahl im Verlauf des Projektes beim Form- und Farbdiskriminationstraining auf $n = 8$ bzw. $n = 7$ absank. Bei den Kontroll- und den Abschlußuntersuchungen wurden erneut die drei Diagnoseprogramme und eine Post-Testung am Tübinger Perimeter durchgeführt. Die prozentualen Verbesserungen beziehen sich hier nur auf das Areal, das sich mit dem verwendeten Monitor trainieren und untersuchen ließ. Die Überprüfung der Normalverteilung der Daten geschah mit dem Kolmogorov-Smirnov-Test ($p<0,1$), allerdings zeigten sich Unregelmäßigkeiten bei der Überprüfung der Varianzhomogenität mit dem F-Test. Neben dem t-Test wurde daher zusätzlich ein non-parametrisches Verfahren, der Wilcoxon-Test, gerechnet.

Da einige Gruppen nur sehr schwach besetzt waren, wurden die Daten darüber hinaus in Kontingenztafeln zusammengefaßt und Chi-Quadrat-Tests berechnet.

6.2 Ergebnisse

Neun der insgesamt elf trainierenden Patienten zeigten eine mehr als zehnprozentige Verbesserung erkannter Reize im Perimat-Programm in Relation zu den Eingangsmessungen. Ein Insult-Patient verschlechterte sich nach 83 Stunden Training um 19%, ein Tumor-Patient erreichte nach 70 Übungsstunden nur eine Besserung von 7%. Im Perimat-Programm zeigte sich insgesamt eine durchschnittliche Verbesserung der trainierenden Gruppe um 30,9% richtig erkannter Reize. Der hierzu durchgeführte Chi-Quadrat-Test war signifikant ($p<0,01$). Im Periform- und im Perifarb-Programm, die beide mit größeren Reizen untersuchen als das Perimat-Programm, fand sich eine durchschnittliche Verbesserung um 37,4% bzw. 25,7%. Die Korrelation zwischen der Verbesserung und der Anzahl der Trainingsstunden betrug $r = 0,63$ im Perimat-Programm, $r = 0,40$ im Periform- und $r = 0,55$ im Perifarb-Programm. Die Verbesserung war damit direkt linear abhängig von der Anzahl der Trainingsstunden.

Katamnestische Nachuntersuchungen im Zeitraum zwischen 6 und 12 Monaten nach Therapieende bei drei Patienten zeigten, daß die erreichte Gesichtsfeldvergrößerung relativ stabil geblieben war, die Verluste betrugen maximal 4%. Drei Patienten der Kontrollgruppe, die gar nicht oder nur sehr wenige Stunden trainiert hatten, zeigten bei der Nachuntersuchung nur Verbesserungen zwischen 0 und 9 Prozent im Perimat-Programm, im Periform-Programm war es dagegen sogar zu Verschlechterungen zwischen -9% und -27% gekommen. Kontrollmessungen mit dem Perifarb-Programm waren nicht durchgeführt worden. Interessanterweise deuten die Daten dieser Gruppe darauf hin, daß das Gehirn ohne spezifische Anregung der defekten Gesichtsfeldanteile dazu neigte, bevorzugt visuelle Eindrücke aus den intakten Bereichen zu verarbeiten, insbesondere foveaferne Anteile der geschädigten Gesichtsfeldhälfte wurden zunehmend vernachlässigt.

Tab. 2 (folgende Seiten): Beschreibung der Patienten der ersten Pilotstudie zur Trainierbarkeit von Gesichtsfelddefekten. Erste Spalte: (1) = Namenscode, (2) = Alter und Geschlecht,, (3) = Ursache der Läsion, (4) = Anzahl der Trainingsstunden und (5) = prozentuale Verbesserung im Perimat-Programm. Die Auflistung wurde nach der Anzahl von Trainingsstunden geordnet. Zweite Spalte: Ergebnis der Eingangsmessung mit dem Perimat-Programm. Dritte Spalte: Ergebnisse der Abschlußdiagnostik. Das untersuchte Feld entspricht der Größe des Computermonitors (ca. 40° horizontale und 25° vertikale Ausdehnung), es wurden jeweils 500 kleine Lichtreize dargeboten. Schwarze Quadrate symbolisieren nicht erkannte Reizpositionen, weiße Quadrate zeigen erkannte Reize an, der Stern zeigt die Lage des Fixationspunktes.

(1) Patient (Code) (2) Alter, Geschlecht (3) Ursache (4) Trainingsdauer (5) Zuwachs	PRAE-TESTUNG Eingangsmessung mit dem PERIMAT-Programm (binokular)	POST-TESTUNG Abschlußdiagnostik mit dem PERIMAT-Programm (binokular)
(1) LGRZ (2) 76 J, weibl. (3) Insult (4) 0 Std. (5) 0 %		
1) KEIC (2) 80 J., männl. (3) Insult (4) 2 Std. (5) 4 %		
(1) EKAM (2) 56 J., männl. (3) bilat. Insult (4) 65 Std. (5) 9 %		
(1) EFIS (2) 38 J., männl. (3) Tumor-Op. (4) 70 Std (5) 7 %		
(1) MBIE (2) 56 J., männl. (3) Insult (4) 83 Std. (5) -19 %		
(1) GUMB (2) 29 J., weibl. (3) cerebr. Blutung (4) 91 Std. (5) 38 %		
(1) UKNA (2) 66 J., weibl. (3) Insult (4) 119 Std. (5) 15 %		

Behandelbarkeit cerebral verursachter Gesichtsfelddefekte

(1) Patient (Code) (2) Alter, Geschlecht (3) Ursache (4) Trainingsdauer (5) Zuwachs	PRAE-TESTUNG Eingangsmessung mit dem PERIMAT-Programm (binokular)	POST-TESTUNG Abschlußdiagnostik mit dem PERIMAT-Programm (binokular)
(1) GWAN (2) 26 J., weibl. (3) Insult (4) 156 Std. (5) 20 %		
(1) SBEN (2) 41 J., weibl. (3) Tumor-Op. (4) 182 Std. (5) 34 %		
(1) GKLU (2) 38 J., weibl. (3) Insult (4) 195 Std. (5) 71 %		
(1) CRUN (2) 51 J., weibl. (3) Insult (4) 216 Std. (5) 43 %		
(1) EARU (2) 57 J., männl. (3) Insult (4) 229 Std. (5) 31 %		
(1) RPUT (2) 45 J., männl. (3) Insult (4) 300 Std. (5) 54 %		

Die Daten wurden auch zur Abgrenzung der Spontanremission analysiert. Bei vier unserer Patienten dieser Studie lag die Schädigung mehr als ein Jahr zurück, die übrigen Patienten hatten innerhalb der ersten zwölf Monate nach der Läsion mit dem Training begonnen, allerdings nur zwei Patienten innerhalb der ersten sechs Wochen nach dem Eintritt der Schädigung. Insgesamt zeigte sich kein signifikanter Unterschied. Die „frische" Gruppe schnitt mit durchschnittlich 28,8% Verbesserung nur geringfügig besser ab als die „alte" Gruppe mit 27,6%. Spontanremission konnte damit unseres Erachtens für die Therapieeffekte nicht alleine verantwortlich gemacht werden.

Während Zihl (1980) einen Generalisierungseffekt seiner Trainingsmethode auch auf andere Sehleistungen gefunden hatte, wurde dies in den Untersuchungen von Schmielau und Potthoff (1990) verneint. Unsere Interpretation der Ergebnisse bildet gewissermaßen eine Synthese aus den konträren Meinungen. Es zeigte sich, daß bereits das Training der Hell-Dunkel-Unterscheidung eine leichte Verbesserung der Form- und Farbwahrnehmungsfähigkeit zur Folge hatte. Eine weitere gezielte Behandlung dieser Teilfunktionen konnte aber darüber hinaus noch einen beträchtlichen weiteren Zuwachs erzielen. Hierbei erscheint besonders erwähnenswert, daß das Training der Formwahrnehmung mit Buchstaben auch generalisierende Effekte auf die Wahrnehmung unterschiedlicher Richtungen von Linien hatte. Die Gruppe, die eine Erkennung von Buchstaben trainierte schnitt mit einer durchschnittlichen Verbesserung von 23,3% im Periform-Programm sogar geringfügig besser ab als die Gruppe, die das Erkennen von Linien übte mit 17,8%. Es muß also offensichtlich nicht jede einzelne Linienrichtung separat trainiert werden, was aufgrund der anatomischen Grundlagen hätte angenommen werden können. Eine weitere Fragestellung sollte den Einfluß anderer Variablen klären. Zwischen Insult und anderen Ursachen fand sich keine signifikante Differenz. Dafür zeigten jüngere Patienten (unter 50 J.) eine größere prozentuale Verbesserung als ältere und Patienten mit kleinen Läsionen (Skotome, Quadrantenanopsien) zeigten eine signifikant größeren Zuwachs als Patienten mit kompletten Hemianopsien.

Bei der Interpretation dieser Ergebnisse muß natürlich berücksichtigt werden, daß die gefundenen Verbesserungen sich lediglich auf den relativ kleinen Ausschnitt beziehen, der am Computermonitor prüfbar ist. Gemessen an der Größen des gesamten Gesichtsfeldes ist dieser Bereich jedoch so klein, daß es im subjektiven Empfinden der Patienten nicht immer auch zu einer Verbesserung des Sehens im Alltag kam.

7. Trainierbarkeit prächiasmatisch bedingter Gesichtsfeldeinschränkungen

Nachdem die Trainingsergebnisse von Patienten mit postchiasmatischer Läsion darauf hindeuten, daß eine Besserung möglich ist, wurde von den Verfassern versucht, in einer Kontrollgruppenstudie entsprechende Effekte auch bei prächiasmatisch geschädigten Patienten mit Altläsionen (> 1 Jahr) zu erreichen. In diese, derzeit noch in der Durchführungsphase befindlichen Studie werden Patienten aufgenommen, die unter einer partiellen mono- oder binokulare Atrophie des Nervus opticus infolge vaskulärer, entzündlicher, traumatischer oder raumfordernder Prozesse leiden. Ursachen, Folgen und Möglichkeiten der chirurgischen und medikamentösen Behandlung von

Nervus-opticus-Läsionen werden z.B. von Behrens-Baumann und Miehlke (1979) und Behrens-Baumann und Chilla (1984) beschrieben.

Die Eingangsdiagnostik entspricht den unter Punkt 6. genannten Verfahren. Die Behandlungsphase umfaßt sechs Monate, in denen die Teilnehmer täglich eine Stunde zu Hause an einem Personal Computer üben. Als Trainings-Software werden ebenfalls die oben genannten Programme Visure und Sehtra eingesetzt. Nach Ablauf jeweils eines Monats werden Kontroll-Untersuchungen durchgeführt und die Trainingsprogramme werden dem veränderten Leistungsstand des Patienten angepaßt.

Derzeit umfaßt die Untersuchungsstichprobe 14 Personen. Vorläufige Befunde der ersten sieben Patienten (6 Männer, 1 Frau, durchschn. Alter 50,4 Jahre, 29-79 Jahre) können berichtet werden. Die Perimat-Leistungen von sechs Teilnehmern besserten sich deutlich. Hier wurden Steigerungen von durchschnittlich 22,4% ($p < 0.5$) erreicht. Lediglich bei einem Patienten sind bisher nur tendenzielle Leistungsverbesserungen zu verzeichnen. Nach vier Trainingsmonaten erkennt dieser Teilnehmer erst 7 % mehr Lichtreize im zentralen Gesichtsfeld. Besserungen scheinen sich vor allem in dem Übergangsbereich einzustellen, in denen bereits bei den Eingangstests vereinzelt Reize entdeckt wurden, wo die Gesichtsfeldareale also eine gewisse „Porösität" aufwiesen. Obschon solche Beobachtungen zu diesem Zeitpunkt sicherlich noch keine klaren Schlüsse zulassen, erscheint es interessant, daß die beiden Teilnehmer, die z.Zt. die deutlichsten Verbesserungen aufweisen (20% und 27%), zugleich auch die beiden einzigen sind, die über ein komplett intaktes Auge verfügen. Den vorläufigen Daten des Periform- und Perifarb-Programmes zufolge scheint das gewählte Gesichtsfeldtraining keine generalisierten Effekte auf die Form- und Farberkennungs-Kapazitäten der sehgeschädigten Patienten zu haben.

8. Existenz visueller Restfunktionen im geschädigten Bereich

Eine mögliche Erklärung für die Therapieerfolge besteht in der Annahme, daß im defekten Bereich noch residuale Sehfunktionen existieren, deren Aktivität aber durch das stärkere Output der intakten Gesichtsfeldteile verlorengeht und oft nicht bewußt ist (Fendrich et al., 1992, 1993). Eine erste Analyse unserer Daten auf solche „visuelle Inseln" im blinden Bereich deutet darauf hin, daß einzelne erkannte Reize eher nahe ($<10°$) an der Grenze zum intakten Bereich lagen. 22 der bisher von uns untersuchten Patienten (s. unter Punkt 5.) litten unter so großen Ausfällen, daß die Daten dahingehend analysiert werden konnten. Die Anzahl der im blinden Bereich doch noch erkannten Lichtreize war für jeden einzelnen Patienten innerhalb der fünf Baseline-Einzelmessungen erstaunlich konstant und schwankte zwischen Korrelationen von $r = 0,73$ bis $0,96$ (signifikant $p < 0,05$), d.h. es gibt Patienten, die im geschädigten Bereich immer noch sehr viel Lichtreize erkennen und andere Patienten, die dort gar keine Reize mehr sehen. Um zu überprüfen, ob diese visuellen Restfunktionen im defekten Areal konstant sind, überlappten wir die fünf Einzelmessungen der Perimat-Daten für jeden einzelnen Patienten und zählten aus, wie oft im geschädigten Bereich ein Lichtreiz an derselben Position erkannt wurde. Je höher der Wert (Minimum 0 = völlig blind, Maximum 5 = immer erkannt), um so stabiler die Lokalisation des visuellen Restes. 41,2% der im geschädigten Bereich erkannten Stimuli wurden nur einmal an demselben Ort erkannt, 27,1% zweimal, 18,8% dreimal, 8,2% viermal und lediglich 4,7% immer. Wenn man die nur einmal erkannten Reize als zufällig bewertet, z.B. infolge Fixationsunsicherheit oder Aufmerksamkeitsdefiziten, dann bedeutet dies, daß die visuellen Inseln bezüglich ihrer Lokalisation im blinden Gesichtsfeld mit unserer Methode nicht hinreichend genau nachweisbar sind. Nur zwei Patienten zeigte vergleichsweise große und auch reliable Inseln (> 5° Ausdehnung).

9. Diskussion

Zusammenfassend zeigte sich in unseren eigenen Studien im Humanbereich zunächst einmal eine erstaunlich hohe Stabilität von Gesichtsfeldeinschränkungen. Hierdurch fanden sich kaum signifikante Einflüsse anderer Variablen wie Alter, Befindlichkeit, Ursache oder Größe des Defizits auf die individuellen Schwankungen der Gesichtsfeldgröße. Dieses Ergebnis unterscheidet sich allerdings von vielen anderen Studien, in denen teilweise eine beträchtliche intraindividuelle Variabilität festgestellt wurde (Drance et al., 1966; Flammer & Niesel, 1984; Heijl et al., 1987; Werner et al., 1989). Allerdings beschäftigen sich die meisten Arbeiten zur Prüfung der Stabilität von Gesichtsfelddefekten mit Patienten, die unter Glaukomen leiden und nicht mit Hirngeschädigten. Glaukome zeigen aber üblicherweise beträchtliche Schwankungen im Krankheitsverlauf (Heijl et al., 1989). In einigen Studien wurde auch dynamische Perimetrie durchgeführt (z.B. Sato et al., 1982), die als erheblich unzuverlässiger gilt als statische Perimetrie (Balliett et al., 1985).

Interessant ist hierbei vielleicht, daß die von uns vorgefundene, wenn auch geringe Variabilität vorrangig mit einem Faktor in Beziehung gesetzt werden kann, den wir als spezielle visuell-räumliche Aufmerksamkeit bezeichnen möchten. Dieses Konzept der selektiven Aufmerksamkeit wird z.B. auch von Posner und seinen Mitarbeitern vertreten (Posner et al., 1984; Prinzmetal et al., 1986; Posner, 1987; Posner et al., 1987; Rafal & Posner, 1987; Rafal et al., 1988; Inhoff et al., 1989; Posner & Driver, 1992; Posner & Dehaene, 1994). Aufgrund tierexperimenteller Befunde sowie der Untersuchung hirnverletzter Patienten mit unterschiedlich lokalisierten Läsionen postulieren sie ein Modell, das den Prozeß der visuellen Aufmerksamkeitsausrichtung in drei Komponenten zerlegt: 1. „Orienting", 2. „Target detecting" und 3. „Alerting". Für den Orientierungsprozeß lassen sich ebenfalls drei Komponenten unterscheiden: a) „Disengage", b) „Move" und c) „Engage" (Posner et a., 1986). Posner (1987) ist der Ansicht, daß selektive Aufmerksamkeit ein hierarchisch aufgebautes System mit verschiedenen Niveaus ist, die als Netzwerk zusammenarbeiten. Er unterscheidet hierbei z.B. ein posteriores, visuell-räumliches Aufmerksamkeitssystem von einer anterioren, generellen selektiven Aufmerksamkeit (Posner & Dehaene, 1994). Für die selektive visuell-räumliche Aufmerksamkeit werden primär die posterioren Areale des Parietallappens verantwortlich gemacht. Patienten wie auch Versuchstiere (Affen) mit Läsionen in diesem Gebiet reagieren verlangsamt auf Reize, die eine Verlagerung der selektiven Aufmerksamkeit erfordern, dies gilt für beide Gesichtsfeldhälften, also auch für die intakte Hälfte nach einer Läsion. Diese Assymetrie der Reaktionszeit-Verteilung tritt häufig nicht mehr auf, wenn vor dem Zielreiz ein Hinweisreiz (Cue) gegeben wird, der den Patienten über die Lokalisation des Zielreizes informiert. Fehlerhafte Cues in der gesunden Gesichtsfeldhälfte, die von Zielreizen im zur Läsion kontralateral gelegenen Halbfeld gefolgt werden, bewirken drastische Reaktionszeit-Verschlechterungen.

Eine Verbesserung visueller Funktionen konnte bei rund 80% unserer postchiasmatisch- und in einer laufenden Studie bei bisher ca. 60-70% der prächiasmatisch-geschädigten Patienten erreicht werden. Das Ausmaß der Verbesserungen war in diesem Fall vorwiegend von dem Ausmaß der Schädigung und dem Alter des Patienten abhängig. Diese Ergebnisse unterstützen damit im wesentlichen die Befunde von Zihl (1978), Schmielau (1989), Schmielau und Potthoff (1990), die zu dem Schluß kommen, daß eine Restitution visueller Defekte prinzipiell möglich ist. Widersprüchliche Befunde ergeben sich durch den Zeitpunkt des Therapiebeginns seit Eintritt der Schädigung. Insbesondere Prosiegel (1991) ist der Ansicht, daß mehrere Jahre nach Eintritt einer Hirnläsion eine Restitution nicht mehr möglich ist, sondern nur noch das Erlernen kompensatorischer Techniken möglich sei. Diese Ansicht konnte durch die vorliegenden Daten nicht bestätigt werden. Auch die Veröffentlichung von Balliett et al. (1985), die keinerlei Verbesserung von Gesichtsfelddefekten erzielen konnten, widerspricht unseren Ergebnissen. Allerdings unterschied sich das Vorgehen von Balliett et al. sehr von unserer Behandlungsweise. In deren Arbeit wurde im wesentlichen ein Inkrementalschwellentraining durchgeführt, das an die Methode von Zihl und Cramon (1980 u.a.) angeglichen war. Es wurde dabei von Balliett et al. jedoch nicht nur ein anderer Perimetertyp, sondern auch sehr viel kleinere Reize benutzt, was möglicherweise den mangelnden Trainingserfolg im Vergleich zu den Daten von Zihl und Cramon erklären könnte. Insbesondere dürfte die Anzahl der von Balliett et al. durchgeführten Trainingssitzungen erheblich niedriger als in unserem Versuch gewesen sein. Balliett referiert für seine zwölf Patienten zwischen 7 und maximal 75 Sitzungen, wobei die genaue zeitliche Dauer einer Trainingseinheit jedoch nicht angegeben wird, sondern es wird lediglich geschrieben, daß etwa 25 Inkrementalschwellen pro Sitzung dargeboten wurden. Es ist also anzunehmen, daß eine Sitzung von Balliett eher weniger als eine Stunde gedauert haben dürfte. Unsere Daten sprechen aber dafür, daß sich ein nachweisbarer Behandlungseffekt oft erst nach mehr als 70 Übungsstunden zeigen läßt. Eine Dauer, die Balliett bei den meisten Patienten gar nicht erreicht haben kann, da im Durchschnitt nur über 30 Sitzungen behandelt wurde.

Das wichtigste Ergebnis der Untersuchung ist vielleicht, daß wir mit unseren Methoden kaum reliable Positionen von intakten visuelle Restfunktionen im blinden Gesichtsfeld der Patienten feststellen konnten. Zwar zeigten bei einmaliger Messung viele Patienten auch positive Reaktionen im blinden Bereich. Ein Vergleich von fünf Messungen bewies jedoch, daß die Position dieser Reize stark schwankte. Allerdings war die Anzahl für jeden Patient individuell sehr stabil. Obwohl mit methodisch völlig anderer Vorgehensweise unterstützt dies die Ergebnisse von Zihl, Pöppel und Cramon (1977) und Zihl (1980). Diese Autoren hatten schon mit der Methode der Inkrementalschwellenmessung am Tübinger Handperimeter festgestellt, daß einige Patienten einen sehr graduellen Übergang zwischen gesunden und blinden Gesichtsfeldbereichen zeigten, bei anderen Patienten war diese Grenze jedoch sehr abrupt. Dasselbe ließ sich mit unserer Methode durch die variable Anzahl von richtig erkannten Reizen im Übergang vom intakten zum blinden Bereich feststellen. Die Abbildung 1 zeigt im oberen und mittleren Teil zwei solcher Patienten mit sehr unterschiedlichen Grenzverläufen.

Allerdings konnten wir auch bei zwei unserer 36 Patienten sehr große visuelle Inseln im geschädigten Bereich feststellen, der unterste Teil der Abb. 1. zeigt das Beispiel einer solchen Patientin. Dies mag vielleicht Implikationen für das sogenannte Blindsight (Marshall & Halligan, 1988; Weisskrantz, 1990, 1993; Stoerig & Cowey, 1991, 1992; Fendrich et al., 1992, 1993; Stoerig, 1993) haben, das in einem anderen Beitrag dieses Buches besprochen wird.

Die neurophysiologischen Hintergründe der geschilderten Verbesserungen sind zum gegenwärtigen Zeitpunkt noch weitgehend unbekannt. Aufgrund der hohen Spezifität der rezeptiven Felder vor allem im primären visuellen Kortex wird allgemein davon ausgegangen, daß eine Verlagerung der Funktionen auf benachbarte oder kontralaterale Hirnbereiche im Sehsystem nicht möglich ist. Am wahrscheinlichsten ist unserer Ansicht nach die Vergrößerung der rezeptiven Felder von denjenigen Neuronen, die im Randbereich oder direkt im geschädigten Areal noch intakt sind, deren Output aber durch inhibitorische Mechanismen infolge der erheblich größeren neuronalen Erregung aus den gesunden Gesichtsfeldbereichen verlorengeht und erst durch eine Focussierung der Aufmerksamkeit wieder ins Bewußtsein gelangen kann. Insbesondere bei sehr großen Gesichtsfelddefekten ergab sich die Gesichtsfeldvergrößerung mehr vom Rande her; der Patient EARU in Tabelle 2. zeigt ein Beispiel dafür. Bei Patienten mit kleineren Gesichtsfelddefekten dagegen war eher eine allmähliche „Durchlöcherung" der blinden Gesichtsfeldareale zu bemerken, wie zum Beispiel der Patient RPUT in der Tabelle 2. Dies würde insbesondere mit den oben zitierten tierexperimentellen Ergebnissen von Kaas (1990, 1991) übereinstimmen.

Weitgehend ungeklärt ist auch die Rolle der selektiven Aufmerksamkeit auf die von uns gefundenen Verbesserungen der Gesichtsfelddefekte. Einige der unter Teil 5.3 referierten Daten deuten darauf hin, daß Aufmerksamkeit mindestens als Moderatorvariable eine wichtige Rolle spielen dürfte. Im Zusammenhang mit den frühen tierexperimentellen Befunden zur Restituierbarkeit von Gesichtsfelddefekten wurde schon von Zihl (1980) die Rolle der selektiven visuellen Aufmerksamkeit als wesentlicher Faktor für die Restitution des Gesichtsfeldes betont. Es ist bekannt, daß die Ausrichtung der Aufmerksamkeit auf einen bestimmten Gesichtsfeldbereich, ohne jedoch eine Blickbewegung in dieses Areal durchzuführen, zur Herabsetzung der Entdeckungsschwelle für einen visuellen Reiz führt (Aulhorn & Harms, 1972). Diese Schwellenerniedrigung könnte über die Colliculi superiores vermittelt werden: Mohler und Wurtz (1977) zeigten im Tierexperiment, daß Neurone in den oberen Schichten der Vierhügelplatte viel stärker auf Reize reagieren, die eine sakkadische Blickbewegung und somit die Aufmerksamkeit des Tieres auf sich ziehen. Unabhängig von Augenbewegungen reagieren Neurone in der Area 7 des Parietallappens von Affen verstärkt bei selektiver Ausrichtung der Aufmerksamkeit auf die Reizlokalisation (Bushnell et al., 1981; Goldberg 1993). In jüngeren PET-Studien konnte nachgewiesen werden, daß die Ausrichtung der Aufmerksamkeit auf eine bestimmte Reizqualität (Form, Farbe, Geschwindigkeit) die Wahrnehmungsleistung für diese Reizqualität steigert und mit der verstärkten Aktivierung jeweils eines spezifischen Areals des visuellen Kortex korreliert ist (Corbetta et al., 1990b, 1991).

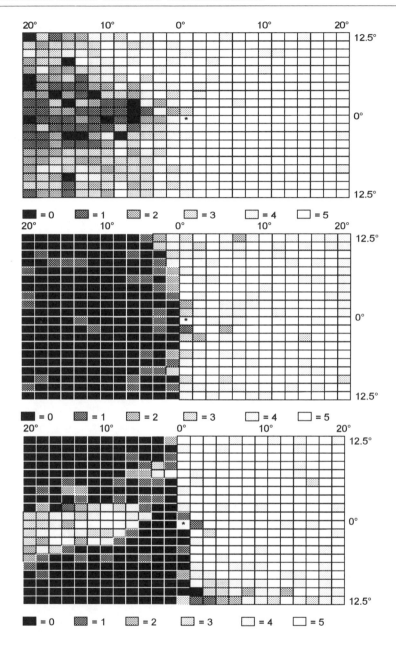

Abb. 1: Zusammenfassung von je fünf Perimat-Messungen an drei verschiedenen Patienten. Die Graustufen geben an, wie oft der Reiz an derselben Position erkannt wurde (schwarz = nie, weiß = immer). Die oberste Abbildung zeigt einen „weichen" Grenzverlauf, mit unklaren Abgrenzungen, die Mitte eher einen „harten". Das unterste Bild zeigt eine Patientin mit einer „visuellen Insel" im blinden Bereich.

Es ist spekuliert worden, daß auch die Stimulation der Formatio reticularis an Änderungen der Aufmerksamkeitsausrichtung beteiligt sein kann (Singer, 1977). Postsynaptischen Neuronen innerhalb der primären Sehbahn, die ohne zusätzliche selektive Aktivierung durch Hirnstrukturen außerhalb der Sehbahn vielleicht nur unterschwellig aktivert würden, könnte auf diese Weise die Generierung von Aktionspotentialen gelingen (vgl. Schmielau, 1989).

Insgesamt deuten die Ergebnisse sowohl der tierexperimentellen Studien wie auch der Behandlung cerebralgeschädigter Patienten darauf hin, daß durch ein Training oft eine Verbesserung visueller Funktionen erreicht werden kann. Wir hoffen, mit einer Fortsetzung dieser Forschung langfristig vielen Patienten helfen zu können.

Danksagung

Die Arbeiten wurden vom Kuratorium ZNS, von der Deutschen Forschungs Gemeinschaft (DFG Sa 433/6-1) und vom Land Sachsen-Anhalt gefördert.

Zur Psychoneurobiologie des Blindsehens

Petra Stoerig

Zusammenfassung

Läsionen in der primären Sehrinde (V1) verursachen einen homonymen Gesichtsfeldausfall in der kontraläsionalen Gesichtsfeldhälfte. Gleichzeitig lösen sie eine absteigende Degeneration aus, die transneuronal die Ganglienzellschicht der Netzhaut angreift und einen Großteil der Pß-Ganglienzellen zerstört. Die überlebenden Ganglienzellen projizieren weiterhin zu den retinorezipienten Kernen, welche die erhaltene visuelle Information zur extrastriären Sehrinde weiterleiten. Dieses ausgedünnte Sehsystem vermittelt die visuellen Restfunktionen, die sich auch im absoluten Gesichtsfeldausfall nachweisen lassen; dabei können neuroendokrinologische, reflexive, implizite und willentlich ausgelöste (oder explizite) Restfunktionen unterschieden werden. Untersuchungen an cerebral hemisphärektomierten Patienten legen nahe, daß die expliziten Restfunktionen nur nachweisbar sind, wenn extrastriäre Rindengebiete an der Verarbeitung beteiligt sind. Da die Patienten ebenso wie Affen mit V1-Läsionen die Sehreize, auf die sie reagieren, nicht bewußt sehen können, wird die Gesamtheit der Restfunktionen als Blindsehen bezeichnet. Die primäre Sehrinde scheint für die phänomenale Abbildung, die vom bewußten Zugriff auf visuelle Informationen verschieden ist, eine besondere Rolle zu spielen.

Summary

Lesions of the primary visual cortex (V1) cause homonymous visual field defects in the contralesional hemifield. They also cause a transneuronal retrograde degeneration of the retinal ganglion cell layer which selectively destroys Pß ganglion cells. The surviving ganglion cells continue to project to all retinorecipient nuclei which forward the visual information to extrastriate visual cortical areas. This depleted system mediates the residual visual functions which can be demonstrated even in absolute field defects. These functions encompass neuroendocrinological, reflexive, implicit, and voluntarily initiated (or explicit) ones. Studies in hemispherectomized patients indicate that extrastriate visual cortex is necessary for the explicit residual functions. As patients (and monkeys) with absolute scotoma caused by occipital lobe damage insist that they do not consciously see the visual stimuli they respond to, the phenomenon has been termed blindsight. V1 appears to play a crucial role for the phenomenal representation which is distinct from conscious access to the processed visual information.

1. Anatomische Folgen von Läsionen in der primären Sehrinde

Beim Affen ebenso wie beim menschlichen Patienten verursacht eine Zerstörung der primären Sehrinde (V1, striärer Cortex) eine anterograde Degeneration der Axone, die von V1 zu den extrastriären Hirnrindenarealen und zu verschiedenen subcorticalen Kernen ziehen. Sie löst außerdem eine absteigende Degeneration aus, an deren Folgen ein Großteil der Projektionsneurone im seitlichen Kniehöcker (Corpus Geniculatum Laterale, CGL) eingeht (van Buren, 1963a; Mihailovic et al., 1971). Die vergleichsweise kleine überlebende Population, die weniger als 1% der ursprünglichen ausmachen kann, läßt sich allerdings auch mehrere Jahre nach dem Insult noch nachweisen. Diese überlebenden Projektionsneurone lassen sich von extrastriären Hirnrindengebieten aus anfärben (Yukie & Iwai, 1981; Cowey & Stoerig, 1989), woraus sich ableiten läßt, daß die Neurone der interlaminaren Schicht bevorzugt überleben.

Transneuronal greift die absteigende Degeneration auf die Ganglienzellen der Netzhaut über (Van Buren, 1963a, b). Dieser über mehrere Jahre andauernde Prozeß kann im zentralen Anteil der betroffenen Netzhauthälfte bis zu 90% der Zellen zerstören (Dineen & Hendrickson, 1981; Cowey et al., 1989; Weller & Kaas, 1989). Abgesehen von den dort auch angesiedelten 'deplazierten' Amakrinzellen enthält die Ganglienzellschicht der Netzhaut der Primaten drei morphologisch und funktionell distinkte Hauptklassen von Ganglienzelltypen, Pα, Pβ- und Pγ-Zellen ('P' steht jeweils für Primat). Diese drei Typen kommen normalerweise etwa im Verhältnis 1:8:1 für Pα:Pβ:Pγ-Zellen vor. In der transneuronal degenerierten Netzhaut sind sie dagegen zu ungefähr gleichen Teilen vertreten. Die Degeneration greift folglich selektiv die Pβ-Ganglienzellen an (Cowey et al., 1989). Die überlebenden Ganglienzellen projizieren nach wie vor in die subkortikalen Zielstrukturen der Netzhaut (s. Abb.1), auch in das stark degenerierte CGL (Kisvardáy et al., 1991), das ebenfalls degenerierte Prätectum und das im Gegensatz dazu hypertrophierte Prägeniculatum (Dineen et al., 1982). Soweit bisher bekannt, bleiben alle anderen Projektionen - die zum Colliculus superior (obere Vierhügelplatte, CS) ist die massivste - anatomisch unbeeinträchtigt.

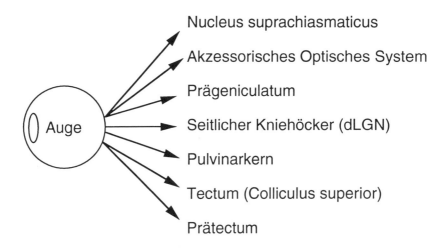

Abb. 1: Schema der retinofugalen Projektionen. Obwohl die retino-genikuläre Bahn durch die von der Läsion der primären Sehrinde ausgelöste retrograde Degeneration stark dezimiert ist, können alle Projektionen Information von der Netzhaut ins zentrale Sehsystem senden.

2. Physiologische Folgen von Läsionen in der primären Sehrinde

In allen bislang untersuchten Kernen, die ein Eingangssignal von der Netzhaut bekommen, ließen sich beim Affen auch nach Abtragung von V1 visuelle Antworten ableiten. Über diese Kerne gelangt die Information auf direktem (vom CGL, vom Pulvinar) oder indirektem Weg (vom Prägeniculatum, von der oberen Vierhügelplatte) zu den extrastriären Hirnrindengebieten. Hier lassen sich zumindest im dorsalen Verarbeitungsstrom noch visuelle Antworten auslösen (s. Bullier et al., 1993 für eine neuere Übersicht). Warum der ventrale Strom durch eine Abtragung oder akute Kühlung von V1 deutlich stärker betroffen erscheint, ist unklar; unklar ist auch, ob sich die Abhängigkeit dieses Stroms von seinem striären Eingangssignal auch dann zeigt, wenn die Läsion chronisch ist und keine Anästhesieeffekte berücksichtigt werden müssen.

Im Einklang mit den tierexperimentellen Befunden lassen sich bei menschlichen Patienten elektrophysiologische Veränderungen der Netzhautpotentiale nachweisen (Stoerig & Zrenner, 1989), die funktionelle Korrelate der transneuronalen Ganglienzelldegeneration darstellen. Weiter konnte mit Hilfe bildgebender Verfahren bei einem Patienten gezeigt werden, daß die Bewegung eines Reizes im cortikal blinden Halbfeld zu einer Aktivierung der extrastriären Areale V3 (visuelles Rindengebiet 3) und V5 (visuelles Rindengebiet 5 oder MT für 'middle temporal') führt. Der mit Hilfe Positronen-Emmittierender Tomographie untersuchte Patient zeigt dabei keine Aktivierung von striärem Gewebe (Barbur et al., 1993). Ebenso ließ sich in einer noch laufenden, die raum-zeitlich höher auflösende funktionelle Kernspintomographie einsetzende Untersuchung keine V1-Aktivierung innerhalb des lädierten oder deafferentierten Gebietes auslösen, obwohl das gesamte Gesichtsfeld visuell stimuliert wurde (Stoerig et al., in Vorb.). Inseln von funktionellem Geweben innerhalb des geschädigten Gebietes können folglich zur Vermittlung der Restfunktionen, die beide Patienten zeigen, nicht notwendig sein (s. Pöppel, 1977; Campion et al., 1983; Stoerig et al., 1985; Fendrich et al., 1992; Stoerig, 1993b; Gazzaniga et al., 1994; für eine Darstellung und Diskussion).

3. Neuropsychologische Folgen von Läsionen der primären Sehrinde: Visuelle Restfunktionen

Die physiologischen Befunde zeigen, daß sich in verschiedenen Anteilen des extrageniculo-striären Sehsystems Antworten auf Sehreize registrieren lassen, die im Gesichtsfeldausfall dargeboten werden. Angesichts der erhaltenen Funktionstüchtigkeit ist nicht überraschend, daß sich visuelle Restfunktionen nicht nur physiologisch, sondern auch im Verhalten von Patienten und Affen mit Okzipitalläsionen nachweisen lassen.

Die Restfunktionen lassen sich in verschiedene Klassen einteilen. In der untersten würde ich neuroendokrinologische Antworten ansiedeln, etwa eine vom Lichteinfall ausgelöste Melantonin-Reaktion, die sogar Patienten mit weitgehender Netzhautzerstörung zeigen können (Czeisler et al., 1995). In die zweite Klasse fallen reflexive Antworten auf im Ausfall dargebotene Sehreize, etwa Pupillen-, Lidschluß- und Orientierungsreflexe (s. Weiskrantz, 1990; Hackley & Johnson, 1996). In die dritte Klasse fallen die impliziten Reaktionen, in denen eine Reaktion auf einen im normalen Halbfeld dargebotenen Reiz gemessen wird in Abhängigkeit von der An- oder Abwesenheit eines zweiten, im Ausfall ungesehen dargebotenen Reizes. Eine Veränderung der Reaktionszeit auf den ersten und gesehenen Stimulus (Marzi et al., 1986; Corbetta et al., 1990; Rafal et al., 1990) oder eine perzeptuelle Vervollständigung/Veränderung aufgrund von im Ausfall gezeigten Reizen oder Reizanteilen (Warrington, 1962; Torjussen, 1976; Pöppel, 1986) sind Beispiele für implizite Antworten.

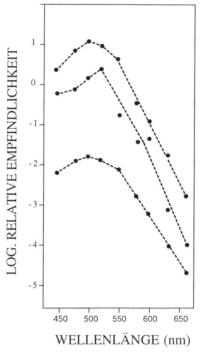

Abb. 2: Die unter skotopischen Adaptationsbedingungen bei einer Patientin mit Okzipitalinfarkt gemessenen Spektralempfindlichkeitskurven zeigen den typischen, die Stäbchenabsorption widerspiegelnden Verlauf mit einem Empfindlichkeits- maximum im blau-grünen Bereich und einem starken Abfall im langwelligen Anteil. Die oberste Kurve entspricht der Empfindlichkeit im normalen Halbfeld; die mittlere Kurve der Blindseh-Empfindlichkeit und die unterste Kurve der Streulicht-Empfindlichkeit.

Davon unterscheiden sich die Restfunktionen der vierten Klasse insofern, als die Patienten ebenso wie Affen mit experimenteller V1-Abtragung dabei direkt und willentlich auf einen im blinden Halbfeld gezeigten Stimulus reagieren müssen. Ein Beispiel für explizite Restfunktionen ist die Lokalisation von Sehreizen, die in zufälliger Reihenfolge an verschiedenen exzentrischen Orten im Ausfall dargeboten werden. Beide Spezies können mit einer Hand- oder einer Augenbewegung überzufällig genau dahindeuten oder -schauen, wo der Reiz war (Pöppel et al., 1973; Weiskrantz et al.,

1974; Mohler & Wurtz, 1978). Sie können Sehreize oder Ereignisse mit überzufälligen Trefferquoten entdecken (z.B. Stoerig et al., 1985; Magnussen & Mathiesen, 1989), und deren Orientierung (Weiskrantz, 1986), Bewegung oder Versetzung im Raum (Blythe et al., 1986; 1987) und Wellenlänge (Stoerig, 1987; Stoerig & Cowey, 1992; Brent et al., 1994) unterscheiden. Ob auch eine Formunterscheidung möglich ist, ist umstritten (Weiskrantz et al., 1974; Humphrey, 1974; Weiskrantz, 1987). (S. Pasik & Pasik, 1982; Weiskrantz, 1990; Stoerig & Cowey, 1993 für Übersichtsarbeiten).

Alle höheren Restleistungen sind an bestimmte Versuchsparameter gebunden: die retinale Exzentrizität des Darbietungsortes (Stoerig & Pöppel, 1986), die Größe des Reizes (Stoerig, 1993a), die Wellenlänge (Stoerig, 1987), die Bewegungsgeschwindigkeit (Barbur et al., 1980; Blythe et al., 1987; Weiskrantz et al., 1995), das Adaptationsniveau, die Reiz-onset Charakteristik (Barbur et al., 1994) und der Kontrast spielen eine Rolle. Unter optimalen Bedingungen lassen sich statistisch hochsignifikante Leistungen erzielen (z.B. Barbur et al., 1994), und die Empfindlichkeitseinbuße im Ausfall beträgt im Vergleich zum normalen Halbfeld manchmal nur eine halbe logarithmische Einheit (Leporé et al., 1976; Stoerig, 1993a; Cowey & Stoerig, 1995; s. Abb.2).

4. Neuropsychologische Folgen von Hemisphärektomien: Visuelle Restfunktionen

Die zuvor erwähnten Aktivierungsstudien mit physiologischen und bildgebenden Verfahren zeigen, daß gleichseitig zur Läsion gelegene extrastriäre Rindengebiete auf visuelle Stimulation innerhalb des Gesichtsfeldausfalls reagieren. Ob und inwieweit eine Beteiligung dieser Gebiete notwendig ist zur Vermittlung der Restfunktionen, kann durch die Untersuchung von Restfunktionen bei hemisphärektomierten Patienten herausgefunden werden. Restfunktionen, die sich auch bei diesen Patienten nachweisen lassen, denen aufgrund schwerer, oft früh erworbener Schädigungen der Großhirnrinde die Rinde einer Hirnhälfte entfernt wurde, können ja nicht auf (ipsiläsionale) extrastriäre Rindenareale angewiesen sein.

Die Lichtabhängigkeit der Melatoninausschüttung wurde bisher nicht bei hemisphärektomierten Patienten untersucht. Es wäre aber überraschend, wenn diese durch die Projektion einer Untergruppe von zum Nucleus suprachiasmaticus projizierenden retinalen Ganglienzellen (Moore et al., 1995) vermittelte Reaktion auf die Funktionstüchtigkeit der Großhirnrinde angewiesen wäre. An visuellen Reflexen wurden Pupillenlichtreflex (Weiskrantz, 1990) und optokinetischer Nystagmus (Braddick et al., 1992) beschrieben; der photische Blinkreflex, der auch bei Komapatienten auslösbar ist (Keane, 1979. Tavy et al., 1984), ist ebenfalls nachweisbar. Bislang gibt es nur eine Studie, die ein implizites Paradigma bei hemisphärektomierten Patienten anwendet und immerhin bei zwei Patienten eine Beeinflussung der Reaktionszeit auf einen gesehenen Reiz durch gleichzeitige Darbietung eines ungesehenen Reizes im hemianopen Feld beschreibt (Tomaiuolo et al., 1994).

In einigen Arbeiten wurden auch explizite Funktionen berichtet; Lokalisation (Perenin & Jeannerod, 1975), Unterscheidung zwischen bewegten und stationären

Reizen (Ptito et al., 1991) und sogar Formunterscheidung (Perenin, 1978; Ptito et al., 1987) sollen dazuzählen. Im Unterschied dazu konnte in anderen Arbeiten keine statistisch signifikante Entdeckung und Unterscheidung von bewegten Stimuli nachgewiesen werden (Perenin, 1991; King et al., 1996a, b), obwohl vor allem schnelle Bewegung bei Patienten mit Blindsehen ein effektiver Reizparameter ist (Weiskrantz et al., 1995). Wir haben mit einem expliziten Reizentdeckungsparadigma eine Studie durchgeführt, bei der alle sieben Patienten ein statistisch signifikantes Entdeckungsverhalten erst dann zeigten, wenn die Reize eine Leuchtdichte hatten, die zwei bis drei log Einheiten über der zur Entdeckung im normalen Halbfeld notwendigen Intensität lag. Dieser massive Empfindlichkeitsverlust setzt die im blinden Halbfeld gemessenen Werte etwa auf das Niveau der Streulichtempfindlichkeit, die wir bei Normalpersonen und bei Patienten mit Okzipitalläsionen gemessen haben (Stoerig & Cowey, 1992; s. Abb. 2).

Unter photopischen Adaptationsbedingungen zeigt die stark herabgesetzte Empfindlichkeit im blinden Halbfeld außerdem Eigenschaften, die eine Interpretation im Rahmen von Streulichtentdeckung nahelegen: 1. die Empfindlichkeit zeigt keine räumliche Summation; 2. der blinde Fleck läßt sich zwar anatomisch durch Aufnahmen des Augenhintergrundes nachweisen, es findet sich jedoch kein Anstieg der Schwelle am entsprechenden Gesichtsfeldort; 3. in beiden Halbfeldern zeigt die Empfindlichkeit eine normale Abhängigkeit von der Hintergrundsleuchtdichte, aber nur im normalen Halbfeld zeigt sich dieselbe Abhängigkeit von der Leuchtdichte eines Podestes, auf dem der Reiz erscheint; 4. die Schwelle, bei der das Rateverhalten der Patienten statistisch signifikant wird, fällt mit der Wahrnehmungsschwelle zusammen (s. Abb.3). Die Patienten berichten von einem Schimmer oder Schein, der vom blinden Halbfeld ausgeht. Reize geringerer Leuchtdichte, die keine bewußte Wahrnehmung auslösen, bewirken keine signifikante Entdeckungsleistung (Stoerig et al., in Vorb.).

Obwohl negative Befunde inzwischen bei mehr als einem Dutzend Patienten unterschiedlicher Ätiologie erhoben wurden, ist es möglich, daß die Widersprüche zu den bereits zitierten positiven Ergebnissen auf Patienten (Art, Alter, Grund der Operation), Methodik (Adaptation, binokulare oder monokulare Fixation, Reizparameter) und ähnliche Faktoren zurückgeführt werden können. Dagegen spricht allerdings, daß auch in den veröffentlichten positiven Berichten Wahrnehmungseindrücke der Patienten beschrieben werden (z.B. Perenin & Jeannerod, 1975; Ptito et al., 1987). Ein Fehlen expliziter visueller Restleistungen bei hemisphärektomierten Patienten legt jedenfalls nahe, daß diese Funktionen auf extrastriäre Rindengebiete angewiesen sind, deren operative Entfernung massive degenerative Veränderungen in subkortikalen Strukturen bewirkt (Walker, 1938; Ueki, 1966).

5. Blindes und bewußtes Sehen

In absoluten Gesichtsfeldausfällen, die durch Läsionen in der primären Hirnrinde verursacht sind, lassen sich explizite Restfunktionen zeigen. Die Patienten können kurz dargebotene Sehreize ratend entdecken, lokalisieren und unterscheiden, obwohl die Leuchtdichte der Reize deutlich unterhalb der Streulicht- oder Wahrnehmungsschwelle liegt. Trotzdem die Patienten unter geeigneten Bedingungen sehr gute Entdekkungs- und Unterscheidungsleistungen zeigen können, bestehen sie darauf, daß sie die Reize, auf die sie antworten, nicht sehen können. Mit diesen Beschreibungen in Einklang stehen Resultate von Verhaltensexperimenten an Affen mit einseitig entfernter Sehrinde. Sie zeigen 1., daß der Empfindlichkeitsunterschied zwischen den beiden Halbfeldern zwischen 0.5 und 1.5 log Einheiten liegt; 2., daß überschwellige Reize mit bis zu 100% Trefferquote lokalisiert werden können; 3., daß die Affen im betroffenen Halbfeld dargebotene überschwellige Reize wie Leerreize behandeln, wenn ihnen diese Möglichkeit angeboten wird (Cowey & Stoerig, 1995).

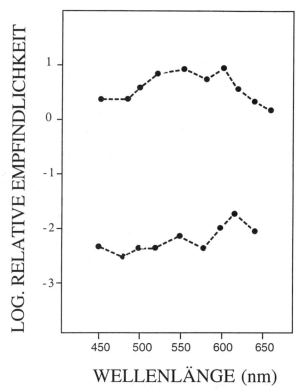

Abb. 3: Unter photopischer Adaptation gemessene Spektralempfindlichkeitskurven eines Patienten mit zerebraler Hemisphärektomie. Die obere Kurve zeigt die Empfindlichkeit im normalen, die untere Kurve die im blinden Halbfeld. Das Rateverhalten des Patienten wurde erst signifikant, als er die Sehreize auch wahrnehmen konnte, d.h., es ließ sich keine von der Streulicht-Empfindlichkeit verschiedene Blindseh-Empfindlichkeit nachweisen (vgl. Abb. 2). Die für die Testbedingungen typischen Minima und Maxima, die auf farb-opponente Prozesse hinweisen, spiegeln entsprechend die Verarbeitung durch die gesunde Netzhauthälfte wider.

Die primäre Sehrinde scheint folglich für die bewußte, phänomenale Abbildung von Sehreizen eine besondere Rolle zu spielen. Ob sie jedoch für alle Formen des phänomenalen Sehens notwendig ist, ist noch wenig untersucht. Abgesehen vom normalen, nach außen gerichteten Sehen können wir ja auch Nachbilder, bildhafte Vorstellungen, Halluziniertes und Geträumtes phänomenal sehen. Dazu lassen sich durch mechanische und elektrische Stimulation der Augen und durch elektromagnetische Stimulation der Hirnrinde visuelle Eindrücke erzeugen. Untersuchungen zur Abhängigkeit dieser Spielarten phänomenalen Sehens von der Unversehrtheit der primären Sehrinde gibt es bisher nur wenige; eine Studie beschreibt eine Verkleinerung des Vorstellungsfeldes aufgrund einer das Gesichtsfeld einschränkenden Operation im Okzipitalbereich (Farah et al., 1992). Nachbilder scheinen dagegen räumlich weniger an die Ausfallgrenzen gebunden (Bender & Kahn, 1949), und Halluzinationen im blinden Gebiet wurden mehrfach berichtet (z.B. Penfield et al. (1935) Kölmel, 1985). Für welche Arten der bewußten Abbildungen V1 notwendig ist, ist also noch lange nicht vollständig geklärt. Wenn dieses Hirnrindengebiet notwendig ist für ein auf die Außenwelt gerichtetes phänomenales Sehen, dann sollte seine vollständige Zerstörung eine funktionelle Wiederherstellung des Gesichtsfeldausfalls unmöglich machen. Obwohl positive Trainingserfolge, die zu einer Vergrößerung des Gesichtsfeldes führten, berichtet wurden bei Patienten mit inkompletter Hemianopie (s. z.B. diesen Band), ist noch unklar, ob sich eine Funktionserholung auch bei einem Patienten mit einer vollständigen Zerstörung von V1 überzeugend nachweisen läßt.

Eine mit der phänomenalen Abbildung zusammenhängende, aber nicht identische bewußte Sehfunktion wird durch eine Zerstörung von V1 ebenfalls betroffen: Die Patienten sagen nicht nur, daß sie die Reize, auf die sie statistisch hochsignifikant reagieren können, nicht sehen, sie sagen auch, daß sie nur raten, ob ein Reiz dargeboten wurde, wo ein Reiz dargeboten wurde, oder welcher Reiz dargeboten wurde. Die Patienten haben also mit der phänomenalen Abbildung auch den bewußten Zugriff auf den Reiz, das Wissen um die Tatsache seiner (im Verhalten nachweisbaren) Verarbeitung verloren. Daß phänomenale Abbildung und bewußter Zugriff nicht nur voneinander verschieden, sondern auch dissoziierbar sind, zeigt sich bei Patienten mit assoziativer Agnosie. Diese Patienten können phänomenal sehen, und wissen, daß sie es tun. Dennoch wird das Gesehene nicht erkannt als das, was es ist, als das, was es bedeutet. Bewußtes Sehen erscheint demnach als ein aus mehreren Komponenten zusammengesetzter Vorgang, bei dem die frühen Sehrindengebiete eher dem phänomenalen Sehen gewidmet sind. Die höheren, über temporale und parietale Gebiete mit dem limbischen System und dem (prä-)frontalen Cortex verbundenen Areale sind mit dem bewußten Erkennen des Wahrgenommenen, der Manipulation der gewonnenen Information und der Planung von Beschreibungen und Handlungen beschäftigt. Die Vielfalt der Verbindungen der frühen Sehrindengebiete mit den anderen sensorischen, den motorischen und kognitiven Systemen des Großhirns ist spezifisch genug, um so isolierte Ausfälle wie Farbanomie und so überraschende Leistungsdissoziationen wie die zwischen Benennen und Begreifen eines Sehreizes (Goodale et al., 1991) hervorzubringen. Sie muß der Vielfalt des bewußten Umganges mit der bewußt abgebildeten Information zugrundeliegen.

Danksagung

Die Arbeit wurde von der Dt. Forschungsgemeinschaft gefördert (Sto 206-4/2).

Spontanerholung und Wiederherstellung von Sehfunktionen bei cerebral blinden Kindern

Reinhard Werth und Matthias Möhrenschläger

Zusammenfassung

Bei Patienten, die aufgrund einer Hirnschädigung erblindeten, wurde vereinzelt über spontane Rückkehr visueller Funktionen berichtet. Auch im Falle hirngeschädigter Kinder, die keine Zeichen einer spontanen Entwicklung von Sehfunktionen zeigten, konnten während eines systematischen Gesichtsfeldtrainings innerhalb einiger Wochen Sehfunktionen hergestellt werden. Untersuchungen an hemisphärektomierten und anencephalen Kindern sprechen dafür, daß eine einzige Hirnhemisphäre ausreichen kann, damit sich ein normal ausgedehntes Gesichtsfeld entwickelt. Ohne ein funktionsfähiges Großhirn, also allein durch Vermittlung von Strukturen des Hirnstamms (z.B. der Colliculi superiores) sind keine Sehleistungen mehr möglich.

Summary

Spontaneous recovery of visual functions was reported in some cases of patients who were blind due to cerebral lesions. In brain damaged children who showed no sign of spontaneous development of vision, visual functions appeared whithin weeks after the beginning of a systematic visual field training. The cases of hemispherectomized patients and anencephalic patients show that the existence of one single cerebral hemisphere may be sufficient for the development of a normally extended visual field.

1. Einleitung

Schädigung der Sehrinde des Gehirns oder Schädigung der Fasern, die aus der Netzhaut kommend über das Geniculatum laterale (einem Gebiet des Thalamus) zur Sehrinde ziehen, führt zu homonymen Gesichtsfelddefekten. Das bedeutet, daß nach einer solchen Schädigung an jedem Auge die gleichen Areale des Gesichtsfeldes betroffen sind. Die Sehstörung besteht jeweils in der Gesichtsfeldhälfte, die sich kontralateral zur geschädigten Hemisphäre des Gehirns befindet. So kann z.B. ein Infarkt im Bereich des linken Hinterhauptslappens zu einem Gesichtsfelddefekt führen, der sich im rechten visuellen Halbfeld jedes Auges in dem gleichen umschriebenen Bezirk ausbreitet. Im ungünstigsten Fall erfaßt der Gesichtsfelddefekt das gesamte zur geschädigten Hirnhemisphäre kontralaterale visuelle Halbfeld. Der Gesichtsfelddefekt kann in einer verminderten Fähigkeit bestehen, Formen und Farben zu erkennen, einer Amblyopie, die Leuchtdichteunterschiedsschwelle kann erhöht sein, so daß mehr Licht benötigt wird, um einen Lichtreiz zu entdecken, oder es kann eine andere Art der Schädigung in dem entsprechenden visuellen Halbfeld auftreten. Häufig ist jedoch ein gesamtes Halbfeld erblindet.

Daß ein homonymer Gesichtsfelddefekt zur Rückbildung fähig ist, zeigen zahlreiche Berichte über Spontanerholung bei Patienten mit cerebral bedingten Sehstörungen. Griffith und Dodge (1968) berichteten über Patienten im Alter zwischen 6 und 16 Jahren, die aufgrund eines Schädel-Hirn-Traumas erblindeten. Innerhalb von Minuten bis Stunden hatte die Blindheit sich aufgelöst. Bodian (1964) berichtete über Patienten im Alter zwischen 4,5 und 12 Jahren, bei denen die Blindheit nach einer Hirnkontusion sich in einer Zeit zwischen 45 Minuten und 7 Stunden vollständig zurückzog. Auch Eldridge und Punt (1988) bestätigten solche Beobachtungen durch ihren Bericht über zwei Kinder im Alter von 8 und 9 Jahren, bei denen die Blindheit sich innerhalb von 3 Stunden nach einem Schädeltrauma einstellte und innerhalb von 6 Stunden wieder verschwand. Ebenso berichteten Gerris und Mellengaard (1969) über 11 Patienten im Alter zwischen 6 und 43 Jahren mit einem okzipitalen Schädeltrauma, bei denen die Blindheit nur 15 Minuten bis 3 Tage bestehen blieb. Auch eine linksseitige homonyme Hemianopsie, die nach einem epileptischen Krampfanfall bei Kindern im Alter von 4 Jahren und 10 Jahren bestand, bildete sich innerhalb von 9 bzw. 24 Stunden vollständig zurück (Kosnik et al., 1976). Über Spontanremissionen der Blindheit innerhalb eines zeitlichen Rahmens zwischen einer Woche und mehreren Jahren bei Kindern nach Hirnblutung, Herzstillstand (Wong, 1971; Flodmark, 1990; Weinberger et al., 1962), einer Ventilfunktionsstörung bei einem Shunt-versorgten Hydrocephalus (Wong, 1971; Flodmark, 1990; Lorber, 1967), einer Meningitis/Enzephalitis (Flodmark et al., 1980; Wong, 1991; Ackeroyd, 1984; Barnett et al., 1970) und nach Ertrinkungsunfall (McAuley, 1964) wurde ebenfalls berichtet.

Diese Berichte zeigen, daß eine Schädigung von Strukturen des visuellen Systems keine unveränderliche Einbuße von Sehleistungen zur Folge haben muß. Visuelle Funktionen können in günstigen Fällen spontan in normalem Umfang zurückkehren.

2. Restitution von Sehleistungen durch systematisches Training

Doch auch in vielen Fällen, in denen keine spontane Rückbildung der Blindheit beobachtbar war, konnten wir durch gezielte Reizung der blinden Areale wieder Sehfunktionen herstellen. Dies traf selbst dann zu, wenn die Blindheit mehrere Jahre bestand. Die Möglichkeit der Wiederherstellung von Sehfunktionen bei cerebral blinden Kindern durch systematische Reizung soll am Beispiel von zwei unserer Patienten illustriert werden.

Der erste Patient war als gesundes Kind geboren, erlitt jedoch einen Tag nach der Geburt ein schweres Schädel-Hirn-Trauma. Drei Monate später zeigte die Computertomographie große multiple Zysten, die sich über die ganze linke Hirnhälfte erstreckten und den gesamten Okzipitallappen einschlossen.

Im Alter von einem Jahr bestand eine komplette rechtsseitige homonyme Hemianopsie. Es hatte keinerlei spontane Rückbildung. Daraufhin wurde täglich für 15 Minuten ein Gesichtsfeldtraining durchgeführt. Dieses Training bestand darin, daß ein Lichtreiz einer Leuchtdichte von 100.000 cd/m² für jeweils etwa 5 Sekunden in einer Entfernung zwischen 20 und 90 Bogengrad vom Gesichtsfeldzentrum auf dem horizontalen Meridian geboten wurde. Zuwendebewegungen zum Lichtreiz wurden nicht belohnt. Während bei Reizung mit einer derart hohen Leuchtdichte ein Streulichteffekt in Kauf genommen werden muß, wurde die Verlaufskontrolle mit Reizen einer Leuchtdichte von 10 cd/m², die in einem speziell konstruierten Bogenperimeter geboten wurden, durchgeführt. Messungen möglichen Streulichts im Perimeterhalbbogen und die Kontrolle intraokulären Streulichts zeigten, daß in solchen Messungen keine Streulichteffekte existieren.

Bereits nach 4 Wochen hatte das Gesichtsfeld im oberen rechten Quadranten sich horizontal um 50 Bogengrad ausgedehnt. Nach 6 Wochen hatte das Gesichtsfeld im oberen rechten Quadranten sogar eine Ausdehnung von 75 Bogengrad. Im rechten unteren Quadranten blieb die Blindheit jedoch bestehen. In den folgenden 4 Monaten wurde das Gesichtsfeldtraining nur in diesem noch blinden Quadranten durchgeführt. Daraufhin wurden Reize einer Leuchtdichte von 10 cd/m² in etwa 30 % der Darbietungen im unteren rechten Quadranten bis zu einer Exzentrizität von 70 Bogengrad entdeckt. Das Training wurde zu diesem Zeitpunkt nicht weitergeführt. Ein Jahr später war das Gesichtsfeld unverändert. Die auf dem horizontalen Meridian gemessenen Leuchtdichteunterschiedsschwellen waren im vormals blinden rechten visuellen Halbfeld erhöht. Die Sehschärfe (gemessen mit einem preferential-looking forced choice Verfahren), lag mit 20/40 (Snellen-Bruch) im Normbereich.

Im zweiten Beispiel handelt es sich um ein Mädchen, das vor der Geburt einen Infarkt im Versorgungsbereich der linken mittleren und hinteren Hirnarterie (Arteria cerebri media und Arteria cerebri posterior) erlitten hatte. Das Computertomogramm zeigte ausgedehnte hypodense Bezirke, die den gesamten Okzipitallappen, Parietallappen und Temporallappen umfaßten. Die Untersuchung des Gesichtsfeldes mit einem speziellen Bogenperimeter, die im Alter von 20 Monaten erstmals stattfand, zeigte eine rechtsseitige homonyme Hemianopsie. Im rechten visuellen Halbfeld lösten Lichtreize einer Leuchtdichte von 21.000 cd/m², die in einer Entfernung von bis zu 40 Bogengrad vom Gesichtsfeldzentrum geboten wurden, Zuwendebewegungen der Augen und des Kopfes aus. Dies könnte jedoch als Folge des entstandenen Streulichts gedeutet werden. Jenseits von 40 Bogengrad Exzentrizität bestand völlige Blindheit. Bei diesem Kind wurde das gleiche Gesichtsfeldtraining wie im ersten geschilderten Fall für 5 Minuten pro Tag durchgeführt. Nach 6 Wochen wurden Lichtreize von nur 10 cd/m² im rechten visuellen Halbfeld bis zu einer Exzentrizität von 30 Bogengrad sicher entdeckt. In diesem Fall konnten Streulichteffekte sicher ausgeschlossen werden. Zwischen 40 und 60 Bogengrad Exzentrizität wurden Lichtreize erst ab einer Leuchtdichte von 26.000 cd/m² entdeckt. Zwanzig Wochen später, während derer das Training nur zwei mal wöchentlich ausgeführt wurde, zeigte sich in der Untersuchung mit dem Bogenperimeter ein rechtes visuelles Halbfeld einer Ausdehnung bis zu 70 Bogengrad Exzentrizität. Das Gesichtsfeldtraining wurde zu diesem Zeitpunkt beendet. Ein Jahr später war das Gesichtsfeld unverändert, d.h. auch das rechte visuelle Halbfeld hatte sich spontan nicht weiter ausgedehnt. Im rechten visuellen Halbfeld war die Leuchtdichteunterschiedsschwelle mit Werten bis zu 0.4 cd/m² noch geringfügig erhöht. Die Sehschärfe lag im Normbereich.

3. Neuronale Voraussetzungen für die Entwicklung von Sehleistungen

Es stellt sich nun die Frage, welche Hirnstrukturen diese Entwicklung von Sehfunktionen bei hirngeschädigten Kindern vermitteln können. Ist bekannt, welche Hirnstrukturen erhalten sein müssen, um die Entwicklung von Sehfunktionen zu ermöglichen, so ließe sich aus der Kenntnis des Ortes und Ausmaßes der Hirnschädigung eine Prognose für die weitere Entwicklung von Sehleistungen ableiten.

In den meisten Fällen von uns betreuter cerebral blinder Kinder, bei denen Sehfunktionen sich spontan entwickelten oder bei denen erst nach systematischem Gesichtsfeldtraining Sehfunktionen entstanden, muß davon ausgegangen werden, daß der striäre und praestriäre Cortex und das darunterliegende Marklager nicht vollständig zerstört waren. Hier besteht die Möglichkeit, daß noch funktionsfähiges neuronales Restgewebe sich soweit erholte, daß wieder Sehfunktionen auftraten.

Es gibt jedoch auch Hinweise dafür, daß nach völliger Zerstörung des striären und praestriären Cortex noch Sehfunktionen erhalten sein können.

4. Visuelle Restfunktionen nach Schädigung des striären Cortex

Pöppel, Held und Frost (1973) vermuteten bereits, daß auch beim Menschen nach Schädigung im Bereich des striären und praestriären Cortex andere Hirnstrukturen rudimentäre visuelle Funktionen vermitteln könnten. Die Autoren baten Patienten mit Verletzung im Bereich eines Hinterhauptslappens und einer dadurch verursachten homonymen Halbseitenblindheit einen Lichtpunkt zu fixieren während ein zweiter Lichtpunkt im offensichtlich cerebral blinden Bereich erschien. Die Patienten sollten, bei ertönen eines akustischen Signals, die Position des im blinden Areal gezeigten Lichtreizes erraten. Dazu sollten sie, nachdem der im blinden Areal gebotene Lichtpunkt bereits erloschen war, zu dem Ort blicken, an dem sie den Lichtpunkt vermuteten, ohne ihn jemals gesehen zu haben. Es ergab sich eine deutliche Korrelation, zwischen dem Ort, an dem der Lichtpunkt gezeigt wurde und dem Ort, zu dem die Patienten blickten, ohne den Lichtpunkt gesehen zu haben.

Diese Fähigkeit, Lichtreize, die im anscheinend blinden Gesichtsfeld geboten wurden, zu lokalisieren, obwohl die Patienten berichteten, keinen der Lichtpunkte gesehen und den Ort nur erraten zu haben, wurde von anderen Autoren ebenfalls nachgewiesen (Weiskrantz et al., 1974; Weiskrantz, 1980; Perenin & Jeannerod, 1978; Zihl & von Cramon, 1980; Bridgeman & Staggs, 1982; Zihl & Werth, 1984; Barbur et al., 1988).

Darüber hinaus konnte gezeigt werden, daß Patienten mit Schädigungen im Bereich des striären und praestriären Cortex und des darunterliegenden Marklagers in der Lage waren, im blinden Areal gebotene Formen (Weiskrantz et al., 1974; Perenin, 1978) und Farben (Störig et al., 1985; Störig & Cowey, 1989; 1992) zu unterscheiden.

Diese visuellen Restleistungen waren jedoch so wenig ausgeprägt, daß die Patienten selbst nicht über sie berichteten, und sie konnten für die visuelle Orientierung außerhalb der Laborsituation offenbar nicht benutzt werden.

Barbur et al. zeigten dagegen, daß beim Menschen auch ohne einen funktionsfähigen striären Cortex (Area V1) „bewußte" Wahrnehmung eines sich bewegenden Reizes möglich ist. Der Patient hatte eine Läsion, die die Area striata (Area 17), nicht jedoch den Okzipitalpol einschloß. Eine Positronen-Emissionstomographie (PET) zeigte keine Aktivität im striären oder praesträren Cortex. Dennoch konnte dieser Patient rasche Leuchtdichteänderungen und schnell bewegte Reize in dem zur betroffenen Hemisphäre kontralateralen Halbfeld bewußt sehen. Diese Wahrnehmungsleistungen konnten auf eine in einer PET-Untersuchung nachgewiesenen Aktivierung von Strukturen im parieto-okzipitalen Bereich (Area V3 und V5) außerhalb des striären Cortex zurückgeführt werden.

Anhand von uns untersuchte Patienten konnten wir zeigen, daß nach vollständigem Untergang des striären Cortex und der Brodmannschen Areale 18 und 19 in früher Kindheit, sich ein normales Gesichtsfeld ausbilden kann.

Der 1. Patient erlitt im Alter von einem Jahr eine epidurale Blutung, der ein ausgedehnter Infarkt im Versorgungsgebiet der linken Arteria cerebri media und Arteria cerebri posterior folgte. MRT-Aufnahmen zeigten einen Substanzverlust, der den gesamten linken Okzipitallappen umfaßt und von basal bis hochparietal reicht. Die Brodmannschen Areale 17, 18 und 19 sowie die Radiatio optica waren vollständig zerstört.

Als wir das Kind im Alter zwischen 4 und 6 Jahren wiederholt untersuchten, bestand eine spastische Parese des rechten Armes und beider Beine. Die Augenmotilität war unauffällig, die brechenden Medien frei. Der Fundus zeigte lediglich eine leichte temporale Papillenabblassung. Der optokinetische Nystagmus war in beide horizontale Richtungen sowie vertikal auslösbar. Die visuellen Folgebewegungen waren horizontal und vertikal sakkadiert.

Mit dem Bogenperimeter (Hintergrundleuchtdichte 3 cd/m^2) ließ sich bei einer Prüfpunktleuchtdichte von 120 cd/m^2 ein funktionelles Gesichtsfeld bestimmen, das im zur geschädigten Hemisphäre kontralateralen Halbfeld eine Ausdehnung von 50 Bogengrad besaß. Eine funktionelle Leuchtdichteunterschiedsschwelle, die auf dem horizontalen Meridian bei einer Exzentrizität von 30 Bogengrad gemessen wurde, war mit 0.61 cd/m^2 verglichen mit der Leuchtdichteunterschiedsschwelle im gegenüberliegenden Halbfeld nur geringfügig erhöht. Wie wir in Kontrolluntersuchungen zeigten, sind bei solchen Leuchtdichten Streulichtartefakte ausgeschlossen. Das Kind richtete folglich Augen und Kopf spontan zu Reizen in einem visuellen Halbfeld, das keine Repräsentation im Okzipitallappen besaß. In diesem Halbfeld bestanden also visuelle Leistungen, die eine spontane Orientierung nach visuellen Reizen erlaubten und damit auch für das visuell geleitete Verhalten eine wichtige Bedeutung haben.

Wie der folgende Fall zeigt, kann das Gesichtsfeld, trotz fehlendem striärem Cortex, eine völlig normale Ausdehnung besitzen und es muß nicht einmal eine Erhöhung der Leuchtdichteunterschiedsschwelle vorliegen.

Bei diesem Kind wurde in der 27. Schwangerschaftswoche ein Hydrocephalus internus diagnostiziert. Nach der Geburt wurde ein ventrikuloperitonealer Shunt gelegt. Bei der Untersuchung im Alter von 28 Monaten bestand kein hypertensiver Hydrocephalus mehr. Ein Computertomogramm zeigte eine Agenesie des Septum und des Corpus callosum sowie eine Erweiterung der Seitenventrikel. Der striäre und praestriäre Cortex und das darunterliegende Marklager der linken Hemisphäre waren durch eine ausgedehnte Zyste ersetzt, die mit dem linken Seitenventrikel kommunizierte. Diese Zyste reichte vom Gyrus occipitotemporalis medialis bis zum inferioren Parietallappen und schloß beide Ufer des Sulcus calcarinus mit ein. Der optokinetische

Nystagmus war horizontal in beiden Richtungen auslösbar, Fundi der Augen, Pupillenreflexe und Augenmotilität waren unauffällig. Das funktionelle Gesichtsfeld hatte bei diesem Kind eine normale Ausdehnung. Die funktionellen Leuchtdichteunterschiedsschwellen, gemessen zwischen 20 und 80 Bogengrad Exzentrizität in Abständen von 10 Bogengrad auf dem horizontalen Meridian, lagen im Normbereich. Die hier verwendeten Prüfpunktleuchtdichten lagen zwischen 0.1 cd/m² bei einer Hintergrundleuchtdichte von 3 cd/m², so daß hier Streulichtartefakte sicher ausgeschlossen werden konnten. Auch in diesem Fall erfolgten spontane Augen- und Kopfbewegungen zu den Prüfpunkten. Es war also eine visuelle Leistung erhalten, die für die alltägliche visuelle Orientierung von Bedeutung ist und nicht als „Blindsehen" interpretiert werden kann.

Die neuronale Grundlage dieser unbeinträchtigten Sehleistung, die trotz ausgedehnter Läsionen striärer und extrastriärer Strukturen erhalten geblieben war, könnte man in der Funktion erhaltener Areale derselben Hemisphäre sehen, die entweder über das Corpus geniculatrum laterale oder über extrageniculäre Verbindungen, z.B. über die Colliculi superiores, Information aus den zur geschädigten Hemisphäre ipsilateralen Retinahälften empfängt.

Setzt man einmal voraus, daß diese Annahme über die neurobiologischen Grundlagen der erhaltenen Sehfunktionen richtig ist, so stellt sich dennoch die klinisch wichtige Frage, ob es eine notwendige Bedingung für die Gegenwart von Sehleistungen ist, daß noch funktionsfähige neuronale Strukturen in der geschädigten Hemisphäre erhalten geblieben sind.

Wie der folgende Fall zeigt, kann man diese Frage verneinen. Es gibt Fälle, in denen die Funktion einer Hemisphäre für die Entwicklung eines vollständigen Gesichtsfeldes ausreicht.

5. Sehfunktionen nach Verlust einer Hirnhemisphäre

Ptito et al. (1991) berichteten z.B. über Patienten, denen im Alter zwischen 8 und 14 Jahren eine Hemisphäre entfernt worden war (Hemisphärektomie). Die Patienten konnten dennoch im zur entfernten Hemisphäre kontralateralen visuellen Halbfeld die Anwesenheit oder Abwesenheit von Reizen feststellen, die Reize lokalisieren und Geschwindigkeiten von Reizen unterscheiden. Die Patienten waren sich der An- oder Abwesenheit der Reize offenbar gewahr, ohne die Art des Reizes näher angeben zu können (Ptito et al., 1991, S. 506).

Wir untersuchten eine 6-jährige Patientin, die mit einer Mißbildung der linken Hemisphäre geboren wurde und an einer medikamentös nicht einstellbaren Epilepsie litt. Im Alter von 4 Monaten wurde daraufhin die linke Hemisphäre vollständig entfernt. Nervus opticus und Tractus opticus blieben intakt. Pupillenreflex, der binokulär ausgelöste optokinetische Nystagmus und die Fundi der Augen waren regelrecht. Das Gesichtsfeld wurde perimetrisch untersucht mit einem Prüfpunkt einer Leuchtdichte von 50 cd/m² bei einer Hintergrundleuchtdichte von 3 cd/m², so daß Streulichtartefakte ausgeschlossen werden konnten. Das Gesichtsfeld hatte eine normale Ausdehnung. Funktionelle Leuchtdichteunterschiedsschwellen wurden im Abstand von 10 Bogengrad entlang des horizontalen Meridians zwischen 30 und 70 Bogengrad Exzentrizität gemessen. Während die Leuchtdichteunterschiedsschwellen im visuellen Halbfeld kontralateral zur normalen Hemisphäre im Normbereich lagen, waren die Leuchtdichteunterschiedsschwellen im rechten visuellen Halbfeld mit Werten zwischen 42.8 cd/m^2 bei 30 Bogengrad Exzentrizität und 49.4 cd/m^2 bei 80 Bogengrad Exzentrizität deutlich erhöht. Auch hier konnte ein Streulichteffekt sicher ausgeschlossen werden.

Die Tatsache, daß einige hemisphärektomierte Patienten beschrieben wurden, die im visuellen Halbfeld kontralateral zur entfernten Hemisphäre Sehleistungen beibehalten hatten, darf nicht zur verallgemeinernden Hypothese verleiten, nach Hemisphärektomie seien generell solche visuellen Leistungen erhalten. Die meisten unserer Patienten, bei denen ein Hinterhauptslappen oder eine ganze Hirnhälfte ihre Funktion eingebüßt hatte, zeigen im zur geschädigten Hemisphäre kontralateralen Halbfeld keine Sehleistungen mehr.

Man könnte annehmen, daß bei letzteren Patienten Sehleistungen im zur betroffenen Hemisphäre kontralateralen visuellen Halbfeld zwar bestehen, jedoch eine so geringe Ausprägung besitzen, daß sie den Patienten selbst unbekannt sind und nur als eine Form des „Blindsehens" nachweisbar werden. Der folgende Fall zeigt, daß diese Annahme nicht generell haltbar ist und daß nach Hemisphärektomie alle Sehleistungen im zur entfernten Hemisphäre kontralateralen Halbfeld erloschen şein können, obwohl der Hirnstamm einschließlich Colliculi superiores und Praetectum keine Beeinträchtigung erkennen läßt.

Es handelte sich um einen besonders gut untersuchbaren intelligenten 14-jährigen Patienten, bei dem die rechtsseitige Hemisphärektomie im Alter von 11 Jahren aufgrund einer unbeinflußbaren Epilepsie erfolgte. Der Junge zeigte nach der Hemisphärektomie eine komplette linksseitige Hemianopsie mit Makulabeteiligung (Goldmann-Perimeter, Elektronik-Kampimeter). Wurden in der Perimeterhalbkugel im blinden visuellen Halbfeld Reize einer Leuchtdichte bis zu 200 cd/m^2 (Hintergrundleuchtdichte 5 cd/m^2) für bis zu 500 ms geboten, so berichtete der Patient in keinem Fall irgendetwas zu sehen oder auch nur das Gefühl der Anwesenheit eines Reizes zu haben (vgl. Werth, 1983).

Der Hirnstamm mit Mesencephalon und Diencephalon stellte sich in M1 und M2 gewichteten Kernspinaufnahmen als unauffällig dar. Die Augenmotilität und die Pupillenreaktion waren normal. Jeder Versuchssitzung gingen 10 Übungsdurchgänge voraus, die nicht in die Auswertung einbezogen wurden. In 480 Versuchsdurchgängen, die auf 5 Sitzungen verteilt waren, zeigte sich keinerlei Zusammenhang zwischen An- oder Abwesenheit des Lichtpunktes und der Antwort des Patienten.

Wie dieses Beispiel zeigt, kann nicht davon ausgegangen werden, daß generell nach Hemisphärektomie die erhaltene Hemisphäre noch visuelle Restfunktionen aus dem betroffenen visuellen Halbfeld ipsilateral zur erhaltenen Hemisphäre übernimmt. Die Tatsache, daß die Hemisphärektomie erst im Alter von 12 Jahren erfolgte, kann nicht als Erklärung für fehlende Restfunktionen angesehen werden. Eine vollständige homonyme Hemianopsie ohne jede Reaktion auf Reize in dem betroffenen Halbfeld fanden wir auch bei einem im Alter von 15 Monaten hemisphärektomierten Kind sowie bei zahlreichen Kindern mit einer ausgedehnten prä- oder perinatal erlittenen Schädigung eines Okzipitallappens. Zwar sind mehrere Fälle berichtet worden, in denen nach Hemisphärektomie visuelle Restfunktionen im visuellen Halbfeld kontralateral zur entfernten Hemisphäre bestanden (Perenin, 1978; Perenin & Jeannerod, 1978; Ptito et al., 1991; Braddick et al., 1992), doch kann nicht davon ausgegangen werden, daß solche Restfunktionen generell erhalten bleiben.

Eine plausible Erklärung der Sehleistungen, die in einzelnen Fällen nach Hemisphärektomie nachweisbar waren, könnte sein, daß nach einer Hemisphärektomie die noch vorhandenen Sehfunktionen durch die intakte Hemisphäre aufrechterhalten werden. Die Information aus den zur entfernten Hemisphäre ipsilateralen Retinahälften könnte die intakte Hemisphäre über den Hirnstamm, z.B. über die Colliculi superiores und das Praetectum, erreichen.

Eine alternative Hypothese wäre, daß der Hirnstamm allein bereits in der Lage wäre, visuelle Leistungen aufrechtzuhalten. Dies wäre in Übereinstimmung mit der Auffassung einiger Autoren, die die beschriebenen „unbewußten" Sehfunktionen („Blindsehen") nach Schädigung eines Hinterhauptlappens vor allem durch die Colliculi superiores und des Praetectum gewährleistet sahen (Perenin, 1978; Perenin & Jeannerod, 1978; Ptito et al., 1991).

Wir konnten in letzter Zeit einige Kinder untersuchen, bei denen das Großhirn nur rudimentär entwickelt war, sich jedoch ein voll ausgebildetes Stammhirn darstellte. Die Ergebnisse dieser Untersuchungen sprechen eindeutig gegen die letztere Interpretation.

7. Visuelle Leistungen ohne Großhirnhemisphären

Der erste Patient war ein zwei Jahre alter Junge mit einer Hydranenzephalie. Magnetresonanztomographische Aufnahmen (MRI) ergaben, daß das Großhirn aus einer liquorgefüllten Zyste bestand. Das restliche Hirngewebe, das die Wände der Zyste bildete, variierte in seiner Dicke zwischen 2 mm okzipital und 2 cm frontal. Die weiße Substanz war im Okzipital- und Parietallappen nicht erkennbar. Der Hirnstamm war jedoch normal ausgebildet. Nur der Aquaeductus cerebri war etwas erweitert. Das Kind war wach, reagierte auf Berührungsreize, trank, weinte, machte Abwehrbewegungen mit den Händen und zeigte unauffällige spontane Augenbewegungen. Die Fundi der Augen und die brechenden Medien entsprachen der Norm. Diffuse Beleuchtung der Augen hatte unmittelbaren Lidschluß zur Folge, und es war eine direkte und konsensuelle Pupillenreaktion zur beobachten. Darüber hinaus zeigte das Kind keinerlei Reaktionen auf Licht, auch wenn die Leuchtdichte bis auf 10^5 cd/m² angehoben wurde.

Man könnte vermuten, daß das noch vorhandene neuronale Restgewebe, das die Wände dieser Zyste bildete, den Blendreflex vermittelte. Der folgende Fall zeigt, daß dieser Blendreflex, neben der Pupillenreaktion, offenbar die einzige Reaktion auf Licht war, die über den erhaltenen Hirnstamm vermittelt werden konnte.

Im zweiten Fall handelte es sich um ein 8 Monate altes Mädchen. Auch dieses Kind zeigte einen Schlaf-Wach-Rhythmus, reagierte auf taktile Reize, weinte, machte Abwehrbewegungen mit Armen und Beinen. Der Hirnstamm und der Nervus opticus stellten sich in der Magnetresonanztomographie als völlig normal dar. Das Großhirn war auch hier durch eine Zyste ersetzt, deren Wand nur frontal noch wenige Millimeter Dicke besaß. Ab Höhe des Parietallappens kommunizierte die Zyste mit den äußeren Liquorräumen, so daß im gesamten Parietallappen und Okzipitallappen kein Restgewebe zu identifizieren war.

Das Kind führte spontan gelegentlich langsame Augenbewegungen aus. Auch hier war eine direkte und konsensuelle Pupillenreaktion nachweisbar. Diffuse Beleuchtung der Augen mit Licht einer Leuchtdichte von 10^5 cd/m² löste prompten Lidschluß aus. Dies waren die einzigen Reaktionen auf Licht, die bei diesem Kind zu beobachten waren. Lichtreize einer Leuchtdichte bis zu 80.000 cd/m² lösten an keiner Stelle des Gesichtsfeldes eine Reaktion des Kindes aus.

8. Schlußfolgerungen

Die bisher dargestellten Ergebnisse erlauben die Annahme, daß ohne ein funktionsfähiges Großhirn, also allein durch Vermittlung des Hirnstamms, nur sehr rudimentäre Reaktionen auf Lichtreize möglich sind, wie der Pupillenreflex oder Lidschluß bei starker Beleuchtung. Diese Auffassung wird auch durch die frühere Literatur (z.B. Gamper, 1923) gestützt, in der anencephale Kinder mit erhaltenem Mittelhirn als blind beschrieben werden.

Die Ergebnisse legen nahe, daß auch in den Fällen, in denen nach Hemisphärektomie noch Sehfunktionen im betroffenen visuellen Halbfeld nachweisbar waren, diese Sehfunktionen nicht durch den Hirnstamm allein vermittelt wurden. Es bedarf offensichtlich wenigstens einer einzigen intakten Hemisphäre, um Sehleistungen in beiden visuellen Halbfeldern zu erhalten.

Die Erkenntnisse über das Bestehen visueller Leistungen nach Verlust der Funktion des geniculo-striären Sehsystems einer oder beider Hemisphären, lassen sich etwa so zusammenfassen:
1) Nach Einbuße der Funktion im Bereich des striären Cortex können extrastriäre Areale visuelle Restfunktionen aufrechterhalten werden.
2) Nach Einbuße der Funktion eines gesamten Hinterhauptslappens oder nach Hemisphärektomie kann in einigen Fällen eine „bewußte" Sehleistung im kontralateralen visuellen Halbfeld erhalten sein. Ihre neuronale Grundlage kann in Verbindungen aus der Retina über den Hirnstamm in die erhaltene Hemisphäre gesehen werden.
3) Nach Verlust beider Hemisphären, bei erhaltenem Hirnstamm, ist beim Menschen keine visuelle Restfunktion mehr nachweisbar.

Danksagung

Diese Untersuchungen wurden gefördert durch BMFT, FKZ 0706566/8.

Neurobiologische Grundlagen visueller Raumwahrnehmungsstörungen nach fokaler Hirnschädigung

Georg Kerkhoff und Christian Marquardt

Zusammenfassung

Störungen der visuellen Raumwahrnehmung finden sich häufig nach Läsionen extrastriärer kortikaler und subkortikaler Hirnregionen. Neben einer Definition und Abgrenzung von basalen Störungen der visuellen Raumwahrnehmung und Raumoperationen erfolgt eine Übersicht über relevante klinische Studien und die möglichen anatomischen und physiologischen Grundlagen der beschriebenen Defizite. Anschließend wird ein eigenes PC-gestütztes Meßverfahren (VS) vorgestellt, das die Untersuchung folgender visuell-räumlicher Wahrnehmungsleistungen ermöglicht: Subjektive Visuelle Vertikale (SVV) und Horizontale (SVH); Orientierungs-, Längen-, Distanz-, Form-, Positions- und Halbierungsschätzung. VS wurde an zahlreichen Patienten erprobt und hinsichtlich seiner Retest-Reliabilität sowie der konvergenten, divergenten und ökologischen Validität überprüft. Anschließend werden die Ergebnisse von drei experimentellen Studien mit VS dargestellt. In der ersten Studie wurden kritische Läsionsareale bei 67 Patienten mit visuell-räumlichen Störungen infolge fokaler, vaskulärer Läsionen analysiert. Den Ergebnissen zufolge treten Störungen der Längen- und Distanzschätzung nach Läsion posteriorer parieto-occipitaler Hirnareale auf, während Störungen der visuellen Achsen, der Orientierungsdiskrimination und der Positionsschätzung nach Läsionen anteriorer parietaler Cortexareale auftraten. In der zweiten Studie untersuchten wir an 93 Patienten mit unilateralen, corticalen Läsionen die Systematik der Leistungen in der SVV und SVH. Wir fanden eine kontraversive Rotation beider Achsen (d.h. zur Herdgegenseite) um einen gemeinsamen Faktor nach unilateraler Läsion. Die Abweichungen beider Achsen ließen eine deutliche Kovariation erkennen, so daß sie vermutlich als ein gemeinsames räumliches Koordinatensystem betrachtet werden können. Darüberhinaus ergaben sich deutlich höhere Abweichungsfehler nach rechtshemisphärischer Läsion. In einer dritten Studie an 20 Patienten (je 10 mit unilateraler temporaler versus parietaler Läsion) fanden wir deutliche Störungen der visuelle Orientierungsschätzung bei allen 10 Patienten mit Läsionen entlang der 'dorsalen' Route, während die Patienten mit temporalen Cortexläsionen in dieser Aufgabe wie Normalpersonen abschnitten. In einem abschließenden Diskussionskapitel wird eine Interpretation und Integration der neurobiologischen und -psychologischen Befunde zu visuell-räumlichen Störungen versucht.

Summary

Disorders of visual space perception are frequently encountered in patients with lesions to extrastriate cortical and subcortical areas along dorsal visual processing streams. After a definition of elementary visual-spatial deficits and visual-spatial-operations a short survey of clinical studies on elementary visual-spatial disorders after brain damage is given together with relevant physiological and anatomical studies. In the following chapter, a new computer program for the precise measurement of elementary visual spatial performance (termed VS) is described. VS is suitable for the analysis of the following visual-spatial tests: subjective visual vertical (SVV); subjective visual horizontal (SVH); orientation, length, distance, form and position discrimination, as well as line/distance bisection. Using VS we performed three studies with brain damaged patients. In the first study the role of extrastriate cortical areas for certain visual-spatial deficits was analysed in patients with focal vascular brain lesions. The results revealed a topographic organization of spatial perception within the dorsal visual processing stream. According to these findings anterior parietal and vestibular cortex lesions were associated with disturbed visual axes (SVV, SVH) orientation, whereas parieto-occipital and lateral occipital areas were damaged in patients with disturbed visual distance and length perception. Lesions of posterior parietal cortex were associated with disturbed position and orientation discrimination. In the second study we evaluated the relationship between rotations of the SVV and SVH in 93 patients with unilateral cortical lesions. Such lesions seem to cause a rotation of visual space (that means SVV and SVH) in the frontal plane of a common factor. The rotation is contraversive in the majority of cases studied. In the third study patients with selective damage to the dorsal versus ventral visual processing streams (i.e. parietal versus temporal cortical lesions) were tested in a visual orientation discrimination task. The 'dorsal' patient group exhibited a 30fold increase in difference thresholds and a 10fold increase in constant errors in a 45° oblique orientation discrimination task compared to the 'ventral' patient group and to normal subjects. Hence, the dorsal visual stream seems to play a dominant role in the visual analysis of stimulus orientation. In a concluding chapter these and other results are discussed in an integrative framework of visual-spatial perception.

1. Einleitung

Störungen visueller Raumwahrnehmungsleistungen treten häufig nach Läsionen extrastriärer corticaler und subcorticaler Hirnstrukturen auf, besonders nach Schädigung der rechten Großhirnhemisphäre (De Renzi, 1982). Angaben zur Inzidenz reichen von etwa 30-50% bei Patienten mit linkshemisphärischer Hirnschädigung und 50-70% (variierend je nach Testverfahren) nach rechtshemisphärischen Hirnläsionen (Jesshope et al., 1991). In Anbetracht der Häufigkeit und klinischen Relevanz dieser Störungen überrascht es jedoch, daß im Gegensatz zu den relativ genauen Kenntnissen über Struktur-Funktionsbeziehungen corticaler und subcorticaler Systeme in den Bereichen Sprache, Gedächtnis oder Aufmerksamkeit vergleichsweise wenig über die zerebrale Organisation visueller Raumwahrnehmungsleistungen bekannt ist. Während bezüglich der grundlegenden Mechanismen bei halbseitigem Neglect in den letzten 10-15 Jahren deutliche Fortschritte gemacht wurden, gilt dies für die Analyse visuell-räumlicher Störungen nicht. Seit der umfassenden Monographie von De Renzi (1982) ist hier der Wissensstand bezüglich visueller Raumwahrnehmungsstörungen, Raumoperationen und auch der Konstruktiven Apraxie weitgehend unverändert geblieben.

Eine mögliche Ursache hierfür könnte die unklare oder unterschiedliche Terminologie sein, die eine Differenzierung und Abgrenzung einzelner Störungsmuster kaum zuläßt. Während beim Neglect trotz unterschiedlicher theoretischer Grundannahmen die Unterscheidung einer eher perzeptiven und einer eher motorischen Variante Konsens ist, fehlen solche „Standards" in der visuellen Raumwahrnehmung. Wir schlagen daher (s.u.) eine Unterteilung visuell-räumlicher Wahrnehmungsleistungen und deren Differenzierung von sogenannten Raumoperationen vor.

Neben der terminologischen Problematik besteht jedoch auch ein relativer Mangel an quantitativen Meßverfahren, die möglichst basale Raumwahrnehmungsleistungen erfassen und nicht mit Intelligenzaspekten konfundiert sind (wie etwa alle räumlichen Untertests aus Intelligenztestbatterien). Die derzeit verfügbaren Testverfahren erfassen oft mehrere 'räumliche' Variablen gleichzeitig (so etwa im Mosaiktest Form-, Positions- und Größenwahrnehmung), ohne daß der Effekt dieser Variablen getrennt analysiert werden kann. Darüberhinaus erfordern die meisten Verfahren motorische Reaktionen vom Patienten (Zeichnen, Manipulieren von Würfeln), so daß motorische und perzeptive Faktoren der Störung oft schwer differenziert werden können. Demzufolge können Defizite in solchen Verfahren sehr unterschiedliche Ursachen haben. Es überrascht daher auch nicht, daß in Studien, die sich solcher Verfahren bedienten, Defizite nach ganz unterschiedlichen Schädigungen gefunden wurden. Als Beispiel mag hier die Studie von Kertesz und Dobrowolski (1981) genügen. Sie fanden, daß räumlich-konstruktive Störungen (gemessen mit dem Mosaiktest) nach Läsionen frontaler, parietaler, occipitaler, temporaler und thalamischer Hirnregionen der rechten Hemisphäre auftreten können. Eine weitere quantitative oder qualitative Differenzierung der Leistungen war nicht möglich, weil das verwendete Testverfahren dies nicht zuließ. Im folgenden Abschnitt werden wir daher zunächst eine Definition und Abgrenzung der wichtigsten visuell-räumlichen Wahrnehmungsleistungen versuchen und sie von sogenannten Raumoperationen unterscheiden. Nach der Schilderung der entsprechenden klinischen Evidenz zu den einzelnen Störungen werden wir ein eigenes quantitatives Meßverfahren für visuell-räumliche Störungen vorstellen und damit erhobene Ergebnisse aus drei Studien darstellen.

2. Visuelle Raumwahrnehmungsleistungen und Raumoperationen[1]

Unter visuellen Raumwahrnehmungsleistungen können elementare perzeptive Leistungen verstanden werden, die für das Verhalten eines Individuums im Raum grundlegend sind (Beispiel: Subjektive Visuelle Vertikale). „Elementar" bedeutet in diesem Zusammenhang keineswegs „einfach", sondern vielmehr unabhängig und unkonfundiert mit anderen räumlichen, motorischen oder Intelligenzleistungen. Von diesen zunächst als rein perzeptiv anzusehenden Basisleistungen sollten Raumoperationen unterschieden werden, bei denen über die perzeptive Leistung hinaus oder ohne eine solche Wahrnehmungsleistung kognitiv-räumliche Operationen wichtig sind (Beispiel: mentaler Perspektivewechsel beim Betrachten einer Szene). Die Bezeichnung solcher Basisleistungen als 'perzeptiv'-räumliche Leistungen bedeutet keineswegs, daß solche Leistungen keinen Einfluß auf motorisches Verhalten haben oder umgekehrt durch motorisches Verhalten nicht auch beeinflußt werden können. Tabelle 1 gibt einen Überblick über die wichtigsten Leistungen in beiden Kategorien.

---

[1] Im vorliegenden Kapitel werden nur Leistungen im zweidimensionalen Raum behandelt; Aspekte der dreidimensionalen visuellen Wahrnehmung (Entfernungsschätzung, Fusion, Stereopsis) werden ausgeklammert.

Tab. 1: *Übersicht über elementare visuelle Raumwahrnehmungsleistungen und visuelle Raumoperationen*

Visuelle Raumwahrnehmungsleistungen	Raumoperationen
☐ Subjektive Hauptraumachsen (Vertikale, Horizontale)	☐ Mentale Rotation (verschiedene Ebenen)
☐ Orientierung (Neigungswinkel)	☐ Mentaler Perspektivenwechsel
☐ Länge und Form (Abstand innerhalb von Objekten)	☐ Raumkonstanz (Größe, Menge)
	☐ Transformation (über versch. Ebenen)
☐ Distanz (Abstanz zwischen Objekten)	☐ Transformation nach Maßstab
☐ Position (relativ, absolut)	☐ Cognitive Maps
☐ Streckenteilung (Halbierung)	

3. Klinische Studien und mögliche neurobiologische Korrelate visuellräumlicher Störungen

Subjektive Achsen

Über Störungen der visuellen Hauptraumachsen gibt es ausführliche Untersuchungen an Gesunden (siehe Howard, 1982). In diesem Kontext sollen nur Störungen betrachtet werden, die bei aufrechtem Kopf und Rumpf feststellbar sind. Üblicherweise muß der Patient in der Subjektiven Visuellen Vertikalen und Horizontalen (SVV und SVH abgekürzt) einen zunächst schräg orientierten Balken exakt vertikal oder horizontal einstellen. Zur Kontrolle von Umgebungseinflüssen wird die Untersuchung meist in einem abgedunkelten Raum oder einem sogenannten homogenen Ganzfeld durchgeführt (etwa eine Perimeterhalbkugel), so daß kein visueller Abgleich mit externen Referenzreizen möglich ist. In manchen Untersuchungen wird zusätzlich zum einzustellenden Balken ein homogener Hintergrund dargeboten, etwa Punkte oder Random-Dot Muster (vgl. Brandt et al., 1994).

Störungen der Hauptraumachsen treten häufig nach rechts-parietaler sowie linksseitiger Hirnschädigung auf (Bender & Jung, 1948; von Cramon & Kerkhoff, 1993), Hirnstammläsionen (Brandt & Dieterich, 1987), vestibulären Läsionen (Friedman, 1970) sowie nach Läsionen der vestibulären (Dieterich & Brandt, 1993), der zum vestibulären Cortex projiziert (Brandt et al., 1994). Die Befunde lassen sich als Beeinträchtigung einer graviceptiven Bahn interpretieren, die vom Hirnstamm über Mittelhirnareale durch den hinteren Thalamus in den temporoparietalen (vestibulären) Cortex zieht (Brandt et al., 1994). Läsionen unterhalb des Pons führen in der Regel zu ipsiversiven Abweichungen, Läsionen darüber meist zu kontraversiven Läsionen. Über die Relation der SVV zur Horizontalen ist wenig bekannt, da meist nur die Vertikale getestet wurde.

Außerdem fand sich in einigen Untersuchungen eine deutliche Hemisphärenasymmetrie, wonach Patienten mit corticalen, rechtshemisphärischen Läsionen deutlichere Störungen aufwiesen als Patienten mit vergleichbarer linkshemisphärischer Läsion (vgl. De Renzi et al., 1971, von Cramon & Kerkhoff, jedoch nicht in der Untersuchung von Brandt et al., 1994). Schließlich zeigen einige Untersuchungen auch entsprechende Störungen der taktilen subjektiven Vertikalen und Horizontalen (De Renzi et al., 1971), wobei unklar bleibt, ob taktile und visuelle Störungen unterschiedliche Manifestationen einer einzigen, zentral vestibulären Läsion in unterschiedlichen Modalitäten sind. Denkbar wären jedoch auch modalitätsspezifische Dissoziationen.

Kürzlich berichteten Ohtsuka und Mitarbeiter (1995) über Neurone im parietalen Assoziationscortex des Makaken, die selektiv auf die visuelle Achsen-Orientierung insbesondere schmaler, langer Balken in der fronto-parallelen Ebene reagierten. Außerdem war die neuronale Aktivität dieser Zellen deutlich ausgeprägter im Nahbereich (Greifraum) und unter binokularen Bedingungen als bei größerer Entfernung des dargebotenen Balkens sowie unter monokulären Bedingungen. Die Autoren kommen zu dem Schluß, daß diese Neurone dazu dienen könnten, die longitudinale Achsenorientierung dreidimensionaler Objekte im Greifraum zu kodieren. Überträgt man diese Befunde auf Patienten mit fokalen Läsionen homologer parietaler Hirnareale, so erscheint es plausibel, daß diese Patienten erhöhte Unterschiedsschwellen und Abweichungsfehler bei der Beurteilung der Achsenorientierung (SVV, SVH und auch oblique Orientierungen) aufweisen.

Visuelle Orientierungsschätzung

In der visuellen Orientierungsschätzung werden üblicherweise zwei oder mehr Balken gleicher Länge und Breite aber unterschiedlicher Orientierung nebeneinander oder sukzessive dargeboten. Alternativ werden auch unterschiedlich orientierte Streifensinusmuster verwendet (vgl. etwa Heeley & Timney, 1988; Burr & Wijesundra, 1991). Die Orientierung des einen Balkens oder Musters soll dann vom Patienten durch eine schrittweise Drehung mit der des anderen zur Übereinstimmung gebracht werden. Alternativ kommen auch Forced-Choice-Verfahren zum Einsatz, die in der Regel jedoch nicht normiert sind. Klinisch findet der „Judgement of Line Orientation Test" nach Benton et al. (1978) oft Verwendung. Störungen in der Orientierungsdiskrimination finden sich häufig nach rechtsseitiger, meist temporoparietaler Schädigung sowie Läsionen der Stammganglien rechts (Benton et al., 1978; von Cramon & Kerkhoff 1993), jedoch auch nach linksseitigen Läsionen (Kim et al., 1984). Auch hier verursachen rechtshemisphärische Läsionen häufigere und schwerere Defizite, wenngleich es auch gegenläufige Befunde gibt (Mehta et al., 1987), die allerdings an Patienten mit traumatischen Hirnläsionen erhoben wurden.

Orientierungsspezifität ist ein nahezu universelles Merkmal von Neuronen in der Mehrzahl der corticalen und subcorticalen visuellen Areale (vgl. DeYoe & Van Essen, 1988). In der Regel weisen jedoch diese Neurone in 'frühen' Arealen der Sehbahn eine deutliche retinotope Organisation auf mit entspechend kleinen rezeptiven Feldern. Erst in den späteren Arealen der dorsalen Route reagieren Zellen weitgehend unabhängig von der Position des Objektes im Gesichtsfeld. In der bereits erwähnten Studie von Ohtsuka et al. (1995) zeigte sich ebenfalls eine deutliche Positionsinvarianz der neuronalen Reaktionen auf die Orientierung von Balken. Dies paßt zur klinischen Symptomatik, wonach Patienten mit Störungen der Orientierungsdiskrimination diese Probleme unabhängig von der Darbietungsposition des Testreizes im Gesichtsfeld aufweisen.

Längenschätzung

Die Längenschätzung kann als eindimensionale Variante einer visuellen Formschätzungsaufgabe angesehen werden und spezifiziert die Größe oder Ausdehnung von Objekten, d.h. den Raum innerhalb eines Objektes oder einer Fläche. Demgegenüber geht es in der Distanzschätzung (s.u.) um räumliche Abstände zwischen Objekten. Klinisch verwendbare und normierte Verfahren zur Untersuchung der Längenschätzung gibt es nach unserer Kenntnis nicht. Eine einfache Möglichkeit, dies am PC zu untersuchen, ist die Darbietung zweier vertikaler oder horizontaler Balken unterschiedlicher Länge aber gleicher Breite am Bildschirm, die dann schrittweise hinsichtlich ihrer Länge zur Übereinstimmung gebracht werden sollen. Neglectpatienten weisen Defizite in der horizontalen Längenschätzung auf (Nichelli et al., 1989). Wir fanden in einer eigenen Stichprobe bei Patienten mit occipitolateralen Läsionen Defizite in dieser Leistung (von Cramon & Kerkhoff, 1993), die unabhängig vom Neglect auftreten können. Kontrollierte Einzelfallstudien an Patienten mit parietalen Läsionen legen den Schluß nahe, daß Längen- und Distanzschätzung dissoziierbar sind und demzufolge möglicherweise auch unterschiedliche anatomische Substrate haben (Humphreys & Riddoch, 1995).

Distanzschätzung

In der Distanzschätzung (zweidimensional) geht es um die Wahrnehmung oder Einstellung von räumlichen Abständen zwischen Objekten. Dies wird gewöhnlich untersucht, indem man den Probanden die Größe zweier Abstände (durch kleine Objekte markiert) in der Horizontalen oder Vertikalen schätzen läßt. Klinische Tests sind hierzu nach unserem Wissen nicht verfügbar, meist werden solche Untersuchungsanordnungen in experimentellen Untersuchungen verwendet (vgl. Steinman & Levi, 1992). Über Störungen der zweidimensionalen. Distanzschätzung nach Hirnschädigung wurde eher kursorisch berichtet. So berichtete Holmes (1919) über Defizite in der visuellen Distanz-, Längen- und Formschätzung bei Patienten mit bilateralen 'posterioren' Hirnläsionen, wobei die größten Probleme jedoch in der Tiefenschätzung (Entfernungsschätzung) auftraten. Wir fanden Defizite der zweidimensionalen Distanzschätzung nach occipito-parietalen Läsionen (von Cramon & Kerkhoff, 1993).

Die Formschätzung (auch bekannt unter dem Namen 'Efron shapes') gilt als elementare visuelle Formunterscheidungsaufgabe ohne semantische Anforderungen an den Patienten (Milner et al., 1991). Üblicherweise wird dies so getestet, daß ein Rechteck und ein Quadrat hinsichtlich ihrer Form unterschieden werden müssen. Die Aufgabenschwierigkeit kann über den Unterschied in der Kantenlänge moduliert werden. Das Besondere an dieser Aufgabe ist die Tatsache, daß beide Figuren den gleichen Flächeninhalt und somit die gleiche Luminanz aufweisen. Dies bedeutet, daß die Unterscheidung nur aufgrund elementarer Formmerkmale wie Länge oder Breite durchgeführt werden kann, nicht jedoch aufgrund von Luminanzunterschieden. Die Darbietung solcher Aufgaben am PC bietet die Möglichkeit, die Rechteckfigur im Sinne eines Herstellungsverfahrens durch eine schrittweise Veränderung der Kantenlänge an die Form des Quadrats anzunähern, um auf diese Weise Abweichungswerte und Unterschiedsschwellen zu berechnen.

Die Linienhalbierung gibt Auskunft über eine eventuelle Verlagerung der „subjektiven" oder „egozentrischen Mitte" eines Patienten, wie sie bei Patienten mit postchiasmatischen Gesichtsfeldausfällen (Kerkhoff, 1993) oder visuellem Neglect (Heilman et al., 1985, Ishiai et al., 1989) vorkommt. Es gibt in der Literatur zahlreiche Linienhalbierungsaufgaben, allerdings sind nur wenige davon normiert (Ausnahme: Schenkenberg et al., 1980; Linienhalbierungsaufgabe im BIT, Wilson et al., 1987). Die Untersuchung der Halbierung am PC-Bildschirm erlaubt jedoch eine genauere experimentelle Kontrolle von relevanten Parametern, wie etwa der Anfangsposition, Linienlänge- und breite, Hintergrundfarbe und anderer Variablen, die die Halbierungsleistung beeinflussen können.

Die Fähigkeit, die Position eines Objektes im Raum zu lokalisieren oder abzuschätzen zählt zu den unter dem Begriff 'Hyperacuity' zusammengefaßten Sehleistungen. Die Diskriminationsschwellen gesunder Probanden liegen bei solchen Aufgaben oft unter dem Auflösungsvermögen der Stäbchen in der Netzhaut (vgl. De Valois et al., 1990). In der Regel unterscheidet man relative von absoluter Positionsschätzung, wobei 'relativ' in diesem Kontext das Vorhandensein eines Referenzsystems oder -reizes anzeigt, während 'absolut' das Fehlen solcher Referenzen andeutet. Störungen der Positionsschätzung sind vorwiegend nach rechtshemisphärischer Hirnschädigung beschrieben worden (Faglioni et al., 1971, Warrington & James, 1992; Tartaglione et al 1981). Zur klinischen Untersuchung gibt es seit einigen Jahren zwei Untertests aus dem VOSP (Warrington & James, 1992), mit denen visuelle Positionslokalisation untersucht werden kann. Diese Testverfahren lassen jedoch keinerlei experimentelle Variationen zu, wie etwa die Manipulation der Anzahl und Position der Reize.

In klinischen Studien fanden sich in der Regel zwei unterscheidbare Defizite: ein Genauigkeitsverlust sowie eine systematische Verschiebung der reproduzierten Positionen in eine Richtung. Der Genauigkeitsverlust (vgl. Tartaglione et al., 1981) äußert sich in einer Zunahme der Variabilität der Positionseinschätzungen durch den Patienten. Die systematische Verschiebung kovariiert unserer Erfahrung nach häufig mit einer Verschiebung der Halbierungsmitte im Rahmen eines Neglects oder einer Hemianopsie.

Über die physiologischen Mechanismen der visuellen Positionsschätzung ist wenig bekannt. MacKay (1992) fand im Parietallappen von Makaken Neurone, die die Position eines visuellen Reizes im Greifraum kodierten und mehrere Sekunden nach Verlöschen des Reizes noch feuerten, zum Teil auch im Dunkeln. Analog hierzu fanden Galletti und Mitarbeiter (1993 a,b) in tierexperimentellen Untersuchungen Neurone, die auf das Auftauchen eines Reizes in einem spezifischen Sektor im Außenraum des Makaken reagierten, und dies unabhängig von der Augenposition. Die Autoren diskutieren, daß diese Zellen direkt Positionen des extrapersonalen Raumes in kopfzentrierten Koordinaten kodieren, die unabhängig von der Position des Reizes auf der Retina sind.

4. Die „Two-Visual-Systems-Hypothese"

Läsionsstudien an Primaten, Untersuchungen zur metabolischen Aktivierung bei Primaten (siehe zusammenfassend: Ungerleider, 1985), Tracerstudien (Morel & Bullier,

1990; Baizer et al., 1991) sowie PET-Studien (Haxby et al., 1991; Ungerleider & Haxby, 1994; Sergent et al 1992) haben die Sichtweise zweier anatomisch und funktional teilweise voneinander unabhängiger visueller Projektionssysteme ausgehend von Area 17 hin zu extrastriären kortikalen visuellen Arealen im Parietal- und Temporallappen etabliert. Der dorsale Strom ist vorwiegend mit der Analyse visuellräumlicher Informationen (Bewegung, Tiefe, Position, jedoch auch Orientierung, siehe Abschnitt 6.4) befaßt und verläuft von Area 17 über Area 18 und 19 in Areale des oberen Temporallappens und des Parietallappens (MT, MST, Area 5 und 7). Der ventrale Strom dient dagegen der Mustererkennung, also der Analyse von Objekten, Gesichtern und - in den vorderen temporalen Arealen - der Repräsentation dieser für Gedächtnisoperationen (Myashita, 1991). Dieser Strom führt von Area 17 ebenfalls über Area 18, und 19 und von dort aus in Areale im Temporallappen (V4, inferotemporaler Cortex). Beide Projektionssysteme unterscheiden sich auch darin, daß der dorsale Strom seinen Input im wesentlichen aus peripheren Gesichtsfeldrepräsentationen erhält, der ventrale Strom dagegen aus fovealen Gesichtsfeldrepräsentationen der vorgeschalteten extrastriären visuellen Areale.

In den letzten Jahren hat es zu dieser Sichtweise eine alternative Interpretation gegeben, wonach die Funktion des dorsalen Stroms zwar auch in der Analyse räumlicher Gegebenheiten liegt, aber insbesondere für den motorischen Output („Action", vgl. Goodale & Milner, 1992) relevant ist.

Während über die perzeptiven Funktionen des ventralen Stroms vergleichsweise detaillierte Kenntnisse bestehen, ist über die Organisation von Wahrnehmungsleistungen entlang der dorsalen Route wenig bekannt. In den folgenden Abschnitten wird daher zunächst über die Entwicklung eines PC-gestützten Meßverfahrens zur Erfassung visuell-räumlicher Störungen berichtet und anschließend die Ergebnisse von drei Studien mit diesem Verfahren vorgestellt.

5. Entwicklung eines neuen Meßverfahrens für visuell-räumliche Störungen

Um visuell-räumliche Störungen nach Hirnschädigung einer detaillierteren Analyse unterziehen zu können, erschien uns die Verwendung möglichst basaler, experimenteller Paradigmen sowie die Möglichkeit zur Variation relevanter Aufgabenparameter notwendig. Wir haben in den vergangenen Jahren ein PC- gestütztes Meßverfahren zur Analyse elementarer visueller Raumwahrnehmungsleistungen entwickelt (im folgenden mit VS abgekürzt), an zahlreichen Hirngeschädigten und gesunden Probanden erprobt und hinsichtlich psychometrischer Gütekriterien evaluiert. Detaillierte Programmbeschreibungen sowie wesentliche Ergebnisse dieser Untersuchungen wurden bereits an anderer Stelle publiziert (Kerkhoff & Marquardt, 1993, 1995a,b; Kerkhoff, Genzel & Marquardt, 1994), daher erfolgt hier nur eine zusammenfassende Beschreibung. In Tabelle 1 A sind die wichtigsten Aufgabentypen schematisch dargestellt.

5.1 Psychophysik und Gütekriterien

VS verwendet das sogenannte Grenzverfahren als psychophysische Methode (siehe Engen, 1971). Bei dieser Methode werden dem Patienten jeweils ein Standardreiz und ein sich davon unterscheidender Vergleichsreiz gleichzeitig auf dem Bildschirm dargeboten. Aufgabe des Patienten ist es jeweils, dem Untersucher anzugeben, um wieviel er den Vergleichsreiz verändern soll, bis er mit dem Standardreiz identisch ist. Dies wird über eine schrittweise Approximation an den Standardreiz erreicht. Die Veränderung des Vergleichsreizes sowie die gesamte Bedienung des Programms wird prinzipiell immer vom Untersucher übernommen, um so Artefakte etwa aufgrund von Bedienungs- oder Tastaturfehlern zu vermeiden.

Es werden die psychophysischen Parameter „Punkt subjektiver Gleichheit" (PSG), Unsicherheitsbereich (IU), Unterschiedsschwelle (DL) und der konstante Fehler (CE) bestimmt. Der PSG ist definiert als die mittlere Einstellung des Patienten in einer Aufgabe (Mittelwert oder Median), der CE gibt die Differenz zwischen objektiv richtigem Wert und dem eingestellten Wert an. Der IU gibt den Bereich an, innerhalb dessen der Patient zwei Reize noch als gleich betrachtet und DL ist als die Hälfte des Unsicherheitsbereiches definiert. Somit geben PSG und CE Informationen über die mittlere Einstellung bzw. den mittleren Fehler und IU und DL etwas über die Genauigkeit bzw. Unschärfe der Einstellung des Patienten. Tabelle 2 A-C faßt wichtige Merkmale des Programms und Ergebnisse hinsichtlich der Gütekriterien von VS übersichtlich zusammen. Die wesentlichen Gütekriterien (Durchführungs- und Auswertungsobjektivität; Retestreliabilität sowie konvergente und divergente Validität) wurden im Detail in vorhergehenden Studien beschrieben (Kerkhoff et al., 1994, Kerkhoff & Marquardt, 1995a) und sind aus Platzgründen nur in tabellarischer Form dargestellt.

6. Eigene Experimentelle Untersuchungen zu visuell-räumlichen Wahrnehmungsstörungen

6.1 Untersuchungsbedingungen

In den folgenden drei Studien mit hirngeschädigten Patienten wurde eine an 36 hirngesunden Probanden (18 Frauen, 18 Männer; Altersbereich: 25-70 Jahre; korrigierter Fernvisus von mindestens 0.70) normierte Standarduntersuchung durchgeführt, die folgende Tests umfaßte: SVV und SVH, 45°-Orientierungsdiskrimination, horizontale und vertikale Längen- und Distanzschätzung, Formschätzung, horizontale und vertikale Linienhalbierung und die Positionsschätzung. Die Details dieser Standarduntersuchung inclusive der Normierungsergebnisse und Stimulusbedingungen sind mehrfach an anderer Stelle publiziert worden (vgl. Kerkhoff & Marquardt, 1993, 1994, 1995).

Die untersuchten Patienten wurden alle einer ausführlichen neuropsychologischen und neuroorthoptischen Untersuchung unterzogen (vgl. Kerkhoff, Münßinger & Marquardt, 1993), bevor sie bezüglich der visuellen Raumwahrnehmung untersucht wurden. Alle Patienten hatten mindestens einen korrigierten, binokularen Visus von 0.70 und wiesen keine Doppelbilder bzw. zentrale oder periphere Okulomotorikstörungen auf, die mit den hier dargestellten Ergebnissen interferieren könnten. Die Untersuchung wurde in 1 m Abstand vom PC-Monitor durchgeführt in einem vollständig abgedunkelten Raum. Der Monitor wurde durch eine ovale schwarze Maske verdeckt, um vertikale und horizontale Referenzreize durch das Bildschirmchassis zu eliminieren. Um eine aufrechte Ausrichtung von Kopf und Rumpf zu gewährleisten, wurden alle Untersuchungen mit einer Kinn- und Stirnstütze durchgeführt. Es wurden jeweils 5 Trials pro Aufgabe durchgeführt. Die Ergebnisse wurden als pathologisch bewertet, wenn sie außerhalb des gesamten Wertebereichs der 36 Kontrollprobanden lagen.

6.2 Effekte umschriebener, vaskulär bedingter Läsionen auf elementare visuelle Raumwahrnehmungsleistungen

Um mögliche Effekte umschriebener Cortexläsionen bei Patienten in elementaren visuellen Raumwahrnehmungsleistungen genauer zu analysieren, untersuchten wir (von Cramon & Kerkhoff, 1993) 67 Patienten (24 Frauen, 43 Männer) mit unilateralen, vaskulären Läsionen durchschnittlich 6 Monate nach der Hirnschädigung (Bereich: 4-24). 61 Patienten waren Rechtshänder, 6 Linkshänder bzw. Ambidexter. 17 Patienten hatte eine linkshemisphärische, 50 Patienten eine rechtshemisphärische Läsion. Von allen Patienten lagen Kernspintomographische Aufnahmen des Schädels vor, anhand derer die Läsionen neuroanatomischen Strukturen zugeordnet wurden (Details siehe von Cramon & Kerkhoff, 1993). Störungen der Subjektiven Visuellen Vertikalen und Horizontalen wurden fast ausschließlich nach Läsionen im Bereich des vorderen Parietallappens sowie des posterioren insulären Cortex gefunden. Für die visuelle Orientierungsschätzung zeigte sich, daß Läsionen im gesamten Parietallappen einschließlich des Marklagers gravierende Defizite produzierten, wenngleich anteriore gegenüber posterioren parietalen Strukturen besonders relevant erschienen. Störungen der Positionsschätzung fanden sich schwerpunktmäßig nach Läsionen im Bereich des oberen Scheitellappens und des parietooccipitalen Cortex. Diese Ergebnisse stimmen gut mit denen aus einer PET-Studie an Normalpersonen überein, in der Haxby et al (1991) signifikante Aktivierungen im lateralen, superioren parietalen Cortex während einer Positionsschätzungsaufgabe fanden. Störungen der visuellen Längen- und Distanzschätzung fanden sich fast ausschließlich nach Läsionen der parietooccipitalen Übergangsregionen. Insgesamt ergibt sich daraus eine topographische Zuordnung elementarer visueller Raumwahrnehmungsleistungen entlang der occipito-parietalen Projektionsroute beim Menschen. Diese funktionale Spezialisierung innerhalb des dorsalen visuellen Projektionssystems läßt sich entlang einer posterior-anterioren Achse beschreiben: in posterioren Anteilen (lateraler occipitaler Cortex, parietooccipitale Übergangsregionen; Area 19) werden Informationen über die Ausdehnung von Objekten (Länge, Form) sowie die Abstände zwischen Objekten repräsentiert, während in weiter anterior gelegenen Anteilen (vorderer Parietallappen, Area 5) Informationen über die visuelle Achsenorientierung (einschließlich obliquer Orientierungen) verarbeitet werden. Die intermediär liegenden Areale (posteriorer und superiorer Parietallappen) erwiesen sich als kritisch für Störungen der Positionsschätzung.

6.3 Kovariierte Abweichungen der Subjektiven Visuellen Vertikalen (SVV) und Horizontalen (SVH) nach unilateralen Cortexläsionen

Bisherige Untersuchungen zur SVV und SVH an Patienten mit corticalen Läsionen erbrachten widersprüchliche Resultate. Lenz (1944) berichtete über kontraversive Abweichungen nach unilateraler corticaler Läsion, d.h. eine Verdrehung der Vertikalen gegen den Uhrzeigersinn nach rechtsseitiger Großhirnläsion und eine Rota-

Tab. 2: Übersicht über die Aufgaben (A), Programmparameter und -optionen (B) sowie die Ergebnisse zu den psychometrischen Gütekriterien (C) des Meßsystems VS

A	Aufgaben in VS

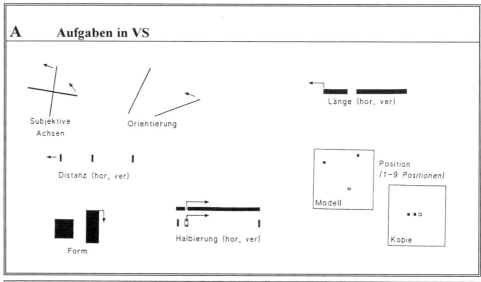

B	Programmparameter	Programmoptionen
	☐ Linien-/Balkenbreite (mm)	☐ 2 Makrosprachen zur Entwicklung eigener Untersuchungsdesigns und zur Bestimmung des graph. Ergebnisausdrucks
	☐ vertikaler Offset zwischen Stimuli (mm)	
	☐ Schriftweite (mm, °)	
	☐ Vorder- und Hintergrundfarbe (15 Farben)	☐ Eichung der Bildschirmgröße
	☐ Position/Bewegungsrichtung d. Vergleichsreizes	☐ Integrierter Dateimanager
		☐ Daten im dBASE-Format
	☐ Ziel-/ Anfangswinkel (°)	☐ 6 Standarduntersuchungen mit Normwerten von 40 hirngesunden Probanden und graphischem Standardausdruck
	☐ Zielabstand/-länge, Anfangsabstand/-länge (mm)	
	☐ Objektgröße (mm) und -anzahl (<10) (gilt nur für Positionsaufgabe)	

C	Gütekriterien
	☐ *Objektivität:* gegeben für Durchführung und Auswertung durch Programmstruktur, standardisierte Instruktionen, automatische Auswertung
	☐ *Retestreliabilität:* r_{tt} = 0.77 (Bereich: 0.65-0.94) bei 20 hirngeschädigten Patienten, Retest-Intervall: 1 Woche
	☐ *Validität:* signifikanter Bezug zu räumlichen Tests (konvergente Validität, r = 0.65-0.99, je nach Test); kein Bezug zu visuellen Objektwahrnehmungstests (divergente Validität, r<0,27, n.s.); signifikante Beziehung zu räumlichen Alltagsleistungen (räumliche Schreib- und Rechenstörung)

tion im Uhrzeigersinn nach linksseitiger Großhirnläsion. De Renzi et al. (1971) fanden die größten Abweichungen bei Patienten mit rechts-posterioren Hirnläsionen, machten jedoch keine Angaben zur Richtung der Abweichung. Brandt & Dieterich (1987, 1993) fanden ipsiversive und kontraversive Verdrehungen der SVV nach Hirnstammläsionen - oft in unterschiedlichem Ausmaß am linken und rechten Auge.

Wir sind in eigenen Untersuchungen folgenden Fragen nachgegangen: Führen unilaterale corticale Läsionen zu einer ipsi- oder kontraversiven Abweichung der SVV und SVH? Wie ist der Zusammenhang zwischen SVV und SVH? Gibt es Hinweise auf eine Hemisphärenasymmetrie, wie De Renzi et al. (1971) sie beobachteten?

Wir untersuchten insgesamt 94 Patienten mit einseitiger Großhirnläsion vaskulärer Genese. 28 Patienten wiesen eine linkshemisphärische Läsion auf, 66 Patienten eine rechtshemisphärische Läsion. Patienten mit Hirnstammläsionen wurden nicht mit in die Stichprobe aufgenommen. Die mittlere Zeit seit Läsion betrug 6 Monate (Bereich: 2-12). Mit Ausnahme von 2 Patienten waren alle Patienten ausgeprägte Rechtshänder. Die Leistungen der Patienten wurden mit denen von 12 Kontrollprobanden ohne Hirnschädigung verglichen. Alle drei Gruppen unterschieden sich nicht signifikant hinsichtlich ihres Alters (Mittel: 46 Jahre, Bereich: 21-74). Die Untersuchungsbedingungen wurden bereits im Abschnitt 6.1 beschrieben.

Abb. 1 A dokumentiert die Leistung eines Patienten mit einer ausgedehnten parietalen rechtshemisphärischen Läsion in der SVV und SVH. Es zeigt sich eine Rotation des gesamten Koordinatensystems gegen den Uhrzeigersinn um 2-7° (je nach Trial). In Abb. 1 B ist das Pendant einer 15 Jahre alten Patientin mit einer linksseitigen, parietalen Läsion nach der Operation einer Gefäßmißbildung dargestellt. Diese Patientin zeigte eine Rotation des gesamten Koordinatensystems im Uhrzeigersinn um 2-4°. Untersucht man die Kovariation der Leistungen in der SVV und SVH, so findet sich bei 90 von 94 Patienten (95.8%) eine Orthogonalität der Achseneinstellungen, d.h. der 90°-Winkel zwischen beiden Achsen bleibt auch bei einer pathologischen Verdrehung der Achsen gewahrt (+/- 1°). In den übrigen vier Fällen - dies waren alles Patienten mit rechtshemispärischen Läsionen - fanden sich Abweichungen von der Orthogonalität, die größer als 1° waren. Meist kam es zu einer größeren Abweichung in der SVV als in der SVH. Die Abweichungsrichtung war ebenfalls überwiegend kontraversiv, d.h. zur Herdgegenseite: lediglich 4 von 38 Patienten mit einer gestörten Leistung in der SVV und/oder SVH nach rechtshemisphärischer Läsion wiesen eine ipsiversive Verdrehung der Achsen auf (d.h. im Uhrzeigersinn, dies entspricht 10.5 %. Die übrigen 34 Patienten (89.5%) zeigten eine kontraversive Rotation beider Achsen (d.h. gegen den Uhrzeigersinn). Die 12 Normalpersonen zeigten weitgehend perfekte Einstellungen der 90° und 0°-Orientierung (Abweichungen < 2°). Alle vier Patienten mit einer gestörten SVV oder SVH nach linkshemisphärischer Läsion zeigten eine kontraversive Verdrehung (d.h. im Uhrzeigersinn). Demnach besteht zwischen den beiden Achsen nicht nur im Normalfall eine rechtwinklige Beziehung (Orthogonalität), sondern auch bei einer pathologischen Rotation infolge Hirnschädigung wird das Prinzip beibehalten. Dies läßt den Schluß zu, daß SVV und SVH ein gemeinsames räumliches Koordinatensystem repräsentieren. Nur in seltenen Fällen finden sich Dissoziationen zwischen den Leistungen in beiden Achsen.

Neben dieser Systematik fällt jedoch auch die Häufigkeit der Störungen in Abhängigkeit von der Läsionsseite auf: 38 von 66 rechtshemisphärisch geschädigten Patienten

(58%) zeigten gegenüber 4 von 28 linkshemisphärisch geschädigten Patienten (14%) eine Störung der SVV/SVH. Die Ergebnisse zeigen, daß unilaterale, corticale Läsionen - bei den hier untersuchten chronischen Patienten - meist zu einer kontraversiven Rotation der Raumachsen führen (vgl. auch ähnliche Befunde von Brandt et al 1994). Auch im Fall einer pathologischen Rotation der beiden Achsen bleibt in der Regel die orthogonale Beziehung zwischen beiden Achsen erhalten. Des weiteren ergibt sich eine deutliche Hemisphärenasymmetrie, die eine funktionale Spezialisierung der gesunden rechten Hemisphäre für die Repräsentation der SVV und SVH erkennen läßt.

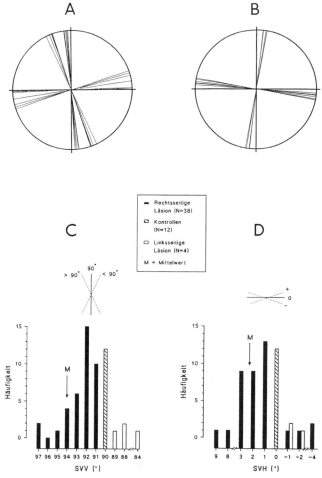

Abb. 1: Exemplarische Leistungen eines Patienten mit rechtsseitiger parietaler Läsion in der Einstellung der Subjektiven Visuellen Vertikalen (SVV) und Horizontalen (SVH) (A) sowie einer Patientin mit einer entsprechenden linksseitigen parietalen Läsion (B). Es zeigt sich in beiden Fällen eine auf die Läsionsseite bezogene kontraversive Rotation beider Raumachsen. C, D: Häufigkeitsverteilung der Abweichungen in der SVV und SVH in den 3 untersuchten Gruppen (siehe Kasten in der Mitte der Abbildung).

Möglicherweise ist die Asymmetrie in frühen Stadien nach einer unilateralen Hirnschädigung noch nicht ausgeprägt, da in der Studie von Brandt et al. (1994) kein solcher Hemisphärenunterschied gefunden wurde. In dieser Studie wurden Patienten mit akuten Läsionen untersucht, während die Patienten unserer Stichproben meist mehrere Monate nach der Erkrankung untersucht wurden.

6.4 Störungen der visuellen Orientierungsschätzung nach Schädigung des dorsalen vs. ventralen Systems - eine Erweiterung der 'Two-visual-systems-Hypothese'

Abgesehen vom Befund der Spezialisierung der dorsalen Route für Positionsinformationen (vgl. Review in Ungerleider & Haxby, 1994) gibt es kaum genauere Befunde über spezifische Defizite in anderen visuell-räumlichen Leistungen bei Läsionen entlang dieser Route. Dies mag daran liegen, daß Patienten mit umschriebenen Schädigungen des dorsalen vs. ventralen visuellen Systems ausgesprochen selten sind, da Hirninfarkte aufgrund der verzweigten Gefäßterritorien selten derart selektive Läsionen produzieren. Die unter 6.2. geschilderten Ergebnisse an Patienten mit fokalen Läsionen legen den Schluß nahe, daß Patienten mit Läsionen der dorsalen Route nicht nur in Positionsaufgaben Defizite aufweisen sollten, sondern auch etwa in der Orientierungsdiskrimination. Wir verglichen daher in einer prospektiven Studie 10 Patienten mit unilateralen, vaskulären Läsionen entlang der dorsalen Route (anteriorer und posteriorer Parietallappen, parieto-occipitaler Cortex; sieben rechtsseitige und drei linksseitige Läsionen) mit 10 Patienten, die Läsionen (unilateral, vaskulär bedingt) entlang der ventralen Route (occipitotemporaler und temporaler Cortex; sechs rechtsseitige und vier linksseitige Läsionen) aufwiesen. Beide Patientengruppen wurden in einer obliquen Orientierungsschätzungsaufgabe untersucht (45°). Abbildung 2 zeigt exemplarisch die Orientierungsplots (A, B) je eines Patienten mit einer parietalen bzw. temporalen Läsion und einer Normalperson sowie die entsprechenden Gruppenergebnisse (D,E). Die „dorsale" Patientengruppe wies im Mittel 30fach erhöhte Unterschiedsschwellen sowie etwa 10fach erhöhte konstante Fehler in der Orientierungsdiskrimination im Vergleich zu den Patienten „ventralen Läsionen" und auch im Vergleich zu Kontrollprobanden auf. Dagegen lagen die Leistungen der ventralen Patientengruppe im Normbereich (vgl. Abb. 2). Begrenzte Läsionen des occipitalen Cortex (Area 17 und 18) verursachten keine nennenswerten Defizite in dieser Aufgabe.

7. Visuelle Raumwahrnehmung - Integration der Befunde

Die hier referierten Ergebnisse zeigen eine funktionale Organisation visueller Raumwahrnehmungsleistungen entlang der dorsalen visuellen Projektionsroute beim Menschen. Diese Organisation weist systematische Spezialisierungen entlang einer anterior-posterioren Achse auf, wonach Informationen über die räumliche Ausdehnung innerhalb und zwischen Objekten in posterioren Stationen (occipito-parietale Übergangsregionen) verarbeitet werden, während Informationen über die relative Position und Achsenorientierung in weiter anterior (parietal) gelegenen Verarbeitungsstufen kodiert werden. Es ist wahrscheinlich, daß in diesen späteren Verarbeitungsstufen auch eine Integration unterschiedlicher sensorischer Informationen (vor allem visuell, taktil-kinästhetisch und akustisch) in mehrere unterschiedliche räumliche Koordinatensysteme vorgenommen wird (vgl. Sakata & Kusonoki, 1992). Zwei solcher Systeme sind bereits identifiziert worden: ein dynamisches räumliches Koordinatensystem, das seine Informationen im wesentlichen aus der Stellung der Augen im Kopf bezieht und ständig durch Augenbewegungen neu kalibriert wird und ein statisches System, das unabhängig von der jeweiligen Augenposition bestimmte Sektoren des Außenraumes in einem kopfbezogenen Referenzsystem kodiert (Galletti et al., 1993b).

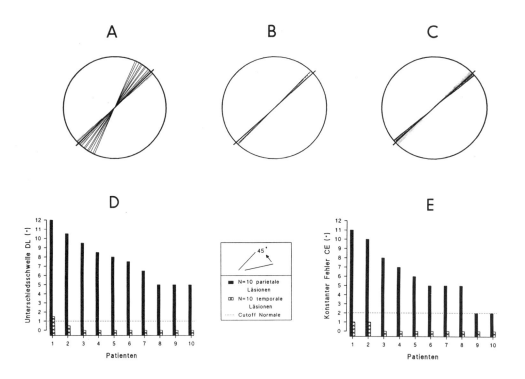

Abb. 2: Exemplarische Leistungen eines Patienten mit einer rechtsseitigen parietalen Läsion (A), einer Normalperson (B) sowie einem Patienten mit einer rechtsseitigen temporooccipitalen Läsion (C). Man beachte die deutlichen Abweichungen in der Einstellung bei (A). Mittlere Unterschiedsschwellen (D) und Konstante Fehler (E) in einer 45°-Orientierungsschätzungsaufgabe (siehe Kasten in der Mitte der Abb.) bei je 10 Patienten mit einseitiger parietaler versus temporaler Läsion. Die Abweichungen werden nach ihrer Größe geordnet dargestellt

Unsere eigenen Untersuchungen zur „Two-Visual-Systems-Hypothese" zeigen, daß die dorsale Route im Gegensatz zur ventralen Route beim Menschen nicht nur bezüglich Positionsinformationen sondern auch hinsichtlich der visuellen Orientierungsdiskrimination eine wichtige Rolle spielt. Die dominierende Funktion des dorsalen Systems in der Analyse von Raumlageorientierungen wurde indirekt auch schon tierexperimentell gezeigt. Holmes und Gross (1984 a,b) fanden bei inferotemporal geschädigten Primaten deutlich gestörte Leistungen in der Mustererkennung, jedoch nahezu normale Erkennungsleistungen, wenn die gleichen Muster in einer um mindestens 60° rotierten Variante dargeboten wurden. Möglicherweise konnten die Primaten die rotierten Muster besser erkennen, weil die darin enthaltene Orientierungsinformation nicht in den geschädigten temporalen Arealen verarbeitet wird. Die vorliegenden Ergebnisse legen den Schluß nahe, daß parietale Hirnregionen an der Analyse orientierungsspezifischer Informationen beteiligt sind. Allerdings gilt dies auch für die Analyse solcher räumlichen Informationen in bezug auf Objekte (vgl. Ohtsuka et al., 1995), so daß die einfache Dichotomie in ein dorsales System für räumliche Informationen und ein ventrales für Objektinformationen offensichtlich eine Vereinfachung darstellt. Vielmehr muß von einem dorsalen System ausgegangen werden, das räumliche Dimensionen von Objekten in Relation zum Beobachter analysiert und diese Informationen an Hirnregionen weitergibt, die motorisches Verhalten im Raum steuern (etwa Greifen, Körperhaltung, Lokomotion). Darüberhinaus werden diese räumlichen Informationen vermutlich auch an den ventralen Strom zur weiteren Analyse der Objektqualität weitergereicht (Ohtsuka et al., 1995). Diese Dissoziation von räumlichen und objektspezifischen Informationen entlang der dorsalen bzw. ventralen Route gilt offensichtlich nicht nur für perzeptive, sondern auch für mnemonische Anforderungen, etwa beim Abruf solcher Informationen aus dem Langzeitgedächtnis (vgl. Moscovitch et al., 1995).

Wie bereits erwähnt wurde, sind visuell-räumliche Informationen möglicherweise notwendig für die Codierung der eigenen Körperachse, der Stellung des Arms und der Hand für Greifbewegungen und zur Orientierung im dreidimensionalen Raum. Allerdings kommt es trotz ausgeprägter Defizite in der visuell-räumlichen Wahrnehmung nicht unausweichlich auch zu Störungen der Handorientierung nach einer Hirnschädigung, wie an der Patientin von Goodale und Milner (1992) mehrfach gezeigt werden konnte. Diese Dissoziationen sprechen für multiple zerebrale Repräsentationsebenen bezüglich visuell-räumlicher Informationen.

V.

Rezension

Die aktuelle Entwicklung der neuropsychologischen Literatur

Reinhard Eder

Vorbemerkung

Einen vollständigen und strukturierten Überblick zum Stand der klinisch-neuropsychologischen Literatur zu geben, wäre noch vor 15 Jahren eine relativ anspruchsarme bzw. vor 10 Jahren vielleicht noch eine zu leistende Aufgabe gewesen. M.D. Lezak (1995) beschreibt im Vorwort ihrer dritten Auflage „Neuropsychological Assessment" treffend die Probleme mit einer explosionsartig steigenden Flut von Veröffentlichungen. Allein im Zeitraum von 1983 bis 1988 hat sich der Bestand an Publikationen zum Thema „Brain" verdoppelt. Dieses Exponentialverhalten scheint die Herausgabe von Sammelwerken und Monographien ebenfalls mengenmäßig zu beeinflussen. Es ist somit inzwischen unmöglich geworden, ohne selektive und - unvermeidbar - subjektive Herangehensweise einen diesbzgl. hoffentlich brauchbaren kürzeren Beitrag abzufassen. Aus einem verfügbaren Gesamtpool von über 200 entsprechenden Buchtiteln wurden zunächst 86 Werke ausgewählt. Von diesen sollen wiederum nur die wesentlichsten Darstellungen näher erläutert werden. Zudem wird der Versuch unternommen, die Literatur nach Themenschwerpunkten wie Einführungswerke, Diagnostik-Handhabung, Therapie-Anleitung mit Kasuistiken, Gerontoneuropsychologie und Neuropsychologie des Kindes- und Jugendalters zu gruppieren. Ergänzend werden Beispiele aus der Belletristik und zeitlose „Klassiker" angeführt.

1. Experimentelle und Klinische Neuropsychologie

1981 erschien eine detaillierte Gesamtdarstellung zur funktionellen Asymmetrie der Hemisphären von S.P. Springer und G. Deutsch. Seit April 1995 ist die 4. Auflage (als dritte deutschsprachige Ausgabe) verfügbar. Die hier dargestellten Grundlagenbefunde werden mit zahlreichen klinischen Anmerkungen versehen, somit ein Werk, das in verständlicher Weise die Brücke zwischen experimenteller und klinischer Neuropsychologie ermöglicht und eine umfassendere Einführung bietet als der spezifisch klingende Titel vermuten läßt. Die Bebilderung ist jedoch sparsam ausgefallen. Dieses Buch ist sicher nicht nur sehr gut für den Studentenunterricht geeignet, es dürfte die z.T. ähnlich konzipierte Monographie von J.C. Beaumont (1983, in dtsch. Übersetzung von 1987) als einführendes Lehrbuch ablösen.

Ebenfalls in deutscher Übersetzung liegt das Standardwerk „Neuropsychologie" von B. Kolb und I.Q. Wishaw vor (1993). Gerade bei dieser Arbeit wird vor Augen geführt, wie groß der Vorsprung der Fachdisziplin bzgl. Lehr-Etablierung im anglo-amerikanischen Raum bisher war. Besonders lesenswert erscheinen die Kapitel zur Entwicklung der Neuropsychologie, Parietal-, Temporal- und Frontallappen (exzellente Bebilderung). Daß einige Grundlagenkapitel aus dem ersten Teil der Originalfassung von 1990 (leider) fehlen, mindert die Qualität des Gesamtkonzeptes nicht. Das Buch wird nicht nur von Neuropsychologen geschätzt, sondern erfreut sich auch einer großen Beliebtheit bei z.B. Neurologen.

Seit 1982 hatte das Taschenbuch „Klinische Neuropsychologie" von Poeck als deutschsprachige Literaturquelle zum Thema lange eine Monopol-Stellung inne, obwohl die didaktische Qualität teilweise eher kritisch zu würdigen ist. Die 2. neubearbeitete und erweiterte Auflage von 1989 hat seinen kompendienhaften Charakter beibehalten und wird trotz sehr hoher Verbreitung im deutschsprachigen Raum deshalb z.T. ambivalent betrachtet. Einige Kapitel sind inzwischen revisionsbedürftig, die Einteilung manchmal etwas diffus. Eine neustrukturierte großformatige abbildungsreichere Neuauflage wäre inzwischen angebracht. Das Buch wird von der „Aachener-Aphasie-Schule" geprägt, deren Kapitel als gelungenere Darstellung gesehen werden können.

1988 erschien „Neuropsychologische Rehabilitation" (Hrsg. D.Y. v. Cramon) und wurde von vielen Reha-Einrichtungen sehr positiv aufgenommen. Wie rasch die Literaturentwicklung ist, zeigt sich darin, daß dieses Buch - noch vor kurzem als brandaktuelles Standardwerk betrachtet - bereits zum hochwertigen „Klassiker" geworden ist. Besonders interessante Darstellungen finden sich in den Kapiteln „prognostische Faktoren", „Psychotherapie und Sozialtherapie", „Lernen und Gedächtnis" sowie „Sprechen".

Eine Reihe prominenter anglo-amerikanischer Experten wie A. Kertesz, A.R. Damasio, A.L. Benton und D.F. Benson haben an der dritten Auflage von „Clinical Neuropsychology" mitgearbeitet (Hrsg. K.M. Heilman, E. Valenstein, 1993) und für eine deutliche Erweiterung im Vergleich zur zweiten Auflage (1985) u.a. durch Einführung eines neuen Kapitels „Neuropsychology of Schizophrenia" gesorgt. Auf über 700 Seiten wird ein nahezu vollständiger Überblick aller klinisch-neuropsychologischen Aspekte incl. Demenzentwicklung geboten.

Für den Leser, der sich lediglich im Gebiet der Klinischen Neuropsychologie überblicksmäßig orientieren will, sei die Arbeit von A.G.M. Canavan und G. Sartory empfohlen (1990). Auf knapp 150 Seiten werden die Themen kurz abgehandelt, ohne an Verständlichkeit einzubüßen. Daher ist dieses Buch auch für Unterrichtszwecke geeignet, herausragend Neues bietet es jedoch nicht.

2. Neuropsychologische Diagnostik

1983 erschien in der Enzyklopädie der Psychologie (Psychologische Diagnostik Bd. 4) eine erste detaillierte deutschsprachige Einführung in die neuropsychologische Diagnostik von W. Wittling, die sich noch an der „Halstead-Reitan-Schule" orientierte und inzwischen nicht mehr aktuell ist.

Im gleichen Jahr wurde die zweite Auflage „Neuropsychological Assessment" von M.D. Lezak vorgestellt und im Vergleich zur 1. Auflage von 1976 erheblich erweitert und neustrukturiert. Über viele Jahre galt diese umfassende Zusammenstellung auf mehr als 600 Seiten als Maßstab schlechthin. Eine dritte Auflage ist seit Mitte 1995 verfügbar und abermals vom Umfang her auf nahezu 1000 (!) Seiten erweitert. Die thematische Abfolge wird hinsichtlich der neuropsychologischen Funktionen verändert und baut logisch-hierarchisch auf. Das Kapitel zur Neuropathologie wurde deutlich vergrößert und mehr Gewicht auf die Verhaltensdiagnostik gelegt. Das Extra-Kapitel über die Wechsler-Skalen entfällt und deren einzelne Subtests werden in die jeweiligen Funktionsbereiche integriert. Für den Bereich „Subjektive funktionelle Beschwerden" räumt die Autorin ein eigenes Kapitel ein und einige spezifische Anmerkungen zum Thema „Simulation" sollen geleistet werden (interessant ist in diesem Zusammenhang die Anmerkung zum mangelhaften Forschungsstand für letzteren Gesichtspunkt, s.a. Punkt 3.3). Auf jeden Fall wird es sich abermals um die voll-ständigste Zusammenstellung aller neuropsychologischer Testverfahren handeln, für den Einsteiger in die Thematik ein bedeutender Fundus und Überforderung zugleich.

Nicht nur für den anglo-amerikanischen Raum empfehlenswert ist ein 1991 erschienenes Werk von O. Spreen und E. Strauss, das - auf einen aktuellen Stand gebracht - manchen Anwendern, die mit der umfangreichen Lezak-Monographie weniger gut zurechtkommen, Erleichterung verschafft. Die Zusammenstellung der Testverfahren kann trotz Unvollständigkeit als sehr sinnvoll betrachtet werden, da es dabei um die Besprechung der neuesten als auch der gebräuchlichsten Prüfmethoden auf ca. 400 Seiten geht. Für US-Verhältnisse ungewöhnlich, wird sogar ein originär deutsches Verfahren (d2-Test) genauer beschrieben. Größere Testbatterien nach Halstead und Reitan, Luria und Wilson fehlen allerdings. Dafür erhält der Leser die wichtigsten aktualisierten erweiterten Normdaten und einen (seltenen) Einblick in neuropsychologische Testverfahren für den neuropädiatrischen Anwendungsbereich. Erläuternde veranschaulichende Abbildungen wird man einerseits hier vergeblich suchen, andererseits sind Verfahren (wie z.B. Paced-Auditory-Serial-Addition-Test) genauer als anderswo beschrieben.

1993 erschien „Neuropsychologische Diagnostik" (Hrsg. v. Cramon/Mai/Ziegler) wohl auch aus dem Bedürfnis heraus, die in dem Reader von 1988 („Neuropsychologische Rehabilitation") bereits besprochenen diagnostischen Ansätze zu aktualisieren und zu erweitern.

Auf jeden Fall kann diese Schrift als das derzeit relevanteste neuropsychologische Diagnostikwerk für den deutschen Sprachraum gesehen werden (2. unveränderte Auflage 1995). Neben einer sorgfältigen Darstellung der primären Sinnesfunktionen ist v.a. das Kapitel „Denken" zu empfehlen, da hier die artifizielle (und veraltete) klassische Frontalhirnfunktionsdiagnostik endlich aufgegeben und für therapeutische Implikationen gesorgt wird. Der Umsetzungsmotorik (Handfunktion) wird ein eigenes lesenswertes Kapitel eingeräumt. Die Bebilderung ist jedoch insgesamt sehr dürftig (neuroradiologische und elektrophysiologische Erläuterungen fehlen), der Anwendungsbereich beschränkt sich im wesentlichen auf das jüngere bis gehobene Erwachsenenalter.

Ein weiterer Reader erschien 1992 unter dem Titel „A Handbook of Neuropsychological Assessment" (Hrsg. J.R. Crawford et al.), der Aspekte wie Demenz, evozierte Potentiale und die Diagnostik bei schwerst beeinträchtigten Patienten mit einbezieht. Als Klassiker ist der Beitrag „Contributions to Neuropsychological Assessment" von A.L. Benton et al. zu sehen (1993). Er berücksichtigt jedoch nur die Teilaspekte „Orientierungslernen" und „Visuoperzeptive/Motorische Funktion" und stellt letztendlich nichts anderes als eine Art Handbuch zum entsprechenden Testset dar.

Gerade hier ist es völlig unmöglich, alle Bücher zum Thema „Neuropsychologische Diagnostik" vorzustellen, zumal ein Großteil davon sich als inhaltlich redundant erweist.

3. Spezielle Literaturverweise

3.1 Gerontoneuropsychologie

In diesem Feld mit rasch wachsender Bedeutung sollen vier Schriften kurz vorgestellt werden. 1981 präsentierte B. Reisberg den Titel „A Guide to Alzheimer's Disease". Die revidierte Ausgabe von 1985 erschien 1987 in deutscher Übersetzung. In fast populärwissenschaftlichem Sprachstil werden die Nichtexperten (i.d.R. die betroffenen Angehörigen) über verschiedene Demenzformen informiert und eine Abgrenzung zur „normalen" Alterssenilität vorgenommen. Umfassender ist die 1993 erschienene Arbeit von S. Hart und J.H. Semple „Neuropsychology and the Dementias" (Verlag Taylor & Francis), die ihren Schwerpunkt eindeutig auf die Alzheimer-Erkrankung legt. Eine ausführliche Monographie wurde 1992 von A.L. Rue unter dem Titel „Aging and Neuropsychological Assessment" vorgelegt. Die Autorin geht genauer auf nicht-pathologische normale Altersprozesse ein und beschreibt detailliert die Problematik depressiver Verstimmungen. Mehr Information als üblich wird zur Parkinson-Erkrankung vermittelt, eine Reihe von Einzelfallstudien runden das Werk ab. Ein vergleichsweise umfangreiches und aktuelles Literaturverzeichnis findet sich in den Ausführungen von E. Miller und R. Morris „The Psychology of Dementia" (1993). Die Autoren versuchen einen zusätzlichen Schwerpunkt hinsichtlich systemischer Auswirkung und anwendungsorientiertes psychosoziales therapeutisches Management zu setzen.

3.2 Neuropädiatrische Neuropsychologie

Bedingt durch die Publikationsflut der letzten Jahre zum Thema „Demenz" und „Gerontopsychiatrie" ergibt sich gelegentlich der Eindruck, man hätte das „andere Ende" der Altersverteilung nicht mehr ausreichend im Blickfeld. Die deutschsprachige Literatur ist hierzu dürftig bzw. veraltet (z.B. H. Remschmidt: Neuropsychologie des Kindesalters, 1981). A. Warnke beschäftigt sich speziell mit neuropychologischen Befunden zur visuellen Informationsverarbeitung in dem Beitrag „Legasthenie und Hirnfunktion" (1990). Bei U. Brack (Hrsg.) findet man in „Frühdiagnostik und Frühtherapie" eine knappe Zusammenstellung der relevantesten Testverfahren, die kommerziell erhältlich sind (2. unveränderte Auflage 1993/1986). Die anglo-amerikanische Literatur bietet diesbzgl. wesentlich mehr. Die über 500 Seiten umfassende Monographie „Lernstörung und Hirnfunktion" von W.H. Gaddes (1985) wurde 1991 in deutschsprachiger Übersetzung vorgestellt und vermittelt eine fundierte, breit angelegte neuropsychologische Betrachtungsweise, die der Buchtitel selbst zunächst nicht erwarten läßt. Darüberhinaus ist es in einer angenehmen verständlichen Weise formuliert. Eine hohe Informationsdichte erwartet den Leser im „Handbook of Clinical Child Neuropsychology" (Hrsg. C.R. Reynolds & E. Fletcher-Janzen 1989) auf knapp

600 Seiten, das zudem mehrere Ansätze für therapeutische Interventionen (incl. ambulanter Möglichkeiten) beinhaltet und sich um Vollständigkeit bemüht. An diesem Handbuch ebenfalls mitgearbeitet haben M.G. Tramontana und S.R. Hooper, die 1988 ein Buch mit dem Titel „Assessment Issues in Child Neuropsychology" veröffentlicht haben, das versucht, die wesentlichsten intellektuellen Stützfunktionen diagnostisch eingehend zu erläutern. Die Autoren räumen selbst ein, daß ihre Arbeit nur für Fortgeschrittene geeignet sei. Sehr informativ und ebenfalls um Vollständigkeit bemüht ist der relativ neue Reader „Handbook of Neuropsychology Vol. 6/7" (Gesamthrsg. F. Boller und J. Grafman) mit dem Untertitel „Child Neuropsychology Part 1/2" (Hrsg. von S.J. Segalowitz und I. Rapin 1992). Allein am Band 2 haben auf 470 Seiten 37 verschiedene Autoren mitgearbeitet. Ein ausführliches Kapitel ist u.a. dem randständigen Thema „Autismus" gewidmet. An dieser Stelle sei noch ergänzend angemerkt, daß das Gesamtfeld der Klinischen Neuropsychologie durch die neun Bände dieser Handbuchreihe größtenteils abgedeckt und für eine institutionelle Präsenzbibliothek eine lohnende Anschaffung sein kann.

3.3 Spezifische Themen

Bei der Durchsicht der meisten Monographien und Sammelwerke zum Bereich Begutachtung fällt die unzulängliche Behandlung des Themas „Simulation/Aggravation von Hirnschäden" u.a. in der Testdiagnostik auf, ohne daß die anglo-amerikanischen Bücher hierzu wesentlich mehr anbieten könnten (für die deutschsprachige Literatur kann derzeit nichts konkret genannt werden). Dies überrascht, denn man sollte annehmen, daß eine Reihe von v.a. behördlichen Institutionen incl. Versicherungswesen an der dezidierten Behandlung dieser Thematik interessiert sein müßte. In den USA existiert allerdings eine Anzahl von heterogenen Publikationen, deren Synopsis von Strunk (1996) vorgenommen wurde. Eine der wenigen Literaturquellen stellt der Reader von R. Rogers „Clinical Assessment of Malingering and Deception" dar (1988). Bei Betrachtung dieser Zusammenstellung fällt auf, daß für den Klinischen Neuropsychologen nur die Kap. 5, 6 und 10 relevant sein dürften. Die unter dem Titel „Forensic Neuropsychology" von C.J. Golden und M.A. Strider (1986) herausgegebenen Protokolle von Kasuistiken erfüllen jedoch die titelgemäßen Erwartungen nicht (1986). Interessanter ist dagegen der Reader von R.M.A. Suchenwirth und G. Ritter, die in ihrem Werk von 1994 mit dem - an älterer Terminologie angelehnten Titel - „Begutachtung der Hirnorganischen Wesensänderung" sich mit häufigen Fragestellungen in der BRD aus neurologischer Sicht auseinandersetzen. Ihr gewählter Schwerpunkt ist einerseits sehr auf dementielle Prozesse eingeschränkt, andererseits findet der Leser brauchbare tabellarische Übersichten wie z.B. GdB, MdE etc. (1994).

Eine seit Mai 1990 verfügbare praxisnahe deutschsprachige Informationsquelle stellt die „Zeitschrift für Neuropsychologie" dar (Verlag Hans Huber), die von W. Hartje und weiteren neun Herausgebern initiiert wurde. Hier hat man z.B. die Gelegenheit, in einem sehr prägnanten Artikel von W. Hartje et. al. etwas über „Fahreignung hirngeschädigter Patienten" unter Berücksichtigung der Aphasie (2. Jahrgang, Heft 2, 1991) zu lernen. Zum gleichen Thema finden sich einige Anmerkungen in der Monographie „Fahrtauglichkeit" von F. Maag (1992).

Im Jahrbuch der Medizinischen Psychologie zum Thema „Psychologie in der Neurologie" (Hrsg. P. Jacobi 1989) aus dem Springer-Verlag berichtet W. Hartje in einer strukturierten Übersicht über „Psychologische Begutachtung in der Neurologie".

Wer nach kommentierten Kasuistiken incl. Einführung in die jeweilige neuropychologische Thematik sucht, dem sei „The Neuropsychology Casebook" von D.L. Orsini, W.G. vanGorp und K.B. Boone empfohlen (1988), eine gerade für den Berufsanfänger hilfreiche Quelle, um konkrete Fälle genauer erfassen zu können. Leider werden auch hier - wie so oft - keine neuroradiologischen Abbildungen reproduziert. Den gleichen Mangel weist das ansonst sehr anschaulich, 1986 veröffentlichte Buch „Brain Injury Casebook" von D. Rapp et al. auf. Eine heterogene Zusammenstellung von Kasuistiken und die Problematik der intraindividuellen z.T. sehr widersprüchlichen und nicht hypothesengerechten neuropsychologischen Testbefunde wird bei R. Eder diskutiert (1993).

Für den Spezialisten, der sich eingehend mit dem Thema „Aufmerksamkeit" beschäftigen möchte, bietet sich die Lektüre von R.A. Cohen „The Neuropsychology of Attention" an (1993). In dieser fast 500 Seiten umfassenden hochkomprimierten Monographie werden außerdem viele Befunde aus der neuroanatomischen und neurophysiologischen Grundlagenforschung vorgestellt.

Ein einzigartiges Werk ist der Beitrag „Neuropsychological Function and Brain Imaging" von E.D. Bigler, R.A. Yeo und E. Turkheimer mit seiner ausgiebigen neuroradiologischen Betrachtungsweise und entsprechend reichhaltigen Bebilderung (1989). Es ist allerdings zu befürchten, daß diese Zusammenstellung durch die rasante Entwicklung (u.a. funktionelle Kernspintomographie) bald wieder veraltet sein dürfte. Ebenfalls außergewöhnlich ist die aufwendige Auflistung neuroradiologischer Befunde in „Lesion Analysis in Neuropsychology" des Ehepaares Damasio (1989).

Über den Zusammenhang verschiedener Gesichtspunkte der Inneren Medizin und kognitiver Beeinträchtigung gibt das Sammelwerk „Medical Neuropsychology" von R.E. Tarter et al. Auskunft (1988). Über die Auswirkungen von Störungen der Lungenfunktion, kardiale Beeinträchtigungen, Leberveränderungen, Nieren- und Pankreasfunktionen incl. humoraler Abweichungen wird berichtet. Umwelttoxische Probleme werden ebenfalls erwähnt.

Für den interessierten Pharmakopsychologen bietet sich die deutschsprachige Lektüre „Pharmakopsychologie" an (Hrsg. J. Oldigs-Kerber & J.P. Leonard, 1992), die Nootropika-Forschung mit einbezieht und das häufige Problem der antikonvulsiven Medikation gesondert diskutiert.

Im zunächst sehr allgemein formulierten Buchtitel „Handbook of Neuropsychological Assessment" von A.E. Puente und R.J. McCaffrey finden sich sehr spezifische Kapitel wie z.B. über perinatale Entwicklungsstörungen, Händigkeit, Zweisprachigkeit, Angststörungen und Schizophrenie. Die Autoren betonen in dem 520 Seiten umfassenden Reader von 1992 die Bedeutung der biopsychosozialen Variablen (1992).

Wer sich als Klinischer Neuropsychologe mit dem Gebiet der Schizophrenie eingehender beschäftigen will, der kann auf die Monographie „The Cognitive Neuropsychology of Schizophrenia" von C.D. Frith (1992) verwiesen werden, die als spezifischer Fachtext dennoch behutsam in die Thematik einführt.

Das funktionell komplizierte und neuroanatomisch anspruchsvolle Feld subcorticaler Dysfunktionen erläutern G. Vallar, S.F. Cappa und C.W. Wallesch (Hrsg.) in dem kompakten und sorgfältig bebilderten Sammelwerk „Neuropsychological Disorders Associated with Subcortical Lesions" (1992) unter Berücksichtigung tierexperimenteller Befunde. H.S. Levin, H.M. Eisenberg und A.L. Benton (Hrsg.) beschreiben in Kooperation mit prominenten Autoren wie H.C. und A.R. Damasio, T. Shallice, P. Burgess, D.T. Stuss, L.R. Squire und G.P. Prigatano die Neuroanatomie und Neuropsychologie des Frontalhirns in „Frontal Lobe Function and Dysfunction" (1991) unter Hinzunahme hochwertiger Abbildungen. Für denjenigen, der sich besonders für die Auswirkungen der Kommissurotomie interessiert, sei auf die Arbeit von R.D. Nebes (Hrsg.) im bereits zuvor erwähnten „Handbook of Neuropsychology Vol. 4" (1990) verwiesen. Während in diesem Beitrag u.a. G. Berlucchi tierexperimentelle Befunde vorstellt, beschäftigt sich D.W. Zaidel mit Sprache, Gedächtnis und Raumwahrnehmung beim Menschen.

Für die Lektüre zum Bereich „Gedächtnis" kann die zusammenfassende monographische Übersicht von H.J. Markowitsch „Neuropsychologie des Gedächtnisses" (1992) empfohlen werden. Auf insgesamt 450 Seiten findet der Leser ein außergewöhnlich detailliertes 200 (!) Seiten umfassendes Literaturverzeichnis. Er sollte allerdings über neuroanatomische Grundkenntnisse verfügen. Das ausreichend bebilderte Werk berücksichtigt die Vernetzung mit Aufmerksamkeitsfunktionen und Emotionen, legt einen Schwerpunkt auf verschiedene Demenzformen und setzt sich ausführlich mit dem Korsakow-Syndrom auseinander. Mit dieser Arbeit wurde endlich für den deutschsprachigen Bereich eine der vielen (unverständlichen) Literaturlücken geschlossen. Für denjenigen, der spezifisches Interesse an Fragen und Ergebnissen der menschlichen Informationsverarbeitung hat, sei die Monographie „Struktur und Aktivierung des Gedächtnisses" von W. Klimesch (1988) erwähnt, die versucht, eine übergreifende Vernetzungstheorie zu vermitteln. Ein konzentriertes, reichhaltiges, fachspezifisches, 620 seitiges Sammelwerk wurde 1992 von L.R. Squire und N. Butters (Hrsg.) unter dem Titel „Neuropsychology of Memory" vorgestellt (1992). Die Hälfte des Textes widmet sich tierexperimentellen Studien. Wer sich von vornherein mit der Lektüre eines derartigen Großwerkes überfordert fühlt, dem sei das präzise, informationsreiche und trotzdem verständlich abgefaßte Kapitel „Gedächtnis" von U. Schuri in „Neuropsychologische Diagnostik" (1995) empfohlen.

Die Abhandlung von Wahrnehmungsstörungen des visuellen Systems ist Gegenstand eines Readers „Brain and Space" von J. Paillard (1991), der unter experimentellneuropsychologischem Blickwinkel einen größeren Anteil für die Okulomotorik einräumt. Noch spezifischer ist eine Monographie von M.J. Farah zum Thema „Visual Agnosia" (1990) mit entsprechenden klinisch-neuropsychologischen Bezügen.

Das klassischtraditionelle Medizinerlehrbuch „Physiologie des Menschen" von R.F. Schmidt und Thews (1995) beschäftigt sich erstmals ausführlicher mit den integrativen Leistungen des Nervensystems (Beiträge von N. Birbaumer). Seit 1996 ist die deutsche Auflage von „Essentials of Neural Science and Behavior" von E.R. Kandel et al. als Handbuch (750 Seiten) verfügbar.

3.4 Neuropsychologische Therapie

Auf dem ersten Blick scheint sich für diesen Bereich in der Literatur einerseits quantitativ sehr viel entwickelt zu haben, andererseits fehlen in fast allen Büchern (die den Titel „Neuropsychologische Rehabilitation" bzw. „Neuropsychologische Therapie" o.ä. führen) auf empirischer Basis fundierte, alltagsbezogene Handlungsanweisungen zur Auswahl einer konkreten Strategie. Außerdem ist bisher noch keine Grundlagenarbeit erkennbar, die z.B. eine komparative Bewertung von therapeutischen Strategien ermöglicht. Die gegenwärtig erhältlichen Therapiemanuale beschränken sich auf rein funktionsbezogenes Training (i.d.R. durch wiederholtes Üben). Als Beispiele seien „Neuropsychologisches Funktionstraining für hirnverletzte Patienten" von B. Lehner und F.X. Eich (1990) bzw. „Neurotraining" von V. Schweizer (1989) genannt. Eine wesentliche Weiterentwicklung im Vergleich zur ursprünglichen Aufgaben- und Materialsammlung von G. Caprez (1984) ist kaum erkennbar. Das inzwischen populär gewordene „Gehirn-Jogging" ist in seiner Anwendbarkeit für cerebral geschädigte Patienten eher umstritten (z.B. B. Fischer und S. Lehrl, 1992). Die PC-gestützte adaptive Handhabung ist noch entwicklungsfähig und insgesamt für den Patienten ansprechender als Papier- und Bleistiftübungen (Quelle: Softwarekatalog des Kuratorium ZNS Bonn, seit 1990 ständig aktualisiert). Der praktische Anwender wird zudem fündig in Literaturquellen wie z.B. „Praxis Ergotherapie", eine Fachzeitschrift für Beschäftigungs- und Arbeitstherapie vom Verlag Modernes Lernen (Borgman Publishing, Dortmund). Für die deutschsprachige Literatur wäre noch die Monographie „Neuropychologische Rehabilitation von Gedächtnisleistungen" von R. Kaschel (1994) erwähnenswert, in der als methodenorientierter Überblick im Rahmen von Einzelfallstudien die Entwicklung und Bewertung kognitiv-verhaltensorientierter Maßnahmen aufgezeigt wird. Die beiden Bände „Neurologische Rehabilitation" von K. H. Mauritz und V. Hömberg (Hrsg., 1991/1992) beziehen sich titelgemäß primär auf nicht-kognitive Funktionen. Aus der Vielzahl an anglo-amerikanischer Literatur sei besonders das „Handbook of Head Trauma - Acute Care to Recovery" von C. J. Long und L. K. Ross (1992) kurz erläutert. Die zahlreichen Beiträge verschiedener Autoren sind so angeordnet, daß der ganze Komplex neuropsychologischer Wiederherstellung vom lebensbedrohlichen Akutstadium bis zur beruflichen und schulischen Wiedereingliederung transparent wird. Man bemerkt allerdings hin und wieder die besonderen US-Verhältnisse sowohl im positiven (langjährige professionelle Etablierung des Faches) als auch im negativen Sinn (Patientenselektion nach sozioökonomischem Status?). Dieses Buch versucht sich von komplizierten wissenschaftlich formulierten „Allgemeinplätzen" zu lösen und beschäftigt sich z.B. mit Themen zur prämorbiden Familiendynamik. Desweiteren werden die Möglichkeiten einer kognitiven Verhaltenstherapie vermittelt. Die Lektüre dieses Leitfadens könnte sowohl für den Therapie-Experten als auch für den Sozialarbeiter wesentliche Einblicke vermitteln. In knapper Form liegt eine Auflistung verschiedener Beiträge von N. Brooks, B. Wilson u. anderen Autoren zum Thema in „Traumatic Brain Injury" vor (Hrsg. B. G. Deelman, R. J. Saan & A. H. van Zomeren, 1990). Hier finden sich spezifische Anmerkungen zum Langzeitkoma. Die Beiträge beziehen sich allerdings auf ein niederländisches Symposium aus dem Jahr 1986 und dürften somit nicht mehr den aktuellsten Wissensstand repräsentieren. 1992 erschien von K. M. Adams und B. P. Rourke (Hrsg.)

„The TCN Guide to Professional Practice in Clinical Neuropsychology". Es handelt sich hier um eine Zusammenstellung von Beiträgen aus der Zeitschrift „The Clinical Neuropsychologist" bis 1990, die relevante formale Hintergrundinformatio-nen incl. Verzeichnisse für den Praxisanwender beinhaltet, jedoch speziell für den US-Raum verfaßt wurde (Verlag Swets & Zeitlinger). Für den Klinischen Neuropsychologen sind hier v.a. die Beiträge von M. I. Meier, R. A. Bornstein und J. W. DeLuca informativ.

Als Grundlagenliteratur der zunehmend an Bedeutung gewinnenden kognitiven Neuropsychologie ist das umfangreiche Buch von D. I. Margolin (Hrsg.) mit dem Titel „Cognitive Neuropsychology in Clinical Practice" (1992) zu nennen. Dort findet man bisher ungewöhnliche Beiträge von z.B. Rehabilitationsansätze für Musiker. Wer deutschsprachige Lektüre zu diesem Thema bevorzugt, kann auf die „Einführung in die Kognitive Neuropsychologie" von A. W. Ellis und A. W. Young (1991) zurückgreifen.

4. „Klassiker"

In einigen Verlagen (z.B. Barth, Leipzig oder Oxford Univ. Press) werden mittlerweile für den Klinischen Neuropsychologen wertvolle Reprints verfügbar gemacht. Von der cytoarchitektonischen vergleichenden „Lokalisationslehre der Großhirnrinde" nach K. Brodmann (1909), „Die psychischen Schädigungen durch Kopfschuß im Kriege 1914/16" von W. Poppelreuter (1917) bis zu „Psychologische Analysen hirnpathologischer Fälle" von A. Gelb und K. Goldstein (1920) bzw. „Die Behandlung, Fürsorge und Begutachtung der Hirnverletzten" von K. Goldstein (1919). Die beiden letzten Werke sind noch nicht wieder neu aufgelegt worden. Es ist immer wieder sehr beeindruckend, mit welcher Sorgfalt und anschaulichem Detailmaterial abbildungsreiche Einzelfallstudien transparent gemacht werden (eine Eigenschaft, die viele aktuelle Arbeiten mit ihren spröden Tabellen, mäßigen Graphiken und abstrakten Sprachstilen vermissen lassen).

Ebenfalls zur Gruppe der „Klassiker" (wenn auch z.T. erst einige Jahre alt), sind hier Schriften zu rechnen, die trotz gewisser Überalterung aufgrund ihrer inhaltlichen Qualitäten ggf. immer noch lesenswert sind. Darunter fallen die neuroanatomisch orientierten Arbeiten von A. Kertesz „Localisation in Neuropsychology" (1983) und N. Geschwind „Cerebral Lateralization" (1987). Darüberhinaus werden in aktuellen Schriften Befunde dieser Autoren oftmals unverändert wiedergegeben. Zu den streng neuroanatomischen Klassikern zählt die Monographie von K.W.Walsh „Neuropsychology - A Clinical Approach" von 1978. G. Guttmann stellte 1982 seine 3. Auflage vom „Lehrbuch der Neuropsychologie" vor, eine Monographie, die sich primär mit Neurophysiologie, Psychophysiologie und experimenteller Neuropsychologie beschäftigt. Klinische Inhalte findet der Leser in „Understanding Brain Damage" ebenfalls von K. W. Walsh (1985).

Als wichtigster Vertreter der sowjetischen Neuropsychologie ist A. R. Luria zu nennen, der den neuromorphologisch-neuroanatomischen Ansatz zugunsten einer rein funktionellen Betrachtungsweise (vermutlich durch Einfluß des Physiologen P. K. Anochin) ersetzt hatte. Zwei seiner wesentlichsten Monographien seien hier erwähnt.

Zum einen das einführende und verständlich formulierte Taschenbuch „The Working Brain" (1973) und zum anderen „Higher Cortical Functions in Man" mit Erläuterungen von H. L. Teuber und K. H. Pribram (1980), die in der ursprünglichen VEB-Übersetzung aus dem Jahr 1970 nicht mehr erhältlich ist.

In „Behavioural Assessment and Rehabilitation of the Traumatically Brain-Damaged" von B. A. Edelstein und E. T. Couture (1984) sind noch allgemein formulierte Handlungsanweisungen für die Therapieplanung zu finden. Einzelfallstudien sind in der Schrift „Rehabilitation of the Brain-Damaged Adult" von G. Goldstein und L. Ruthven im Rahmen erster verhaltenstheoretischer Interventionen aufgeführt (1983). Sie beschreiben die Entwicklung therapeutischer Teams und diskutieren die Probleme von dauerhaft institutionalisierten Patienten. Die Erfahrungen eines durchkonzipierten stationären Reha-Programmes werden in der Arbeit von G. P. Prigatano (1986) unter dem Titel „Neuropsychological Rehabilitation after Brain Injury" präsentiert. N. Brooks berücksichtigt die psychosozialen Konsequenzen in seiner Schrift „Closed Head Injury" (1984). Über ihre Erfahrungen mit neuropsychologischen Rehabilitation berichten u.a. L. Diller und Y. Ben-Yishay (neben funktionellen grundlagenorientierten Beiträgen von M. Posner) in dem Sammelwerk von M. J. Meier et al. (Hrsg.), das 1987 vorgestellt wurde. Ein Versuch, mehrere mnemotechnische Strategien zu erläutern, wurde in der Monographie von B. Wilson in „Rehabilitation of Memory" unternommen (1987).

5. Belletristik, populärwissenschaftliche Werke und Einführungen für den Laien

Das Schlußkapitel soll zunächst vier unterschiedliche Erzählungen vorstellen. In 24 Kurzgeschichten berichtet O. Sacks in „Der Mann, der seine Frau mit einem Hut verwechselte" (1988) von sehr unterschiedlichen neuropsychologischen Krankheitsbildern (progredient-diffus bis umschrieben-lokal) in z.T. amüsanter Weise. Eher bedrückend dagegen ist die Schilderung von E. Ruppert in „Klaus - das Leben nach dem Unfall" und ihr Weg durch die klinischen bzw. behördlichen Institutionen von 1989. Im gleichen Jahr erschien der Roman „Ein Fremder in meinem Bett" von B. Slater und F. S. Leighton, der Bericht einer Patientin nach vollständiger retrograder Amnesie. 1991 wurde „Der Mann, dessen Welt in Scherben ging" nach A. L. Luria präsentiert, zwei (völlig unterschiedliche) Fallbesprechungen eines Gedächtniskünstlers mit kompensatorischen Defiziten einerseits und eines globalen Amnestikers andererseits.

Speziell für betroffene Angehörige und Laienhelfer zu empfehlen ist eine Schrift aus der Reihe „Verständliche Medizin" mit dem Titel „Schädel-Hirn-Verletzungen, Krankheitsbilder, Ursachen, Behandlung" von D. Cronwall, P. Wrightson und P. Waddell in der Übersetzung von K. D. Wiedmann (1993). Diese Arbeit dürfte hilfreich zur Vermeidung von Mißverständnissen, Fehleinschätzungen und unangemessenem Umgang mit den Patienten sein. Als dazu weiterführende Literatur in Form einer knapp gehaltenen verständlichen Einführung in die Klinische Neuropsychologie könnte die sorgfältig mit Abbildungen angereicherte Darstellung „Neuropsychologische Störungen und ihre Rehabilitation" von M. Prosiegel (1991) für verschiedene therapeutische Berufsgruppen gesehen werden. Als derzeit aktuellstes Übungsbuch für Aufmerksamkeits- und Gedächtnisdefizite ist „Lesen, merken und erinnern" von E. Kasten erschienen (1995), in dessen Einführung u.a. auch die Befunde der Wirkung von Nootropika und anderer Medikamente referiert werden. Wer sich einführend insgesamt zu dem Bereich „Gedächtnis" informieren will, sollte auf das hervorragend illustrierte Taschenbuch von A. Baddeley „So denkt der Mensch" von 1988 zurückgreifen. Viele der Publikationen lassen eine kritisch differenzierte Stellungnahme zum „Brain-Jogging" - sei es zu Hause oder in Spezialkliniken - immer noch vermissen. Zuletzt soll noch ein 1992 erschienenes Werk „Gehirn und Geist" von K. A. Klivington mit Atlasqualitäten empfohlen werden. Wer sich für die Geschichte der Neuropsychologie besonders interessiert, wird von dem Werk „Origins of Neuroscience" von S. Finger (1994) bestens bedient. Die Erwähnung der GEO-Hefte 1/87, 8/92, 2/93 und 12/94 soll diese „multiple" Literaturbetrachtung beschließen.

VI.

Historischer Beitrag

Albrecht Bethe (1872-1954) und die Frage der Plastizität des Nervensystems[1]

Andreas Aschoff

Der Physiologe Albrecht Bethe, der vor 100 Jahren in München promovierte, wurde am 25. April 1872 in Stettin geboren. Die nachfolgenden 15 Jahre als Assistent am Physiologischen Institut der Universität Straßburg bei F. L. Goltz, und die Begegnung mit Stephan von Apáthy auf der Stazione Zoologica in Neapel haben die Auffassung von A. Bethe über die Struktur und Funktion des Nervensystems grundlegend beeinflußt (Thauer, 1954). Apáthy machte Bethe zu einem entschiedenen Gegner der Neuronentheorie und bereitete den Weg für F. L. Goltz, der Bethe davon überzeugen konnte, daß das Gehirn als einheitliche Struktur, und nicht als hierarchische Ansammlung von Zentren anzusehen sei. Die Läsionsversuche von Goltz am Zentralnervensystem (Goltz, 1881) und seine eigenen Experimente am peripheren Nervensystem überzeugten Bethe davon, daß das Nervensystem morphologisch und funktionell eine ungeheure Anpassungsfähigkeit an veränderte Bedingungen zeigt, die er als Plastizität des Nervensystems bezeichnete (Bethe, 1930; Bethe et al., 1930). Die vielen plastischen Erscheinungen, die sich nach Manipulation des Nervensystems beobachten lassen, sind nach Auffassung Bethes in grundlegenden Eigenschaften, die in der Organisation des Nervensystems liegen, zu suchen. Im Hinblick auf die große Bedeutung der plastischen Veränderungen des Nervensystems in der heutigen Forschung und Medizin (Rauschecker, 1995) ist die Lehre von der Plastizität des Nervensystems wohl der wichtigste Beitrag Bethes zur Neurobiologie.

Obwohl die meisten Arbeiten Bethes sich mit der Physiologie des Nervensystems befassen, hat er im Laufe seines Lebens oft das Feld gewechselt und über Vogelflug, Sinnesphysiologie und Muskelphysiologie (Bethe, 1952), Degeneration und Regeneration (Bethe, 1901) und biologische Rhythmen (Bethe, 1938, 1941) gearbeitet. Die Breite seines Wissens kann man am besten würdigen, wenn man seine Bücher: „Anatomie und Physiologie des Nervensystems" (1903) und „Allgemeine Physiologie" (1952) sowie die Herausgabe des „Handbuches für normale und pathologische Physiologie" berücksichtigt.

Bethe schrieb die hier abgedruckte Arbeit über Hemisphärendominanz am Theodor-Stern-Haus in Frankfurt, wohin er als Direktor des Institutes für animalische Physiologie 1915 berufen worden war. Seinen Posten mußte er 1937 aus politischen Gründen aufgeben, um ihn 1945 aus ebenfalls politischen Gründen wieder einzunehmen (Thauer, 1954). Daß die Nationalsozialisten mit Albrecht Bethe wenig anzufangen wußten, kann schon aus dem vorliegenden Beitrag Bethes entnommen werden. Nicht nur daß Bethe den jüdischen Studenten eine überdurchschnittliche Leistung nachwies, die feine Ironie, wie er die Frage des Ariertums deutscher Studenten behandelt, zeigt, daß er mit den Nationalsozialisten nichts zu tun haben wollte.

---

[1] Die Herausgeber dieses Bandes danken Herrn Dr. Thomas Thiekötter vom Julius Springer Verlag, Heidelberg, für die freundliche Genehmigung, den historischen Beitrag von A. Bethe: „Besteht bei jedem Menschen eine eindeutige Überlegenheit einer Hirnhälfte..." im folgenden abdrucken zu dürfen.

Die hier abgedruckte Arbeit Bethes ist ein Beispiel dafür, daß Albrecht Bethe die Plastizität des Nervensystems als grundlegenden Mechanismus betrachtete, der nicht nur bei Läsionen des Nervensystems eine Rolle spielt, sondern auch im Verhalten. Dazu gehören z. B. Asymmetrien bei Vokalisation oder Sprachverstehen (Hellige, 1983; Zaidel, 1985), unterschiedliche Händigkeit (Kimura & Archibald, 1974) oder unterschiedliche Mimik der Gesichtshälften (Boehringer, 1946; Moscovitch & Olds, 1982). Funktionelle Plastizität und damit verbundene funktionelle Asymmetrien im ZNS sind auch morphologisch und biochemisch sichtbar (Glick et al., 1985). Makroskopisch erkennbare Asymmetrien sind beim Menschen lange bekannt (Geschwind & Galaburda, 1987). Mikroskopisch sichtbare Asymmetrien bzw. plastische Veränderungen wurden beim Menschen (Scheibel, 1984) und bei Tieren (Diamond, 1985; Rauschecker, 1995) gefunden. Asymmetrien sind entweder erworben, wie Bethe schon ausführt, oder genetisch bedingt, wobei eher der Grad als die Richtung der Asymmetrie vererbt werden (Bryden, 1987; Collins, 1985). Erworbene Asymmetrien im Gehirn sind ein Beispiel für die Plastizität des Nervensystems und daher am ausgeprägtesten in den Spezies mit langer Reifeperiode (Hellige, 1990). Asymmetrien im Gehirn sind nicht Ausdruck von genereller Dominanz der einen Hirnhälfte über die andere, sondern die Antwort des Gehirns auf spezifische Reizsituationen, die sich im Laufe der Individualentwicklung ergeben.

Besteht bei jedem Menschen eine eindeutige Überlegenheit einer Hirnhälfte und ist die linke Hemisphäre wertvoller als die rechte[1] ?

Albrecht Bethe.

(Zeitschrift für die gesamte Neurologie und Psychiatrie, 148., Eingegangen am 14. Oktober 1933)

Die ersten Zweifel an der Richtigkeit unserer Vorstellungen über die unbedingte Vorherrschaft einer Hemisphäre tauchten bei mir auf, als ich während des Krieges in der Singener Sammelstelle von Armaputierten sah, mit welcher Leichtigkeit sich rechtsamputierte Rechtshänder und die wenigen linksamputierten Linkshänder auf die Benutzung der früheren Hilfshand als Tätigkeitshand umstellten. Dies paßte gut in Gedankengänge hinein, die lange vorher bei mir wachgeworden waren, die sich aber erst in den letzten 10 Jahren in mir befestigt haben, daß nämlich jedes Nervensystem eine weitgehende Anpassungsfähigkeit besitzt, die ich als Plastizität bezeichnet habe, und die mit der üblichen Vorstellung fest verankerter Zentrenfunktionen schlecht zusammenstimmte[2]. Daß wir beim Menschen wie beim Tier normalerweise bei fast allen Tätigkeiten eine so gleichartig erscheinende Koordination feststellen können, liegt nach dieser Auffassung nur daran, daß die äußeren (und auch inneren) Bedingungen meist recht weitgehend konstant sind. Ändern sich aber die Bedingungen, so stellt sich der Organismus - oft unmittelbar - diesen entsprechend um. Im Falle des Verlustes eines Armes heißt das: Der Übriggebliebene übernimmt, soweit möglich, die Funktionen beider Arme. Bald muß er als Hilfs- oder Haltearm dienen und zureichen, tragen und festhalten, bald als Tätigkeitsarm wirken und schneiden, bohren und sägen und vieles Andere verrichten. Besonders auffällig ist dies beim Schreiben, einer Tätigkeit, die bei Rechts wie Linkshändern fast ausschließlich mit der rechten Hand geübt wird. Alle Rechtsamputierten konnten unabhängig von ihrer Händigkeit sofort, wenn auch zuerst unbeholfen, mit der linken Hand schreiben[3].

Dieser ja durchaus nicht neue Befund stimmte mit der herrschenden Ansicht über den Zusammenhang zwischen Rechtshändigkeit und Linkshirnigkeit und zwischen Linkshändigkeit und Rechtshirnigkeit schlecht überein, und so begann ich, mich mit dem Problem der Bevorzugung einer Körperseite zunächst in Selbstversuchen zu beschäftigen. Was bei den Amputierten durch den äußeren Zwang schnell in Erscheinung tritt, mußte bei Erwachsenen mit zwei gesunden Armen ebenfalls - wenn auch sehr viel langsamer - zu erreichen sein, denn bei ihnen besteht ja bereits eine starke

---

[1] Nach einem Vortrag, gehalten in der Frankfurter medizinischen Gesellschaft (3. X. 33.)
[2] Naturwiss. **1933**, 214.
[3] Bei gutem Willen kann das, wie bakannt, auch jeder Beidhändige und zwar meist deutlich mit dem Charakter seiner eigenen Schriftzüge. Beim Schreibenlernen, das ja *Jahre* erfordert, hat das Nervensystem offenbar nicht nur für die eine Hand, sondern auch für die andere *(Stier)* und für den ganzen Körper *(Goldstein)* die Bewegungsfolge mitgelernt. Siehe auch die interessanten Studien von *R.A. Pfeifer*, Z. Neur. **45**, 301, (1919); **77**, 471 (922).

Dominanz einer Hand, die durch den Willen nur schwer zu überwinden ist. Selbst bei jugendlichen Personen - es kommen hier nur geborenen Linkshänder in Frage - geht ja dei Umstellung der Händigkeit, wenn sie überhaupt gelingt, nur langsam vonstatten. Fälle dieser Art sind lange bekannt und ich habe selber die allmähliche Umwandlung eines linkshändigen Knaben in einen fast reinen Rechtshänder sehr genau verfolgt. Da ich selber von Jugend auf die rechte Hand als Tätigkeitshand benutzt hatte, mich also für einen reinen Rechtshänder halten durfte, mußte ich versuchen den Prozeß umzukehren und mich zu einem scheinbaren Linkshänder zu machen. Der Versuch gelang.

Ich begann (etwa von 1917 an) alles, was ich früher rechts getan hatte, mit der linken Hand auszuführen und umgekehrt. Zuerst erforderte das sehr viel Willenskraft, da jede Arbeit viel langsamer ging als beim alten Gebrauch der beiden Hände möglich war; aber im Laufe von 3-4 Jahren war ich soweit, daß ich mich, wenn ich wollte, durchaus als Linkser ausgeben konnte. In Wirklichkeit war ich Ambidexter geworden, denn ich hatte rechts nichts verlernt. Die Prophezeihung eines befreundeten Neurologen, ich würde meine rechte Geschicklichkeit verlieren und warscheinlich sogar an geistigen Qualitäten Einbuße erleiden, ist, soweit ich das letztere selber beurteilen kann, nicht eingetroffen. Heute weiß ich oft nicht, ob ich etwas mit der linken oder rechten Hand tue und, wenn ich zuweilen z.B. beim Abziehen des Rasiermessers denke, „Meine linke Hand ist *doch* ungeschickter als die rechte", dann stellt sich häufig beim Hinsehen heraus, daß ich das Messer gar nicht in der linken Hand halte. Das geschieht aber nur an Tagen der Unlust, wo eben beide Hände weniger geschickt sind.

Bei diesen versuchen bin auch ich zu der Überzeugung gekommen, daß das Anstreben einer vollkommenen *Ambidextrie* durchaus nicht sehr zweckmäßig ist. Besonders anfangs weiß man oft nicht, welche Hand man nun zu einer bestimmten Tätigkeit nehmen soll, z.B., welche das Messer und welche die Pinzette zu ergreifen hat. Dadurch entsteht eine unnütze Verzögerung. Jede Hand muß bei *jeder* Tätigkeit „wissen", was sie zu tun hat, sie muß auf ihren Gebieten Spezialist sein, wie mir ein chirurgischer Kollege schrieb. Das ist ja auch in der Tat bei allen geschickten Menschen der Fall und nicht nur bei so komplizierten Verrichtungen, wie z.B. dem Geigespielen, sondern auch bei ziemlich einfachen, wie etwa dem Brotschneiden.

Vertauscht hier der Rechtshänder die Hände, so scheitert der Versuch zunächst nicht nur daran, daß die Linke nicht versteht, das Messer zu führen, sondern ebenso daran, daß die Rechte das Brot nicht richtig zu halten und zu drehen vermag. Wenn man also eine „beidhändige Erziehung" anstrebt, dann sollte man zu ganz bestimmten Tätigkeiten die linke und zu andern die rechte Hand als Tätigkeitshand heranziehen, nicht aber jede Hand zu allen. Ein zweiter Mißstand ist, daß sich die Begriffe „rechts" und „links" am eigenen Körper und in der Umwelt bedenklich verwischen.

Fehler der Linkshänderstatistik.

Der nächste Schritt war, zu untersuchen, ob denn die bisherige Statistik über die Verbreitung der L-und R-Händigkeit richtige Werte liefert und ob das, was man als R-Händer ansieht, wirklich alles geborenen und einheitliche Rechtsbevorzuger sind.

Bereits aus den umfangreichen, hauptsächlich an deutschen Soldaten angestellten Erhebungen, die *Stier*[4] in seiner grundlegenden Bearbeitung des Linkshänderproblems veröffentlicht hat, ist zu ersehen, daß es *ganz reine* Linkser kaum gibt (fast alle Linkser schreiben z.B. rechts), daß aber auch die Zahl der ganz reinen Rechtser selbst unter den Erwachsenen nicht so sehr groß sein kann. Trotzdem werden von ihm alle Personen, die nicht sehr starke Linkssymptome zeigen, als Rechtshänder gerechnet und so nur 3-6% als Linkshänder angesehen. Bei der Uneinheitlichkeit der Bestimmungsmethoden ist es begreiflich, daß andere Autoren diesen Prozentsatz sehr viel höher ansetzten (bis zu 11 und sogar 15%), aber immer den Rest den Rechtshänder zuzählen[5].

Schon bei früheren Untersuchungen an Schulkindern hat sich ergeben, daß die Zahl der manifesten Linkser in den höheren Klassen immer geringer wird, daß also eine große Zahl zu Rechtshändern konvertiert wird. Eine kleine Statistik[6], die ich an Kindern im Alter von 2-6 Jahren aufstellte, ergab nun, daß anfangs die Zahl der ausgesprochenen Links- und Rechtsbevorzugter fast gleich war und je 17% nicht überstieg. Der ganze Rest zeigte keine bestimmte Tendenz, war indifferent, war mehr oder weniger „Ambidexter". Aus allen diesen und dazu noch aus einem Teil der ursprünglichen Linkser werden offenbar durch die Erziehung scheinbare Rechtser. Diese Beobachtungen sind seitdem mehrfach bestätigt. Auch *Ludwig,* der eifrigste Verfechter vieler Ansichten *Stiers,* gibt zu, daß die Erwachsenenstatistik ein falsches Bild gibt und daß die Zahl der geborenen Linkser sogar zu 20-25% anzusetzen sei; aber der Rest bestehe aus *geborenen* Rechtsern, weil es nach den Vererbungsgesetzen nur diese beiden Gruppen und keine Mittelstufen geben könne! Ich kann ihm bei diesem Schluß nicht folgen, da nach meiner Meinung die naturwissenschaftlichen Gesetzte aus den erhobenen Befunden abzuleiten sind und nicht umgekehrt[7].

Treten manche pathologische Erscheinungen bei Linkshändern gehäuft auf ?

Wenn nun wirklich die geborenen Rechtshänder nach Überschreitung des frühen Kindesalters überhaupt nicht mehr erfaßbar sind und von den echten Linkshändern auch nur die nicht konvertierbaren sicher erkannt werden können, dann sind alle *klinischen*

---

[4] *Stier,* E.: Untersuchungen über Linkshändigkeit. Jena 1911.
[5] Literatur in dem hübschen Buch von W. Ludwig: Das Rechts-Links-Problem Berlin 1932.
[6] Bethe: A.: Dtsch.med. Wschr. **1925,** Nr. 17.
[7] Nicht einmal das ist sicher, ob die Linkshändigkeit vererbbar ist, und wenn sie ist es, nach welchen Gesetzten sie sich vererbt [*H. Siemens* : Virchows Arch. **252,** 1 (1924). *O. v. Verschuer*: Z. Abstammungslehre **61,** 147, [190] (1932)]. Warum Mittelstufen nicht mglich sein sollen, ist angesichts der tatsache unverständlich, daß die Bevorzugung einer Hand erst bei den Anthropoiden, vielleicht sogar erst beim Menschen auftritt. So gut es zwischen großen und kleinen Menschen alle Zwischenstufen gibt, kann es doch auch solche zwischen Rechtsern und Linksern geben. — Wenn *Ludwig* (S. 309) glaubt, daß unser von *Kamm* (Klin. Wschr. **1930,** 435) beschriebener Befund, daß Links- wie Rechtshänder beim einhändigen Schiffchenfalten kein Überwiegen einer Hand zeigten, beweisen solle, daß alle Menschen von Hause aus Amdidexter seien, so irrt er. Der Versuch soll nur zeigen, daß beide Hände ungefähr gleich geschickt sind, wenn man ihre Fähigkeiten an einer noch nie mit einer Hand allein ausgeführten Tätigkeit prüft. Das resultat erstaunt jeden, der den Versuch ausführt, weil jeder meint, seine normale Tätigkeitshand würde sich auch *dabei* überlegen zeigen.

Vorstellungen revisionsbedürftig, in denen ein Zusammenhang zwischen Händigkeit und gewissen Krankheitsbildern (resp. deren Häufigkeit) *behauptet wird.* Die Linkshänder kamen bei der bisherigen Statistik sehr schlecht fort! Sehr viel häufiger als bei Rechtshändern sollten bei ihnen sein: 1. allgemeine körperliche Degenerationszeichen, 2. geistige Zurückgebliebenheit bis zur Idiotie, 3. Epilepsie, 4. Neigung zu krimineller Betätigung und zu andern moralischen Entgleisungen, 5. Farbenblindheit, 6. Schielen, 7. Taubstummheit, 8. Stottern, 9. Stammeln und, 10. spätes Sprechenlernen. Wenn nach den Angaben von *Stier* von den untersuchten 266.270 Soldaten nur 10.292 (das sin 3,87%) linkshändig gefunden wurden, dann würden allerdings bei Anlagung dieses Maßstabes 15% linkshändige Taubstumme *(Kielian)* und erst recht 25% linkshändige Kinder mit Sprachstörungen *(Gutzmann, Stier)* sehr zuungunsten der Linkshänder sprechen. Diese Prozentzahlen sind aber durchaus nicht auffallend, wenn man mit mir annimmt, daß die Zahl der ursprünglichen Linkser etwa 16% beträgt und das die Zahl der im Kindesalter Linksbetonten noch wesentlich größer ist[8].

Natürlich dürfen wir diese bei Kindern gefundene Zahlen nicht ohne weiteres den Verhältnissen bei Erwachsenen zugrunde legen. Wenn wir gerecht sein wollen, dürfen wir bei diesen aber auch nicht die linkshändig Gebliebenen mit dem ganzen Rest in Vergelich setzen, sondern nur mit *dem* Anteil, der von Hause aus rechtshändig war, denn in dem großen Rest verbergen sich ja auch alle Indifferenten und sogar ein nicht unerheblicher Teil konvertierter Linkser! Die ursprünglich Rechtshändigen unter den pathologischen Erwachsenen kann man aber nicht erkennen, wohl aber die links gebliebenen Linkser. Daß deren Zahl bei psychisch und somatisch Zurückgebliebenen verhältnismäßig größer sein wird als die der gesunden Linkshänder, ist aber von vorneherein wahrscheinlich, da die Konvertierung in Rechtsbevorzuger Willenskraft und Gesundheit zur Vorraussetzung hat[9].

Es ist auch zu berücksichtigen, daß Linkshänder wegen ihrer Abweichung vom großen Durchschnitt stärkeren psychischen Insulten ausgesetzt sind als Rechtsbetonte und so leichter zu einer asozialen Einstellung gelangen als diese. Schließlich kann man die Möglichkeit diskutieren, daß sowohl die ausgesprochenen Linkser als auch die ausgesprochenen Rechtser wie die Träger anderer extremer Anlagen (hochgezüchtete Pferde-, Hunde-und Vogelrassen) besonders labil sind. Bei beiden könnte daher der Prozentsatz sowohl an sehr leistungsfähigen wie auch an debilen Naturen besonders groß sein; aber nur bei den linkshändig gebliebenen Personen würden diese Eigenschaften hervortreten, da die *von Natur* stark Rechtshändigen gar nicht als solche erkennbar sind.

Händigkeit und Hirnigkeit

Nach der herrschenden Lehre sind die Rechtshänder linkshirnig, die Linkshänder rechtshirnig. Das hier eine Beziehung besteht, ist kaum zu bezweifeln, wenn man statt „Rechtshänder" „Rechtsbevorzuger" sagt. Schon die Tatsache, daß entsprechend der

---

[8] Verwunderlich ist, daß *Ludwig*, obwohl er die geborenen Linkser sogar zu 25% ansetzt (was mir zu hoch erscheint), doch von einem gehäuften Auftreten von Anomalien und Defekten bei Linkshändigen spricht.
[9] Siehe hierzu: K. *Kistler*, Schweiz. med. Wschr. **60,** 32 (1930)

größeren Zahl von Rechtsbevorzugern linksseitige Hirnläsionen viel häufiger schwere Schädigungen verschiedenster Art nach sich ziehen als rechtsseitige, spricht in diesem Sinne. Diese Rechtsbevorzugung ist aber kaum zu mehr als 20% angeboren. Alle übrigen Rechtsbevorzuger waren ursprünglich indifferent und sogar zu etwa 10% Linksveranlagte! So erhebt sich von neuem die schon öfter diskutierte Frage, ob die Hirnigkeit *immer* etwas primäres ist oder (wenigstens in vielen Fällen) erst im individuellen Leben erworben wird. Eine Reihe von Erfahrungen sprechen im Sinne der zweiten Auffassung:

Dafür, daß die Hirnigkeit sich erst ausbildet und im Kindesalter noch nicht oder nicht eindeutig fixiert ist, wurde bereits vor längerer Zeit angeführt, daß aphasische Störungen bei Kindern recht häufig mit *links*seitiger Parese verbunden sind und daß Aphasien (rechtshirnigen wie linkshirnigen Ursprungs) in früher Jugend relativ schnell ausheilen. - Käme es bei den Apasien des *höheren* Lebensalters auf die *ursprüngliche Veranlagung* an, dann *müßten 15-20%* von einem *rechts*seitigen Hirninsult *herrühren,* wobei die ursprünglichen Indifferenten noch gar nicht berücksichtigt sind. Obwohl mir hierüber eine größe Statistik nicht bekannt ist, so kann man doch mit Sicherheit sagen, *daß der Prozentsatz rechtshirniger Aphasien in Wirklichkeit viel geringer ist*. Er dürfte kaum größer sein, als der Zahl der noch im späteren Alter *manifesten* Linkshänder entspricht. - Die wenigen Fälle, in denen bei *Rechts*bevorzugern Aphasien nach *rechts*seitigen Hirninsulten gefunden wurden, hat man - vielleicht mit Recht - auf konvertierte Linkshänder bezogen; ihre Zahl ist aber viel geringer, als sie sein müßte, wenn alle ehemals Linkshändigen ganz rechtshirnig blieben. *Stier* führt nun als Beweis dafür, daß Händigkeit und Hirnigkeit in einem unlösbaren Verhältnis zueinander ständen, die Tatsache an, daß Fälle des umgekehrten Verhaltens nicht bekannt seien. Inzwischen sind aber mehrere Fälle beschrieben, in denen manifeste Linkshänder im Anschluß an einen linksseitigen Hirninsult eine Aphasie zeigten[10]. Diese Fälle geben zu denken!

Auch bei den heftigsten Verteidigern eines genuinen Zusammenhanges zwischen Seitigkeit und gekreuzter Hirnigkeit begegnet man der Vorstellung, daß ehemalige Linkser durch die Konvertierung in Rechtsbevorzuger linkshirnig würden und daß Ersatzerscheinungen, wie sie nach einseitigen Hirnläsionen auftreten können, durch ein Hinüberwandern von Funktionen in die andere Hemisphäre zu erklären seien. Mir scheint nun aber der Auffassung nichts im Wege zu stehen, daß beide Hemisphären bei sehr vielen Menschen zunächst fast gleichwertig sind, und *daß bei diesen erst die stärkere Bevorzugung einer Körperseite zur Vorherrschaft einer der beiden Hemisphären führt,* die ja anatomisch in der Regel keinen nennenswerten Unterschied aufweisen. Ursache und Wirkung wechseln in dieser Hypothese gegenüber den älteren Annahmen ihren Platz. Für eine solche *sich fest verankernde Rückwirkung der Funktion* auf einen Komplex zusammengehöriger zentraler und peripherer Apparate mögen hier einige Beispiele aufgeführt werden.

1. Haifische, denen einseitig das Mittelhirn durchtrennt ist, kreisen nach der gegenüberliegenden Seite. Wird nach einiger Zeit das Rückenmark total durchschnitten und

---

[10] Siehe unter anderem Handbuch der normalen und pathologischen Physiologie, Bd. 15 II, S. 1518, Nr. 28. Berlin 1931

dadurch der asymetrische Hirnteil abgetrennt, so kreisen sie weiter *(Steiner).* Diese Nachwirkung kann die Rückenmarksdurchtrennung 3-5 Tage überdauern *(Bethe)!*

2. Ebenso überdauert die asymmetrische Flossenstellung, welche nach Exstirpation eines Labyrinths bei Haifischen auftritt, die Rückenmarksdurchschneidung oft beträchtlich. Diese positive Nachwirkung kann in eine negative Nachwirkung umschlagen *(Bethe[11]).*

3. Die Asymmetrie der Bein-und Körperhaltung, welche beim Frosch nach Extirpation eines Labyrinths eintritt, bleibt nach Herstellung der anatomischen Symmetrie durch Extirpation des anderen Labyrinths meist noch einige Zeit bestehen — auch dann, wenn der anatomisch asymmetrische Zustnd nur kurze Zeit gedauert hat. *(Ewald, Bethe).*

4. Hunde mit schwerer Schädigung einer Hemisphäre zeigen Kreisgang nach der operierten Seite, der allmählich nachläßt. Wird jetzt die andere Hemisphäre stark verletzt, so kann der Kreisgang nach der erst-operierten Seite wieder sehr deutlich werden, obwohl zu erwarten wäre, daß er aufgehoben werden oder jetzt nach der zuletzt operierten Seite stattfinden sollte *(Goltz).*

Wenn sich also schon kurz dauernde, funktionelle Asymmetriezustände für einige Zeit fest verankern - und zwar im wesentlichen wohl im ganzen Zentralnervensystem-, so *kann es nicht wundernehmen, wenn die langjährige Bevorzugung in der Benutzung aller oder einiger wesentlicher Bewegungsorgane einer Körperseite zu einer funktionellen Asymmetrie des Zentralnervensystems* und besonders des Großhirns *führt.* Daß diese Asymmetrie primär sein kann, soll nicht bestritten werden. Bei den ausgesprochenen L-und R-Händer, die schon in früher Kindheit eine starke Seitenbetonung zeigen, dürfte dieser Fall vorliegen[12]. Wenn aber wirklich die Überwertigkeit einer Hemisphäre bei allen Menschen angeboren wäre, dann müßte sie sich an *allen* Organen, die vorzugsweise mit dieser Hemisphäre in nervösen Beziehungen stehen, dokumentieren. Das ist aber sehr häufig *nicht der Fall. Die Seitenbetonung ist nicht immer eindeutig.*

Mit ausgesprochener Linkshändigkeit kann vollkommene Rechtsbeinigkeit vielleicht auch „Rechtsäugigkeit" verbunden sein, während die Kopfbewegungen wieder eine deutliche Linksbevorzugung zeigen. Entsprechendes wurde bei Rechtshändern gefunden. *Fast jede Kombination von Rechts-und Linkseigenschaften kann* schon bei einem Material von einigen Dutzend genau durchuntersuchter Menschen *in einem mehr oder weniger hohen Prozentsatz aufgefunden werden.* (Tabelle 1) !

In der Tabelle 1 sind nach ihrer Häufigkeit die Kombinationen der Händigkeit und Beinigkeit zusammen mit einer der Erziehung nicht unterworfenen Armfunktion, die von *Ludwig* als sicherstes Erkennungszeichen der Händigkeit angesehen wird., dem Händeklatschen, von 145 Studenten des physiologischen Praktikums 1933 zusammengestellt. Auf der linken Seite der beiden Rubriken sind die Kombinationen nach abnehmender Rechtsbetonung geordnet, die Zahlen auf der rechten Seite (Häufigkeit) geben an, bei wievielen Personen diese Kombination gefunden wurde. In der Tat ist die Kombination: „rechtshändig, rechtsbeinig und Händeklatschen mit der rechten

---

[11] *Bethe:* A., Pflügers Arch. **76**, 22 (1899).
[12] siehe z.B. den von *A. Klein* (Med. Klin. **1933**, 1367) neuerdings beschriebenen Fall.

Hand oben" am häufigsten (46=31,6%). Ebenso klatschen die extremsten Linkser immer mit der linken Hand oben (9=6,2%).

Tabelle 1. Vergleich von Hand (H) Bein (B) und Klatschen (Kl) an 145 Studenten

H	B	Kl	Häufigkeit	H	B	Kl	Häufigkeit
R	R	R	46	R > L	R	L	5
R	R = L	R	33	R > L	R > L	R > L	3
R	L > R	R	4	R > L	L > R	L	9
R !	**L**	**R**	4	> R	L > R	L	2
R	R	R = L	6	**R = L**	R	R	2
R !	**R**	**L**	11	**L !**	R	R	2
R	R = L	L	5	L	R = L	L	2
R !	**L**	**L**	2	L	L	L	9

Die auffälligste Abweichung von beiden Typen sind durch die Größe der Buchstaben hervorgehoben. Ein ! bei R oder L bedeutet, daß die Seitenbetonung der Hände hier besonders ausgesprochen war. Immerhin fanden sich 11 Personen (= 7,6%) mit ausgesprochener Rechtshändigkeit und Rechtsbeinigkeit, die wie Linkshänder klatschen, und 4 Personen (= 9,8%), welche trotz Linkshändigkeit *rechtsbeinig* waren und *mit der rechten Hand klatschen*[13]. Bei den ersteren könnte man an konvertierte Linkshänder denken, bei den letzteren aber doch wohl schwerlich an partiell konvertierte Rechtshänder; die gibt es nicht ! Nicht so ganz selten sind Personen, die symmetrisch klatschen; es kommen auch Personen vor, die mal die rechte mal die linke Hand oben haben.

Äugigkeit: Seit *Rosenbach* (1903) zuerst darauf aufmerkasam machte, daß viele Menschen beim binokularen Sehen das eine Auge bevorzugen, sind eine Reihe von Arbeiten erschienen, welche dies Phänomen mit immer wieder modifizierten Methoden untersuchten und mit der Händigkeit in Beziehung setzten. Die Resultate weichen zahlenmäßig recht weit voneinander ab (*Ludwig*, S. 333), stimmen aber darin überein, daß Rechtshänder in der Regel auch „rechtsäugig" und Linkshänder meist „linksäugig" seien. Fast alle Untersucher wandten nur eine Untersuchungsmethode an und zwar so, daß das Ergebnis durch die Händigkeit selber beeinflußt werden mußte. Bei Ausschaltung dieses Fehlers, kommt man zu viel mehr „Beidäugigen", als bisher gefunden wurde. Die Anwendung mehrerer Bestimmungsmethoden bei jeder untersuchten Person führte uns aber zu dem Resultat, daß eine nicht unerhebliche Anzahl von Menschen, die sich mit einer Methode als „L-Äuger" gezeigt hatten, mit einer anderen als beidäugig angesehen werden mußten. Die Sache liegt also nicht so einfach, wie man sie sich gedacht hatte.

Vollends unklar liegen die Verhältnisse, wenn man versucht, sie mit der Hirnigkeit in Beziehung zu setzten. Der bisher meistgezogene Schluß, der Rechtshändige, der sich auch als „rechtsäugig" erwiesen hat, benutze zum Sehen vor allem die linke He-

---

[13] Siehe auch Tabelle 2

misphäre - also dieselbe, der auch seine rechte Hand untertänig ist - ist ja sicher falsch, da die Macula, mit der alle bisherigen Äugigkeitsprüfungen vorgenommen wurden, mit *beiden* Hemisphären in Zusammenhang steht.

Bei dieser Sachlage hat mein Mitarbeiter, Dr. H.J. *Stern,* einen einfachen stereoskopischen Apparat (von ihm Latoskop benannt) konstruiert, mit welchem die eventuelle Vorherrschaft der Netzhaut eines Auges beim binokularen Sehen geprüft werden kann. Über seine Resultate in Zusammenhang mit der ganzen Äugigkeitsfrage wird Dr. Stern bald in Pflügers Archiv berichten. In Tabelle 2 sind schon einige besonders instruktive Fälle zusammengestellt: Die „Äugigkeit" kann mit allen Methoden gleichartig erscheinen und mit den übrigen Seitigkeitszeichen (Arm, Bein, Kopf) übereinstimmen, es können aber auch schon bei stark Rechts-oder Linksbetonten (letztere sind besonders wichtig) beträchtliche Unstimmigkeiten in Erscheinung treten! Noch viel mehr ist dies bei denjenigen Personen der Fall, bei denen die Seitigkeit, für Hände und Beine nicht das gleiche Vorzeichen hat (Gemischte). - Wie die Überlegung zeigt, hat das Resultat des Latoskopbefundes eine *entgegengesetzte Bedeutung,* je nachdem, ob man es auf das bevorzugte Auge als Einheitsorgan oder auf die der betreffenden Netzhauthälfte zugehörige Hemisphäre bezieht. Taucht nämlich ein allmählich heller werdendes Objekt, das beiden Augen zugänglich ist, im *rechten* Gesichtsfeld zuerst auf (in der Tabelle 2 im Stab „Latoskop" mit R bezeichnet), so wird es mit der temporalen Netzhauthälfte des linken Auges, also mit der *linken* Hemisphäre, gesehen. Das würde im Sinne der Hirnigkeit einer *Rechtsseitigkeit* entsprechen, im Sinne des ganzen Auges aber einer *Linksseitigkeit.*

In die Tabelle 2 ist auch die Richtung des Kopfschüttelns (ob der erste Ausschlag nach L oder R erfolgt) aufgenommen. Die diagnostische Verwertbarkeit dieser der Erziehung nicht unterliegenden Reaktion wurde von *Dr. Stern* gefunden. Bei Rechtshändern ist der erste Ausschlag meist nach R gerichtet, bei Linkshändern meist nach L. Schon die kleine Zusammenstellung der Tabelle 2 zeigt aber, daß auch der Kopf „seine eigenen Wege gehen kann".

Einen weiteren Beleg für die Vielgestaltigkeit der Kombinationen der Seitenbetonung gebe ich der Tabelle 3. Wie bei der Untersuchung der Händigkeit mit den verschiedenen Testen findet man auch bei der Beinigkeit alle überhaupt denkbaren Zusammenstellungen. Auf den Gebrauch der Beine hat aber die Erziehung einen viel geringeren Einfluß als auf den der Hände. Man wird also unverfälschtere Verhältnisse erwarten dürfen. Wohl gibt es, wie die Tabelle zeigt, ganz linksbeinige Linkshänder (1) und ganz rechtsbeinige Rechtshänder (8), aber in einem mehr oder weniger hohen Prozentsatz kommen auch alle andern Kombinationen vor, bis zur vollkom- menden Rechtsbeinigkeit bei Linkshändern (7) und stärkster Linksbeinigkeit bei Rechtshändern (15). (Um die Tabelle nicht zu lang zu machen, wurden bereits einige leichte Schematisierungen durch Zusammenfassung von Gruppen vorgenommen. Ganz ungeeignet zur tabellarischen Zusammenstellung sind die Resultate an Personen mit leichter Linksbetonung, also R > L oder R >> L. Bei diesen ist die Beinigkeit meist ganz unbestimmt.)

Äugigkeit[14]

Nr.	Rosen-bach	Con-ver-genz	Spiegel	Mano-skop	Schei-be	Lato-skop	Hand	Klat-schen	Bein	Kopf	
100	R	=	R	R	=	R	R	R	R	R	♂
88	L R	R	R	L R	=	R	R	R	R	L	♀
67	=	=	=	R	=	=	R	R	R	R	♂
92	=	=	R	R	=	R	R	R	R	R	♂
105	=	=	L R	R	=	L	R	R	R	R	♀

Rechtser

69	=	=	L	L	?	L	L	?	L	?	♀
76	=	=	L R	L	=	L	L	L	L	L	♂
72	=	=	L R	L R	=	R	L	L	L	L	♂
71	=	=	L R	L R	=	=	L	L	L	R	♂
90	=	R	L R	L R	=	R	L	L	L	L	♂

Linkser

75	=	=	L R	L R	L R	R	L	—	R	L	♂
77	=	=	L R	L R	L R	=	R	L	L	L R	♀
87	=	=	L R	R	=	R	R	=	L	L	♂

Gemischte

In der Bestimmung der Beinigkeit spielt seit *Stier*[15] der Absprung eine Rolle. *Stier* kommt zu dem Ergebnis, daß die Seitenbetonung sich hierbei an dem vorspreizenden Bein zeigt und nicht am Sprungbein, das beim Weitsprung (und Hochsprung) den Schwung hergibt und zuletzt den Boden verläßt. Die Mehrzahl der Linkser soll also mit dem rechten Bein, die Mehrzahl der Rechtser mit dem linken abspringen. Ich komme, wie die Tab. 4 zeigt, zu dem umgekehrten und *wahrscheinlicheren* Resultat, daß nämlich mehr typische Linkshänder den Absprung mit dem *linken* Bein bevorzugen als mit dem rechten. (4). Umgekehrt verhalten sich die Rechtshänder, soweit sie sich zugleich auch mit andern Testen als rechtsbeinig erweisen (1). Die *linksbeinigen* Rechtshänder springen dagegen meist mit dem linken Bein ab, manchmal wahlweise mit dem linken oder rechten, aber nie mit dem rechten (5).

---

[14] Bei der Äugigkeit bedeutet bei den 5 ersten Untersuchungsmethoden: R rechtsäugig, L linksäugig, das Gleichheitszeichen (=) keine Bevorzugung eines Auges, LR primär links aber verwechselbar, entsprechend LR primär rechts. Beim Latoskop bedeutet R, daß der simultane Reiz im rechten äußeren Gesichtsfeld früher gesehen wird als im linken, das Gleichheitszeichen (=) gleichzeitiges Erscheinen rechts und links.

[15] a.a. O., S. 167.

Tabelle 3. Häufigkeit der Beinigkeitstests im Verhältnis zur Händigkeit

	Händig-keit im ganzen	Hände-klat-schen	Beinigkeitsteste				Häufigkeit der Kombination	
			Ab-sprung	Ball-stoßen	Schlit-tern	Rad-bremse	Zahl der Versuchs-personen	%
1	L	L	L	L	L	L	7	16,6
2	L	L	L	L	R	L – R	9	21,4
3	L	L	R	L	L – R	L – R	9	21,4
4	L	L	L	R > L	L	L > R	4	9,6
5	L	L	R > L	R > L	R > L	L – R	9	21,4
6	L	L	L	R > L	R	R > L	2	4,8
7	L	R	R	R	R	R	2	4,8
							42	100,0
8	R!	R	R	R	R	R	34	36,6
9	R!	R	L	R	R	R	15	16,1
10	R	L	R	R > L	R > L	R > L	12	12,9
11	R	R	L	R = L	R = L	R = L	9	9,7
12	R	R	R	L > R	L > R	L > R	14	15,0
13	R!	R	L	R = L	L	L > R	4	4,3
14	R!	L	L	R = L	L	L = R	2	2,2
15	R!	R	L	L	L	L > R	3	3,2
							93	100,0

Tabelle 4. Sprungbein und Händigkeit

	Händigkeit	Zum Absprung benutztes Bein in Prozent					Zahl der Versuchs-personen
		L	L > R	L = R	R > L	R	
1	R!	21,2	0	3,8	3,8	71,2	52
2	R	32,4	2,9	5,8	14,5	44,4	34
3	R > L	35,2	5,9	23,6	5,9	29,4	17
4	L	50,0	2,4	4,8	4,8	38,0	42
5	R! (Bein L)	78,0	0	11,0	11,0	0,0	9
	Gesamt Ver-suchspers. in %	36,4	1,9	7,1	7,1	47,5	154

Aus dem Gesagten ergibt sich, daß die Beziehungen zwischen der Seitigkeit von Körperfunktionen und der ihnen nach unseren bisherigen Vorstellungen zugehörigen Hemisphäre nicht einheitlich sind. Wohl beherrscht wahrscheinlich bei Erwachsenen in einer recht beträchtlichen Zahl von Fällen eine Hemisphäre in bevorzugter Weise alle Reaktionen. *Aber es gibt zuviel Ausnahmen, d.h. zuviel Fälle, in denen für die eine Reaktionsgruppe die rechte Großhirnhälfte, für die andere die linke Hälfte die Führung zu übernehmen scheint, als daß man das Dogma von der primären und grundsätzlich bei allen Menschen vorhandenen Überlegenheit einer Hemisphäre noch län-*

ger aufrechterhalten könnte. Wenn sich aber die Beziehung zwischen Großhirn und Körperseitigkeit (wenigstens in sehr vielen Fällen) erst im individuellen Leben ausgestalten und jedenfalls, wie die Befunde an konvertierten Linkshändern und an Armamputierten zeigen, auch in späteren Jahren noch umstimmbar sind, dann erklären sich alle Mischformen ohne jede Schwierigkeit.

Ist die linke Hemisphäre wertvoller als die rechte?

Die klassische Einteilung der Menschen in Rechtshänder und Linkshänder, zu welchen man fast immer nur die nichtkonvertierbaren Linksveranlagten rechnet, hat zu der weitverbreiteten Annahme geführt, daß Linkshändigkeit ein Zeichen von Minderwertigkeit sei. Es hat nicht an Forschern gefehlt, welche Linkshändigkeit geradezu als Degenerationszeichen angesehen haben, während andere, z.B. *Stier*, die heutigen Linkshänder als die letzten Überreste einer minderwertigen, wegen ihres rezessiven Charakters aussterbenden Varietät der Gattung homo sapiens ansehen. Für ihn ist die zunehmende Entwicklung der *linken* Hirnhälfte, die sich in der angenommenen Zunahme der Rechtshänder dokumentieren sollte, sogar die Grundlage für die Entstehung der höheren geistigen Ausbildung der Menschheit ! Ansichten dieser Art schienen durch den Befund, daß alle möglichen somatischen und psychischen Minderwertigkeiten bei Linkshändern gehäuft vorkommen sollen, eine starke Stütze zu erhalten. Ich habe bereits oben gezeigt, daß die Aufstellung dieser Beziehung auf einer falschen Statistik beruht, falsch hauptsächlich deswegen, weil die Zahl der ursprünglich Rechtsbetonten viel geringer ist, als die Zahl derjenigen, die unter den Erwachsenen als Rechtsbevorzuger gefunden werden.

Von den geborenen Linksern kann man im späteren Leben nur die ganz starken, d.h. die Nichtkonvertierbaren erkennen, diese aber mit Sicherheit. Dagegen kann man die geborenen Rechtser später überhaupt nicht mehr aus der Masse der Indifferenten und der konvertierten Linkser herausfinden. Man kann daher immer nur die Linksgebliebenen mit dem ganzen Rest vergleichen.

Es ist nun merkwürdig und spricht für eine gewisse, wohl durch religiöse Motive unterstützte Voreingenommenheit, daß man *immer nur untersucht hat, was für Fehler die Linksgebliebenen* in genauem Maße gegenüber dem als normal angesehenen Rest *besitzen*; meines Wissens hat aber außer *Liepmann*[16] *nie jemand danach gefragt, wie sich die guten Eigenschaften auf manifeste Linkshänder und den großen Rest der Rechtsbevorzuger verteilen*. Das ist um so auffallender, als von einigen sehr bedeutenden Männern bekannt ist, daß sie Linkshänder waren. Die bekanntesten Beispiele sind Leonardo da Vinci[17] und Adolf Menzel. Von hervorragenden Medizinern nenne ich noch (um nur Tote anzuführen) *Ludwig Rehn* und *Ludwig Edinger*.

Bei dieser Sachlage habe ich zu prüfen versucht, wie sich die *Begabung* auf manifeste Linkser und den großen Rest der Rechtsbevorzuger *verteilt*. Der erste Weg, den ich einschlug, bestand darin, daß ich die Noten untersuchte, welche unsere Studenten der Medizin in den letzten Jahren im Physikum erhielten, und sie mit den Resultaten

---

[16] Dtsch. med. Wschr. **1911,** Nr. 37.
[17] Die Linkshändigkeit dieses Genies erschien unbequem und daher ist der Versuch gemacht worden, seine Linkshändigkeit als willkürlich erworben hinzustellen.

unserer Händigkeitsuntersuchungen verglich. (Beide Listen wurden völlig unabhängig voneinander geführt!)

Tabelle 5. Zensuren, Physikum 1927 - 1933. (659 Kandidaten)

Seitigkeit	Anatomie	Physiologie	Gesamtnote	Anzahl	%
L	2,26	2,26	2,42	38	5,8
L > R	2,31	2,00	2,31	63	9,5
Alle L	2,28	2,10	2,35	101	15,3
Rest (R)	2,35	2,28	2,33	558	84,7

Die Tabelle 5 zeigt, daß die *Durchschnittszensuren* nicht (nicht der Gesamtnote wohl aber der davon getrennt aufgeführten Zensur in Anatomie und Physiologie) in den sechs untersuchten Jahrgängen *bei den Linkshändern deutlich besser sind als beim großen Rest.* (Allerdings ist dieses Überwiegen nicht in allen Jahrgängen deutlich. In dem Zeitraum von Ostern 1932 bis August 1933 war sogar der „Rest" etwas besser als die Linkshändergruppe.)

Ein Einwand, der gegen dieses Resultat angeführt werden könnte, läßt sich mit ziemlich großer Wahrscheinlichkeit als irrig nachweisen:

Es wird häufig angenommen, daß eine Umstimmung der Händigkeit (und damit wahrscheinlich auch der Hirnigkeit) nicht nur die Geschicklichkeit sondern auch die geistigen Fähigkeiten schädlich beeinflußt. Von einigen unserer Studenten, die sich durchaus als Rechtsbevorzuger erwiesen, ist uns nun bekannt, daß sie konvertierte Linkser sind. Sie hatten *gute Examina* gemacht. Da sie dem jetzigen Befund entsprechend der Restgruppe zugezählt wurden, so hatten *diese* Konvertierten also nicht das Resultat der Rechtsbevorzuger heruntergedrückt, und ich sehe keine Grund zu der Annahme, daß die nicht erkannten Konvertierten besonders schlechte Resultate erzielt haben. Es sind mir sogar einige konvertierte Linkser bekannt, die geistig ganz besonders Hervorragendes leisten. Ob trotz der Umstimmung resp. der möglichen Doppelhirnigkeit oder wegen dieses Geschehens entzieht sich der Enscheidung.

Schwerwiegender ist ein anderer Einwand: Wir hatten bisher unter unseren Studenten begreiflicherweise einen relativ hohen Prozentsatz von Juden. Es war nun mir und anderen Examinatoren von jeher aufgefallen, daß die Juden durchschnittlich besser durch die Examina kamen als die Nichtjuden. Die Statistik von 1932-1933 (Tabelle 6, oben) bestätigt dies[18]. Da sich nun wieder *der Prozentsatz der Juden unter den Linksern größer erwies*[19] als unter denjenigen Studenten, die sich als Arier bezeichnen

---

[18] Ob das bessere Examensergebnis bei dem Rassengemisch, das wir als Juden bezeichnen und das sich ja meist aus der übrigen, wohl noch verschiedenartiger zusammengesetzten Bevölkerung heraushebt, seine Gründe in einer stärkeren Begabung hat oder aber in größerem Fleiß, höherem Ehrgeiz oder geringerer Ablenkung durch nicht zum Studium gehörige Dinge, muß dahin gestellt bleiben. An einer Bevorzugung dieser Studeneten liegt es sicher nicht.

[19] Auffallend war auch, daß die Zahl der *extrem Rechtsseitigen* unter den jüdischen Studenten besonders groß war.

dürfen, so wird das häufig bessere Examenergebnis der Linksergruppe durch den Anteil an jüdischen Studenten zum Teil vorgetäuscht.

Man darf daher sagen: *Ein deutlicher Unterschied in der Begabung der Linkshändern und der Rechtsbevorzuger ist — wenigstens bei unseren Studenten — nicht vorhanden.* Wenn ein Unterschied da ist, so ist er zugunsten der Linkser.

Tabelle 6:. Zensuren, Physikum 1932 und 1933, geordnet nach Abstammung der 181 Kandidaten

Abstammung	Seitigkeit	Anatomie	Physiologie	Gesamtnote	Anzahl	%	
„Arier"	L + R	2,22	2,03	2,40	142	78,5	
„Juden"	L + R	2,07	1,93	2,30	39	21,5	
Arier + Juden	L	2,32	2,06	2,50	47	26,0	
Arier	L	2,39	2,11	2,60	35	19,3	74,5
Juden	L	2,07	1,92	2,25	12	6,7	25,5
Arier + Juden	Rest (R)	2,15	1,98	2,31	134	74,0	
Arier	Rest (R)	2,18	2,00	2,34	107	59,1	79,9
Juden	Rest (R)	2,04	1,85	2,22	27	14,9	20,1

Auffallend an unserer Statistik ist aber etwas anderes: Der Anteil an Medizinstudierenden mit Linksveranlagung ist wesentlich höher als der allgemeinen Linkshänderstatistik der Erwachsenen entspricht. (15 % gegenüber höchstens 6 %). Daß ein so hoher Prozentsatz der Linkshänder zum Studium gelangt, spricht nicht dafür, daß die Linkser weniger begabt sind als die Rechtsbevorzuger, und auch nicht dafür, daß erst durch die Ausbildung des linken Gehirns die Intelligenzleistungen des Menschengeschlechts möglich geworden sind.

Dieses verhältnismäßige Überwiegen der Linkser beschränkt sich aber nicht auf die Mediziner der Frankfurter Universität, sondern scheint, wie eine andere Statistik zeigt, sich auf alle geistigen Berufe zu erstrecken:

Wenn ich auch nicht die früher verbreitete Ansicht teile, daß die *Hochschullehrer* eine Eliteklasse nur geistig hochstehender Persönlichkeiten bilden, so bin ich doch der Meinung, daß schon eine gewisse Begabung dazu gehört, um als Privatdozent angenommen zu werden und daß es in der Regel nur Menschen zum ordentlichen Professor bringen, die auf besondere
Leistungen hinweisen können. Hochschullehrer stellen nun aber außerdem eine einheitliche Klasse gebildeter Menschen dar, die leicht erfaßbar ist, was bei den übrigen Klassen geistiger Berufe meist auf Schwierigkeiten stößt. Ich habe daher eine Umfrage bei allen Fakultäten der Universitäten Frankfurt, Freiburg, Hamburg und Leipzig veranstaltet, und nach den Antworten eines Fragebogens zu ergründen versucht, *wieviele Dozenten ganz oder partiell* linkshändig sind und wieviele von diesen sich als Linkshänder fühlen.

Gerade unter den Dozenten fiel es auf, daß eine Anzahl derer, die nach ihrer Handhabung der Schere oder des Messers und danach, daß sie z.B. mit dem linken Arm werfen, als Linkser anzusehen sind, sich *als Rechtshänder fühlen* (manchmal sogar mit einem stolzbetonten Ausrufungszeichen). Offenbar gilt Linkshändigkeit auch in gebildeten Kreisen noch immer als ein Manko. Ein hierher gehöriger a.o. Professor bat mich sogar, bei der Veröffentlichung meines Materials seinen Namen nicht zu nennen! Nicht alle Befragten haben geantwortet. Bei dem geschilderten Sachverhalt ist aber wohl kaum anzunehmen, daß sich unter den Fehlenden besonders viele Rechtshänder befinden und so das Ergebnis zugunsten der Linkshänder gefälscht wird. Nur an zwei der Universitäten wurde der Fragebogen auch an Privatdozenten geschickt. Daher ist die Zahl der in der Statistik enthaltenen Privatdozenten klein. Ebenso wurden nicht überall sämtliche a.o. Professoren befragt. Auch bei den Universitätslehrern begegnete ich mehrmals Fragekarten, aus deren Antworten eine vollkommene Rechtsbevorzugung hervorging, auf denen aber die betreffenden Herren vermerkt hatten, „in der Jugend (ganz) linkshändig". Einer von diesen gilt als besondere wissenschaftliche Größe! Diese Herren stellen weitere Beweise dafür dar, daß die Konvertierung auf die geistigen Qualitäten nicht schädigend wirkt.

Tabelle 7. Häufigkeit von Linkshändern unter Universitätsdozenten (L_1 = vollständige Linkser, L_2 = starke Linksbevorzuger, d.h. solche, die nur bei einigen charakteristischen Tätigkeiten die linke Hand benutzen, sich aber z.T. selber nicht als Linkshänder ansehen.) [Zahl in runden Klammern ( ) gibt die Gesamtzahl der Antworten an der betreffenden Universität an.]

Ort	Ordentliche Professoren		Außerordentliche Professoren		Privatdozenten	
	Zahl	%	Zahl	%	Zahl	%
Frankfurt	(110)	—	(75)	—	(107)	—
L_1	5	4,6	7	9,4	11	10,3
L_2	12	10,9	10	13,3	12	11,2
$L_1 + L_2$	**17**	**15,5**	**17**	**22,7**	**23**	**21,5**
Freiburg	(64)	—	(9)	—	—	—
L_1	5	7,8	2	22,2	—	—
L_2	7	10,9	1	11,1	—	—
$L_1 + L_2$	**12**	**18,7**	**3**	**33,3**	—	—
Hamburg	(54)	—	(9)	—	—	—
L_1	5	9,3	2	22	—	—
L_2	6	11,1	0	—	—	—
$L_1 + L_2$	**11**	**20,4**	**2**	**22**	—	—
Leipzig	(81)	—	(57)	—	(49)	—
L_1	12	14,8	9	15,8	5	10,2
L_2	5	6,2	2	3,5	4	8,2
$L_1 + L_2$	**17**	**21,0**	**11**	**19,2**	**9**	**18,4**
Summe	[54]	18,4	[33]	**22,0**	[32]	**20,5**

Trifft die allgemeine Annahme zu, daß der Linkshändigkeit eine Rechtshirnigkeit entspricht, so geht aus der Examenstatistik wie aus den Erhebungen an Universitätsdozenten hervor, daß die linke Hemisphäre – wenigstens in Beziehung auf die geistigen Qualitäten – in keiner Weise der rechten Hemisphäre überlegen ist.

Das Resultat der Umfrage ist in der Tabelle 7 wiedergegeben. Von 616 Dozenten erwiesen sich 122 (19,8%) als Linkshänder oder Linksbetonte. *Das ist wieder weit über dem Durchschnitt Linksbetonter unter den Erwachsenen*[20].

Mir erscheint dies als ein sicherer Beweis dafür, *daß Linkshändigkeit durchaus nicht mit geistiger Minderwertigkeit verbunden ist*. Einen weitergehenden Schluß zu ziehen, nämlich den, daß die Linkshänder den Rechtshändern sogar überlegen sind, halte ich allerdings nicht für zulässig, denn die echten, d.h. geborenen Rechtshänder kann man bei dieser Statistik ebensowenig erfassen, wie bei allen andern. Würde man diese anderen Extremen herausfinden können, so würde sich ihr Prozentsatz unter den Dozenten vielleicht auch als sehr hoch erweisen.

Zusammenfassung

1. Die bisherigen Statistiken der Verbreitung der Linkshändigkeit sind fehlerhaft, weil sie – fast immer an Erwachsenen ausgeführt – die ursprüngliche Veranlagung nicht erafssen. Die Zahl der in der Kindheit linksbetonten Personen ist viel größer und der Rest besteht nicht aus lauter von Anfang an Rechtsbetonten, sondern aus einem großen Teil Indifferenter. Alle diese wie auch ein Teil der ursprünglich Linksseitigen werden schon in frühen Jahren besonders durch die Schule zu Rechtsbevorzugern.

2. Wenn auf der Basis der bisherigen Statistik, welche nur die linksseitig Gebliebenen erkennen läßt, angegeben wird, daß eine Reihe pathologischer Erscheinigungen bei Linkshändern gehäuft auftritt, so ist diese Anschauung jetzt revisionsbedürftig. Bei manchen dieser „Linkshänderfehler", wie z.T. der Taubstummheit, liegt der Prozentsatz der betroffenen Linkshänder durchaus in den Grenzen der ursprünglich links Veranlagten. Es werden andere Gründe erörert, welche dafür sprechen, daß die größere Debilität der Linkser nur scheinbar ist.

3. Bei Erwachsenen kommen alle Kombinationen der Seitigkeit verschiedener Körperteile vor (Arm, Bein, Kopf, Auge). Nicht einmal am gleichen Körperteil ist die Seitigkeit immer eindeutig. In solchen Fällen ist nicht anzunehmen, daß eine Hemisphäre den Körper ganz beherrscht. Mancherlei läßt sich dafür anführen, daß die Dominanz einer Hirnhälfte in vielen Fällen nicht primär, sondern erworben ist.

4. Eine an Studenten und Universitätslehrern erhobene Statistik zeigt, daß Linkshändigkeit in geistigen Berufen besonders häufig ist, daß also Linksseitigkeit an sich jedenfalls nicht mit geistiger Minderwertigkeit verbunden sein kann. Auf die Hirnigkeit übertragen, bedeutet dies, daß die linke Hemisphäre der rechten nicht überlegen ist.

---

[20] Selbst dann, wenn man die 122 Linkser nicht auf die Zahl der Antworten, sondern auf die Gesamtzahl der Befragten (844) bezieht, die Fehlenden also als Rechtsbevorzuger rechnet, ist immer noch der Prozentsatz an Linkshändern (14,4 % !) *weit* über dem Durchschnitt.

VII.

Verzeichnisse

Literaturverzeichnis

Abbas A.K., Lichtman A.H. & Pober J.S. (1991) Cellular and Molecular Immunology. Philadelphia: W.B. Saunders

Abeles M. (1988) Neural codes for higher brain functions. In H.J. Markowitsch (Ed.) Information processing by the brain (225-240) Toronto: Huber

Ackroyd R.S. (1984) Cortical blindness following bacterial meningitis: a case report with reassessment of prognosis and aetiology. Development Medicine and Child Neurology, 26, 277-230

Adams K. M. & Rourke B. P. (1992) The TCN Guide to Professional Practice in Clinical Neuropsychologie. Amsterdam: Swets & Zeitlinger

Ader R. (1981) A historical account of conditioned immunobiologic responses. In R. Ader , Psychoneuroimmunology (S. 321-352) New York: Academic Press

Ader R. (1984) Psychoneuroimmunology. In R. Ballieux Breakdown in human adaptation to stress (S. 653-670) Boston: Marius Nijhoff

Ader R. & Cohen N. (1975) Behaviorally conditioned immunosuppression. Psychosomatic Medicine, 37, 333-340

Ader R. & Cohen N. (1982) Behaviorally conditioned immunosuppression and murine lupus erythematodes. Science, 215, 1534-1536

Ader R. & Cohen N. (1991) Conditioning of immune response. Netherlands J. of Med., 39, 263- 273

Ader R. & Cohen N. (1992) Conditioned immunopharmacologic effects on cell-mediated immunity. International J. of Immunopharmacology, 14, 323-327

Ader R. & Cohen N. (1993) Psychoneuroimmunology: Conditioning and Stress. Annual Reviews of Psychology, 44, 1-50

Ader R., Felten D.L. & Cohen N. (1991) Psychoneuroimmunology. Academic Press. San Diego

Ader R., Grota L.J., Moynihan J.A. & Cohen N. (1991) Behavioral adaptations in autoimmune disease- susceptible mice. In Ader R., Felten DL. & Cohen N. (Hrgs.) Psychoneuroimmunology (S. 685-708) San Diego: Academic Press

Aggleton J.P. & Mishkin M. (1986) The Amygdala: Sensory gateway to the emotions. In Plutchik R., Kellermann H. Emotion. Theory, Research and Experience, Vol.3. Orlando: Academic Press

Albone E.S. (1984) Mammalian Semiochemistry. Chichester: Wiley

Alexander G., DeLong M.R. & Strick P.L. (1986) Parallel organization of functionally segregated circuits linking basal ganglia and cortex. Annual Review Neuroscience, 9., 357-381

Alexander G.E. & Crutcher M.D. (1990) Functional architecture of basal ganglia circuits: neural substrates of parallel processing. TINS, 13., 266-271

Alho K., Kujala T., Paavilainen P., Summala H. & Näätänen R. (1993) Auditora processing in visual brain areas of the early blind: evidence from event-related potentials. Electroencephalography and Clinical Neurophysiology, 86., 418-427

Ambrose J. A. (1963) The concept of a critical period for the development of social responsiveness. In B. M. Foss (Hrsg) Determinants of Infant Behavior II. Methuen, London

Anderson K.V. & Symmes D. (1969) The superior colliculus and higher visual functions in the monkey. Brain Research, 13., 37-52

Andréasson S., Allebeck P. & Rydberg U. (1989) Schizophrenia in users and nonusers of cannabis. A longitudinal study in Stockholm County. Acta Psychiatr. Scand. 79, 505-510

Andrew R. J. (1988) The development of visual lateralization in the domestic chick. Behavioural Brain Research, 29., 201-209

Apfelbach R. (1978) A sensitive phase for the development of olfactory function in ferrets (Mustella putorius f. furo L.) Zeitschrift für Säugetierkunde, 43, 289-295

Arnetz B.B., Wasserman J., Petrini B., Brenner S.O., Levi L., Eneroth P., Salovaara H., Hjelm R., Salovaara L., Theorell T. & Petterson I.L. (1987) Immune function in unemployed women. Psychosomatic Medicine, 49, 3-12

Arnold A. P., Bottjer S. W., Nordeen E. J., Nordeen K. W. & Sengelaub D. R. (1987) Hormones and critical periods in behavioral and neural development. In J. P. Rauschecker & J. P. Marler , Imprinting and Cortical Plasticity (S. 55-97) New York: John Wiley

Aschersleben G. & Prinz W. (1995) Synchronizing actions with events: The role of sensory information. Perception & Psychophysics 57 (3), 305-317

Aschoff J. (1994) Biologische Rhythmen. In: Pöppel E., Bullinger M., Härtel U. Medizinische Psychologie und Soziologie. Weinheim: Chapman and Hall, 54-69

Aulhorn E. & Harms H. (1972) Visual perimetry. In: Handbook of sensory physiology, Vol. VII/4, Visual psychophysics (Eds. D. Jameson L.M. Hurvich) pp. 102. Berlin-Heidelberg-New York: Springer

Bach-y-Rita P. (1990) Brain plasticity as a basis for recovery of function in human. Neuropsychologia, 28/6, 547-554

Baddeley A. (1988) So denkt der Mensch. München: Knaur

Baizer J.S., Ungerleider L.G. & Desimone R. (1991) Organization of visual inputs to the inferior temporal and posterior parietal cortex in macaques. J. Neuroscience, 11., 168-190

Baker G.H.B. (1987) Psychological factors and immunity. J. of Psychosomatic Research, 31, 1-10

Balliett R., Blood K.M. & Bach-y-Rita P. (1985) Visuel field rehabilitation in the cortically blind? J. Neurology Neurosurgery Psychiatry, 48., 1113-1124

Bally G. (1961) Einführung in die Psychoanalyse Sigmund Freuds. Reinbek: Rowohlt

Banks W.A., Kastin A.J. & Durham D.A. (1989) Bidirectional transport of interleukin-1 alpha across the blood-brain barrier. Brain Research Bulletin, 23, 433-437

Barbur J.L., Forsyth P.M. & Findlay, J.M. (1988) Human saccadic eye movements in the absence of the geniculocalcarine projection. Brain, 111, 63-82

Barbur J.L., Harlow A.J. & Weiskrantz L. (1994) Spatial and temporal response properties of residual vision in a case of hemianopia. Philosophical Transactions of the Royal Society, London, B343., 157-166

Barbur J.L., Ruddock K.H. & Waterfield V.A. (1980) Human visual responses in the absence of the geniculo-calcarine projection. Brain 103., 905-928

Barbur J.L., Watson J.D.G. Frackowiak R.S.J. & Zeki, S. (1993) Conscious visual perception without V1. Brain, 116, 1293-1302

Barbur J.L., Watson J.D.G., Frackowiak R.S.J. & Zeki S. (1993) Conscious visual perception without V1. Brain, 116., 1293-1302

Barnet A.B., Manson J.I. & Wilner E. (1970) Acute cerebral blindness in childhood. Neurology, 20, 1147-1156

Bartlett F. & John E.R. (1973) Equipotentiality quantified: The anatomical distribution of the engram. Science, 18.1, 764-767

Beal M.F. (1992) Does impairment of energy metabolism result in excitotoxic neuronal death in neurodegenerative illness? Annals of Neurology, 31, 110-130

Beaumont J. G. (1987) Einführung in die Neuropsychologie. München: Psychologie Verlags Union

Behrens-Baumann W. & Chilla R. (1984) Zur medikamentösen und chirurgischen Therapie der traumatischen Optikuskompression. Fortschritte der Ophthalmologie, 81., 87-89

Behrens-Baumann W. & Miehlke A. (1979) Zur rhinobasalen Dekompression des traumatisch geschädigten Nervus opticus. Klinische Monatsblätter zur Augenheilkunde, 5., 584-591

Bender M. & Jung R. (1948) Abweichungen der subjektiven optischen Vertikalen und Horizontalen bei Gesunden und Hirnverletzten. Archiv Psychiatrie, 181, 193-212

Bender M.B. & Kahn R.L. (1949) After-imagery in defective fields of vision. J. of Neurology Neurosurgery and Psychiatry, 12., 196-204

Benecke R., Rothwell J.C., Dick J.P.R., Day B.L. & Marsden C.D. (1987) Simple and complex movements off and on treatment in patients with Parkinson's disease. J. of Neurology, Neurosurgery and Psychiatry, 50., 296-303

Benowitz L. I. & Karten H. J. (1976) Organization of the tectofugal visual pathway in the pigeon: a retrograde transport study. The J. of Comparative Neurology, 167., 503-520

Benton A. L., deS Hamsher K., Varney N. R. & Spreen O. (1983) Contributions to Neuropsychological Assessment. New York: Oxford University Press

Benton A.L., Varney N. & De Hamsher K. (1978) Visuospatial Judgement: A Clinical Test. Archives Neurology, 35, 364-367

Berger H. (1929) Über das Elektroenzephalogramm des Menschen: 1. Mitteilung. Archiv für Psychiatrie und Nervenkrankheiten, 87, 527-528

Bergmann H., Wichmann H. & DeLong, M.R. (1990) Reversal of experimental Parkinsonism by lesions of the subthalamic nucleus. Science, 249, 1436-1438

Berkenbosch F., Van Oers J., del Rey A., Tilders F. & Besedovsky H. (1987) Corticotropin-releasing-factor producing neurons in the rat activated by interleukin-1. Science, 238, 524-526

Besedovsky H., del Rey A., Sorkin E. & Dinarello C.A. (1986) Immunoregulatory feedback between interleukin-1 and glucocorticoid hormones. Science, 233, 652-654

Besedovsky H., Sorkin E., Felix D. & Haas H. (1977) Hypothalamic changes during the immune response. European J. of Immunology, 7, 323-325

Besedovsky H.O., del Rey A.E. & Sorkin E. (1983) What do the immune system and the brain know about each other. Immunology Today, 4, 342-346

Besson M.J., Graybiel A.M. & Nastuk M.A. (1988) (3H) SCH 32 390 binding to D1 dopamine receptors in the basal ganglia of the cat primate: delineation of striosomal compartments and pallidal and nigral subdivisions. Neuroscience, 26, 101-119

Bestmann H. J., Haberkorn K., Vostrowsky O., Eggert F. & Ferstl R. (1994) Chemical analysis of urinary chemosignals in humans. Advances in the Biosciences, 93, 529-534

Bethe A. (1901) Über die Regeneration peripherischer Nerven. Archiv für Psychiatrie 34., 187-192

Bethe A. (1903) Allgemeine Anatomie und Physiologie des Nervensystems. Leipzig: Thieme

Bethe A. (1930) Studien über die Plastizität des Nervensystems. I. Arachnoideen und Krustazeen. Pflügers Archiv Ges. Physiologie, 224., 793-820

Bethe A. (1938) Rhythmik und Periodizität. Pflügers Archiv Ges. Physiologie, 239., 41-73

Bethe A. (1941) Die biologischen Rhythmus-Phänomene als sebstständige bzw. erzwungene Kippvorgänge betrachtet. Pflügers Archiv Ges. Physiologie, 244., 1-42

Bethe A. (1952) Allgemeine Physiologie. Heidelberg: Springer Verlag

Bethe A. & Woitas E. (1930) Studien über die Plastizität des Nervensystems. II. Coleopteren, Käfer. Pflügers Archiv Ges. Physiologie, 224., 821-835

Beyer G. (1986) Gedächtnis- und Konzentrationstraining. Düsseldorf: Econ Verlag.

Bigler E. D., Yeo R. A. & Turkheimer E. (1989) Neuropsychological Function and Brain Imaging. New York: Plenum Press

Bilkó A., Altbäcker V. & Hudson R. (1994) Transmission of food preference in the rabbit: The means of information transfer. Physiology and Behavior, 56, 907-912

Birkmayer W. & Hornykiewicz O. (1961) Der L-3,4,Dioxyphenylalanin (=DOPA)-Effekt bei der Parkinson-Akinese. Wiener klinische Wochenschrift, 73., 787-788

Bischof H.-J. (1985) Environmental influence on early development: a comparison of imprinting and cortical plasticity. In Bateson, Klopfer: Perspectives of Ethology. (169-217) Plenum Press, New York

Blalock J.E. (1984) The immune system as a sensory organ. J. of Immunology, 132, 1067-1070

Bloxham C.A., Mindel T.A. & Frith C.D. (1984) Initiation and execution of predictable and unpredictable movements in Parkinson's disease. Brain, 107., 371-384

Bluthe R.M., Dantzer R. & Kelley K.W. (1992) Effects of interleukin-1 receptor agonist on the behavioral effects of lipopolysaccharide in rats. Brain Research, 573, 318-320

Blythe I.M., Bromley J.M., Kennard C. & Ruddock K.H. (1986) Visual discrimination of target desplacement remains after damage to the striate cortex in humans. Nature, 320., 619-621

Blythe I.M., Kennard C. & Ruddock K.H. (1987) Residual vision in patients with retrogeniculate lesions of the visual pathways. Brain, 110., 887-905

Bock J. & Braun K. (1993) Effects of NMDA-antagonists on activity patterns in imprinting-relevant forebrain areas of the domestic chick: studies with 2-fluoro-deoxyglucosegluose-autoradiography. Neurosci Suppl 6, 858

Bock J., Braun S. & Braun K. (1994) The dorsocaudal neostriatum of the chick: a structure with higher associative functions? Soc. Neurosci. 20, 414.21

Bock J., Schnabel R. & Braun K. (1996) The dorso-medial neostriatum: A forebrain area involved in filial imprinting. (Eingereicht)

Bock J., Wolf A. & Braun K. (1996) Influence of the N-methyl-D-aspartate receptor antagonist DL-2-amino-5-phosphono valeric acid on auditory filial imprinting in the domestic chick. Neurobiology of Learning and Memory, 65, 177-188

Böcskei Z., Groom C.R., Flower D.R., Wright C.E., Phillips S.E.V., Cavaggioni A., Findlay J.C.B. & North A.C.T. (1992) Phromone binding to two rodent urinary proteins revealed by X-ray crystallography. Nature, 360, 186-188

Bodian M. (1964) Transient loss of vision following head trauma. N.Y. State J. of Med., 916-920

Boehringer E. (1946) Gesichtshälften. Mitteilungen des deutschen archäolog. Instituts, Römische Abteilung 59., 7-16

Bogousslavsky J., Regli F. & van Melle G. (1983) Unilateral occipital infarction: avaluation of the risk of developing bilateral loss of vision. J. Neurology Neurosurgery Psychiatry, 46., 78-80

Boller F. & Grafman J. (1990) Handbook of Neuropsychology Vol. 4. Amsterdam: Elsevier

Boller F. & Grafman J. (1992) Handbook of Neuropsychology Vol 7. Amsterdam: Elsevier

Bonke B.A., Bonke D. & Scheich H. (1979) Connectivity of the auditory forebrain nuclei in the guinea fowl (Numida meleagris) Cell and Tissue Research, 200, 101-121

Bornstein M.H. (1989) Sensible periods in development: structural characteristics and causal interpretations. Psychological Bulletin 105, 179-197

Bosley T.M., Rosenquist A.C., Kushner M., Burke A., Dann R., Cobbs W., Savono P.J., Schatz N.J., Alavi A. & Reivich M. (1985) Ischemic lesions of the occipital cortex and optic radiations: positron emissions tomography. Neurology, 35., 470-484

Bouyer J.J., Park D.H., Joh T.H. & Pickel, V.M. (1984)Chemical and structural analysis of the relation between cortical inputs and tyrosine hydroxylase-containing terminals in rat neostriatum. Brain Research, 302, 267-275

Bovbjerg D., Cohen N., & Ader R. (1980) The central nervous system and learning: A strategy for immune regulation. Immunology Today, 3, 287- 291

Bowlby J. (1969) Attachment. Basic Books, New York

Bowyer J., Scallet A., Holson R., Lipe G., Slikker W & Ali S.F.(1991) Interactions of MK 801 with glutamate-, glutamine- and methamphetamine-evoked release of 3H-dopamine from striatal slices. J. Pharmacolügy Exp. Ther., 257, 262-270

Boyse E.A., Beauchamp G.K., Bard J. & Yamazaki K. (1991) Behavior and the major histocompatibility complex of the mouse. In R. Ader D.L., Felten & N. Cohen Psychoneuroimmunology. Second Edition (pp. 831-846) San Diego: Academic Press

Boyse E.A., Beauchamp G.K., Yamazaki K. & Bard J. (1990) Genetic komponents of kin recognition in mammals. In P.G. Hepper (Ed.) Kin Recognition. London: Cambridge University Press

Braddick O., Atkinson J., Hood B., Harkness W., Jackson G. & Vargha-Khadem F. (1992) Possible blindsight in infants lacking one cerebral hemisphere. Nature, 360., 461-464

Braitenberg V. & Pulvermüller F. (1992) Entwurf einer neurologischen Theorie der Sprache. Naturwissenschaften, 79, 103-117

Brandt T. & Dieterich M. (1987) Pathological eye-head coordination in roll: Tonic ocular tilt reaction in mesencephalic and medullary lesions. Brain, 110, 649-666

Brandt T. & Dieterich M. (1993) Ocular torsion and tilt of subjective visual vertical are sensitive brainstem signs. Annual Neurology, 33, 292-299

Brandt Th., Dieterich M. & Danek A. (1994) Vestibular cortex lesions affect the perception of verticality. Annual Neurology, 35, 403-412

Braun K. (1996) Synaptische Reorganisation bei frühkindlichen Erfahrungs- und Lernprozessen: Relevanz für die Entstehung psychischer Erkrankungen. Zeitschrift für Klinische Psychologie, Psychiatrie und Psychotherapie, Heft 3/96, Schöningh Verlag, im Druck

Brazzelli M., Colombo N., Della Sala S. & Spinnler H. (1994) Spared and impaired cognitive abilities after bilateral frontal damage. Cortex, 30., 27-51

Bredenkötter M. & Braun K. (1996) Enhanced auditory evoked neuronal activity in the medio-rostral neostriatum/hyperstriatum after auditory filial imprinting in the domestic chick. Neurosci., (im Druck)

Breder C.D., Dinarello C.A. & Saper C.B. (1988) Interleukin-1 immunoreactive innervation of the human hypothalamus. Science, 240, 321-324

Brennan P. A., Hancock D. & Keverne E. B. (1992) The expression of the immediate-early genes c-fos, egr-1 and c-jun in the accessory olfactory bulb during the formation of an olfactory memory in mice. Neuroscience, 49, 277-284

Brennan P. A., Kaba H. & Keverne E. B. (1990) Olfactory recognition: A simple memory system. Science, 250,1223-1226

Brent P.J., Kennard C. & Ruddock K.H. (1994) Residual color vision in human hemianope: spectral responses and colour discrimination. Proceedings of the Royal Society London B, 256, 219-225

Brenton R.S. & Argus W.A. (1987) Fluctuations on the Humphreys and Octopus perimeters. Investigative Ophthalmology,& Visual Science, 28. (5), 767-771

Bressler S.L. & Freeman W.J. (1980) Frequency analysis of olfactory system EEG in cat, rabbit and rat. Electroencephalography and Clinical Neurophysiology, 50, 19-24

Brickenkamp (1981) Test d2 - Aufmerksamkeits-Belastungs-Test, Hogrefe

Bridgeman B. & Staggs D. (1982) Plasticity in human blindsight. Vision Research, 22, 1199-1203

Broca P. (1865) Sur le siège de la Faculté du langage articulé. Bulletin de Sociolgie et Anthropologie (Paris), 6., 377-393

Brodmann K. (1909) Vergleichende Lokalisationslehre der Großhirnrinde. Leipzig: J. A. Barth.

Bron B. (1982) Drogeninduzierte Psychosen. Nervenarzt 53, 617-627

Bronstein A.M. & Kennard C. (1985) Predictive ocular motor control in Parkinson's disease. Brain, 108., 925-940

Brooks N. (1984) Closed head injury. Oxford: Oxford University Press.

Brown J. L. & Eklund A. (1994) Kin Recognition and the Major Histocompatibility Complex: An Integrative Review. American Naturalist, 143, 435-461

Brown R.E., Singh P.B. & Roser B. (1987) The major histocompatibility complex and the chemosensory recognition of individuality in rats. Physiology & Behavior, 40, 65-73

Brown R.G. & Marsden C.D. (1988) Internal versus external cues and the control of attention in Parkinson's disease. Brain, 111., 323-345

Brown R.G. & Marsden C.D. (1990) Cognitive function in Parkinson's disease: from description to theory. TINS, 13., 21-28

Brunjes P. C. (1989) Comparative study of prenatal development in the olfactory bulb, neocortex and hippocampal region of the precocial mouse Acomys cahirinus and rat. Develop. Brain Res., 49, 7-25

Brush F.R. & Levine S. (1989) Psychoendocrinology. San Diego: Academic Press.

Bryden N. P. (1987) Handedness and cerebral organization: Data from clinical and normal population. In D. Ottoson , Duality and Unity of the Brain: Unified Functioning and Specialization of the Hemispheres. 55- 70. London: MacMillan

Bullier J., Girard P. & Salin P.-A. (1993) The role of area 17 in the transfer of information to extrastriate visual cortex. In: A.Peters & K.S.Rockland , Cerebral Cortex, Vol.10., N.Y.: Plenum Press, 301-330

Burr D.C. & Wijesundra S.A. (1991) Orientation discrimination depends on spatial frequency. Vision Res. 31, 1449-1452

Bushnell M.C., Goldberg M.E. & Robinson D.C. (1981) Behavioral enhancement of visual responses in monkey cerebral cortex. I. Modulation in posterior parietal-cortex related to selective visual attention. J. Neurophysiology, 46. (4), 755-772

Buske-Kirschbaum A., Kirschbaum C., Stierle H., Jabaij L. & Hellhammer D. (1994) Conditioned manipulation of natural killer cells in humans using a discriminative learning protocol. Biological Psychology, 38, 143-155

Buske-Kirschbaum A., Kirschbaum C., Stierle H., Lehnert H. & Hellhammer D. (1992) Conditioned increase of natural killer cell activity in humans. Psychosomatic Medicine, 54, 123-132

Byrne J.H. (1987) Cellular analysis of associative learning. Physiological Reviews 67, 329-439

Cacioppo J.T., Tassinary L.G. & Fridlund A.J.(1990) The skeletomotor system. In J.T. Cacioppo & L.G. Tassinary Principles of psychophysiology. Physical, social, and inferential elements (pp. 325-384) Cambrigde: Cambridge University Press

Campion J., Latto R. & Smith J.M. (1983) Is blindsight an effect of scattered light, spared cortex, and near-threshold vision? Behavioral and Brain Sciences, 6., 423-448

Canavan A. G. M. & Sartory G. (1990) Klinische Neuropsychologie. Stuttgart: Enke Verlag.

Cannon W.B. (1930) The wisdom of the body. New York: Norton.
Caprez G. (1984) Neuropsychologische Therapie nach Hirnschädigungen. Berlin: Springer Verlag
Carlson S.L., Felten D.L., Livnat S. & Felten S.Y. (1987) Alterations of monoamines in specific central autonomic nuclei following immunization in mice. Brain, Behav. & Immun., 1, 52-63
Carlsson M. & Carlsson A. (1990) Interactions between glutamatergic and monoaminergic systems within the basal ganglia - implications for schizophrenia and Parkinson's disease. TINS 13, 272-276
Castellani S. & Adams P.M. (1981) Acute and chronic phencyclidine effects on locomotor acticity, stereotypy and ataxia in rats. European J. Pharmacology 73, 143-154
Childers S.R., Pacheco M.A., Bennett B.A., Edwards T.A., Hampson R.E., Mu J. & Deadwyler S.A. (1993) Cannabinoid receptors: G-protein-mediated signal transduction mechanisms. Biochem. Soc. Symp. 59, 27-50
Choi D. (1987) Ionic dependence of glutamate neurotoxicity. J. of Neuroscience, 7, 369-379.
Choi D. (1989) Calcium-mediated neurotoxicity: Relationship to specific channel types and its role in ischemic damage. Trends in Neuroscience, 11, 21-26
Chow K.L. (1968) Visual discrimination after extensive ablation of optic tract and visual cortex in cats. Brain Research, 9., 363-366
Chow K.L. & Steward D.L. (1972) Reversal of structural and functional effects of longterm visual deprivation in cats. Experimental Neurology, 34., 409-433
Clow D.W. & Jhamandas K. (1989) Characterization of L-glutamate action on the release of endogenous dopamine from the rat caudate-putamen. J. Pharmacology Exp. Ther. 248, 722-728
Cohen L., Dehaene S. & Verstichel P. (1994) Number words and number non-words. A case of deep dyslexia extending to arabic numerals. Brain, 117., 267-279
Cohen R. A. (1993) The Neuropsychology of Attention. New York: Plenum Press
Collins R. L. (1985) On the inheritance of direction and degree of asymmetry. In S. D. Glick, Cerebral Lateralization in Nonhuman Species. 41-72. New York: Academic Press
Constantine-Paton M., Cline H. T. & Debski E. (1990) Patterned activity, synaptic convergence, and the NMDA receptor in developing visual pathways. Ann. Rev. of Neuroscience, 13., 129-154
Cooper J.A., Sagar H.J., Doherty S.M., Jordan N., Tidswell P. & Sullivan E.V. (1992) Different effects of dopaminergic and anticholinergic therapies on cognitive and motor function in Parkinson's disease. Brain, 115, 1701-1725
Cooper J.A., Sagar H.J., Jordan N., Harvey N.S. & Sullivan E.V. (1991) Cognitive impairment in early, untreated Parkinson's disease and its relationship to motor disability. Brain, 114., 2095-2122
Cooper P.R. (1985) Delayed brain injury: Secondary insults. In: Central nervous system trauma status report. In D.P. Becker & J. Povlishock, National Institute of Neurological and communication disorders and stroke, National Institutes of Health: Bethesda, Maryland, 217-228
Corbetta M., Marzi C.A., Tassinari G. & Aglioti S. (1990) Effectiveness of different task paradigms in revealing blindsight. Brain, 13., 603-616
Corbetta M., Miezin F.M., Dobmeyer S., Shulman G.L. & Petersen S.E. (1990) Attentional modulation of neural processing of shape, color and velocity in humans. Science, 248., 1556-1559
Corbetta M., Miezin F.M., Dobmeyer S., Shulman G.L. & Petersen S.E. (1991) Selektive and devided attention during visual discriminations of shape, color and speed: functional anatomy by positron emission tomography. J. of Neuroscience, 11., 2383-2402
Corbetta M., Miezin F.M., Shulman G.L & Petersen S.E. (1993) A PET study of visuospatial attention. J. of Neuroscience, 13., 1202-1226
Cortés R., Camps M, Gueye B, Probst A & Palacios JM. (1989) Dopamine receptors in human brain: autoradiographic distribution of D1 sites. Brain Research, 483, 30-38
Cotter J. R. (1976) Visual and nonvisual units recorded from the optic tectum of Gallus domesticus. Brain Behavior and Evolution, 13., 1-21
Cowey A. (1967) Perimetric study of field defects in monkeys after cortical and retinal ablations. Quarterly J. of Experimental Psychology, 19., 232-245
Cowey A. & Stoerig P. (1989) Projection patterns of surviving neurons in the dorsal lateral geniculate nucleus following discrete lesions of striate cortex: implications for residual vision. Experimental Brain Research 75., 631-638

Cowey A. & Stoerig P. (1995) Blindsight in monkeys. Nature, 373., 247-249
Cowey A. & Weiskrantz L. (1963) A perimetric study of visual field defects in monkeys. Quarterly J. of Experimental Psychology, 15., 91-115
Cowey A., Stoerig P. & Perry V.H. (1989) Transneuronal retrograde degeneration of retinal ganglion cells after damage to striate cortex in macaque monkeys: selective loss of Pß cells. Neuroscience 29., 65-80
Cramon D. Y. v., Mai N. & Ziegler W. (1993) Neuropsychologische Diagnostik. Weinheim: VCH.
Cramon D.Y. v. & Kerkhoff G. (1993) On the cerebral organization of elementary visuospatial perception. In: B. Gulyas, D. Ottoson & P.E. Roland Functional Organization of The Visual Cortex (S. 211-231) Oxford, Pergamom Press
Cramon D. Y. v. & Zihl J. (1988) Neuropsychologische Rehabilitation: Berlin: Springer Verlag.
Crawford J. R., Parker D. M. & McKinlay W. W. (1992) A Handbook of Neuropsycho-logical Assessment. Hove (UK): Lawrence Erlbaum Associates
Crawford T.J., Henderson L. & Kennard C. (1989) Abnormalities of nonvisually-guided eye movements in Parkinson's disease. Brain, 112., 1573-1586
Cross R.J., Brooks W.H., Roszman T.L. & Markesbery W.R. (1982) Hypothalamic-immune interactions. Effect of hypophysectomy on neuroimmunomodulation. J. of the Neurological Sciences, 53, 557-666
Czeisler C.A., Shanahan T.L., Klerman E.B., Martens H., Brotman D.J., Emens J.S., Klein T. & Rizzo J.F..(1995) Suppression of melantonin secretion in some blind patients by exposure to bright light. New England J. of Medicine, 332., 6-11

Dafny N. (1984) Interferon: A candidate as the endogenous substance preventing tolerance and dependence to brain opioids. Progr. in Neuro-Psychopharmacology and Biol. Psychiatry, 8, 351-357
Dall'Ora P., Della Sala S. & Spinnler H. (1989) Autobiographical memory. Its impairment in amnesic syndromes. Cortex, 25., 197-217
Damasio A.R., Eslinger P.J., Damasio H., Van Hoesen G.W. & Cornell S. (1985a) Multimodal amnesic syndrome following bilateral temporal and basal forebrain damage. Archiv. Neurol., 42., 263-271
Damasio H. & Damasio A. R. (1989) Lesion Analysis in Neuropsychology. Oxford University Press
Dantzer R., Bluth R.M., Kent S. & Goodall G. (1993) Behavioral effects of cytokines: An insight into mechanisms of sickness behavior. In E.B. DeSouza , Neurobiology of cytokines (S. 130-151) San Diego: Academic Press
De Renzi E. (1982) Disorders of space exploration and cognition. Chichester, Wiley
De Renzi E., Faglioni P. & Scotti G. (1971): Judgement of spatial orientation in patients with focal brain damage. J. Neurology, Neurosurgery Psychiatry, 34, 489- 495
De Valois K.K., Lakshminarayanan V., Nygaard R., Schlussel S. & Sladky J. (1990) Discrimination of relative spatial position. Vision Research, 30, 1649-1660
De Yoe E.A. & Van Essen D.C. (1988) Concurrent processing streams in monkey visual cortex. Trends Neuroscience, 11, 219-226
DeCasper A.J. & Fifer W.P. (1980) Of human bonding: newborns prefer their mothers'voices. Science 208, 1174-1176
Deelman B. G., Saan R. J. & van Zomeren A. H. (1990) Traumatic brain injury. Amsterdam: Swets & Zeitlinger
Delis D., Direnfeld L., Alexander M.P. & Kaplan E. (1982) Cognitive fluctuations associated with on-off phenomenon in Parkinson disease. Neurology, 32., 1049-1052
Devane W.A., Dysarz F.A.Johnson M.R., Melvin L.S. & Howlett A.C. (1988) Determination and characterization of a cannabinoid receptor in rat brain. Mol. Pharmacol. 34, 605-613
Devane W.A., Hanus L., Breuer A., Pertwee R.G., Stevenson L.A., Griffin G., Gibson D., Mandelbaum A., Etinger A. & Mechoulam R. (1992) Isolation and structure of a brain constituent that binds to the cannabinoid receptor. Science 258, 1946-1949
Di Chiara G., Morelli M. & Consolo S. (1994) Modulatory functions of neurotransmitters in the striatum: ACh/dopamine/NMDA interactions. TINS 17, 228-233

Diamond M. C. (1985) Rat forebrain morphology: right-left; male-female; young-old; enrioched-impoverished. In S. D. Glick , Cerebral Lateralization in nonhuman Species. 73-88. New York: Academic Press

Dick J.P.R., Rothwell J.C., Day B.L., Cantello R., Buruma O., Gioux M., Benecke R. & Berardelli A. (1989) The Bereitschaftspotential is abnormal in Parkinson's disease. Brain, 112., 233-244

Dieterich M. & Brandt Th. (1993) Thalamic infarctions: differential effects on vestibular function in the roll plane (35 patients) Neurology, 43, 1732-1740

Dietrich D.E., Waller C., Emrich H.M. & Münte T.F. (1995): Event-Related Potentials and word recognition memory: differential effect of emotional content. In: H. J. Heinze, G. R. Mangun, T. F. Münte, C. E. Elger, H. Scheich Mapping Cognition in Time and Space, (im Druck)

Difazio M.C., Hollingsworth Z., Young A.B. & Penney J.B. (1992)Glutamate receptors in the substantia nigra of Parkinson's disease. Neurology, 42, 402-406

Dinarello C.A., Conti P. & Weir J. (1986) Effects of human interleukin-1 on natural killer cell activity. Is fever a host defense mechanism for tumor killing? Yale J. of Biol. and Med., 97, 97-106

Dineen J. & Hendrickson A. (1981) Age-correlated differences in the amount of retinal degeneration after striate cortex lesions in monkeys. Investigative Ophthalmology, 21., 749-752

Dineen J., Hendrickson A. & Keating E.G. (1982) Alterations of retinal inputs following striate cortex removal in adult monkey. Experimental Brain Research, 47., 446-456

Divac I. & Mogensen J. (1985) The prefrontal "cortex" in the pigeon. Biochemical evidence. Brain Research 332, 365-368

Divac I., Rosvold H.E. & Szwarcbart M.K. (1967) Behavioral effects of selective ablation of the caudate nucleus. J. of Comparative and Physiological Psychology, 63., 184-190

Dixon C.E., Lyeth B.G., Povlishock J.T., Findling R.L., Hamm R.J., Marmarou A., Young H.F. & Hayes R.L. (1987) A fluid percussion model of experimental brain injury in the rat. J. of Neurosurgery, 67, 110-119

Downes J.J., Roberts A.C., Sahakian B.J., Evenden J.L., Morris R.G. & Robbins T.W. (1989) Impaired extra-dimensional shift performance in medicated and unmedicated Parkinson's disease: Evidence for a specific attentional dysfunction. Neuropsychologia, 27., 1329-1343

Downes J.J., Sharp H.M., Costall B.M., Sagar H.J. & Howe J. (1993) Alternating fluency in Parkinson's disease. Brain, 116., 887-902

Drance S.M., Barry B.A. & Hughes R.N. (1966) Studies in the reproducibility of visual field areas in normals and glaucomatous subjects. Canadian J. Ophthalmology, 1., 14

Dunn A.J. (1988) Nervous system-immune system interactions: An overview. J. of Receptor Research, 8, 589-607

Dunn A.J. (1989) Psychoneuroimmunology for the psychoneuroendocrinologist: A review of animal studies of nervous system-immune system interactions. Psychoneuroendocrinology, 14, 251-274

Dure L.S., Young A.B. & Penney J.B. (1992) Compartmentalization of excitatory amino acid receptors in human striatum. Proceedings National Academic Sciences, 89, 7688-7692

During M.J., Freese A., Sabel B.A., Saltzman W.M., Deutch A., Roth R.H. & Langer R. (1989) Controlled release of dopamine from polymeric brain implant: in vivo characterization. Annual Neurology, 25, 351-356

Duvdevani R., Rosner M., Belkin M., Sautter J., Sabel B.A. & Schwartz M. (1990) Graded rush of the rat optic nerve as a brain injury model: Combining electrophysiological and behavioral outcome. Restorative Neurology & Neuroscience, 2, 31-38

Duvdevani R., Rosner M., Belkin M., Sautter J., Sabel B.A. & Schwartz M. (1990) Graded crush of the rat optic nerve as a brain injury model: combining electrophysiological and behavioral outcome. Restorative Neurology and Neuroscience, 2., 31-38

Dykens J., Stern A. & Trenkner E. (1987) Mechanism of kainate toxicity to cerebellar neurons in vitro is analogous to reperfusion tissue injury. J. of Neurochemistry, 49, 1222-1228

Eckhorn R., Bauer R., Jordan W., Brosch M., Kruse W., Munk M. & Reitboeck H.J. (1988) Coherent oscillations: a mechanism of feature linking in the visual cortex? Multiple electrode and correlation analysis in the cat. Biological Cybernetics, 60, 121-130

Edelstein B. A. & Couture E. T. (1984) Behavioural Assessment and Rehabilitation of the Traumatically Brain-Damaged. New York: Plenum Press

Eder R. (1993) Komparative Neuropsychologische Diagnostik. Regensburg: Roderer Verlag
Edidin M. (1983) MHC antigens and non-immune functions. Immunology Today, 4, 269-270
Efron R. (1963) Temporal perception, aphasia and dejavue. Brain, 86., 403-424
Eggert F., Höller C., Luszyk D. & Ferstl R. (1994 a) MHC-associated urinary chemosignals in mice. Advances in the Biosciences, 93, 511-516
Eggert F., Höller C., Luszyk D., Müller-Ruchholtz W. & Ferstl R. (1996) MHC-associated and MHC-independent urinary chemosignals in mice. Physiology & Behavior, 59, 57-62
Eggert F., Luszyk D., Ferstl R. & Müller-Ruchholtz W. (1989) Changes in strain-specific urine odors of mice due to bone marrow transplantations. Neuropsychobiology, 22, 57-60
Eggert F., Uharek L., Müller-Ruchholtz W. & Ferstl R. (1993) The hematopoietic system influences odor specificity in mice and rats. Neuropsychobiology, 27, 108-111
Eggert F., Uharek L., Müller-Ruchholtz W. & Ferstl R. (1994 b) MHC-associated and MHC-independent urinary chemosignals in mice are expressed via the hematopoietic system. Neuropsychobiology, 30, 42-45
Eggert F., Wobst B., Höller C., Luszyk D., Uharek L., Zavazava N., Müller-Ruchholtz W. & Ferstl R. (1994 c) Olfactory expression of the MHC. Psychologische Beiträge, 36, 158-163
Eggert F., Wobst B., Zavazava N., Müller-Ruchholtz W. & Ferstl R. (1994 d) Psychobiology of the immune system: Behavioral factors in the maintenance of immunogenetical variability. Psychologische Beiträge, 36, 152-157
Eldridge P.R. & Punkt J.A. (1988) Transient traumatic cortical blindness in children. The Lancet, 815-816
Ellis A. W. & Young A. W. (1991) Einführung in die kognitive Neuropsychologie. Bern: Verlag Hans Huber
Ellis A.W. & Young A.W. (1988) Human cognitive neuropsychology. Hove: Lawrence Erlbaum Ass.
Emrich H.M. (1988) Zur Entwicklung einer Systemtheorie produktiver Psychosen. Nervenarzt 59, 456-464
Emrich H.M. (1989) A three-component-system hypothesis of psychosis. Impairment of binocular depth inversion as an indicator of a functional dysequilibrium. Br. J. Psychiatry 155, S37-S39
Emrich H.M., Dose M. & Wolf R. (1993) The action of mood-stabilizers in affective disorders: an integrative view as a challenge. Neuropsychobiology 27, 158-162
Engel A.K., König P., Kreiter A.K., Schillen T.B. & Singer W. (1992) Temporal coding in the visual cortex: new vistas on integration in the nervous system. Trends in Neurosciences, 15, 218-226
Engen T. (1971) Psychophysics I. Discrimination and Detection. In: Kling J.W. & Riggs L.A. Woodworth's and Schlosberg's Experimental Psychology, 3rd Edition. Holt, Rinehart, Winston
Eslinger P.J., Grattan L.M., Easton A.E. & van Hoesen G.W. (1994) Role of occipitotemporal gyri in retrograde memory for famous names and faces. Soc. of Neuroscience Abstracts, 20, Part 1, 431
Eysel U. & Grüsser O.J. (1978) Increased transneuronal excitation of the lateral geniculate nucleus after acute deafferentation. Brain Research, 158., 107-128
Eysel U. & Schmidt-Kastner R. (1991) Neuronal dysfunction at the border of focal cortical lesions in cat visual cortex. Neuroscience Letters, 131(1), 45-48
Eysel U. (1976) Quantitative studies of intracellular postsynaptic potentials in the lateral geniculate nucleus of the cat with respect to optic tract stimulus response latencies. Experimental Brain Research, 25., 469-486

Farah M., Soso M.J. & Dasheiff R.M. (1992) The visual angle of the mind's eye before and after unilateral occipital lobectomy. J. of Experimental Psychology: Human Perception and Performance, 18., 241-246
Farrar W.L., Kilian P.L., Ruff M.R., Hill J.M. & Pert C.B. (1987) Visualization and characterization of interleukin-1 receptors in the brain. J. of Immunology, 139, 459-463.
Fawcett J.W. (1989) Why do axons fail to regenerate in the central nervous system? Current Opinion in Neurology and Neurosurgery, 2., 535-539
Fearnley J.M. & Lees A.J. (1991) Ageing and Parkinson's disease: substantia nigra regional selectivity. Brain, 114., 2283-2301
Felten D.L. & Felten S.Y. (1991) Innervation of lymphoid tissue. In R. Ader D. Felten & N. Cohen Psychoneuroimmunology (2nd ed.) (S. 27-70) San Diego: Academic Press

Felten D.L. & Olschowka J.A. (1987) Noradrenergic sympathetic innervation of the spleen: II. Tyrosine hydroxylase (TH)-positive nerve terminals form synaptic like contacts on lymphocytes in the splenic white pulp. J. of Neuroscience Research, 18, 37-48

Felten D.L., Ackerman K.D., Wiegand S.J. & Felten S.Y. (1987) Noradrenergic sympathetic innervation of the spleen. I. Nerve fibers associated with lymphocytes and macrophages in specific compartments of the splenic white pulp. J. of Neuroscience Research, 18, 28-36

Felten D.L., Felten S.Y., Bellinger D.L., Carlson S.L., Ackerman K.D., Madden K.S., Olschowska J.A. & Livnat S. (1987) Noradrenergic sympathetic neural interactions with the immune system: Stucture and function. Immunological Reviews, 100, 225-260

Fendrich R., Wessinger C.M. & Gazzaniga M.S. (1992) Residual vision in a scotoma: Implications for blindsight. Science, 258., 1489-1491

Fendrich R., Wessinger C.M. & Gazzaniga M.S. (1993) Sources of blindsight. Response. Science, 261., 494-495

Ferguson I.A., Schweitzer J.B. & Johnson E.M. (1990) Basic fibroblast growth factor: receptor-mediated internalization, metabolism, and anterograde axonal transport in retinal ganglion cells. J. of Neuroscience, 10, 2176-2189

Fersen L. von & Güntürkün O. (1990) Visual memory lateralization in pigeons. Neuropsychol., 28., 1-7.

Ferstl R., Eggert F., Westphal E., Zavazava N. & Müller-Ruchholtz W. (1992) MHC-related odors in humans. In R.L. Doty & D. Müller-Schwarze , Chemical Signals in Vertebrates VI (p. 205-211) New York: Plenum

Filion M. (19879) Effects of interuption of the nigrostriatal pathway and of dopaminergic agents on the spontaneous activity of globus pallidus neurons in the awakw monkey. Brain Research, 178, 425-441

Fimm B., Bartl G., Zimmermann P. & Wallesch C.-W. (1994) Different mechanisms underly shifting set on external and internal cues in Parkinsoni̇s disease. Brain and Cognition, 25., 287-304

Finger S. (1978) Recovery from brain damage. Plenum Press, New York & London

Finger S. (1994) Origins of Neuroscience. New York: Oxford University Press

Finger S., LeVere T.E., Almli C.R. & Stein D. (1988) Brain injury and recovery. Plenum Press, New York & London

Fink J.S. (1993) Neurobiology of basal ganglia receptors. Clinical Neuroscience, 1, 27-35

Fischer B. & Lehrl S. (1992) Gehirnjogging. München: Mosaik Verlag

Fischman M.W. & Meikle T.H. jr. (1965) Visual intensity discrimination in cats after serial tectal and cortical lesions. J. comparative physiol. Psychology, 59., 193-201

Flammer J. & Niesel P. (1984) Die Reproduzierbarkeit perimetrischer Untersuchungsergebnisse. Klinische Monatsblätter für Augenheilkunde, 184., 374-376

Fleshner M., Brohm M.M., Laudenslager M.L., Watkins L.R. & Maier S.F. (1993) Modulation of in vivo antibody response by a benzodiazepine inverse agonist (DMCM) administered centrally or peripherally. Physiology and Behavior, 54, 1149-1154

Flodmark O., Jan J.E. & Wong P.K.H. (1990) Computed tomography of the brains of children with cortical visual impairment. Developmental Medicine and Child Neurology, 32, 611-620

Flohr H. (1988) Post-lesion neuronal plasticity. Heidelberg: Springer

Flourens M.-J.-P. (1824) Recherches Expérimentales sur les Propriétés et les Fonctions du Système Nerveux dans les Animaux Vértebrés. Paris: J.B. Ballière

Flowers K. (1978) Lack of prediction in the motor behaviour in Parkinsonism. Brain, 101., 35-52

Flowers K.A. & Robertson C. (1985) The effect of Parkinson's disease on the ability to maintain a mental set. J. of Neurology, Neurosurgery and Psychiatry, 48., 517-529

Forster M.J., Popper M.D., Retz K.C. & Lal H. (1988) Age differences in acquisition and retention of one-way avoidance learning in C57BL/6nia and autoimmune mice. Behavioral and Neural Biology, 49, 139-151

Freese A., Sabel B.A., Saltzmann W.M., During M.J. & Langer R. (1989) Controlled release of dopamine from polymeric brain implant: in vitro chararcterization. Experimental Neurology, 103, 234-238, 1989

Freud S. (1937) Gesammelte Werke, Band XVI

Friedmann G. (1970) The judgment of the visual vertical and horizontal with peripheral and central vestibular lesions. Brain, 93, 313-328

Fries W. (1981) The projection from the lateral geniculate nucleus to the prestriate cortex of the macaque monkey. Proceedings Royal Society London, B 213., 73-80

Frith Ch. D. (1992) The Cognitive Neuropsychology of Schizophrenia. Hove (UK): Lawrence Erlbaum Associates Ltd.

Fujimoto N. & Adachi-Usami E. (1992) Effect of number of test points and size of test field in automated perimetry. Acta Ophthalmologica, 70., 323-326

Fuller R.W., Hemrick-Luecke S.K. & Ornstein P.L. (1992) Protection against amphetamine-induced neurotoxicity toward striatal dopamine neurons in rodents by LY 274 614, an excitatory amino acid antagonist. Neuropharmacology, 31, 1027-1032

Futterman A.D., Kemeny M.E., Shapiro D. Polonsky W. & Fahey J.L. (1992) Immunological variability associated with experimentally-induced positive and negative affective states. Psychological Medicine, 22, 231-238

Gaddes W. H. (1991) Lernstörungen und Hirnfunktion. Berlin: Springer Verlag

Galambos R., Makeig S. & Talmachoff P.J. (1981) A 40-Hz auditory potential recorded from the human scalp. Proceedings of the National Academy of Sciences, 78, 2643-2647

Galambros R.T., Norton T.T. & Frommer G.P. (1967) Optic tract lesions sparing pattern vision in cats. Experimental Neurology, 18., 8-25

Galletti C., Battaglini P.P. & Fattori P. (1993a) Parietal neurons encoding spatial locations in craniotopic coordinates. Experimental Brain Research, 96, 221-229

Galletti C., Battaglini P.P. & Fattori P. (1993b) Cortical mechanisms of visual space representation. Biomedical Research, 14, Supplement, 47-54

Gamper G. (1926) Bau und Leistungen eines menschlichen Mittelhirnwesens (Arhinen-cephalie mit Encephalocele) zugleich ein Beitrag zur Teratologie und Fasersystematik. Zeitschrift für die gesamte Neurologie und Psychiatrie, 48-120

Gaoni Y. & Mechoulam R. (1964) Isolation, structure and partial synthesis of an active constituent of hashish. J. Am. Chem. Soc. 86, 1646-1647

Gardner E.P. & Costanzo R.M.(1980) Temporal integration of multiple-point stimuli in primary somatosensory cortical receptive fields in alert monkeys. J. of Neurophysiology 43., 444-468

Gazzaniga M.S., Fendrich R. & Wessinger C.M. (1994) Blindsight reconsidered. Current Directions in Psychological Science, 3., 93-96

Geisler F.H., Dorsey F.C. & Coleman W.P. (1991) Recovery of motor function after spinal cord injury - A randomized, placebo-controlled trial with GM1-ganglioside. New England J. Medicine, 324., 1829-1887

Geisselhardt R. R. (1988) So merke ich mir Namen und Gesichter. München: Delphin Verlag

Gelb A. & Goldstein K. (1920) Psychologische Analysen hirnpathologischer Fälle. Leipzig: Verlag Johann Ambrosius Barth

Geschwind N. & Galaburda A. M. (1987) Cerebral Lateralization. London: The MIT Press

Geschwind N. & Galaburda A. M. (1987) Cerebral lateralization: Biological mechanisms, Associations, and Pathology. Cambridge: MIT Press

Ghanta V.K., Hiramoto R.N., Solvason B. & Spector H. (1987) Influence of conditioned natural immunity on tumor growth. Annals of the New York Academy of Science, 496, 637-646

Ghiselli E.E. (1938) The relationship between the superior colliculus and the striate area in brightness discrimination. J. genetic Psychology, 52., 151-157

Gjerris F. & Mellemgaard L. (1969) Transitory cortical blindness in head injury. Acta Neurologica Scandinavia, 45, 623-631

Glaser R., Kiecolt-Glaser J.K., Speicher C.E. & Holliday J.E. (1985) Stress, loneliness, and changes in herpesvirus latency. J. of Behavioral Medicine, 8, 249-260

Glaser R., Rice J., Speicher C.E., Stout J. & Kiecolt-Glaser J.K. (1986) Stress depresses interferon production by leukocytes concomitant with a decrease in natural killer cell activity. Behavioral Neuroscience, 100, 675-678

Glick S. D. & Shapiro R. M. (1985) Functional and neurochemical mechanisms of cerebral lateralization in rats. In S. D. Glick , Cerebral Lateralization in Nonhuman Species. 158-184. New York: Acdemic Press

Gnanalingham K.K., Smith L.A., Hunter A.J., Jenner P. & Marsden C.D. (1993) Alterations in striatal and extrastriatal D-1 and D-2 dopamine receptors in the MPTP-treated common marmoset: an autoradiographic study. Synapse 14, 184-194

Goebel C., Schmitt S, Hahmann U. & Güntürkün O. (1994) Lateralized interhemispheric crosstalk and asymmetric deficits after pulvinar lesions in pigeons: avian visual lateralization as a model for neglect? In: Kasten E., Janke W. & Sabel B. A. , Medizinische und Biologische Psychologie. 47-48. Königshausen & Neumann

Goldberg G. (1985) Supplementary motor area, structure and function: Review and hypotheses. The Behavioral And Brain Sciences, 8, 567-616

Goldberg M.E. (1993) The analysis of visuomotor space by the parietal cortex of monkey and man. Vortrag im Institut für Neurobiologie, Magdeburg, 1.Oktober 1993

Golden C. J. & Strider M.A. (1986) Forensic Neuropsychology. New York: Plenum Press

Goldfarb W. (1943) The effects of early institutional care on adolescent personality. J. of Experimental Education, 12, 106-129

Goldstein G. & Ruthven L. (1983) Rehabilitation of the Brain-Damaged Adult. N. Y.: Plenum Press

Goldstein K. (1919) Die Behandlung, Fürsorge und Begutachtung der Hirnverletzten. Leipzig: Verlag F. C. W. Vogel

Goltz F. (1881) Über die Verrichtungen des Grosshirns. Bonn: Emil Strauss Verlag

Goodale M. A. (1983) Visually guided pecking in the pigeon (Columba livia) Brain Behavior and Evolution, 22., 22-41

Goodale M.A. & Milner A.D. (1992) Separate visual pathways for perception and action. Trends Neuroscience, 15, 20-25

Goodale M.A., Milner A.D., Jakobson L.S. & Carey D.P. (1991) A neurological dissociation between perceiving objects and grasping them. Nature, 349., 154-155

Gotham A.M., Brown R.G. & Marsden C.D. (1988) 'Frontal' cognitive function in patients with Parkinson's disease 'on' and 'off' Levodopa. Brain, 111., 299-321

Grace A.A. (1991) Phasic versus tonic dopamine release and the modulation of dopamine system responsitivity: a hypothesis for the etiology of schizophrenia. Neuroscience, 41, 1-24

Graefe A. v. (1856) Ueber die Untersuchung des Gesichtsfeldes bei amblyopischen Affectionen. Archiv fuer Ophthalmologie, 2., 258-298

Gray C.M., König P., Engel A.K. & Singer W. (1989) Oscillatory responses in cat visual cortex exhibit intercolumnar synchronization which reflects global stimulus properties. Nature 338., 334-337

Gray C.S., French J.M., Bates D., Cartlidge N.E., Venables G.S. & James O.F. (1989) Recovery of visual fields in acute stroke: homonymous hemianopia associated with adverse prognosis. Age - Aging, 18. (6), 419-421

Gray J.A. & Rawlins J.N.P. (1986) Comparator and buffer memory: an attempt to integrate two models of hippocampal functions. In R. L. Isaacson und K.H. Pribham The hippocampus, S. 159-201. New York: Plenum Press

Gray P.H. (1958) Theory and evidence of imprinting in human infants. J. of Psychol., 46, 155-166

Graybiel A.M. & Moratella R. (1989) Dopamine uptake sites in the striatum are distributed differentially in striosome and matrix compartments. Proc. National Academic Sciences, 86, 9020-9024

Gregorova S., Ivanyi P., Simonova D. & Mickova M. (1977) H-2-associated differences in androgen-influenced organ weights of A and C57BL/10 mouse strains and their crosses. Immunogenetics, 4, 301

Gregory R.L. (1973) The confounded eye. In R.L. Gregory und E.H. Gombrich Illusion in nature and art., S. 49-96. Oxford: Freeman

Griffith J.F. & Dodge P.R. (1968) Transient blindness following head injury in children. The New England J. of Medicine, 278, 648-651

Gronwall D., Wrightson P. & Waddell P. (1993) Schädel-Hirn-Verletzungen. Heidelberg: Spektrum Akademischer Verlag

Grossmann K. (1977) Frühe Einflüsse auf die soziale und intellektuelle Entwicklung des Kleinkinds. Zeitschrift für Pädagogik 23/6, 847-880

Gruss M. & Braun K. (1996) Stimulus-evoked glutamate in the medio-rostral neostriatum/hyperstriatum ventrale of domestic chick after auditory filial imprinting: an in vivo microdialysis study. J. Neurochem. 66/3, 1167-1173

Grüsser O.-J. & Landis T. (1991) Visual agnosias and other disturbances of visual perception and cognition. In: Cronly-Dillon J.R.: Vision and visual dysfunction Vol. 12., Macmillan Press, Houndmills & London

Güntürkün O. & Hahmann U. (1994) Cerebral asymmetries and visual acuity in pigeons. Behavioural Brain Research, 60., 171-175

Güntürkün O. & Hoferichter H. H. (1985) Neglect after section of a left telencephalotectal tract in the pigeon. Behavioural Brain Research, 18., 1-9

Güntürkün O. & Kesch S. (1987) Visual lateralization during feeding in pigeons. Behavioral Neuroscience. 101., 433-435

Güntürkün O. & Melsbach G. (1992) Asymmetric tecto-rotundal projections in pigeons: Cues to the origin of lateralized binocular integration. In: Elsner N. & Richter D. W. Rhythmogenesis in Neurons and Networks (S. 364) Stuttgart: Thieme

Güntürkün O. (1985) Lateralization of visually controlled behavior in pigeons. Physiology and Behavior, 34., 575-577

Güntürkün O. (1993) The ontogeny of visual lateralization in pigeons. Germ. J. Psychol., 17., 276-287

Güntürkün O., Melsbach G., Hörster W. & Daniel S. (1993) Different sets of afferents are demonstrated by the two fluorescent tracers Fast Blue and Rhodamine. J. Neurosci. Methods. 49., 103-111

Gupta C. & Goldman E. (1982) H-2 histocompatibility region: Influence on the murine glucocorticoid receptor and its response. Science, 216, 994-996

Guttmann G. (1982) Lehrbuch der Neuropsychologie. Bern: Verlag Hans Huber

Hackley S.A. & Johnson L.N. (1996) Distinct early and late subcompinents of the photic blink reflex: I. Response characteristics in patients with retrogeniculate lesions. Psychophysiol. (im Druck)

Haltenhof H. & Schröter C. (1994) Depression beim Parkinson-Syndrom. Eine Literaturübersicht. Fortschritte Neurologie Psychiatrie, 62., 94-101

Harlow H.F. & Harlow M.K. (1962) Social deprivation in monkeys. Scientific Amer., 207, 137-146

Hart S. & Semple J. M. (1990) Neuropsychology and the Dementias. London: Taylor & Francis

Hartje W. et al. (1991) Zeitschrift für Neuropsychologie. Göttingen: Hans Huber

Hasler A. D. & Scholz A. T. (1983) Imprinting and Homing in the Salmon. Berlin: Springer-Verlag

Hassenstein B. (1973) Kindliche Entwicklung aus der Sicht der Verhaltensbiologie. Kinderarzt, 7,

Hassenstein B. (1987) Verhaltensbiologie des Kindes. Piper München, Zürich

Haxby J.V., Grady C.L., Horvitz B., Ungerleider L.G., Mishkin M., Carson R.E., Herscovith P., Schapiro M.B. & Rapoport P. (1991) Dissociation of object and spatial visual processing pathways in human extrastriate cortex. Proc. National Academic Society USA, 88, 1621-1625

Hebb D.O. (1966) A textbook of psychology. Philadelphia: Saunders

Heckhausen H. (1974) Entwicklung psychologisch betrachtet. In Weinert F.E. Pädagogische Psychologie, Frankfurt/M

Heeley D.W. & Timney B. (1988) Meridional anisotropies of orientation discrimination for sine wave gratings. Vision Research 28, 337-344

Heijl A., Lindgren A. & Lindgren G. (1989) Test-retest variability in glaucomatous visual fields. American J. of Ophthalmology, 108., 130-135

Heijl A., Lindgren G. & Olsson J. (1987) Normal variability of static perimetric threshold values across the central visual field. Archives Ophthalmology, 105., 1544-1549

Heilman K. M. & Van Den Abell T. (1980) Right hemisphere dominance for attention: the mechanisms underlying hemisphere asymmetries of inattention (neglect) Neurology, 30., 327-330

Heilman K. M., Valenstein E. (1993) Clinical Neuropsychology.Oxford: Oxford University Press

Heindel W.C., Salmon D.P., Shults C.W., Walicke P.A. & Butters N. (1989) Neuropsychological evidence for multiple implicit memory systems: a comparison of Alzheimer's, Huntington's, and Parkinson's disease patients. The J. of Neuroscience, 9., 582-587

Hellige J. B. (1983) Cerebral Hemisphere Asymmetry: Method, Theory and Application. New York: Praeger

Hellige J. B. (1990) Hemispheric asymmetry. Annual Review Psychology, 41., 55-80

Hemsley D. R. (1988) Psychological models of schizophrenia. In E. Miller und P. J. Cooper Adult abnormal psychology, S. 101-112, Edinburgh: Livingstone

Henschen S. E. (1910) Zentrale Sehstörungen. In: M.Lewandowsky Handbuch der Neurologie (Vol. 2) Berlin: Springer, 891-918

Hepper P. G. (1991) Kin Recognition. Cambridge: Cambridge University Press

Hepper P. G. & Waldman B. (1992) Embryonic olfactory learning in frogs. Quarterly J. of Experimental Psychology, 44,179-197

Hepper P. G., Shahidullah S. & White R. (1991) Handedness in the human fetus. Neuropsychologia, 29., 1107 - 1111

Herdegen T., Bastmeyer M., Bähr M., Stuermer C.A.O., Bravo R. & Zimmermann M. (1993) Expression of Jun, KROX, and CREB transcription factors in goldfish and rat retinal ganglion cells following optic nerve lesions is related to axonal sprouting. J. of Neurobiology, 24, 528-543

Herkenham M., Lynn A.B., Johnson M.R., Melvin L.S., de Costa B.R. & Rice K.C. (1991) Characterization and localization of cannabinoid receptors in rat brain: a quantitative in vitro autoradiographic study. J. Neurosci. 11, 563-583

Hermle L., Gouzoulis E., Oepen G., Spitzer M., Kovar K.A., Borchardt D., Fünfgeld M. & Berger M. (1993) Zur Bedeutung der historischen und aktuellen Halluzinogenforschung in der Psychiatrie. Nervenarzt 64, 562-571

Hess E.H. (1973) Imprinting. New York: Van Nostrand Reinhold Company

Hier D.B., Mondlock J. & Caplan L.R. (1983) Recovery of behavioral abnormalities after right hemisphere stroke. Neurology, 33., 345-350

Hill H. & Bruce V. (1993) Indepent effects of lighting, orientation, and stereopsis on the hollow-face illusion. Perception 22, 887-897

Hill L.E. (1930) Philosophy of a Biologist. London: Arnold

Hirsh I.J. & Sherrick C.E. (1961) Perceived order in different sense modalities. J. of Experimental Psychology 62., 423-432

Hodges J.R. & McCarthy R.A. (1993) Autobiographical amnesia resulting from bilateral paramedian thalamic infarction. Brain, 116., 921-940

Hoffman G.W. (1986) The smell of H-2. In G.W. Hoffman, J.G. Levy & G.T. Nepom , Paradoxes in Immunology (pp. 111-114) Boca Raton: CRC Press

Hoffman H.S. & Ratner A.M. (1973) A reinforcement model of imprinting: implications for socialization in monkeys and men. Psychological Reveiew 80, 527-544

Hogrefe-Verlag (1991) Hardware- und Software-Katalog 1991/92, Apparatezentrum. Hogrefe, Göttingen, 41-43

Hollister L.E. (1986) Health aspects of cannabis. Pharmacol. Rev. 38, 1-20

Holmes E.T. & Gross C.G. (1984a) Stimulus equivalence after inferior temporal lesions in monkeys. Behavioural Neuroscience 98, 5: 898-901

Holmes E.T. & Gross C.G. (1984b) Effects of inferior temporal lesions on discrimination of stimuli differing in orientation. J. Neuroscience, 4, 3063-3068

Holmes G. (1919) Disturbances of visual space perception. The British Medical J. 2, 230-233

Holthoff V.A., Vieregge P., Kessler J., Pietrzyk U., Herholz K., Bönner J., Wagner R., Wienhard K., Pawlik G. & Heiss W.-D. (1994) Discordant twins with Parkinsonïs disease: Positron Emission Tomography and early signs of impaired cognitive circuits. Ann. Neurol., 36., 176-182

Horel J.A. (1968) Effects of subcortical lesions on brightness discrimination acquired by rats without visual cortex. J. comparative physiol. Psychology, 65., 103-109

Hornykiewicz O. (1988) Neurochemical pathology and the etiology of Parkinson's disease: Basic facts and hypothetical possibilities. Mt. Sinai J. Medicine, 55., 11-20

Horton J.C. (1992) Comments to: Tanaka R., Miyasaka Y., Yada K. & Mukuno K.: Bilateral homonymous hemianopsia due tentorial herniation, with sparing of central vision: Case report. Neurosurgery, 31. (4), 790-791
Howard I.P. (1982) Human visual orientation. Wiley, Chichester
Howard J.C. (1977) H-2 and mating preferences. Nature, 266, 406-408
Hubel D.H. & Wiesel T.N. (1962) Receptive fields, binoculare interaction and functional architecture in the cat's visual cortex. J. Physiology, 160., 106-154
Hubel D.H. & Wiesel T.N. (1963) Receptive fields of cells in striate cortex of very young, visually inexperienced kittens. J. Neurophysiology, 26., 994-1002
Hubel D.H. & Wiesel T.N. (1965) Binoculare interaction in striate cortex of kittens reared with artificial squint. J. Neurophysiology, 28., 1041-1059
Hubel D.H. & Wiesel T.N. (1970) Lateral geniculate nucleus: Histological and cytochemical changes following afferent denervation and visual deprivation. Experimental Neurology, 9., 400-409
Hubel D.H. & Wiesel T.N. (1970) The period of susceptibility to the physiological effects of unilateral eye closure in kittens. J. Physiology, London, 206., 419-436
Hubel D.H. & Wiesel T.N. (1989) Die Verarbeitung visueller Information. In: Spektrum der Wissenschaft: Gehirn und Nervensystem, 123-134, Spektrum Verlagsgesellschaft, Heidelberg
Hubel D.H. (1989), Auge und Gehirn, Spektrum der Wissenschaft, Spektrum Verlagsgesellschaft, Heidelberg
Hudson R. & Altbäcker V. (1994) Development of feeding and food preference in the European rabbit: Environmental and maturational determinants. In B. G. Galef Jr., M. Mainardi & P. Valsecchi , Behavioral Aspects of Feeding (S.125.145) Chur: Harwood Academic Press
Hudson R. & Distel H. (1990) Development of olfactory function in newborn rabbits: Inborn and learned responses. In K. B. Doving , ISOT X, Proceedings 10th International Symposium on Olfaction and Taste (S. 216-225) Oslo: GCS A/S
Hudson R. (1985) Do newborn rabbits learn the odor stimuli releasing nipple-search behavior? Developmental Psychobiology,18, 575-585
Hudson R. (1993) Rapid odor learning in newborn rabbits: Connecting sensory input to motor output. German J. of Psychology,17, 267-275
Hughes A.J., Daniel S.E., Kilford L. & Lees A.J. (1992) Accuracy of clinical diagnosis of idiopathic Parkinson's disease: a clinico-pathological study of 100 cases. J. of Neurology, Neurosurgery and Psychiatry, 55., 181-184
Hüll M. & Bähr M. (1994) Regulation of immediate early gene expression in rat retinal ganglion cells after axotomy und during regeneration through a peripheral nerve graft. J. of Neurobiology, 25, 92-105
Humphrey N.K. (1974) Vision in a monkey without striate cortex: a case study. Percept., 3., 241-255
Humphreys G.W. & Riddoch M.J. (1995) Separate coding of space within and between perceptual objects: evidence from unilateral visual neglect. Cognitive Neuropsychology, 12, 283-311

Immelmann K. & Grossmann K.E. (1981) Phasen kindlicher Entwicklung. In Wendt, H. Loacker N. Der Mensch. (S. 130-188) Kindler Verlag AG Zürich
Immelmann K. & Suomi S.J. (1982) Sensible Phasen der Verhaltensentwicklung. In Immelmann K., Barlowe G.W., Petrinovich L., Main M. Verhaltensentwicklung bei Mensch und Tier. (S. 508-543) Verlag Paul Parey Berlin, Hamburg
Inhoff A.W., Pollatsek A., Posner M.I. & Rayner K. (1989) Covert attention and eye movement during reading. Quarterly J. Experimental Psychology, 41. (1), 63-89
Irwin M., Daniels M., Smith T.L., Bloom E. & Weiner H. (1987) Impaired natural killer cell activity during bereavement. Brain, Behavior and Immunity, 1, 98-104
Irwin M., Patterson T., Smith T.L., Caldwell C., Brown J., Gillin J.C. & Grant I .(1990) Reduction of immune function in life stress and depression. Biological Psychiatry, 27, 22-30
Ishigami T. (1918) The influence of psychic acts on the progress of pulmonary tuberculosis. American Review of Tuberculosis, 2, 470-484
Ivanyi P. (1978) Some aspects of the H-2 system, the major histocompatibility system in the mouse. Proceedings of the Royal Society, London, Series B, 202, 117

Jacobi P. (1989) Psychologie in der Neurologie. Berlin: Springer Verlag
Janeway C.A. & Travers P. (1995) Immunologie. Heidelberg: Spektrum Akademischer Verlag
Jankovic B.D. & Spector N.H. (1986) Effects on the immune system of lesioning and stimulation of the nervous system: Neuroimmunomodulation. In N.P. Plotnikoff R.E., Faith, A.J. Murgo & R.A. Good Enkephalitis and Endorphins: Stress and Immune System (S. 189-220) New York: Plenum Press
Janowsky J.S., Shimamura A.P. & Squire L.R. (1989) Memory and metamemory: Comparisons between patients with frontal lobe lesions and amnesic patients. Psychobiology 17., 3-11
Javitt D. & Zukin S. (1991) Recent advances in the phencyclidine model of schizophrenia. American J. Psychiatry 148, 1301-1308
Jenkins W. & Merzenich M. (1992) Cortical representational plasticity: Some implications for the bases of recovery from brain damage. In: von Steinbüchel N., von Cramon D.Y., Pöppel E. Neuropsychological Rehabilitation. Berlin: Springer, 20-35
Jern C., Wadenvik H., Mark H., Hallgren J. & Jern S. (19..) Haematological changes during acute mental stress. British J. of Haematology, 71, 153-156
Jesshope H.J., Clark M.S. & Smith D.S. (1991) The Rivermead Perceptual Assessment Battery: its application to stroke patients and relationship with function. Clinical Rehabilitation, 5, 115-122
Jetter W., Poser U., Freeman R.B. Jr. & Markowitsch H.J. (1986) A verbal long term memory deficit in frontal lobe damaged patients. Cortex, 22., 229-242
Jürgens E. & Rösler F. (1995a) How do alpha oscillations influence gamma band activity? Commentary on Pulvermüller on brain rhythms. Psycoloquy, (in press)
Jürgens E., Rösler F., Henninghausen E. & Heil M. (1995b) Stimulus induced gamma oscillations: harmonics or alpha activity? NeuroReport, 6, 813-816

Kaas J.H. (1991) Plasticity of sensory and motor maps in adult mammals. Annual Review of Neuroscience, 14., 137-167
Kaas J.H., Krubitzer L.A., Chino Y.M., Langston A.L., Polley E.H. & Blair N. (1990) Reorganization of retinotopic cortical maps in adult mammals after lesions of the retina. Science, 248., 229-231
Kaba H. & Keverne E. B. (1992) Analysis of synaptic events in the mouse accessory olfactory bulb with current source-density techniques. Neuroscience, 49, 247-254
Kalil R. E. & Dubin M. W. (1988) The role of action potentials in the morphological development of retinogeniculate connections in the cat. In: Bentivoglio M. & Spreafico R. Cellular Thalamic Mechanisms. 479-488. Elsevier
Kandel E., Schwartz J.H. & Jessel T.M. (1996) Neurowissenschaften. Heidelberg:
Kanizsa G. (1976) Subjective contours. Scientific American, 235, 48-52
Kapur N., Ellison D., Parkin A.J., Hunkin N.M., Burrows E., Sampson S.A. & Morrison E.A. (1994) Bilateral temporal lobe pathology with sparing of medial temporal lobe structures: Lesion profile and pattern of memory disorder. Neuropsychologia, 32., 23-38
Kaschel R. (1994) Neuropsychologische Rehabilitation von Gedächtnisleistungen. Weinheim: Beltz Psychologie Verlags Union
Kasten E. & Sabel B.A. (1995) Visual field enlargement after computer training in brain damaged patients with homonymous deficits: an open pilot trial. Restorative Neurology and Neurosciences, 8. (3), 113-127
Kasten E. (1994a) Behandlungsmöglichkeiten homonymer Hemianopsien - Überblick und neue Therapieansätze. Aktuelle Augenheilkunde, 19., 29 - 38
Kasten E. (1994b) Therapie von Sehstörungen nach hirnorganischen Schäden. Praxis Ergotherapie, 7. (2), 83-87
Kasten E. (1995) Lesen, merken und erinnern. Dortmund: Borgmann Publishing
Kasten E., Janke W. & Sabel B.A. (1994) Medizinische und Biologische Psychologie. Verlag Königshausen und Neumann
Kasten E., Wiegmann U. & Sabel B.A. (1994) Rehabilitation zerebral bedingter Gesichtsfeldeinschränkungen. Zeitschrift für Neuropsychologie, 2., 127-150

Katsuura G., Arimura A., Koves K. & Gottchall P.E. (1990) Involvement of organum vasculosum of lamina terminalis and preoptic area in interleukin-1 beta induced ACTH release. American J. of Physiology (Endocrinology and Metabolism), 258, E163-E171

Keane J.R. (1979) Blinking to sudden illumination. Archives of Neurology, 36., 52-53

Keefe K.A., Zigmond M.J. & Abercrombie E.D. (1992) In vivo regulation of extracellular dopamine in the neostriatum: influence of impulse activity and local excitatory amino acids. Neuroscience, 47, 325-332

Keller S.E., Schleifer S.J. & Demetrikopoulos M.K. (1991) Stress-induced changes in immune function in animals: Hypothalamus-pituitary-adrenal influences. In R. Ader D. Felten & N. Cohen Psychoneuroimmunology (2nd ed.) (S. 377-402) San Diego: Academic Press

Kelley K.W. & Dantzer R. (1986) Is conditioned immunosuppression really conditioned? Behavioral and Brain Sciences, 9, 758-760

Kelley K.W. (1991) Growth hormone in immunobiology. In R. Ader D. Felten & N. Cohen Psychoneuroimmunology (2nd ed.) (S. 377-402) San Diego: Academic Press

Kendrick K. M., Levy F. & Keverne E. B. (1992) Changes in the sensory processing of olfactory signals induced by birth in sheep. Science, 256, 833-836

Kent S., Bluthe R.M., Kelley K.W. & Dantzer R (1992) Sickness behavior as a new target for drug development. Trend in Pharmacology, 13, 24-28

Kerkhoff G. (1993) Displacement of the egocentric visual midline in altitudinal postchiasmatic scotomata. Neuropsychologia 31, 261-265

Kerkhoff G., Genzel S. & Marquardt C. (1994) Standardisierte Analyse visuell-räumlicher Wahrnehmungsleistungen - Untersuchungen zur Reliabilität und Validität. Nervenarzt, 65, 689-695

Kerkhoff G. & Marquardt C. (1993) Standardisierte Analyse visuell-räumlicher Wahrnehmungsleistungen (VS) Konstruktion des Verfahrens und Anwendungen. Nervenarzt, 64, 511-516

Kerkhoff G. & Marquardt C. (1995a) VS - A new computer program for detailed offline analysis of visual-spatial perception. J. of Neuroscience Methods, 63, 75-84

Kerkhoff G. & Marquardt C. (1995b) Quantitative Erfassung Visuell-Räumlicher Wahrnehmungsleistungen in der Neurorehabilitation. Neurologie & Rehabilitation, 2, 101-106

Kerkhoff G. & Marquardt C. (eingereicht) Standardized analysis of visual- spatial perception after brain damage

Kerkhoff G., Münßinger U. & Marquardt C. (1993) Sehen. In: Neuropsychologische Diagnostik (Hrsg. von Cramon D., Mai N., Ziegler W.); S. 1-38; VCH, Weinheim

Kerkhoff G., Münßinger U., Haaf E., Eberle-Strauss G. & Stögerer E. (1992) Rehabilitation of homonymous scotoma in patients with postgeniculate damage of the visual system: saccadic compensation training, Restorative Neurology and Neuroscience, 4, p. 245-254

Kertesz A. (1983) Localization in Neuropsychology. New York: Academic Press

Kertesz A. & Dobrowolski S. (1981) Right-Hemisphere Deficits, Lesion Size and Location. J. of Clinical Neuropsychology, 3, 283-299

Keverne E. B. & Kaba H. (1990) A neural mechanism for olfactory learning. In D. W. MacDonald, D. Müller-Schwarze & S. E. Natynczuk , Chemical Signals in Vertebrates 5 (S. 87-99) Oxford: Oxford University Press

Kiecolt-Glaser J.K. & Glaser R. (1991) Stress and immune function in humans. In R. Ader, D. Felten & N. Cohen Psychoneuroimmunology (2nd ed.) (S. 377-402) San Diego: Academic Press

Kiecolt-Glaser J.K., Dura J.R., Speicher C.E., Trask O.J. & Glaser R. (1991) Spousal caregivers of dementia victims: Longitudinal changes in immunity and health. Psychosomatic Medicine, 53, 345-362

Kiecolt-Glaser J.K., Garner W., Speicher C.E., Penn G. & Glaser R. (1984) Psychosocial modifiers of immunocompetence in medical students. Psychosomatic Medicine, 46, 7-14

Kiecolt-Glaser J.K., Glaser R., Shuttleworth E.C., Dyer C.S., Ogrocki P. & Speicher E.E. (1987) Chronic stress and immunity in family caregivers of Alzhiemer`s disease victims. Psychosomatic Medicine, 49, 532-535

Kiecolt-Glaser J.K., Glaser R., Strain E.C., Stout J.C., Tarr K.L., Holliday J.E. & Speicher C.E. (1986) Modulation of cellular immunity in medical students. J. of Behavioral Medicine, 9, 5-21

Kiecolt-Glaser J.K., Glaser R., Williger D., Stout J.C., Messick G., Sheppard S., Ricker D., Romisher S.C., Briner W., Bonnell G. & Donnerberg R. (1985) Psychosocial enhancement of immunocompetence in a geriatric population. Health Psychology, 4, 25-41

Kiecolt-Glaser J.K., Kennedy S., Malkoff S., Fisher L., Speicher C.E. & Glaser R. (1988) Marital discord and immunity in males. Psychosomatic Medicine, 50, 213-229.

Kim Y, Morrow L, Passifiume D. & Boller F. (1984) Visuoperceptual and visuomotor abilities and locus of lesion. Neuropsychologia 23, 177-186

Kimura D. & Archibald Y. (1974) Motor functions of the left hemisphere. Brain, 97., 337-350

Kindermann U., Hudson R. & Distel H. (1994) Learning of suckling odors by newborn rabbits declines with age and suckling experience. Developmental Psychobiology, 27,111-122

King S.M., Azzopardi P., Cowey A., Oxbury J. & Oxbury S. (1996a) The role of light scatter in the residual visual sensitivity of patients with complete cerebral hemisperectomy. Visual Neuroscience, 13., 1-13

King S.M., Ptito A., Azzopardi P. & Cowey A. (1996b) Perception of motion in depth in patients with partial or complete hemispherectomy. Behavioural Brain Research

Kisvarday Z., Cowey A., Stoerig P. & Somogyi P. (1991) The retinal input into the degenerated dorsal lateral geniculate nucleus after removal of striate cortex in the monkey: implications for residual vision. Experimental Brain Research, 86., 271-292

Klaus M.H. & Kennell J.H. (1976) Maternal-infant bonding: The impact of early separation or loss on family development. Mosby, St. Louis

Klein J. (1991) Immunologie. Weinheim, VHC Verlagsgesellschaft

Klimesch W. (1988) Struktur und Aktivierung des Gedächtnisses. Bern: Hans Huber

Klivington K. A. (1988) Gehirn und Geist. Heidelberg: Spektrum Akademischer Verlag

Klockgether T. & Turski L. (1989) Excitatory amino acids and the basal ganglia: implications for the therapy of Parkinson's disease. TINS 12, 285-286

Klockgether T. & Turski L. (1990) NMDA antagonists potentiate antiparkinsonian actions of L-DOPA in monoamine-depleted rats. Annual Neurology, 28, 539-546

Klockgether T. & Turski L.(1993) Toward an understanding of the role of glutamate in experimental parkinsonism: agonist-sensitive sites in the basal ganglia. Annual Neurology, 34, 585-593

Klosterhalfen S. & Klosterhalfen W. (1987) Classically conditioned effects of cyclophosphamide on white blood cell counts in rats. Annals of the New York Academy of Science, 496, 569-577

Klüver H. (1941) Visual functions after removal of the occipital lobes. J. pf Psychology, 11., 23-45

Knapp P.H., Levy E.M., Giorgi R.G., Black P.H., Fox B.H. & Heeren T.C. (1992) Short-term immunological effects of induced emotion. Psychosomatic Medicine, 54, 133-148

Knudsen E. I. (1982) Auditory and visual maps of space in the optic tectum of the owl. J. of Neuroscience, 2, 1177-1194

Köhler U., Schröder H., Augustin W. & Sabel B.A. (1994) A new model of dopamine supersensitivity using s.c. implantation of haloperidol releasing polymers. Neuroscience Letters 170, 99-102

Kolb B. & Whishaw I. Q. (1993) Neuropsychologie. Heidelberg: Spektrum Akademischer Verlag

Kölmel H.W. (1984) Coloured patterns in hemianopic fields. Brain, 107., 155-167

Kölmel H.W. (1985) Complex visual hallucinations in the hemianopic field. J. of Neurology, Neurosurgery and Psychiatry, 48., 29-38

Kölmel H.W. (1988) Die homonymen Hemianopsien. Klinik und Pathophysiologie zentraler Sehstörungen, Springer Verlag, Berlin

Korneva E. (1987) Electrophysiological analysis of brain function to antigen. Annals of the New York Academy of Sciences, 496, 318-337

Kornhuber J. & Kornhuber M.E. (1986) Presynaptic dopaminergic modulation of cortical input to striatum. Life Science, 39, 669-674

Kosnik E., Paulson G.W. & Laguna J.F. (1976) Postictal blindness. Neurology, 26, 248-250

Kostyk S.K., D'Amore P.A., Herman I.M. & Wagner J.A. (1994) Optic nerve injury alters basic fibroblast growth factor localization in the retina and optic tract. The J. of Neurosci., 14, 1441-1449

Krebs M.O., Trovero F., Desban M., Gauchy C., Glowinski J. & Kemel M.L. (1991) Distincz presynaptic regulation of dopamine release through NMDA receptors in striosome- and matrix-enriched areas of the rat striatum. J. Neuroscience, 11, 1256-1262

Kreutz M.R., Böckers T.M., Bockmann J., Weise J., Schmitt U. & Sabel B.A. (1995) NMDA R1 splicing is altered in the retinal ganglion cell layer after optic nerve crush. Soc. Neurosci. Abstr. 21

Kreutz M.R., Böckers T.M., Weise J. & Sabel B.A. (1995) Retinal excitotoxicity alters the topography of retino-tectal projections in the rat. Abstract beim Symposium Brain Plasticity, Düsseldorf, 1-2July

Kristeva-Feige R., Feige B., Makeig S., Ross B. & Elbert T. (1993) Oscillatory brain activity during human sensorimotor integration. NeuroReport, 4, 1291-1294

Kujala T., Alho K., Paavilainen P., Summala H. & Näätänen R. (1992) Neural plasticity in processing of sound location by the early blind: an event-related potential study. Electroencephalograpy and clinical Neurophysiology, 84., 469-472

Kulkarni S.K. & Verma A. (1991) Glutamate-dopamine receptor interactions in neuropsychiatric disorders. Drugs Today 27, 255-270

Kuo Z.Y. (1932) Ontogeny of embryonic behavior in aves. III. the structural and environmental factors in embryonic behavior. J. of Comparative Psychology, 13., 245-271

Kuratorium ZNS (1994) Computer helfen heilen, Softwarekatalog, II. Auflage, 85-130

Kusnecov A., King M.G. & Husband A.J. (1989) Immunomodulation by behavioral conditioning. Biological Psychology, 28, 25-39

La Rue A. (1992) Aging and Neuropsychological Assessment. New York: Plenum Press

LaBerge D. & Buchsbaum M.S. (1990) Positron emission tomographic measurements of pulvinar activity during an attention task. J. of Comparative Neurology, 10., 613-619

Lachenmayr B.J. & Vivell P.M.O. (1992) Perimetrie. Thieme Verlag Stuttgart, New York

Lange K.W., Robbins T.W., Marsden C.D., James M., Owen A.M. & Paul G.M. (1992) L-dopa withdrawal in Parkinson's disease selectively impairs cognitive performance in tests sensitive to frontal lobe dysfunction. Psychopharmacology, 107., 394-404

Lassen N.A., Ingvar D.H. & Skinhoj E. (1977) Brain function and blood flow. Scientific American 239 (4), 50-59

Laudenslager M.L. (1994) Research Perspectives in Psychoneuroimmunology IV, 1993. Pychoneuroendocrinology, 19, 751-763

Laudenslager M.L., Ryan S.M., Drugan R.C., Hyson R.L. & Maier S.F. (1983) Coping and immunosuppression: Inescapable but not excapable shock suppresses lymphocyte proliferation. Science, 223, 568-570

Lees A.J. & Smith E. (1983) Cognitive deficits in the early stages of Parkinson's disease. Brain, 106., 257-270

Lehner B. & Eich F. X. (1990) Neuropsychologisches Funktionstraining für hirnverletzte Patienten. München: Psychologie Verlags Union

Leidermann P.H. (1982) Die soziale Bindung der Mutter an das Kond: Gibt es eine sensible Phase?. In Immelmann K., Barlowe G.W., Petrinovich L., Main M. Verhaltensentwicklung bei Mensch und Tier. (S. 566-580) Verlag Paul Parey Berlin, Hamburg

Lenz H. (1944) Raumsinnstörungen bei Hirnverletzungen. Dt. Zeitschr. Nervenheilkd., 157, 22-64

Leporé F., Ptito M., Cardu B. & Dumont M. (1976) Effects of striatectomy and colliculectomy on achromatic thresholds in the monkey. Physiology & Behavior, 16., 285-291

Levin H. S., Eisenberg H.M. & Benton A.L. (1991) Frontal Lobe Function and Dys-function. Oxford: Oxford University Press

Lezak M. D. (1995) Neuropsychological Assessment. Oxford: Oxford University Press

Lhermitte F. (1986) Human autonomy and the frontal lobes: Part II. Patient behavior in complex and social situations: The 'environmental dependency syndrome'. Annals of Neurology, 19., 335-343

Lillrank S. M., O'Connor W.T., Saransaari P. & Ungerstedt U. (1994) In vivo effects of local and systemic phencyclidine on the extracellular levels of catecholamines and transmitter amino acids in the dorsolateral striatum of anaesthetized rats. Akta Physiology Scand., 150, 109-115

Livnat S., Felten S.Y., Carlson S.L., Bellinger D.L. & Felten D.L. (1985) Involvement of peripheral and central catecholamine systems in neural-immune interactions. J. of Neuroimmunol., 10, 5-30

Llinas R. & Ribary U. (1993) Coherent 40-Hz oscillation characterizes dream state in humans. Proceedings of the National Academy of Sciences, 90, 2078-2081

Lonart G. & Zigmond M.J. (1991a) High glutamate concentrations evoke Ca(2+)-independent dopamine release from striatal slices: a possible role of reverse dopamine transport. J. Pharmacology Exp. Therapy, 256, 1132-1138

Lonart G. & Zigmond M.J. (1991b) Incubation nof tissue slices in the absence of Ca(2+) and Mg(2+) can cause nonspecific damage. J. Neurochem. 56, 1445-1448

Long C. J. & Ross L. K. (1992) Handbook of Head Trauma. New York: Plenum Press

Loopuijt L.D. (1989) Distribution of dopamine D-2 receptors in the rat striatal complex and ist comparison with acetylcholinesterase. Brain Research Bulletin, 22, 805-817

Lorber J. (1967) Recovery of vision following prolonged blindness in children with hydrocephalus or following pyogenic meningitis. Clinical Pediatrics, 6, 699-702

Lorenz K. (1935) Der Kumpan in der Umwelt des Vogels. J. für Ornithologie 83, 137-413

Lurija A. R. (1973) The Working Brain. New York: Penguin Books

Lurija A. R. (1991) Der Mann, dessen Welt in Scherben ging. Reinbek: Rowohlt Verlag

Lurija A. R. (1992) Das Gehirn in Aktion. Einführung in die Neuropsychologie. Reinbek bei Hamburg: Rowohlt Verlag

Luszyk D., Eggert F., Uharek L., Glass B., Müller-Ruchholtz W. & Ferstl R. (1992) Charakteristik der Eigengeruchsveränderung nach experimenteller Knochenmarktransplantation. Zeitschrift für Experimentelle und Angewandte Psychologie, 39, 249-262

Luszyk D., Wobst B., Eggert F., Zavazava N., Müller-Ruchholtz W. & Ferstl R. (1994) MHC-molecules and urine odor formation. Advances in the Biosciences, 93, 523-528

Lutzenberger W., Pulvermüller F. & Birbaumer N. (1994) Words and pseudowords elicit distinct patterns of 30-Hz activity in humans. Neuroscience Letters, 176, 115-118

Lutzenberger W., Pulvermüller F., Elbert T. & Birbaumer N. (1995) Local 40-Hz activity in human cortex induced by visual stimulation. Neuroscience Letters, 183, 39-42

Maag F. (1992) Fahrtauglichkeit. Göttingen: Hans Huber

Mach E. (1921) Die Prinzipien der physikalischen Optik. Leipzig: Verlag Johann Ambrosius Barth

MacKay W.A. (1992) Properties of reach-related neuronal activity in cortical area 7a. J. Neurophysiology,, 67, 1335-1345

Mackenzie J.N. (1896) The production of the so-called "rose cold" by means of an artificial rose. American J. of Medical Science, 91, 45-57

Madler C. & Pöppel E. (1987) Auditory evoked potentials indicate the loss of neuronal oscillations during general anaesthesia. Naturwissenschaften, 74, 42-43

Magnussen S. & Mathiesen T. (1989) Detection of moving and stationary gratings in the absence of striate cortex. Neuropsychologia, 27., 725-728

Maier S., Watkins L.R. & Fleshner M. (1994) Psychoneuroimmunology. The interface between behavior, brain, and immunity. American Psychologist, 49, 1004-1017

Maier V. & Scheich H. (1983) Acoustic imprinting leads to differential 2-fluoro-deoxyglucose-D-glucose uptake in the chick forebrain. Proc. National Academy of Science USA, 80, 3860-3864

Manning C.J., Wakeland E.K. & Potts W.K. (1992) Communal nesting patterns in mice implicate MHC genes in kin recognition. Nature, 360, 581-583

Manns M. & Güntürkün O. (1993) Development of the retinotectal system in the pigeon is accompanied by shifting c-fos expression. In: Elsner N. & Heisenberg M. Gene - Brain - Behaviour (S. 450) Stuttgart: Thieme

Manns M. & Güntürkün O. (1994) Plasticity in the visual system of the pigeon, In: Elsner N. & Breer H. , Göttingen Neurobiology Report (S. 135) Stuttgart: Thieme

Margolin D. I. (1992) Cognitive Neuropsychology in Clinical Practice. Oxford University Press.

Markowitsch H.J. (1985) Hypotheses on mnemonic information processing by the brain. International J. of Neuroscience, 27., 191-227

Markowitsch H.J. (1988a) Diencephalic amnesia: a reorientation towards tracts? Brain Research Reviews, 13., 351-370

Markowitsch H.J. (1988b) Long term memory processing in the human brain: On the influence of individual variations. In J. Delacour & J.C.S. Levy , Systems with learning and memory abilities (pp. 153-176) Amsterdam: North-Holland

Markowitsch H.J. (1988c) Individual differences in memory performance and the brain. In H.J. Markowitsch (Ed.), Information processing by the brain (pp. 125-148) Toronto: Huber
Markowitsch H. J. (1992) Neuropsychologie des Gedächtnisses. Göttingen: Hogrefe
Markowitsch H.J. (1994) Zur Repräsentation von Gedächtnis im Gehirn. In M. Haupts, H. Durwen, W. Gehlen & H.J. Markowitsch , Neurologie und Gedächtnis (S. 8-28) Bern: Huber
Markowitsch H.J. (1995a) Anatomical basis of memory disorders. In M.S. Gazzaniga (Ed.), The cognitive neurosciences (pp. 665-679) Cambridge, MA: MIT Press
Markowitsch H.J. (1995b) Which brain regions are critically involved in the retrieval of old episodic memory? Brain Research Reviews, 21, 117-127
Markowitsch H.J., Calabrese P., Haupts M., Durwen H.F., Liess J. & Gehlen W. (1993a) Searching for the anatomical basis of retrograde amnesia. J. of Clin. Experim. Neuropsychol., 15., 947-967
Markowitsch H.J., Calabrese P., Liess J., Haupts M., Durwen H.F. & Gehlen W. (1993b) Retrograde amnesia after traumatic injury of the temporo-frontal cortex. J. of Neurology, Neurosurgery and Psychiatry, 56., 988-992
Markowitsch H.J., Emmans D., Irle E., Streicher M. & Preilowski B. (1985b) Cortical and subcortical afferent connections of the primate's temporal pole. A study using rhesus monkeys, squirrel monkeys, and marmosets. J. of Comparative Neurology, 242., 425-458
Marsden C.D. (1982) The mysterious motor function of the basal ganglia: The Robert Wartenberg Lecture. Neurology, 32., 514-539
Marshall J.C. & Halligan P.W. (1988) Blindsight and insight in visuo-spatial neglect. Nature, 336., 766-767
Marshall J.F., Navarette R. & Joyce J.N. (1989) Decreased striatal D1 binding density following mesotelencephalic 6-hydroxydopamine injections: an autoradiographic study. Brain Res., 493, 247-257
Marshall J.F., O'Dell S.J. & Weihmuller F.B. (1993) Dopamine-glutamate interactions in methamphetamine-induced neurotoxicity. J. Neural Transmitter, 91, 241-254
Martin L.J., Blackstone C.D., Huganir R.L. & Price D.L. (1992) Cellular localization of metabotropic glutamate receptor in the rat brain. Neuron 9, 259-270
Marzi C.A., Tassinari G., Aglioti S. & Lutzemberger L. (1986) Spatial summation across the vertical meridian in hemianopics: a test of blindsight. Neuropsychologia, 24., 749-758
Mates J., Müller U., Radil T. & Pöppel E. (1994) Temporal integration in senorimotor synchronization. J. of Cognitive Neuroscience, 6., 332-340
Maura G., Giardi A. & Raiteri M., J. (1988) Release-regulating D2 dopamine receptors are located on striatal glutamatergic nerve terminals. Pharmacology Exp. Therapy, 247, 680-684
Mauritz K.-H. & Hömberg V. (1991) Neurologische Rehabilitation 1. Bern: Hans Huber
Mauritz K.-H. & Hömberg V. (1992) Neurologische Rehabilitation 2. Bern: Hans Huber
McAuley F.D. (1964) Prolonged visual failure following cardiac arrest due to accidental hypothermia. British J. of Ophthalmology, 48, 628
McCabe B.J. & Horn G. (1988) Learning and memory: Regional changes in N-methyl-D-aspartate receptors in the chick brain after imprinting. Proceedings of the National Academy of Science USA, 85, 2849-2853
McClelland J.L. (1994) The organization of memory. A parallel distributed processing perspective. Revue Neurologique, 150., 570-579
McCormick J.P., Sommerville B.A., Eggert F., Wobst B. & Broom D.M. (1994) Gas chromatography and pattern matching of headspace samples from human sweat. Adv. in the Biosci., 93, 539-542
McCruden A.B. & Stimson W.H. (1991) Sex hormones and immune function. In R. Ader, D. Felten & N.Cohen Psychoneuroimmunology (2nd ed.) (S. 475-494) San Diego: Academic Press
McEwen B. (1987) Influences of hormones and neuroactive substances on immune function. In C.W. Cotman, R.E. Brinton, A. Galaburda, B. McEwen & D.M. Schneider The Immune-Endocrine Interaction (S. 71-90) New York: Raven Press
McFarland D.J. & Hotchin J. (1984) Behavioral sequelae to early postnatal cytomegalovirus infection in mice. Physiology and Behavior, 30, 881-884
McMillan T.A., Steward W.C. & Hunt H.H. (1992) Association of reliabilty with reproducibility of the glaucomatous visual field. Acta Ophthalmologica, 70., 665-670

Mehta Z., Newcombe F. & Damasio H. (1987) A left hemisphere contribution to visuospatial processing. Cortex, 23, 447-461

Meier M. J., Benton A. L. & Diller L. (1987) Neuropsychological Rehabilitation. London: Churchill Livingstone

Melsbach G., Hahmann U., Waldmann C. M. & Güntürkün O. (1991) Morphological asymmetries of the optic tectum of the pigeon. In: Elsner N. & Penzlin H. Synapse - Transmission - Modulation (S. 553) Stuttgart: Thieme

Melsbach G., Wohlschläger A. & Güntürkün O. (1996) Morphological asymmetries of motoneurons innervating upper extremities: clues to the anatomical foundations of handedness? (eingereicht)

Mengod G, Villaro MT, Landwehrmayer GB, Martinez-Mir MI, Niznik HB, Sunahara RK, Seeman P., O'Dowd, Probst A. & Palacios J.M. (1992) Visualization of dopamine D-1, D-2 and D-3 receptor mRNA in human and rat brain. Neurochem. Int. 20, 33-43

Merzenich M., Jenkins W., Johnston P., Schreiner C., Miller S. & Tallal P. (1996) Temporal processing deficits of language-learning impaired children ameliorated by training. Science 271., 77-81

Messing B. & Gänsehirt H. (1987) Follow-up of visual field defects with vascular damage of the geniculostriate visual pathway. Neuroophthalmology, 7., 321-342

Metal'nikov S. & Chorine V. (1926) Role des reflexes conditionnels dans l'immunite. Annales de l'Institute Pasteur Paris, 40, 893-900

Metzger M, Jiang S, Wang J, Braun K, Hemmings HC & Greengard P (1995) Dopaminergic innervation of imprinting relevant forebrain areas in the domestic chick. European J. for Neuroscience, Suppl. 8, 22

Metzger M, Jiang Sh, Wang J & Braun K. (1996) Organization of the dopaminergic innervation of forebrain areas relevant to learning: A combined immunohistochemical/retrograde tracing study in the domestic chick. (Eingereicht)

Metzger M., Bischof H. J. & Braun K. (1994) Dopamine in learning relevant forebrain areas of the domestic chick: a combined immunohistochemical/tracing study. Soc. Neurosci. 20, 414.20

Meudell P.R. (1992) Irrelevant, incidental and core features in the retrograde amnesia associated with Korsakoff's psychosis: a review. Behavioural Neurology, 5., 67-74

Mihailovic L.T., Cupic D. & Dekleva N. (1971) Changes in the number of neurons and glia cells in the lateral geniculate nucleus of the monkey during retrograde cell degeneration. J. of Comparative Neurology, 142., 223-230

Miller E. & Morris R. (1993) The Psychology of Dementia. Chichester: John Wiley & Sons

Miller W.C. & Delong M., (1986) In: The basal ganglia (eds. Carpenter, M.B., Jayaraman, A.), Plenum Press, New York, 417-427

Milner A.D., Perrett D.I., Johnston R.S., Benson P.J., Jordan T.R., Heeley D.W., Bettucci D., Mortara F., Mutani R., Terazzi E. & Davidson D.L.W. (1991) Perception and action in 'visual form agnosia'. Brain, 114, 405-428

Mitchell I.J., Clarke C.E., Boyce S., Robertson R.G., Peggs D., Sambrook M.A. & Crossman A.R. (1989) Neural mechanisms underlying parkinsonian symptoms based upon regional uptake of 2-deoxglucose in monkeys exposed to 1-methyl-4-phenyl-1,2,3,6-tetrahydropyridine. Neuroscience 32, 213-226

Moghaddam B.S., Gruen R.J., Roth R.H., Bunney B.S. & Adams R.N. (1990) Effects of L-glutamate on the release of striatal dopamine: in vivo dialysis and electrochemical studies. Brain Research, 518, 55-60

Mohler C.W. & Wurtz R.H. (1978) Role of striate cortex and superior colliculus in the guidance of saccadic eye movements in monkeys. J. of Neurophysiology, 40., 74-94

Mohr E., Fabrini G., Ruggieri S., Fedio P. & Chase T.N. (1987) Cognitive concomitants of dopamine system stimulation in Parkinson's disease. J. of Neurol., Neurosurg. Psychiatry, 50., 1192-1196

Moltz H. (1960) Imprinting: Empirical basis and theoretical significance. Psychol. Bull., 57, 291-314

Monyer H., Sprengel R., Schoepfer R., Herb A. HuguchiLomeli H., Burnashev N., Sakman B. & Seeburg P.H. (1992) Heteromeric NMDA receptors: molecular and functional distinction of subtypes. Science 1256, 1217-1221

Moore R.Y., Speh J.C. & Card J.P. (1995) The retinohypothalamic tract originates from a distinct subset of retinal ganglion cells. J. of Comparative Neurology, 352., 351-366

Morel A. & Bullier J. (1990) Anatomical segregation of two cortical visual pathways in the macaque monkey. Visual Neuroscience, 4, 555-578

Morgagni G.B. (1719) Adversaria anatomica omnia. Patavii: Excudebat Josephus Cominus.

Morley J.E., Kay N.E., Solomon G.F. & Plotnikoff N.P. (1987) Neuropeptides: Conductors of the immune orchestra. Life Sciences, 41, 527-544

Mormede P., Dantzer R., Michaud B., Kelley K.W. & LeMoal M. (1988) Influence of stressor predictability and behavioral control on lymphocyte reactivity, antibody responses and neuroendocrine activation in rats. Physiology and Behavior, 43, 577-583

Moscovitch M. & Olds J. (1982) Asymmetries in spontaneous facial expression and their possible relation to hemispheric specialization. Neuropsychologica, 20., 71-82

Moscovitch M., Kapur S., Köhler S. & Houle S. (1995) Distinct neural correlates of visual long-term memory for spatial location and object identity: A positron emission tomography study in humans. Proceedings National Academic Sciences, USA, 92, 3721-3725

Movshon J. A. & Van Sluyters R. C. (1981) Visual neural development. Ann. Rev. Psychol., 32., 477-522

Mumford D. (1991) On the computational architecture of hte neocortex. Biol. Cybern. 65, 135-145

Munck A. & Guyre P.M. (1991) Glucocorticoids and immune function. In R. Ader, D. Felten & N. Cohen Psychoneuroimmunology (2nd ed.) (S. 447-475) San Diego: Academic Press

Munk H. (1879a) Physiologie der Sehsphäre der Grosshirnrinde. Centralblatt für Praktische Augenheilkunde, 3., 255-266

Munk H. (1879b) Weitere Mitteilungen zur Physiologie der Sehsphäre der Grosshirnrinde. Verhandlungen der Physiologischen Gesellschaft zu Berlin, 581-594

Munro S., Thomas K.L. & Abu Shaar M. (1993) Molecular characterization of a peripheral receptor for cannabinoids. Nature 365, 61-65

Münzel K. (1993) Depression und Erleben von Dauer. Berlin: Springer

Murthy V.N. & Fetz E.E. (1992) Coherent 25- to 35-Hz oscillations in the sensorimotor cortex of awake behaving monkeys. Proceedings of the National Academy of Sciences, 89, 5670-5674

Myashita Y. (1993) Inferior temporal cortex: where visual perception meets memory. Annual Review Neuroscience, 16, 245-263

Näätänen R. (1995) The mismatch negativity - a powerful tool for cognitive neuroscience. Ear & Hearing 16 (1), 6-18

Naliboff B.D., Benton D., Solomon G.F., Morley J.E., Fahey J.L., Bloom E.T., Makinodan T. & Gilmore S.L. (1991) Immunological changes in young and old adults during brief laboratory stress. Psychosomatic Medicine 53, 121-132

Nance D.M., Rayson D. & Carr R.I. (1987) The effects of lesions in the lateral septal and hippocampal areas on the humoral immune response of adult female rats. Brain, Behavior and Immunity, 1, 292-305

Newton I. (1704) Opticks. London: Smith & Walford. (Reprinted 1952, New York: Dover Publications)

Nichelli P., Rinaldi, M. & Cubelli R. (1989) Selective spatial attention and length representation in normal subjects and in patients with unilateral spatial neglect. Brain and Cognition 9, 57-70

Niesel P. (1970) Streuung perimetrischer Untersuchungsergebnisse. Ophthalmologica, 161., 180

Norden L.C. (1989) Reliability in perimetry. J. of the Am. Optometric Association, 60., 880-890

Norton A.C. & Clark G. (1963) Effects of cortical and collicular lesions on brightness and flicker discrimination in the cat. Vision Research, 3., 29-44

O'Leary A. (1990) Stress, emotion, and human immune function. Psychol. Bulletin, 108, 363-382

Ohishi H., Shigemoto R., Nakanishi S. & Mizuno N. (1993) Distribution of mRNA for a metabotropic glutamate receptor (mGluR5) in the rat brain: an in situ hybridization study. J. Comp. Neurology, 335, 252-266

Ohtsuka H., Tanaka Y., Kusonoki M. & Sakata H. (1995) Neurons in monkey parietal association cortex sensitive to axis orientation. J. of Japanes Ophthalmological Society, 99, 59-67

Oldigs-Kerber J. & Leonard J. P. (1992) Pharmakopsychologie. Stuttgart: Gustav Fischer Verlag

Orsini D. L., Van Gorp W. G. & Boone K. B. (1988) The Neuropsychology Casebook. New York: Springer Verlag
Oswald W.D. & Roth E. (1987) Der Zahlen-Verbindungs-Test, Hogrefe
Otsuka M., Ichiya Y., Hosokawa S., Kuwabara Y., Tahara T., Fukumura T., Kato M., Masuda K. & Goto I. (1991) Striatal blood flow, glucose metabolism and 18F-Dopa uptake: difference in Parkinson's disease and atypical Parkinsonism. J. of Neurol., Neurosurg. and Psychiatr., 54., 898-904
Ottaway C.A. & Husband A.J. (1992) Central nervous system influences on lymphocyte migration. Brain, Behavior, and Immunity, 6, 97-116
Owen A.M., James M., Leigh P.N., Summers B.A., Marsden C.D., Quinn N.P., Lange K.W. & Robbins T.W. (1992) Fronto-striatal cognitive deficits at different stages of Parkinson's disease. Brain, 115., 1727-1751

Paillard J. (1991) Brain and Space. Oxford: Oxford University Press
Panizza B. (1856) Osservazioni sul nervo ottico. Memoria, Instituto Lombardo di Scienze, Lettere e Arte, 5, 375-390
Pantev C., Makeig S., Hoke M., Galambos R., Hampson S. & Gallen C. (1991) Human auditory evoked gamma-band magnetic fields. Proceedings of the National Acad. of Sciences, 88, 8996-9000
Pasik P. & Pasik T. (1982) Visual functions in monkeys after total remval of visual cerebral cortex. Contributions to Sensory Physiology, 7., 147-200
Pasik T. & Pasik P. (1973) Extrageniculostriate vision in the monkey. IV. Critical structures for light vs. no-light discrimination. Brain Research, 56., 165-182
Pastor M.A., Artieda J., Jahanshahi M. & Obeso J.A. (1992) Time estimation and reproduction is abnormal in Parkinson's disease. Brain, 115., 211-225
Pavlov I. (1928) Lectures on conditioned reflexes. New York: Liveright
Pellow S., Chopin P., File S.E. & Briley M. (1985) Validation of open:closed arm entries in an elevated plu-maze as a measure of anxiety in the rat. J. Neuroscience Methods, 14, 149-167
Penfield W., Evans J.P. & MacMillan J.A. (1935) Visual pathways in man with particular reference to macular representation. Archives of Neurology and Psychiatry, 33., 816-834
Pennebaker J.W., Kiecolt-Glaser J.K. & Glaser R. (1988) Disclosure of traumas and immune function: Health implications for psychotherapy. J. of Consulting and Clin. Psychology, 56, 239-245
Perdices M. & Cooper D.A. (1989) Simple and choice reaction time in patients with immunodefiency virus infection. Annuals of Neurology, 25., 460-467
Perenin M.T. (1978) Visual function within the hemianopic field following early cerebral hemidecortication in man - II. Pattern discrimination. Neuropsychologia, 16, 697-708
Perenin M.T. (1991) Discrimination of motion direction in perimetrically blind fields. NeuroReport, 2., 397-400
Perenin M.T. & Jeannerod M. (1978) Visual function within the hemianopic field following early cerebral hemidecortication in man. I. spatial localization. Neuropsychologia, 16, 1-13
Pettingale K.W., Watson M., Bhakri H.L., Jones MB.H. & Tee D.E.H. (1989) Changes in hormonal, immunological and autonomic measures during the performance of a laboratory `stress`task. Stress Medicine, 5, 9-15
Pfurtscheller G. & Neuper C. (1992) Simultaneous EEG 10 Hz desynchronization and 40 Hz synchronization during finger movements. NeuroReport, 3, 1057-1060
Pfurtscheller G., Flotzinger D. & Neuper C. (1994) Differentiation between finger, toe and tongue movement in man based on 40 Hz EEG. Electroencephal. and Clin. Neurophysiol., 90, 456-460
Pillon B., Dubois B., Bonnet A.-M., Esteguy M., Guimares J., Vigouret J.-M., Lhermitte F. & Agid Y. (1989a) Cognitive slowing in Parkinson's disease fails to respond to levodopa treatment. Neurology, 39., 762-768
Playford E.D., Jenkins I.H., Passingham R.E., Nutt J., Frackowiak R.S.J. & Brooks D.J. (1992) Impaired mesial frontal and Putamen activation in Parkinson's disease: A positron emission tomography study. Annals of Neurology, 32., 151-161
Poeck K. (1989) Klinische Neuropsychologie. Stuttgart: Thieme Verlag
Poindron P., Nowak R., Levy F., Porter R. H. & Schaal B. (1993) Development of exclusive mother-young bonding in sheep and goats. In S. M. Milligan Oxford Review of Reproductive Biology, Vol.15 (S. 311-364) Oxford: Oxford University Press

Polyak S. (1933) A contribution to the cerebral representation of the retina. J. comp. Neurol., 57., 541-617

Pöppel E. (1977) Midbrain mechanisms in human vision. Neurosci. Res. Program Bull., 15., 335-343

Pöppel E. (1986) Long-range colour-generating interactions across the retina. Nature, 320., 523-525

Pöppel E. (1988) Taxonomie des Subjektiven auf der Grundlage eines pragmatischen Monismus. In: von Böcker, Weig, W. , Aktuelle Kernfragen in der Psychatrie. Heidelberg: Springer, 24-26

Pöppel E. (1994) Temporal mechanisms in perception. Intern. Review of Neurobiology 37, 185-202

Pöppel E., Held R. & Frost D. (1973) Residual visual function after brain wounds involving the central visual pathways in man. Nature, 243, 295-296

Pöppel E., Schill K. & von Steinbüchel N. (1990) Sensory integration within temporally neutral system states: A hypothesis. Naturwissenschaften 77., 89-91

Pöppel E., Stoerig P., Logothetis N., Fries W., Boergen K.P., Oertel W. & Zihl J. (1987) Plasticity and rigidity in the representation of the human visual field. Exp. Brain Research, 68., 445-448

Poppelreuter W. (1917) Die psychischen Schädigungen durch Kopfschuß im Kriege 1914/16. Band I: Die Störungen der niederen und höheren Sehleistungen durch Verletzungen des Okzipitalhirns. Leopold Voss, Leipzig

Porter R. H. & Etscorn F. (1974) Olfactory imprinting resulting from brief exposure in Acomys cahirinus. Nature, 250, 732-733

Porter R. H. & Schaal B. (1995) Olfaction and development of social preferences in neonatal organisms. In R. L. Doty: Handb. of Olfaction and Gustation (S. 299-321) New York: Marcel Dekker

Posner M.I. (1987) Cognitive neuropsychology and the problem of selective attention. Electroencephalography Clinical Neurophysiology Suppl., 39., 313-316

Posner M.I. & Dehaene S. (1994) Attentional networks. Trends Neuroscience, 17. (2), 75-79

Posner M.I. & Driver J. (1992) The neurobiology of selective attention. Current Opinions Neurobiology, 2. (2), 165-169

Posner M.I., Walker J.A., Friedrich F.A. & Rafal R.D. (1984) Effects of parietal injury on covert orienting of attention. J. Neuroscience, 4. (7), 1863-1874

Posner M.I., Walker J.A., Friedrich F.A. & Rafal R.D. (1987) How do the parietal lobes direct covert attention? Neuropsychologia. 25. (1a), 135-145

Post R.M., Uhde T.W., Putnam F.W., Ballenger J.C. & Berrettini W.H. (1982) Kindling and carbamazepine in affective illness. J. Nerv. Ment. Dis. 170, 717-731

Potts W.K. & Wakeland E.K. (1990) Evolution of diversity at the major histocompatibility complex. Trends in Ecology and Evolution, 5, 181-187

Potts W.K. & Wakeland E.K. (1993) Evolution of MHC Genetic Diversity: A Tale of Incest, Pestilence and Sexual Preference. Trends in Genetics, 9, 181-187

Potts W.K., Manning C.J. & Wakeland E.K. (1991) Mating patterns in seminatural populations of mice influenced by MHC genotype. Nature, 352, 619-621

Previc F. H. (1991) A general theory concerning the prenatal origins of cerebral lateralization in humans. Psychological Review, 98., 299-334

Prigatano G. P. et al. (1986) Neuropsychological Rehabilitation after Brain Injury. Baltimore: The Johns Hopkins University Press

Prinzmetal W., Presti D.E. & Posner M.I. (1986) Does attention affect visual feature integration? J. Experimental Psychological Human Perception Performance, 12. (3), 361-369

Prosiegel M. (1991) Neuropsychologische Störungen u. ihre Rehabilitation. München: Pflaum Verlag

Ptito A., Lassonde M., Leporé F. & Ptito M. (1987) Visual discrimination in hemispherectomized patients. Neuropsychologia, 25., 869-879

Ptito A., Lepore F., Ptito M. & Lassonde M. (1991) Target detection and movement discrimination in the blind field of hemispherectomized patients. Brain, 114., 497-512

Ptito A., Lepore F., Ptito M. & Lassonde M. (1991) Target detection and movement discrimination in the blind field of hemispherectomized patients. Brain, 114, 497-512

Puente A. E. & McCaffrey R. J. (1992) Handbook of Neuropsychological Assessment. New York: Plenum Press

Pulvermüller F. (1996) Hebb's concept of cell assemblies and the psychophysiology of word processing. Psychophysiology, 33

Pulvermüller F., Eulitz C., Pantev C., Mohr B., Feige B., Lutzenberger W., Elbert T. & Birbaumer N. (1996a) High-frequency cortical responses reflect cognitive processing: an MEG study. Electroencephalography and Clinical Neurophysiology, 98, 76-85

Pulvermüller F., Preißl H., Eulitz C., Pantev C., Lutzenberger W., Elbert T. & Birbaumer N.(1994a) Gamma-band responses reflect word/pseudoword processing. In C. Pantev T. Elbert & B. Lütkenhöner Oscillatory event-related brain dynamics (pp. 243-258) New York: Plenum Press

Pulvermüller F., Preißl H., Eulitz C., Pantev C., Lutzenberger W., Elbert T. & Birbaumer N. (1994b) Brain rhythms, cell assemblies, and cognition: evidence from the processing of words and pseudowords. Psycoloquy, 5 (48), 1-30

Pulvermüller F., Preißl H., Lutzenberger W. & Birbaumer N. (1995) Spectral responses in the gamma-band: physiological signs of higher cognitive processes? NeuroReport, 6, 2057-2064

Pulvermüller F., Preißl H., Lutzenberger W. & Birbaumer N. (1996b) Brain rhythms of language: nouns vs. verbs. European J. of Neuroscience, 8

Rabey J.M., Nissipeanu P. & Korczyn A.D.(1992) Efficacy of memantine, and NMDA receptor antagonist, in the treatment of Parkinson's disease. J. Neural transmitter, 4, 277-282

Radil T., Mates J., Ilmberger J. & Pöppel E. (1990) Stimulus anticipation in following rhythmic acoustical patterns by tapping. Experientia 46., 762-763

Rafal R., Smith J., Krantz J., Cohen A. & Brennan C. (1990) Extrageniculate vision in hemianopic humans: saccade inhibition by signals in the blind field. Science, 250., 118-121

Rafal R.D. & Posner M.I. (1987) Deficits in human visual spatial attention following thalamic lesions. Proceedings National Academic Society USA, 84. (20), 7349-7353

Rafal R.D., Posner M.I., Friedman J.H., Inhoff A.W. & Bernstein E. (1988) Orienting of visual attention in progressive supranuclear palsy. Brain, 111., 267-280

Ramachandran V. S. (1988) Perception of shape from shading. Nature 331, 163-166

Rapp D. (1986) Brain Injury Casebook. Springfield: Charles C. Thomas

Rauschecker J. P. (1995) Compensatory plasticity and sensory substitution in the cerebral cortex. Trends in Neurosciences, 18, 36-43

Reiner A. (1986) Is prefrontal cortex only found in mammals? Trends in Neurosciences 9, 298-3ß0

Reisberg B. (1986) Hirnleistungsstörungen. Weinheim: Psychologie Verlags Union

Reiser M., Braun K. & Poeggel G (1993) Cyclic AMP accumulation in an imprinting relevant area of the chick brain during synaptic maturation. Neurosci Suppl 6, 566

Reiser M., Schnabel R., Braun K. & Poeggel G. (1994) Cyclic AMP accumulation in chick brain after different social experience. J. Neurochem., S76

Remschmidt H. & Schmidt M. (1981) Neuropsychologie des Kindesalters. Stuttgart: Enke Verlag

Remy M. & Güntürkün O. (1991) Retinal afferents of the tectum opticum and the nucleus opticus principalis thalami in the pigeon. J. of Comparative Neurology, 305., 57-70

Renoux G., Biziere K., Renoux M., Bardos P. & Degenne D. (1987) Consequences of bilateral brain neocortical ablation on imuthiol-induced immunostimulation in mice. Annals of the New York Academy of Sciences, 496, 346-353

Revonsuo A., Portin R., Koivikko L., Rinne J.O. & Rinne U.K. (1993) Slowing of information processing in Parkinson's disease. Brain and Cognition, 21. 87-110

Reyes-Vazquez C., Prieto-Gomez B., Georgiades J.A. & Dafny N. (1984) Alpha-and gamma-interferon effects on cortical and hippocampal neurons: Microiontophoretic application and single cell recording. International J. of Neuroscience, 25, 113-121

Reymann K.G., (1993) Mechanisms underlying synaptic long-term potentiation in the hippocampus: focus on postsynaptic glutamate receptorsand protein kinases. Funct. Neurology, 8, 7-32

Reynolds C. R. & Fletcher-Janzen E. (1989) Handbook of Clinical Child Neuropsychology. New York: Plenum Press

Richfield E.K. & Herkenham M. (1994) Selective vulnerability in Huntington's disease: preferential loss of cannabinoid receptors in lateral globus pallidus. Ann. Neurol. 36, 577-584

Riederer P. & Lange K.W., Curr. (1992) Pathogenesis of Parkinson's disease. Opin. Neurology Neurosurgery, 5, 295-300

Rinne J.O., Laihinen A., Nagreb K., Bergmann J., Solin O., Haaparanta M., Ruotsalainen U. & Rinne U.K. (1990) PET demonstrates different behaviour of striatal dopamine D-1 and D-2 receptors in early Parkinson's didease. J. Neuroscience Research, 27, 494-499
Rogers L. J. (1982) Light experience and asymmetry of brain function in chickens. Nature, 297., 223-225
Rogers L. J. (1986) Lateralization of learning in chicks. Adv. in the Study of Behaviour, 16, 147-189
Rogers R. (1988) Clinical Assessment of Malingering and Deception. New York: The Guilford Press
Rogers L. J. & Bolden S. W. (1991) Light-dependent development and asymmetry of visual projections. Neuroscience Letters, 121., 63-67
Roser B., Brown R.E. & Singh P.B. (1991) Excretion of transplantation antigens as signals of genetic individuality. In C.J. Wysocki & M.R. Kare , Chemical Senses. Volume 3. Genetics of Perception and Communications (pp. 187-209) New York: Marcel Dekker
Roszman T.L., Cross R.J., Brooks W.H. & Markesbery W.R. (1985) Neuroimmunomodulation: Effects of neural lesions on cellular immunity. In R. Guillemin, M. Cohn & T. Melnechuk Neural Modulation of Immunity (S. 95-109) New York: Raven Press
Rugg M.D. & Doyle M.C. (1994) Event-related potentials and stimulus repetition in direct and indirect tests of memory. In HJ Heinze, TF Münte, GR Mangun Cognitive Electrophysiology, Boston: Birkhäuser, 124-148
Ruppert E. (1989) Klaus - Das Leben nach dem Unfall. Hamburg: Hoffmann und Campe
Rutter M. (1979) Maternal deprivation, 1972-1978: new findings, new concepts, new approaches. Child Development 50, 283-305
Rutter M. (1991) Childhood experiences and adult psychosocial functioning. In: The childhood Environment and Adult Disease. (Ciba Foundation Symposium) Wiley, Chichester, 189-208

Sabel B.A. (1988) Anatomic mechanisms whereby ganglioside treatment induces brain repair - what do we really know? In: Stein D.G. & Sabel B.A. : Pharmacological approaches to the treatment of brain and spinal cord injury. Plenum Publisher Corporation, New York
Sabel B.A., Freese A. & During M.J. (1990) Controlled release polymer technology as a novel approach to the treatment of Parkinson's-disease. Advanced Neurology, 53, 521-526
Sabel B.A., Sautter J., Stoehr T. & Siliprandi R. (1995) A behavioral model of oxcitotoxicity: retinal degeneration, loss of vision, and subsequent recovery after intraocular NMDA-administration in adult rats. (in press)
Sabel B.A., Sautter J., Stoehr T. & Siliprandi R. (1995) A behavioral model of excitotoxicity: retinal degeneration, loss of vision, and subsequent recovery after intraocular NMDA-administration in adult rats. Experimental Brain Research (in press)
Sabel B.A., Vantini G. & Finkelstein P. (1992) The role of neurotrophic factors in the treatment of neurological disorders. In: Vecsei L., Freese A., Swartz K.J. & Beal M.F. : Neurological disorders. New York, Horwood, 113-180
Sacks O. (1985) Der Mann, der seine Frau mit einem Hut verwechselte. Reinbek: Rowohlt
Sacks O. (1990) Awakenings. New York: Harper Perennial/Harper Collins
Sagar H.J., Sullivan E.V., Gabrieli J.D.E., Corkin S. & Growdon J.H. (1988) Temporal ordering and short-term memory deficits in Parkinson's disease. Brain, 111., 525-539
Sahakian B.J., Morris R.G., Evenden J.L., Heald A., Levy R., Philpot M. & Robbins T.W. (1988) A comparative study of visuospatial memory and learning in Alzheimer-type dementia and Parkinson's disease. Brain, 111., 695-718
Saint-Cyr J.A. & Taylor A.E. (1992) The mobilization of procedural learning: The "key signature" of the basal ganglia. In: Squire, L. & Butters, N. Neuropsychology of memory (S. 188-202)
Saint-Cyr J.A., Taylor A.E. & Lang A.E. (1988) Procedural learning and neostriatal dysfunction in man. Brain, 111., 941-959
Sakata H. & Kusonoki M. (1992) Organization of space perception: neural representation of three-dimensional space in the posterior parietal cortex. Current Opinion in Neurobiology, 2, 170-174
Sams M., Hari R., Rif J. & Knuutila J. (1993) The human auditory sensory memory trace persists about 10 sec. Neuromagnetic evidence. J. of Cognitive Neuroscience, 5., 363-370
Sanders V.M. & Munson A.E. (1985) Norepinephrine and the antibody response. Pharmacological Reviews, 37, 229-248

Sapolsky R., Rivier C., Yamamoto G., Plotsky P. & Vale W. (1987) Corticotropin-releasing factor producing neurons in the rat activated by interleukin-1. Science, 238, 522-524

Sapolsky R.M. (1992) Stress: The Aging Brain and the Mechanisms of Neuron Death. Cambridge: MIT Press

Sato Y.F., Okuyama M., Yamasita M. & Tokoro T. (1982) Reproducibility of kinetic results using Goldmann perimeter. Japanese Revue Clinical Ophthalmology, 76., 880

Sautter J. & Sabel B.A. (1993) Recovery of brightness discrimination in adult rats despite progressive loss of retrogradely labelled retinal ganglion cells after controlled optic nerve crush. European J. of Neuroscience, 5., 680-690

Sautter J., Schwartz M., Duvdevani R. & Sabel B.A. (1991) GM1 ganglioside treatment reduces visual deficits after graded crush of the rat optic nerve. Brain Research, 565., 23-33

Sawle G.V., Playford E.D., Brooks D.J., Quinn N. & Frackowiak S.J. (1993) Asymmetrical pre-synaptic and post-synaptic changes in the striatal dopamine projection in dopa naive parkinsonism. Brain, 116., 853-867

Schaal B. & Orgeur P. (1992) Olfaction in utero: Can the rodent model be generalized? The Quarterly J. of Experimental Psychology, 44B, 245-278

Schacter D.L., Wang P.L., Tulving E. & Freedman M. (1982) Functional retrograde amnesia: a quantitative case study. Neuropsychologia, 20., 523-532

Schedlowski M., Jacobs R., Stratmann G., Richter S., Hädicke A., Tewes U., Wagner T.O.F. & Schmidt R.E. (1993) Changes of natural killer cells during acute psychological stress. J. of Clinical Immunology, 13, 119-126

Scheibel A. M. (1984) A dendritic correlate of human speech. In N. Geschwind & A. M. Galaburda, Cerebral Dominance: The biological foundations (s. 43-52) Cambridge: Harvard Univ. Press

Scheich H., Wallhäußer-Franke E. & Braun K. (1991) Does synaptic selection explain auditory imprinting? In Squire L.R., Weinberger N.M., Lynch G., McGaugh J.L: Memory: Organization and Locus of Change. (S.114-159) Oxford University Press, New York, Oxford

Schenkenberg T, Bradford D.C. & Ajax, E.T. (1980) Line bisection and visual neglect in patients with neurologic impairment. Neurology 30, 509-517

Schleidt M., Eibl-Eibesfeldt I. & Pöppel E. (1987) A universal constant in temporal segmentation of human short-term behaviour. Naturwissenschaften, 74., 289-290

Schleifer S.J., Keller S.E., Camerino M., Thornton M. & Stein M. (1983) JAMA, 250, 374-377.

Schmidt R.F. & Thews G. (1995) Physiologie des Menschen. Berlin: Springer Verlag

Schmielau F. & Potthoff R.D. (1990) Erholung von Sehfunktionen als Folge spezifischer Rehabilitationsverfahren bei hirngeschädigten Patienten, Bericht 37. Kongreß DGPs Kiel, 123-124

Schmielau F. (1989) Restitution visueller Funktionen bei hirnverletzten Patienten: Effizienz lokalisationsspezifischer sensorischer und sensomotorischer Rehabilitations-maßnahmen. In: Jacobi P. (Hrg): Jahrbuch der Medizinischen Psycholologie 2, Psychologie in der Neurologie, 115-126, Springer Verlag, Berlin

Schmitt U. & Sabel B.A. (1992a) Recombinant bGFG enhances recovery of vision after graduaded crush of the rat optic nerve. European J. of Neuroscience, Suppl. 5, 110

Schmitt U. & Sabel B.A. (1992b) bGFG enhances recovery of vision after graded crush of the rat optic nerve. In: Elsner N. & Richter D.W.: Rhythmogenesis in Neurons and Networks, Thieme, Stuttgart, 658

Schmitt U. & Sabel B.A. (1995) Basic fibroblast growth factor improves functional recovery after controlled optic nerve crush without increasing retinal ganglion cell survival. Restorative Neurology & Neuroscience (eingereicht)

Schmitt U., Aschoff A., Cross R., Pazdernik T.L. & Sabel B.A. (1995) Time-dependent changes of local cerebral glucose use in visual areas of the brain after optic nerve crush. Experimental Neurology (eingereicht)

Schnabel R. & Braun K. (1996) Development of dopaminergic receptors in the forebrain of the domestic chick in relation to auditory imprinting. An autoradiographic study. Brain Res.(in press)

Schnabel R. & Braun K. (1994) Localization of transmitter receptors in the chick brain in relation to auditory imprinting. Soc. Neurosci. 20, 478.7

Schnabel R., Jiang S., Braun K., Stark H., Hemmings H.C. & Greengard P. (1995) Dopamine (D1) receptors in the chick forebrain. A light and electronmicroscopic study. Soc. Neurosci. 21/2, 441.19

Schweizer V. (1989) Neurotraining. Berlin: Springer Verlag

Schwende F.J., Jorgenson W.J. & Novotny M. (1984) Possible chemical basis for histocompatibility-related mating preference in mice. J. of Chemical Ecology, 10, 1603-1615

Schwender D., Madler C., Klasing S., Peter K. & Pöppel E. (1994) Anesthetic control of 40-Hz brain activity and implicit memory. Consciousness and Cognition, 3., 129-147

Seeman P., O'Dowd B.F., Probst A. & Palacios J.M.(1992), Neurochem. Int., 20, 33S-43S

Seeman P.H. Niznik & H.B. (1990) Dopamine receptors and transporters in Parkinson's disease and schizophrenia. FASEB J. 4, 2737-2744

Semke E., Distel H. & Hudson R. (1995) Specific enhancement of olfactory receptor sensitivity associated with foetal learning of food odours in the rabbit. Naturwissenschaften, 82,148-149

Sergent J., Ohta S. & Macdonald B. (1992) The functional neuroanatomy of face and object processing. A positron emission tomographic study. Brain, 115, 15-36

Shavit Y. (1991) Stress-induced immune modulation in animals: Opiates and endogenous opioid peptides. In R. Ader, D. Felten & N. Cohen Psychoneuroimmunology (2nd ed.) (S. 377-402) San Diego: Academic Press

Shavit Y., Ryan S.M., Lewis J.W., Laudenslager M.L. & Terman G.W. (1983) Inescapable but not escapable stress alters immune function. Physiologist, 26, A64

Sheer D.E.(1984) Focused arousal, 40-Hz EEG, and dysfunction. In: Elbert, Rockstroh, Lutzenberger & Birbaumer, Self-regulation of the brain and behavior (pp. 64-84) Berlin: Springer

Sherman A.D., Davidson A.T., Baruah S., Hegwood T.S. & Waziri R. (1991) Evidence of glutamatergic deficiency in schizophrenia. Neuroscience Letters, 121, 77-80

Shigemoto R., Nakanishi S. & Mizuno N. (1992) Distribution of the mRNA for a metabotropic glutamate receptor (mGluR1) in the central nervous system: an in situ hybridization study in adult and developing rat. J. Comp. Neurology, 322, 121-135

Shigemoto R., Nomura S., Ohishi H., Sugihara H., Nakanishi S. & Mizuno, N. (19??), Immunohistochemical localization of a metabotropic glutamate receptor, mGluR5, in the rat brain. Neuroscience Letters, 163, 53-57

Shimamura A.P., Janowsky J.S., & Squire L.R. (1990) Memory for the temporal order of events in patients with frontal lobe lesions and amnesic patients. Neuropsychologia, 28., 803-813

Shimizu T. & Karten H. J. (1993) The Avian Visual System and the Evolution of the Neocortex, In: Zeigler H. P. & Bischof H.-J. , Vision, Brain, and Behavior in Birds (103-114) Cambridge: MIT

Shoham S., Davenne D., Cady A.B., Dinarello C.A. & Krueger J.M. (1987) Recombinant tumor necrosis factor and interleukin-1 enhance slow wave sleep. American J. of Physiology, 253, R.142

Simpson E., Bulfield G., Brenan M., Fitzpatrick W., Hetherington C. & Blann A. (1982) H-2-associated differences in replicated strains of mice divergently selected for body weight. Immunogenetics, 15, 63

Singer A.G., Tsuchiya H., Wellington J.L., Beauchamp G.K. & Yamazaki K. (1993) Chemistry of odortypes in mice: Fractionation and bioassay. J. of Chemical Ecology, 19, 569-579

Singer W. (1977) Control of thalamic transmission by corticofugal and ascending reticular pathways in the visual system. Physiological Reviews, 57., 386-420

Singer W. (1995) Development and plasticity of cortical processing architectures. Science, 270, 758-764

Singer W. & Gray C.M. (1995) Visual feature integration and the temporal correlation hypothesis. Annual Review in Neurosciences, 18, 555-586

Singh P.B., Brown R.E. & Roser B. (1987) MHC antigens in urine as olfactory recognition cues. Nature, 327, 161-164

Singh P.B., Brown R.E. & Roser B. (1988) Class I transplantation antigens in solution in body fluids and in the urine. J. of Experimental Medicine, 168, 195-211

Singh P.B., Herbert J., Roser B., Arnott L., Tucker D.K. & Brown R.E. (1990) Rearing rats in a germ-free environment eliminates their odors of individuality. J. of Chem. Ecol., 16, 1667-1682

Skeels H.M. (1966) Adult status of children with contrasting early life experiences: a follow-up study. Monographs of the Society for Research in Child Development. 105 Vol 31 No 3, 1-65

Slater B. & Leighton F. S. (1989) Ein Fremder in meinem Bett. München: Knaur
Sloan L.L. (1971) The Tübinger Perimeter of Harms and Aulhorn. Archiv Ophthalmol., 86., 612-622
Smith A.D & Bolam J.P. (1990) The neural network of the basal ganglia as revealed by the study of synaptic connections of identified neurons. TINS 13, 259-265
Solomon G.F. (1993) Whither psychoneuroimmunology? A new era of immunology, of psychosomatic medicine, and of neuroscience. Brain, Behavior and Immunity, 7, 352-366
Solomon G.F & Moos R.H. (1964) Emotions, immunity and disease: A speculative theoretical integration. Archives of General Psychiatry, 11, 657-674
Sommerville B.A., Wobst B., McCormick J.P., Eggert F., Zavazava N. & Broom D.M. (1994) Volatile identity signals in human axillary sweat: The possible influence of MHC class I genes. Advances in the Biosciences, 93, 535-538
Spitz R.A. & Wolf K.M. (1946) The smiling response: a contribution to the ontogenesis of social relations. Genetic Psychology Monographs. 34, 57-125
Spitz R.A. (1945) Hospitalism. Psychoanalytic Study of the Child 1, 53-74
Spreen O. & Strauss E. (1991) A Compendium of Neuropsychological Tests. Oxford Univ. Press
Springer S. P. & Deutsch G. (1995) Linkes Rechtes Gehirn. Heidelberg: Spektrum Akad. Verlag
Spydel J.D., Ford M.R. & Sheer D.E. (1979) Task dependent cerebral lateralization of the 40 Hz EEG rhythm. Psychophysiology, 16, 347-350
Squire L. R. & Butters N. (1992) Neuropsychology of Memory. New York: Guilford Press
Squire L.R. & Cohen N.J. (1982) Remote memory, retrograde amnesia, and the neuropsychology of memory. In L.S. Cermak (Ed.), Human memory and amnesia (pp. 275-303) Hillsdale N.J.: LEA
Squire L.R. & Frambach M. (1990) Cognitive skill learning in amnesia. Psychobiology, 18., 109-117
Squire L.R. & Slater P.C. (1975) Forgetting in very long-term memory as assessed by improved questionnaire technique. J. of Experimental Psychology: Human Learning and Memory, 1., 50-54
Squire L.R. & Zola-Morgan S. (1988) Memory: brain systems and behavior. Trends in Neurosciences, 11., 170-175
Squire L.R. & Zola-Morgan S. (1991) The medial temporal lobe memory system. Science, 253, 1380-1386
Squire L.R. (1986) Mechanisms of memory. Science, 232., 1612-1619
Squire L.R. (1987a) Memory and brain. New York: Oxford University Press
Squire L.R. (1987b) Memory: neural organization and behavior. In V.B. Mountcastle & F. Plum , Handbook of physiology. Section 1: The nervous system (Vol. 5: Higher functions of the brain, Part 1) (pp. 295-371) Bethesda, MD: American Physiological Society
Squire L.R., Amaral D.G. & Press G.A. (1990) Magnetic resonance imaging of the hippocampal formation and mammillary nuclei distinguish medial temporal lobe and diencephalic amnesia. J. of Neuroscience, 10., 3106-3117
Squire L.R., Haist F. & Shimamura A.P. (1989) The neurology of memory: Quantitative assessment of retrograde amnesia in two groups of amnesic patients. J. of Neuroscience, 9., 828-839
Squire L.R., Knowlton B. & Musen G. (1993) The structure and organization of memory. Annual Review of Psychology, 44., 453-495
Standaert D.G., Testa C.M., Young A.B. & Penney J.B. (1994) Organization of NMDA glutamate receptors gene expression in basal ganglia of the rat. J. Comp. Neurology, 343, 1-16
Starr M.A. (1884) The visual area in the brain determined by a study of hemianopsia. American Jornal of Medical Sciences, 87., 65-83
Starr M.S. (1995) Glutamate/dopamine D1/D2 balance in the basal ganglia and its relevance to Parkinson's disease. Synypse. Synapse, 19, 264-293
Steinbach T., von Dreden G. & Pöppel E. (1991) Long-term training in a choice reaction time task reveals different learning characteristics for the visual and the auditory system. Naturwissenschaften 78., 185-187
Steinbüchel N. von (1987) Therapie der zeitlichen Verarbeitung akustischer Reize bei aphasischen Patienten. Unveröff. Diss. an der medizinischen Fakultät München
Steinbüchel N. von (1994) Gesundheitsbezogene Lebensqualität bei HIV-positiven Menschen. In: Jäger H. HIV-Medizin: Möglichkeiten der individualisierten Therapie. Wissenschaftliche Ergebnisse in der Mitte der 90er Jahre (S.337-340) Landsberg/Lech: ecomed

Steinbüchel N. von (1995a) Temporal System States in Speech Processing. In: Herrmann H.J., Wolf D.E. & Pöppel E. Workshop on Supercomputing in Brain Research: From Tomography to Neural Networks (75-82) Singapore: World Scientific Publishing Company

Steinbüchel N. von (1995b) Gesundheitsbezogene Lebensqualität als Beurteilungskriterium für Behandlungseffekte bei Patienten mit Epilepsie. Rehabilitation und Prävention. 7 (3), 139-146

Steinbüchel N. von & Pöppel E. (1991) Temporal order threshold and language perception. In: Bhatkar V.P., Rege K.M. , Frontiers in knowledge-based computing, New Delhi: Narosa Publishing House, 81-90

Steinbüchel N. von & Pöppel E. (1993) Domains of rehabilitation: a theoretical perspective. Behavioural Brain Research, 56., 1-10

Steinbüchel N. von , Reiser M., Wittmann M. & Szelag E. (1995) Temporal constraints of cognition: temporal information processing in different patient groups with acquired brain lesions and in controls. Abstract. The Meeting of European Neuroscience, Amsterdam

Steinbüchel N. von, Pöppel E. & Hiltbrunner B. (1992b) Independant temporal factors underlying cognitive processes. Abstract. 22nd Annual Meeting of the Society for Neuroscience, Anaheim

Steinbüchel N. von, Reiser M. & Pöppel E. (1993) Temporal constraints of cognition: further evidence of automatic temporal integration. Abstract. The 23rd Annual Meeting of the Society for Neuroscience, Washington

Steinbüchel N. von, Cramon D.Y.von & Pöppel E. (1992a) Neuropsychological Rehabilitation. Springer: Berlin

Steinbüchel N. von, Wittmann M. & Pöppel E. (1995) Association of temporal processing as measured with auditory order threshold and personal tempo in patients with lesions of the central nervous system. Abstract. 25th Annual Meeting of the Society for Neuroscience, San Diego

Steinman S.B. & Levi D.M. (1992) Topography of the evoked potential to spatial localization cues. Visual Neuroscience 8, 281-294

Sternbeg E.M., Hill J.M., Chrousos G.P., Kamilaris T., Listwak S.J., Gold P.W. & Wilder R.L. (1989) Inflammatory mediator-induced hypothalamic-pituitary-adrenal axis activation is defective in streptococcal cell wall arthritis-susceptible Lewis rats. Proceedings of the National Academy of Sciences U.S.A., 86, 2347-2378

Stoerig P. (1987) Chromaticity and achromaticity: Evidence for a functional differentiation in visual field defects. Brain 110., 869-886

Stoerig P. (1993) Sources of blindsight - Technical comments. Science, 261., 493-494

Stoerig P. (1993a) Spatial summation in blindsight. Visual Neuroscience, 10, 1141-1149

Stoerig P. (1993b) Sources of blindsight. Science, 261., 493-494

Stoerig P. & Cowey A. (1991) Increment-threshold spectral sensitivity in the cortically blind visual field: evidence for colour-opponent processes. Brain, 114., 1487-1512

Stoerig P. & Cowey A. (1992) Wavelength discrimination in blindsight. Brain, 115., 425-444

Stoerig P. & Cowey A. (1992) Wavelength discrimination in blindsight. Brain, 115, 425-444

Stoerig P. & Cowey A. (1993) Blindsight and perceptual consciousness. In: B.Gulyás, D.Ottoson & P.Roland: The Functional Neuroanatomy of the Human Visual Cortex (S.181-193) Oxford: Pergamon Press

Stoerig P. & Cowey A. (1995) Blindsight and phenomenal vision. Behav. Brain Res., 71., 147-156

Stoerig P, Faubert J, Diaconu V, Ptito M & Ptito A (in Vorb.) No blindsight following hemidecortication?

Stoerig P., Hübner M. & Pöppel E. (1985) Signal detection analysis of residual vision in a field defect due to a post-geniculate lesion. Neuropsychologia, 23., 589-599

Stoerig P., Kleinschmidt A. & Frahm J. (in Vorb.) Visual activation following striate cortical damage: a functional NMR study

Stoerig P. & Pöppel E. (1986) Eccentricity-dependent residual target detection in visual field defects. Experimental Brain Research, 64., 469-475

Stoerig P. & Zrenner E. (1989) A pattern-ERG study of transneuronal retrograde degeneration in the human retina after a post-geniculate lesion. In: Kzlikowski J.J., Dickinson C.M. & Murray I.J. : Seeing Contour and Colour. Pergamon Press, Oxford, 553-556

Strange P.G. (1993) Dopamine receptors in the basal ganglia: Relevance to Parkinson's disease. Movement Disorders, 8., 263-270

Strunk, S. (1996) Die Erfassung von simulierten Hirnschäden in der neuropsychologischen Testdiagnostik. (unveröffentliche Diplomarbeit, Univ. Kiel)
Stuss D.T., Alexander M.P., Palumbo C.L., Buckle L., Sayer L. & Pogue J. (1994) Organizational strategies of patients with unilateral or bilateral frontal lobe injury in word list learning tasks. Neuropsychology, 8., 355-373
Suchenwirth R.M.A. & Ritter G. (1994) Begutachtung der Hirnorganischen Wesensän-derung. Stuttgart: Gustav Fischer Verlag
Sullivan E.V. & Sagar H.J. (1989) Nonverbal recognition and recency discrimination deficits in Parkinson's disease and Alzheimer's disease. Brain, 112., 1503-1517
Swerdlow N.R. & Koob G.F. (1987) Dopamine, schizophrenia, mania, and depression: toward a unified hypothesis of cortico-striato-pallido-thalamic function. Behav. and Brain Sci., 10., 197-245
Swisher L. & Hirsh I.J. (1972) Brain damage and the ordering of two temporally successive stimuli. Neuropsychologia 10, 137-152

Tallal P. & Newcombe F. (1978) Impairment of auditory perception and language comprehension in dysphasia. Brain and Language, 5., 13-24
Tallon C., Bertrand O., Bouchet P. & Pernier J. (1995) Gamma-range activity evoked by coherent visual stimuli in humans. European J. of Neuroscience, 7, 1285-1291
Tanaka R., Miyasaka Y., Yada K. & Mukuno K. (1992) Bilateral homonymous hemianopsia due tentorial herniation, with sparing of central vision: Case report. Neurosurgery, 31. (4), 787-790
Tartaglione A., Benton A.L., Cocito L., Bino G. & Favale E. (1981) Point localisation in patients with unilateral brain damage. J. of Neurology, Neurosurgery, and Psychiatry, 44, 935-941
Tarter R. E., Van Thiel D. H. & Edwards K. L. (1988) Medical Neuropsychology. New York: Plenum Press
Taylor A.E., Saint-Cyr J.A. & Lang A.E. (1986a) Frontal lobe dysfunction in Parkinson's disease. The cortical focus of neostriatal outflow. Brain, 109., 845-883
Taylor A.E., Saint-Cyr J.A. & Lang A.E. (1990) Memory and learning in early Parkinson's disease: Evidence for a 'Frontal Lobe Syndrome". Brain and Cognition, 13., 211-232
Taylor J. (1750) Mecanisms of the eye. Frankfurt am Main: Stoks und Schilling
Teuber H.-L. & Pribram K. H. (1980) Higher Cortical Functions in Man. New York: Basic Books.
Thauer R. (1954) Albrecht Bethe. Pflügers Arch., 261, I-XIV
Theodorou A., Reavill C., Jenner P. & Marsden C.D. (1981) Kainic acid lesions of striatum and decortication reduce specific 3h-sulpiride binding in rats, so D-2 receptors exist post-ssynaptically on cortico-striate afferents and striatal neurons. J. Pharm. Pharmacol. 33, 439-444
Theunissen M. (1992) Negative Theologie der Zeit. Frankfurt a. M.: Suhrkamp
Tiel-Wilck K. (1991) Rückbildung homonymer Gesichtsfelddefekte nach Infarkten im Versorgungsgebiet der Arteria cerebri posterior, Dissertation, Freie Universität Berlin
Tobler I., Borbely A.A., Schwyzer M. & Fontana A. (1984) Interleukin-1 derived from astrocytes enhances slow wave activity in sleep EEG of the rat. Europ. J. of Pharmacology, 104, 191-192
Tomaiuolo F., Ptito A., Paus T. & Ptito M. (1994) Spatial summation across the vertical meridian after complete or partial hemispherectomy. Society for Neuroscience, Abstract 20.(2), 1579
Torjussen T. (1976) Residual function in cortically blind hemifields. Scandinavian Jornal of Psychology, 17., 320-322
Torre V., Ashmore J.F., Lamb T.D. & Menini A. (1995) Transduction and adaption in sensory receptor cells. J. of Neuroscience 15., 7757-7768
Totterdell S. & Smith A.D. (1989) Convergence of hippocampal and dopaminergic input onto identified neurons in the nucleus accumbens of the rat. J. Chem. Neuroanat. 2, 285-298
Tramontana M. G. & Hooper S. R. (1988) Assessment Issues in Child Neuropsychology. New York: Plenum Press
Traynelis S.F., Hartley M. & Heinemann S.F. (1995) Control of proton sensitivity of the NMDA receptor by RNA splicing and polyamines. Science, 268, 877-880
Treadway M., McCloskey M., Gordon B. & Cohen N.J. (1992) Landmark life events and the organization of memory: Evidence from functional retrograde amnesia. In S.-A. Christianson (Ed.), The handbook of emotion and memory. Research and theory (pp. 389-410) Hillsdale, NJ: LEA

Trobe J.D., Lorber M.L. & Schlezinger N.S. (1973) Isolated homonymous hemianopia: a review of 104 cases. Archiv Ophthalmology, 89., 377-381

Tulving E. (1995) Organization of memory: Quo vadis? In M.S. Gazzaniga (Ed.), The cognitive neurosciences (pp. 839-847) Cambridge, MA: MIT Press

Uehara A., Gottschall P.E., Dahl R.R. & Arimura A. (1987) Interleukin-1 stimulates ACTH release by an indirect action which requires endogenous corticotropin releasing factor. Endocrinology, 121,1580-1582

Ueki K. (1966) Hemispherectomy in the human with special reference to the preservation of function. Progress in Brain Research, 21B., 285-338

Ulas J., Nguyen L. & Cotman C.W. (1993) Chronic haloperidol treatment enhances binding to NMDA receptors in rat cortex. NeuroRepoprt 4, 1049-1051

Ungerleider L.G. (1985) The Corticocortical Pathways for Object Recognition and Spatial Perception. Pontificia Academiae Scientiearum Scripta Varia, 54, 21-35

Ungerleider L.G. & Haxby J.V. (1994) 'What' and 'where' in the human brain. Current Opinion in Neurobiology, 4, 157-165

Urbaitis J.C. & Meikle T.H.jr. (1968) Relearning a dark-light discrimination by cats after cortical and collicular lesions. Experimental Neurology, 20., 295-311

Vallar G., Cappa S. F. & Wallesch C.-W. (1992) Neuropsychological Disorders Associa-ted with Subcortical Lesions. Oxford: Oxford University Press

Van Buren J.M. (1963a) Trans-synaptic retrograde degeneration in the visual system of primates. J. of Neurology, Neurosurgery and Psychiatry, 34, 140-147

Van Buren J.M. (1963b) The retinal ganglion cell layer. Charles Thomas, Springfield, IL

Verfaellie M. & Cermak L.S. (1994) Acquisition of generic memory in amnesia.Cortex, 3, 293-303.

Vorwerk C.K., Kreutz M.R. & Sabel B.A. (1994) Systemic L-Kynurenine protects against NMDA but not kainate induced lesions in the adult rat retina. Soc. Neurosci. Abstr. #121.1

Vorwerk C., Kreutz M., Brosz M. & Sabel B.A. (1995) Cell size dependent loss of retinal ganglion cells after intraocular NMDA- and kainate-injections in adult rats. Soc. Neurosci. Abstr. 21

Waldmann C. & Güntürkün O. (1993) The dopaminergic innervation of the pigeon caudolateral forebrain: immunocytochemical evidence for a „prefrontal cortex" in birds? Brain Research 600, 225-234

Walker A.E. (1938) The primate thalamus. Chicago University Press, Chicago

Wallhäußer E. & Scheich H. (1987) Auditory imprinting leads to differential 2-fluorodeoxyglucoseglucose uptake and dendritic spine loss in the chick rostral forebrain. Developmental Brain Research 31, 29-44

Walsh K. W. (1978) Neuropsychology. London: Churchill Livingstone

Walsh K. W. (1985) Understanding Brain Damage. London: Churchill Livingstone

Wanet-Defalque M.C., Veraart C., De Volder A:, Metz R., Michel C., Dooms G. & Goffinet A. (1988) High metabolic activity in the visual cortex of early blind human subjects. Brain Research, 446., 369-373

Wang X.R., Babinsky R. & Scheich H. (1994) Synaptic potentiation and depression in slices of medio-rostral neostriatum-hyperstriatum complex, an auditory imprinting-relevant area in chick forebrain. Neurocience 60, 689-699

Warnke A. (1990) Legasthenie und Hirnfunktion. Bern: Hans Huber

Warrington E.K. (1962) The completion of visual forms across hemianopic field defects. J. of Neurology, Neurosurgery and Psychiatry, 25., 208-217

Warrington E.K. & James M. (1992) Visual Object and Space Perception Battery VOSP

Watkins L.R., Wiertelak E.P., Goehler L., Mooney-Heiberger K., Martinez J., Furness L. & Maier S.F. (1994) Neurocircuitry of illness-induced hyperalgesia. Brain Research, 639, 283-299

Watzlawick P. (1985) Wirklichkeitsanpassung oder angepaßte „Wirklichkeit?" In C. F. v. Siemens-Stiftung, Bd. 10 (pp. 69-83) München: Oldenbourg Verlag

Weihmuller F.B., Ulas J., Nguyen L., Cotman C.W. & Marshall J.F. (1992) Elevated NMDA receptors in the Parkinsonian striatum. NeuroReport, 3, 977-980

Weinberger H.A., van der Woude R. & Maier H.C. (1962) Prognosis of cortical blindness following cardiac arrest in children. J. of the American Medical Association, 179, 134-137
Weiner I. & Feldon J. (1992) Phencyclidine does not disrupt latent inhibition in rats: Implications for animal model of schizophrenia. Bio. Behaviour, 42, 625-631
Weiner I., Lubow R.E. & Feldon J. (1981) Chronic amphetamine and latent inhibition. Behav. Brain Research, 2, 285-286
Weintraub S. & Mesulam M. M. (1987) Right cerebral dominance in spatial attention. Further evidence based on ipsilateral neglect. Archives of Neurology, 44., 621-625
Weiskrantz L. (1986) Blindsight. A case study and implications. Oxford University Press, Oxford
Weiskrantz L. (1987) Residual vision in a scotoma: follow-up study of form discrimination. Brain, 110., 77-92
Weiskrantz L. (1990) Outlooks for blindsight: explicit methodologies for implicit processes. The Ferrier lecture, 1989. Proceedings Royal Society London Biology, 239., 247-278
Weiskrantz L. (1993) Sources of blindsight - Technical comments. Science, 261., 494
Weiskrantz L., Barbur J.L. & Sahraie A. (1995) Parameters affecting conscious versus unconscious visual discrimination in a patient with damage of the visual cortex (V1) Proceedings of the National Academy of Science, USA, 92., 6122-6126
Weiskrantz L., Warrington E.K., Sanders M.D. & Marshall J. (1974) Visual capacity in the hemianopic field following a restricted occipital ablation. Brain, 97, 709-728
Weiskrantz L., Warrington E.K., Sanders M.D. & Marshall J. (1974) Visual capacity in the hemianopic field following a restricted cortical ablation. Brain, 97., 709-728
Weller R.E. & Kaas J.H. (1989) Parameters affecting the loss of ganglion cells of the retina ablations of striate cortex in primates. Visual Neuroscience, 3., 327-342
Werner E.B., Petrig B., Krupin T. & Bishop K. (1989) Variability of automated visual fields in clinically stable glaucoma patients. Investigate Ophthalmology & Visual Science, 30. (6), 1083-1089
West W.H., Tauer D.W., Yannelli J.R., Marshall G.D., Orr D.W., Thurman G.B. & Oldham R.K. (1987) Constant-infusion of recombinant interleukin-2 in adoptive immuno-therapy of advanced cancer. New England J. of Medicine, 316, 898-905
Wiertelak E.P., Smith K.B., Furness L., Mayr T., Maier S.F. & Watkins L.R. (1994) Acute and conditioned hyperalgesic responses to illness. Pain, 56, 227-235
Wiesel T.N. & Hubel D.H. (1963) Single-cell responses in striate cortex of kittens deprived of vision in one eye. J. Neurophysiology, 26., 1003-1017
Wiesel T.N. & Hubel D.H. (1965) Extend of recovery from the effects of visual deprivation in kittens. J. Neurophysiology, 28., 1060-1072
Wild J.M, Arends J.J.A. & Zeigler H.P. (1985) Telencephalic connections of the trigeminal system in the pigeon (Columba liva): A trigeminal sensorimotor circuit. J. of Comparative Neurology 234, 441-464
Willis T. (1664) Cerebri anatome: cui accessit nervorum descriptio et usus. London: J.Martyn & J. Allestry
Wilson B. A. (1987) Rehabilitation of Memory. New York: Guilford Press
Wilson B., Cockburn J & Halligan P.W (1987) Behavioural Inattention Test. Thames Valley Test Company, Titchfield, Hants
Wilson D. A. & Sullivan R. M. (1994) Neurobiology of associative learning in the neonate: Early olfactory learning. Behavioral and Neural Biology, 61, 1-18
Wisden W. & Seeburg P.H. (1993) Mammalian ionotropic glutamate receptors. Current Opin. Neurobiology, 3, 291-298
Wittmann M., Reiser M., Horn M., Kagerer F. & von Steinbüchel N. (1995) Verlangsamung zentraler Aspekte der zeitlichen Organisation von Willkürmotorik bei Patienten mit Aphasien. Abstract. 37. Tagung experimentell arbeitender Psychologen, Bochum
Wobst B., Luszyk D., Zavazava N., Eggert F., Ferstl R. & Müller-Ruchholtz W. (1994) Influence of the menstrual cycle on the excretion of soluble MHC-molecules in humans. Advances in the Biosciences, 93, 517-522
Wolf R. (1985) Binokulares Sehen, Raumverrechnung u. Raumwahrnehmung. Biol. Zeit, 15, 161-178

Wong V.C.N. (1991) Cortical blindness in children: A study of etiology and prognosis. Pediatric Neurology, 7, 178-185

Wurtz R.H. & Mohler C.W. (1976) Organization of monkey superior colliculus: enhanced visual response of superficial layer cells. J. of Neurophysiology, 39., 745-765

Yamazaki K., Beauchamp G.K., Bard J., Boyse E.A. & Thomas L. (1991) Chemosensory identity and immune function in mice. In C.J. Wysocki & M.R. Kare, Chemical Senses. Volume 3. Genetics of Perception and Communications (pp. 211-225) New York: Marcel Dekker

Yamazaki K., Beauchamp G.K., Bard J., Thomas L. & Boyse E.A. (1982) Chemosensory recognition of phenotypes determined by the Tla and H-2K regions of chromosome 17 of the mouse. Proceedings of the National Academy of Science of the United States of America, 79, 7828-7831

Yamazaki K., Beauchamp G.K., Imai Y., Bard J., Phelan S.P., Thomas L. & Boyse E.A. (1990) Odortypes determined by the major histocompatibility complex in germfree mice. Proceedings of the National Academy of Science of the United States of America, 87, 8413-8416

Yamazaki K., Beauchamp G.K., Thomas L. & Boyse E.A. (1985) The hematopoietic system is a source of odorants that distinguish major histocompatibility types. J. of Experimental Medicine, 162, 1377-1380

Yellott J. I. (1981) Binocular depth inversion. Scientific American 245, 118-125

Yukie M. & Iwai E. (1981) Direct projection from the dorsal lateral geniculate nucleus to the prestriate cortex in macaque monkeys. J. of Comparative Neurology, 291, 81-97

Zaidel E. (1985) Language in the right brain. In D. F. Benson & E. Zaidel, The Dual Brain: Hemispheric Specializations in Humans (s.205-231) New York: Guilford Press

Zalcman S., Richter M. & Anisman H. (1989) Alteration of immune functioning following exposure to stress-related cues. Brain, Behavior, and Immunity, 3, 99-109

Zavazava N., Westphal E. & Müller-Ruchholtz W. (1990) Characterization of soluble HLA molecules in sweat and quantitative HLA differences in serum of healthy individuals. J. of Immunogenetics, 17, 387-394

Zeki.S. (1993) A vision of the brain. Blackwell Scientific Publications, Oxford, London

Zigmond M.J., Abercrombie E.D., Berger T.W., Grace A.A. & Stricker E.M. (1990) Compensations after lesions of central dopaminergic neurons: some clinical and basic implications. TINS, 13., 290-296

Zihl J. (1990) Zur Behandlung von Patienten mit homonymen Gesichtsfeldstörungen. Zeitschrift für Neuropsychologie, 2., 95-101

Zihl J. (1980) Untersuchung von Sehfunktionen bei Patienten mit einer Schädigung der zentralen visuellen Systems unter besonderer Berücksichtigung der Restitution dieser Funktionen. Habilitationsschrift, München

Zihl J. & Cramon D.Y. v. (1985) Visual field recovery from scotoma in patients with postgeniculate damage. A review of 55 cases. Brain, 108., 335-365

Zihl J. & Cramon D.Y. v. (1986) Recovery of visual field in patients with postgeniculate damage. In: K.Poeck, H.J. Freund & H.Gänsehirt Neurology. Proceedings of the XIIIth World Congress of Neurology. Springer, Berlin

Zihl J. & Cramon D.Y. v. (1980) Registration of light stimuli in the cortically blind hemifield and its effect on localization. Behavioral Brain Research, 1, 287-298

Zihl J., Cramon D.v. & Pöppel E. (1978) Sensorische Rehabilitation bei Patienten mit postchiasmatischen Sehstörungen. In: Der Nervenarzt, 49., 101-111. Berlin: Springer

Zihl J., Krischer C. & Meißen R. (1984) Die hemianopische Lesestörung und ihre Behandlung. Nervenarzt, 55., 317-323

Zihl J., Pöppel E. & Cramon D.v. (1977) Diurnal variation of visual field size in patients with postretinal lesions. Experimental Brain Research, 27., 245-249

Zihl J. & Werth R. (1984) Contributions to the study of „blindsight" - II. The role of specific practice for saccadic localization in patients with postgeniculate visual field defects. Neuropsychologia, 22, 13-22

Zinn J.G. (1755) Descriptio anatomica oculi humani iconibus illustrata. Gottingae: B.A. Vandenhoeck

Autorenverzeichnis

Dr. Andreas Aschoff, Institut für Anatomie II, Friedrich Schiller Universität Jena, Teichgraben 7, 07743 Jena

Prof. Dr. Wolfang Behrens-Baumann, Klinik für Augenheilkunde, Otto-von-Guericke Universität, Leipziger Str. 44, 39120 Magdeburg

Prof. Dr. Niels Birbaumer, Institut für Medizinische Psychologie und Verhaltensneurobiologie, Universität Tübingen, Gartenstr. 29, 72074 Tübingen

Dr. Tobias M. Böckers, Institut für Anatomie, Westfälische Wilhelms Universität, Vesaliusweg 2-4, 48149 Münster

PD Dr. Katharina Braun, Blaue Liste Institut für Neurobiologie, Brenneckestr. 6, 39118 Magdeburg

Dr. Angelika Buske-Kirschbaum, Forschungszentrum für Psychobiologie und Psychosomatik, Universität Trier, Novalisstr. 12a, 54295 Trier

Dr. Detlef Dietrich, Abt. Klinische Psychiatrie, Medizinische Hochschule Hannover, Konstanty Gutschow Str. 8, 30625 Hannover

Dr. Reinhard Eder, Institut für Medizinische Psychologie Medizinische Universität zu Lübeck, Ratzeburger Allee 160, 23562 Lübeck

PD Dr. Frank Eggert, Institut für Psychologie, Universität Kiel, Olshausenstr. 62, 24098 Kiel

Prof. Dr. Hinderk M. Emrich, Abt. Klinische Psychiatrie, Medizinische Hochschule Hannover, Konstanty Gutschow Str. 8, 30625 Hannover

Prof. Dr. Roman Ferstl, Institut für Psychologie, Universität Kiel, Olshausenstr. 62, 24098 Kiel

Dr. Bruno Fimm, Neurologische Klinik, Medizinische Einrichtungen d. RWTH, Pauwelsstr. 30, 52057 Aachen

Prof. Dr. Onur Güntürkün, AE Biopsychologie, Fakultät für Psychologie, Ruhr-Universität Bochum, Universitätsstr. 150, 44801 Bochum

Prof. Dr. Dirk Hellhammer, Forschungszentrum für Psychobiologie und Psychosomatik, Universität Trier, Novalisstr. 12a, 54295 Trier

Prof. Dr. Robyn Hudson, Institut für Medizinische Psychologie, Universität München, Goethestr. 31, 80336 München

Dr. Erich Kasten, Institut für Medizinische Psychologie, Otto-von-Guericke Universität, Leipziger Str. 44, 39120 Magdeburg

Dr. Georg Kerkhoff, EKN-Entwicklungsgruppe Klinische Neuropsychologie, Städtisches Krankenhaus Bogenhausen, Dachauer Str. 164, 80992 München

PD Dr. Clemens Kirschbaum, Forschungszentrum für Psychobiologie und Psychosomatik, Universität Trier, Novalisstr. 12a, 54295 Trier

Dr. Michael R. Kreutz, Institut für Medizinische Psychologie, Otto-von-Guericke Universität, Leipziger Str. 44, 39120 Magdeburg

Dr. F. Markus Leweke, Abt. Klinische Psychiatrie, Medizinische Hochschule Hannover, Konstanty Gutschow Str. 8, 30625 Hannover

Prof. Dr. Werner Lutzenberger, Institut für Medizinische Psychologie und Verhaltensneurobiologie, Universität Tübingen, Gartenstr. 29, 72074 Tübingen

Prof. Dr. Hans J. Markowitsch, Physiologische Psychologie, Universität Bielefeld, PSF 100131, 33501 Bielefeld

Dipl. Ing. Christian Marquardt, EKN-Entwicklungsgruppe Klinische Neuropsychologie, Städtisches Krankenhaus Bogenhausen, Dachauer Str. 164, 80992 München

Dr. Matthias Möhrenschläger, Institut für Soziale Pädiatrie und Jugendmedizin, Universität München, Heiglhofstr. 63, 81377 München

Dr. Hubert Preißl, Institut für Medizinische Psychologie und Verhaltensneurobiologie, Universität Tübingen, Gartenstr. 29, 72074 Tübingen

PD Dr. Friedemann Pulvermüller, Institut für Medizinische Psychologie und Verhaltensneurobiologie, Universität Tübingen, Gartenstr. 29, 72074 Tübingen

Prof. Dr. Bernhard A. Sabel, Institut für Medizinische Psychologie, Otto-von-Guericke Universität, Leipziger Str. 44, 39120 Magdeburg

Prof. Dr. Dr. Fritz Schmielau, Institut für Medizinische Psychologie Medizinische Universität zu Lübeck, Ratzeburger Allee 160, 23562 Lübeck

Dr. Udo Schneider, Abt. Klinische Psychiatrie, Medizinische Hochschule Hannover, Konstanty Gutschow Str. 8, 30625 Hannover

Dr. Helmut Schröder, Institut für Pharmakologie und Toxikologie, Otto-von-Guericke Universität, Leipziger Str. 44, 39120 Magdeburg

Dr. Ulrike Schröder, Institut für Medizinische Psychologie, Otto-von-Guericke Universität, Leipziger Str. 44, 39120 Magdeburg

Dr. Nicole von Steinbüchel, Institut für Medizinische Psychologie, Universität München, Goethestr. 31, 80336 München

PD Dr. Petra Stoerig, Institut für Medizinische Psychologie, Universität München Goethestr. 31, 80336 München

Dipl. Med. Christian Vorwerk, Klinik für Augenheilkunde, Otto-von-Guericke Universität, Leipziger Str. 44, 39120 Magdeburg

Prof. Dr. Claus-Werner Wallesch, Neurologische Universitätsklinik, Otto-von-Guericke Universität, Leipziger Str. 44, 39120 Magdeburg

Jens Weise, cand. med., Institut für Medizinische Psychologie, Otto-von-Guericke Universität, Leipziger Str. 44, 39120 Magdeburg

PD. Dr. Reinhard Werth, Institut für Soziale Pädiatrie und Jugendmedizin, Universität München, Heiglhofstr. 63, 81377 München

Marc Wittmann (lic. phil.), Institut für Medizinische Psychologie Universität München, Goethestr. 31, 80336 München

Dipl. Psych. Stefan Wüst, Institut für Medizinische Psychologie, Otto-von-Guericke Universität, Leipziger Str. 44, 39120 Magdeburg

Dr. Peter Zimmermann, Psychologisches Institut, Albert-Ludwigs-Universität Freiburg, Niemensstr. 10, 79098 Freiburg

Verzeichnis der Gutachterinnen und Gutachter

Folgende Koleginnen und Kollegen haben sich freundlicherweise für dieses Jahrbuch als GutachterInnen zur Verfügung gestellt:

Prof. Dr. I. von Cramon	- Leipzig
Prof. Dr. B. Dahme	- Hamburg
Dr. I. Daum	- Tübingen
Prof. Dr. I. Eibl-Eibesfeldt	- Starnberg
PD. Dr. G. Fehm-Wolfsdorf	- Kiel
Prof. Dr. A. Friederici	- Leipzig
Prof. Dr. E. Irle	- Göttingen
Prof. Dr. W. Janke	- Würzburg
Dr. S. Klosterhalfen	- Düsseldorf
PD Dr. B. Leplow	- Kiel
Dr. J. Mates	- Prag
Prof. Dr. K.-H. Mauritz	- Berlin
Prof. Dr. Dr. P. Netter	- Gießen
Prof. Dr. J. Neuser	- Aachen
Prof. Dr. D. Ploog	- München
Prof. Dr. K. Poeck	- Aachen
Prof. Dr. B. Preilowski	- Tübingen
Prof. Dr. A. Rothenberger	- Göttingen
Prof. Dr. H.D. Rösler	- Rostock
PD Dr. M. Schedlowski	- Hannover
Dr. Dr. K.H. Schulz	- Hamburg
Dr. Dr. M. Spitzer	- Heidelberg
PD Dr. W. Sturm	- Aachen
Prof. Dr. U. Tewes	- Hannover
Prof. Dr. W. Zieglgänsberger	- München

Stichwortverzeichnis

A
Abwehrsystem 81 f.
Acetylcholin 29
ACTH 93
Adenosin 41f.
Adenylatcyclase 41f.
Adrenalin 88
Akinesie 115
alerting 182
Alkoholismus 158
Allergie 80 f.
Alpha-Rhythmus 58
Alzheimer 128, 158
Amakrinzellen 188
Amblyopie 195
Aminosäure 41, 73
Amnesie 128ff.
AMPA 113, 119
Amphetamin 117, 122
Amygdala 84, 108, 136
Anencephalus 202f.
angel dust 120
Anopsie 166ff.
Antigen 81 f.
Antikonvolsiva 136
Antikörper 82f.
Antisense 74 f.
Aphasie 149ff., 161
Apraxie 205
Area 17 211
Area striata 171
Assoziationscortex 43, 208
Assoziationslernen 104, 108
Asthma 80
Asymmetrie 11 f., 237f.
ATP 73
Aufmerksamkeit 158, 175f., 182f., 228
Augenbewegung 105
Autoimmunkrankheit 87
Autoradiographie 35 f.

B
B-Zellen 81
Bahnungseffekt 145
Basalganglien 99f., 108, 113f., 134, 143
Bedeutung 62f.
Beta-Rhythmus 58
Bewußtseinsstörung 135ff.
bFGF 73, 171
Blindsehen 187ff., 200f.
Brain-Jogging 232
Brausebonbon 88
Bulbus olfactorius 28

C
c-fos 20, 75
c-jun 75
cAMP 41
Cannabinoide 139ff.
Carbamazepin 136, 154f.
Cell Assemblies 64 f.
Cerebellum 143
Chronobiologie 147
Colliculus 14, 68, 167, 184, 188, 200
Concanavalin 82
controlled-release 116f.
Corpus geniculatum 19f., 68, 167f., 188ff., 195, 200
Cortex, striärer 187
CRF 92
crush 69f., 169, 171
Current-Source-Density 64
Cyclophosphamid 86f., 94

D
D1-Rezeptor 36
D2-Rezeptor 100, 118
DARPP-32 36
Degeneration 66, 170, 187f.
delayed-alternation 103
Demenz 226
Denervierungs-Supersensitivität 169
Deoxyglukose 72
Depersonalisierung 120
Depression 103, 144, 147

Deprivation, visuelle 168
Diagnostik, neuropsych. 225
Diencephalon 128
Diskonnektionssyndrom 129f.
Diskrimination, zeitl. 149f.
Distanzschätzung 209
Divergenz, synapt. 170
Dominanz, okuläre 168
Dopamin 36f, 99ff., 111ff.
Drahtattrappe 33
Duftpräferenz 30

E
early genes 75
EEG 55ff., 139, 170
elevated plus maze 122
EMG 64
Emotion 136f.
Endokrinologie 91
Enkodierung 134
Entspannungstraining 90
Epilepsie 154f., 200
ERP 139, 143f.
Erythrozyt 49
Euphorie 140
Exon 74
Expositionslernen 30
Exzitotoxizität 66 f.

F
Farbwahrnehmung 180
Fibroplastenfaktor 73
Filialprägung 31 ff.
filling-in-Effekt 170
Floureszenz-Tracer 72
Fluid percussion 67
Formatio reticularis 186
Formunterscheidung 192
Formwahrnehmung 180
Fourier-Analyse 64
Fovea 14
Frontalhirn 108
Frontalhirnläsion 158
Futterpräferenz 26

G
GABA 29, 103, 113, 122
Gamma-Band 55 f.
Gammawellen 148
Ganglienzellen 188
Gangliosid 117, 171
Gedächtnis 39, 108ff., 127ff., 147, 233
Gehirn-Jogging 230
Gerontoneuropsychologie 226
Geruch 24 ff., 29, 48
Gesichtsfeldausfall 191f., 210, 166ff., 195
Gesichtsfeldtraining 166ff., 196f.
Gestaltwahrnehmung 59
Glaukom 182
Glia-Zellen 170
Glukokortikoide 84f., 92, 97
Glukose 72
Glutamat 29, 36f., 70, 111ff.
Granulozyten 81

H
Halbseitenblindheit 166ff.
Haloperidol 117
hämopoetisch 50 f.
Händigkeit 13ff., 22, 237f., 240 ff.
Hemianopsie 166ff., 196ff.
Hemisphärektomie 191, 200f.
Hemisphärenasymmetrie 207
Hemisphärendominanz 237
Hemispheric-Encoding 133
HERA-Modell 133
Heterozygotie 48
Heuschnupfen 80
Hippocampus 84, 108, 143
Histamin 87
HIV-Infektion 159f.
HLA-Moleküle 48 ff.
Hohlmasken 138f.
Horizontale, subjekt. 213ff.
Hybridisierung 74f.
Hydranenzephalie 202f.
Hydrocephalus 199
Hydroxydopamin 84
Hyperacuity 210
Hyperalgesie 94

Hyperstriatum 35
Hypophyse 86
Hypothalamus 86

I
IEG 75
Immunglobulin 82
Immunologie 79ff.
Indifferenzintervall 155
Inkrementalschwellen 183
Inseln, visuelle 181f.
Interferon 89
Interleukin 81f.
Invertbilder 138ff.
Ischämie 74, 112

K
Kainat 41, 119
Kanizsa's Dreieck 59
Katecholamine 84
Killerzellen 82
Kippfiguren 157
Klasse-I-Moleküle 50f.
Komparatormodell 135f.
Konditionierung 34, 85f.
Konzeptualisierung 136f.
Korsakow 128

L
L-dopa 103f.
L-Kynurenin 71
landmarks 134
Längenschätzung 209
Lateralisation 11 ff.
Legasthenie 226
Leistung, frontale 104
Lernen 27, 108, 147
Lernstörungen 226
Lichtstimulationsasymmetrie 19
Life-event 90
Limbisches System 134, 136, 194
Line-Orientation-Test 208
Linienhalbierung 210
Linkshändigkeit 11, 22, 239ff.
Lithium 136
Logical Memory Passages 108

Lokalisationismus 146
Lübecker-Reaktionszeitgerät 172
Lymphozyten 49, 81f.

M
Major Histocompatibility 48 ff.
Makrophagen 81
Mammillar-Körper 108
MEG 56 ff.
Melatonin 189, 191
Metagedächtnis 133
MHC 48 ff., 81
Mikrodialyse 41f., 122
Mismatch Negativity 153
Mitogene 82
MK-801 71f.
mood-stabilizer 136
Mosaik-Test 206
Motorasymmetrie 22
MPTP 100, 115ff., 119
mRNA 74, 114, 118
MRT 199

N
Nanopartikel 116
Narkose 58
Nebennierenrinde 86
Neglect 17, 205, 209
Neostriatum 35, 38, 100, 113f.
Nervenwachstumsfaktor 171
Nervus opticus 68f., 171, 180f.
Neuroleptika 112ff.
Neuropeptide 113
Neurotraining 230
Neurotransmitter 111ff.
Neurotrauma 74
NK-Aktivität 88f.
NMDA 29, 38f., 70f., 114, 119ff., 145, 169
Noradrenalin 29, 91f.
Nucleus caudatus 14f., 99ff.
Nucleus rotundus 14 f.
Nucleus suprachiasmaticus 191
Nystagmus 191, 199f.

O
object-alternation 103
Octanal 51
Odd-Man-Out 104
Okzipitallappen 167
Oligonukleotide 74
Ontogenese 11 ff.
Opioide 84
Ordnungsschwelle 150f.
Orientierung 208
Orientierungsreflex 190
Orienting 182
Ortho-Toluidin 51
Östradiol 28
Oszillation, neuronale 147f.
Oxytocin 28

P
Pallidum 100
Parahippocampus 167
Parasympathikus 83
Parietallappen 213
Parkinson 99ff., 112, 226
PCP 121f.
peace pill 120
Peptide 49
Perforine 82
PET 100, 110, 120, 128f., 133, 145, 169, 170, 184, 189, 199, 211, 213
Phagozytose 81 f.
Pharmakopsychologie 228
Phase, kritische 89
Phase, sensible 32
Phencyclidin 120f.
Phenol 51
Phenyl-Aceton 51
Phenytoin 154
Pherome 24
Phonemunterscheidung 150
Phosphene 171
Photopsie 171
Phytohemaglutinin 82
Planungsprozeß 105
Plasmazellen 82
Plastizität 28, 34f., 134, 172, 237f., 240ff.

Plausibilitätskontrolle 137
PNI 80 ff.
Pokeweed Mitogen 82
Polymere 116f.
Polymorphismus 48
Positionsvarianz 208
Potentiale, ereigniskorr. 139, 143f.
Potentiale, evozierte 148
Prägeniculatum 188ff.
Prägung 23ff., 31ff.
Priming 128
Progesteron 28
Proteinkinase 43
Protonen-Sensor 74
Pseudowörter 59
Psychopharmaka 111f., 135ff.
Psychose 111f., 140, 143
Psychosomatik 85 ff.

Q
Querdisparation 138

R
Random Dot Muster 207
rapid-cycling 136
Raumoperationen 207
Raumwahrnehmungs-störungen 204ff.
Rehabilitation, neuropsych. 225, 230
REM-Phase 58
Reorganisation 72f., 170
rerouting 134
Restfunktionen, visuelle 181f., 192, 198
Restitution 66 f.
Retina 67 f.
rewiring 134
Rey-Auditory-Verbal-Learning-Test 106
Rindenblindheit 166
RITC 17

S
Sakkaden 105 f., 168
Sakkadentraining 172
Schizophrenie 111f., 120f., 139, 143, 158, 228
Schlaf 58
Schock 89

Sehfunktionen 195ff.
Sehnerv 66 f.
Sehschärfeschwelle 17
Serotonin 84, 92
Sexsteroide 28
sickness behavior 94
slow-release 117f.
Spiegelbrille 172
Spiritus visualis 166
Spleißing 74
Spontanerholung 169f., 195ff.
Sprache 147, 149
Stammganglien 208
Stimulation, visuelle 56
Stoppkonsonant 150f.
Störung, affektive 139, 143
Streß 85f., 88f.
Striatum 99ff., 108f.
Stroop-Test 104
Substantia nigra 99ff., 113
Sympathikus 83
System, visuelles 66 f.

T
T-Helferzellen 82
T-Zell-Rezeptor 52
T-Zellen 81
TAP-2000 172
Tapping 149, 154
target detecting 182
Tectum 14f., 20, 68
Tegmentum 99
Temporallappen 128, 167, 211
Testverfahren, neuropsych. 225
Tetrahydrocannabinol 140
Thalamus 20, 38, 102, 113, 195, 207
THC 140f.
Therapie, neuropsych. 230
Thyroxin 28
Tiefenschätzung 209
Toleranzinduktion 48
Tower-of-London 106
Trackingaufgabe 105
Tract-tracing 72

Trail-making Test 106
Transduktionszeit 148
Transkription 75f.
Tübinger Perimeter 172
Tumor-Nekrosefaktor 94
Two-Visual-Systems 210ff.

U
Überdomonanz 48
Urin 24, 49

V
V1 167, 171, 187ff.
Verbal-Temporal-Ordering-Test 107
Verstärkung 27
Vertikale, subjekt. 207f., 213f.
Voice-Onset-Time 149
VOSP 210

W
Wahlreaktion 105, 159
Wahrnehmungsstörung 135ff.
Wisconsin Card Sorting 104, 106
Wortflüssigkeit 106
Wortverarbeitung 59f.

Z
Zahlenverbindungstest 174
Zeitschätzung 107f.
Zelltod 67f., 170
Zustand, psychedelisch 143
Zytokine 82, 92 f.